JN280026

サプライチェーン・ロジスティクス

SUPPLY CHAIN LOGISTICS MANAGEMENT

D.J.バワーソクス／D.J.クロス／M.B.クーパー 著
BOWERSOX CLOSS COOPER

阿保栄司／秋川卓也／大林茂樹／武田泰明
中村博／福島和伸／藤巻二三年／牧田行雄 訳

松浦春樹／島津誠 訳者代表

朝倉書店

Supply Chain Logistics Management

by

Donald J. Bowersox
David J. Closs
M. Bixby Cooper
Michigan State University

Copyright © 2002 by The McGraw-Hill Companies, Inc.
All rights reserved.
Japanese translation rights arranged with
The McGraw-Hill Companies, Inc.
through Japan UNI Agency, Inc., Tokyo.

は じ め に

　過去60年，ビジネスロジスティクスの領域は，倉庫と輸送の現場から，主導的世界企業の役員室までに上ぼりつめてきた．われわれは，研究，教育，勧奨助言を通じて，この進展に積極的に関わってきた．本書『サプライチェーン・ロジスティクス』は，ロジスティクス／サプライチェーン領域の発達と基本構造についてカバーする．また本書では，ビジネスロジスティクスとサプライチェーン・マネジメントについて，われわれの将来ビジョンと企業競争のなかでの役割を紹介する．

　3人の著者は，ロジスティクスのさまざまな側面についての広範な著述を，それぞれに担当しているが，通した意思として『サプライチェーン・ロジスティクスのマネジメント』を書くべきとする思いがある．これは，「ロジスティクスにおける重要な変革は，統合的なサプライチェーン・マネジメントという流れのなかで，ロジスティクス業務を診査し編成することから，もたらされる」と認識するところから，発している．本書は，長期にわたる研究内容の綜合であり，今までMcGraw-Hillから出版されてきた著者たちの著作群の増補と，いろいろな意味での更新版に相当する．このテキストで提示した捉え方を綜合することで，ロジスティクス領域での研究にむけたサプライチェーンの新しいフレームワークを提供することになるだろう．そして，これを現代ビジネスという文脈のなかに確固に位置づけすることが，統合的サプライチェーン・マネジメントの地位を向上させるのに貢献し，グローバルな競争戦略のなかでのロジスティクスの重要性増大にハイライトをあてることになる．

　ロジスティクスは，サプライチェーンのメンバー間で製品と情報を移動させる活動，すべてを包含する．この意味でのサプライチェーンは，製品・サービスとその情報を最終消費者に効果的かつ効率的にもたらすために，事業とその供給者を結合するという枠組みを提示する．本書は，統合的ロジスティクス管理を達成するうえで必要な，ミッション，ビジネスプロセス，戦略を示す．このテキストによって，以下の3つの基本的な目標が達成されることを，われわれは望んでいる：

(1) グローバルな社会のなかに存在しているロジスティクスの事業運営について，包括的な説明を行うこと
(2) 競争優位を達成するために，諸ロジスティクス原理を適用する方法手段を記述すること
(3) 企業戦略のなかでのコアコンピテンシー（中核的能力）として，統合ロジスティクスに向けての概念的なアプローチを提供すること

この本の内容に重要な寄与をしたすべての人たちを列挙することは不可能であろう．ミシガン州立大学のマーケティング・サプライチェーンマネジメント学部のRobert W. Nason 学部長には，統合ロジスティクス概念の創造と展開を促進する協働環境を維持願っており，特別な感謝をせねばならない．また，今までのわれわれのキャリアを通して，指導役であったミシガン州立大学の Donald A. Taylor 名誉教授に感謝の意を表明する．

　この本の原稿作成に関しては，ロジスティクスマネジメント評議会（Council of Logistics Management: CLM）の多くの活動的なメンバーから寄稿を受けてきた．とくに，前の専務 George Gecowets，現専務 Maria McIntyre，および CLM スタッフに感謝の意を表したい．彼らは学界に対し開放的でありつづけてくれた．

　ミシガン州立大学のロジスティクスマネジメント担当幹部デベロップメント・セミナーに参加されてきた企業幹部の方々には，過去 35 年以上にわたり，このテキストに盛られた基本的な概念に対応願い，惜しげなく時間と経験を捧げていただいた．われわれはまた，ミシガン州立大学ロジスティクス科への寄付講座基金による長期支援に感謝する．この資金は，Worthington Industries の創設者および会長の John H. McConnell から提供されてきた．

　ロジスティクス教育に携わる人々の数は，世界中で日々増大している．そのグループ一般，とくにミシガン州立大学の同僚に対して，真摯な感謝を表明する．この方々のアドバイスと支援が，本書の完成と向上を可能にした．

　教師たちは，長年にわたって，またいろいろな意味で，学生からインスピレーションを受けており，職業経歴における「最後の審判の日」も，セミナーや教室のなかで到来する．われわれは，幸運にも，学問や実業の世界で現在大きな影響を与えている多くの傑出した若い学者から助言をうけてきた．とくに，原稿段階でこのテキストを使って講義をうけ，改良への示唆をしてくれた学生を評価したい．われわれはまた，現在および以前の博士課程の学生，とくに Drs. Judith Whipple と Thomas Goldsby に感謝する．彼らにはケース開発と編集支援の面で広範に参加してもらった．

　これほどの多くの優れた支援を得たうえで本書の内容に欠陥が出たとすれば，これがいかなるものであろうとも，弁解は難しい．そのいたらなさは，ただ，われわれの責任である．

Donald J. Bowersox
David J. Closs
M. Bixby Cooper

原 著 者 紹 介

Dnald J. Bowersox（ドナルド・バワーソクス）は，ミシガン州立大学のジョン H. マコーネル大学の教授であり，同大学経営大学院の責任者を務めている．彼はミシガン州立大学で Ph.D. をとり，その経歴を通して産業界に関わる仕事をしてきた．彼は多数の論文の著者であり，その掲載誌は，*Harvard Business Review, Journal of Marketing, Journal of Business Logistics, Supply Chain Management Review* などである．Bowersox 博士は，多くの産業支援の研究調査を主導し，北米および世界におけるロジスティクス担当者のベストプラクティス（最良実践例）を調査してきた．彼は，産業および学術会議での講演者の常連の 1 人である．

David J. Closs（デビット・クロス）は，ミシガン州立大学エリー・ブロード経営大学院のロジスティクス担当の教授である．彼はマーケティングおよびロジスティクスでの博士号をミシガン州立大学から受けた．Closs 博士は，多くの機関紙，業界レポート，会議録における発表内容の著者および共著者である．また彼は，以下の 2 書の研究者代表である．*World Class Logistics: The Challenge of Managing Continuous Change, 21st Century Logistics: Making Supply Chain Integration a Reality.* 両書は，ミシガン州立大学でまとめ，米国の世界的研究団体であるロジスティクスマネジメント評議会（CLM）から出版された．Closs 博士の主たるテーマは，ロジスティクス戦略とロジスティクス業務の遂行と計画立案のコンピュータモデルと情報システムである．Closs 博士は，産業および学術会議の講演者および経営者教育プレゼンターとして常連の 1 人である．かつて，Closs 博士は *Journal of Business Logistics* の編集者であった．

M. Bixby Cooper（ボクシビィ・クーパー）は，ミシガン州立大学のマーケティング・サプライチェーン学部の準教授である．彼は，CLM 刊行の *World Class Logistics: The Challenge of Managing Continuous Change*, McGraw-Hill 刊の *Strategic Marketing Channel Management* などのテキストの共著者である．研究面では，顧客サービスにおけるロジスティクス・ベストプラクティスと業績測定を中心にしてきた．彼はまた，国際顧客サービス協会(International Customer Service Association)の研究・教育委員会の代表として，4 年間，同協会の理事を務めた．

訳者まえがき

　本書は，ロジスティクス論の牙城の1つ，ミシガン州立大学のドナルド J. バワーソクス教授らによる著作，*Supply Chain Logistics Management*（McGraw-Hill, 2002）の主として前半部分の翻訳である．本書の翻訳出版のねらいは，
1) 産業界へ1つのグローバルスタンダードを体系的に紹介することによって，わが国の現行実務の評価と新たな展開に資することと，
2) つぎの世代を担う学生に体系的，標準的な最新の教科書を提供すること

にある．本書が，市場に広く受け入れられ，長くこの役割を果たせることをおおいに期待している．

　周知のとおりバワーソクス教授は，マーケティング論出身の高名な学者であり，世界規模の米国ロジスティクスマネジメント評議会（CLM）の中核メンバーである．同教授は，販売対応のロジスティクス（物的流通概念）から統合ロジスティクス概念への転換，さらにサプライチェーン・ロジスティクス概念への転換に，主導的役割を果たしてきている．（CLM は 2005 年，サプライチェーン・マネジメント・プロフェッショナル評議会（CSCMP）に改名）

　原著は，ロジスティクスに関する指折りのテキストとして，1974 年以来 4 版を重ねた *Logistical Management* に大幅な現代化と再体系化を施した内容となっている．原著は 656 ページにおよぶ大著であり，5 部から構成されている．原著の特徴を 2 点あげれば，サプライチェーンの視点でリーン概念と顧客関係にまで迫って全体を体系化していることと，その支援情報システムを ERP（企業資源計画，統合基幹業務パッケージ）面まで含めて IT 支援の面を大きく取り入れ，具体的に述べていることであり，さらにこれを，21 世紀のワールドワイドな世界にまで広げて論じている．

　本書では，原著の特徴を象徴していると考えられる，ドメスティックおよびグローバルなサプライチェーンを通じて価値を創造し，事業を成功させるためのロジスティクスの役割と重要性を述べた第一部と，情報技術がどのようにロジスティクスを駆動し，サプライチェーンの統合化を実現するかを深く論じた第二部に加えて，最終章である 21 世紀の課題を訳出した．紙幅の都合上，残念ながら訳出対象章であっても多くの小事例は割愛せざるを得なかった．また，多くの類書で扱われていることから翻訳の対象外とした部分を，読者の参考までに紹介しておく．第三部では，ロジスティクスの諸活動と諸機能を詳細に述べ，第四部では，サプライチェーンの設計問題をロジスティクス管理面からとらえている．第五部では，組織，評価・測定などの経営管

理の視点を説明し，前述の21世紀の課題を提示している．

　本書の訳出は，e-SCM研究会を母体として行われた．同研究会を主導され，原著の紹介をはじめとして本訳業をご指導いただいた阿保栄司先生，同研究会を主宰され，翻訳出版の過程で多くのご支援をいただいた専修大学矢澤秀雄教授に，深く感謝申し上げたい．末尾ではあるが，刊行をお引き受けいただき，編集面で大変お世話になった朝倉書店の皆様に御礼申し上げるしだいである．

2004年2月

訳者代表　松浦春樹・島津　誠

本書10章の概要

　第1章から第6章では，国内およびグローバルなサプライチェーンを通して，価値を創造する事業成功を得るうえで，ロジスティクスが戦略的重要性をもっていることを説明する．

　第1章では，サプライチェーン・コラボレーション（協働）について，今日のビジネスが着目すべきことがらを展望する．サプライチェーンは，ロジスティクス戦略を策定し実行するうえでの枠組みを提供する．第2章では，本書の主要なテーマであるロジスティクスを導入紹介する．リーン（無駄のない）ロジスティクスの概念が，マーケット流通，製造，調達を支援するよう，具体的な課業を結合させる方法を検討するなかで展開される．第3章では，成功するロジスティクスにとって，顧客便宜への対応が重要であることを説明する．ロジスティクスによってつくられた価値は，顧客における成功の強力な推進力として働く．第4章では，最終顧客へサービスを提供する課題について掘り下げる．本章では，マーケット流通の支援に関わる複雑な問題を解説する．第5章では，調達と製造へのロジスティクス支援に関わるオペレーション課題を明らかにする．消費者対応のロジスティクスと企業対応のロジスティクスのあいだには，類似点が多いとはいえ，明らかな相違がいくつかあることを理解せねばならない．これが，最大価値の創造を確実にするうえで必要である．第6章は，調達，製造，マーケット流通のオペレーションの，内的統合という課題に焦点をおく．企業統合のモデルが策定され，国内およびグローバルな事業展開という流れのなかで，サプライチェーン面での協働活動が理論づけられる．

　ロジスティクスの開発とサプライチェーン協働活動の急速な拡大において，技術的なインパクトは深いものがある．第7章から第9章では，技術が，どのようにロジスティクスを動かし，サプライチェーンとしての統合を容易にしたかを深く論じる．

　まず第7章で，ロジスティクス統合を支援する情報ネットワークの全般的な枠組みを提示する．さらに第8章では，統合基幹業務パッケージ（ERP）システムの機能性を探究し，ロジスティクスの機能性と統合を実現する実行システムについて，概括的な説明を行う．第9章で，サプライチェーンという場において，ロジスティクス運営計画に不可欠なロジスティクスの先進的計画スケジューリング（APS）について論じる．以上の3つの章で，企業とサプライチェーンの統合化こそが，競争優位を達成し資源の有効性を最大化するために，肝要であることを強調する．

　本書は，第10章でしめくくる．同章では，21世紀のロジスティクスが当面する主要な10の課題を論じ，まとめとする．

訳 者 一 覧

大林　茂樹（おおばやし しげき）　元日本フィリップス㈱セラミック事業本部
　　　　　　　　　　　　　　　　ロジスティクス部長（第1章）

藤巻二三年（ふじまき ふみとし）　㈱日本ロジスティクス研究所・代表取締役（第2章）

島津　誠＊（しまづ まこと）　専修大学商学部・非常勤講師（第3章）

牧田　行雄（まきた ゆきお）　元日本フィリップス㈱・取締役物流部長兼購買事業部長
　　　　　　　　　　　　　　（第4章）

武田　泰明（たけだ やすあき）　三菱商事㈱食品本部（第5章）

秋川　卓也（あきかわ たくや）　山梨学院大学経営情報学部経営情報学科・講師（第6章）

福島　和伸（ふくしま かずのぶ）　城西大学経済学部経営学科・教授（第7章）

松浦　春樹＊（まつうら はるき）　神奈川大学経営学部国際経営学科・教授（第8章, 第10章）

中村　博（なかむら ひろし）　専修大学商学部・教授（第9章）

阿保　栄司（あぼ えいじ）　ロジスティクス・マネジメント研究所・所長（第10章）

（＊は訳者代表，（　）担当章）

目　　次

第1章　21世紀のサプライチェーン …………………………………… 1
- 1-1　サプライチェーン革命　2
- 1-2　一般的なサプライチェーン・モデル　4
- 1-3　統合マネジメント　6
  - 1-3-1　協　　働　7
  - 1-3-2　企業拡張　8
  - 1-3-3　統合サービスプロバイダー　9
- 1-4　応　答　性　11
  - 1-4-1　予測ベースのビジネスモデル　11
  - 1-4-2　レスポンスベースのビジネスモデル　11
  - 1-4-3　延　　期　13
  - 1-4-4　当面の課題と将来　15
- 1-5　財務的洗練　16
  - 1-5-1　運転資金回収　16
  - 1-5-2　停滞時間の最小化　17
  - 1-5-3　現　金　回　転　18
- 1-6　グローバリゼーション　18
- 1-7　サプライチェーン・マネジメントにおける問題　19
  - 1-7-1　実行面の課題　20
  - 1-7-2　限定的成功　22
  - 1-7-3　社会面の課題　23
- 1-8　ま　と　め　25

第2章　リーンロジスティクス ………………………………………… 28
- 2-1　ビジネスロジスティクスは大規模で，かつ重要である　29
- 2-2　ロジスティクスの価値提供　30
  - 2-2-1　サービスの効益　30
  - 2-2-2　コストの最小化　32
  - 2-2-3　ロジスティクスの価値提案　33
- 2-3　ロジスティクスワーク　33
  - 2-3-1　注文処理　34

2-3-2　在　　庫　35
　　2-3-3　輸　　送　36
　　2-3-4　保管，マテリアルハンドリング，包装　37
　　2-3-5　施設のネットワーク　38
　2-4　ロジスティクスオペレーション　39
　　2-4-1　財貨のフロー　40
　　2-4-2　情報のフロー　42
　2-5　ロジスティクス機能の配置　44
　　2-5-1　多　段　階　45
　　2-5-2　ダイレクト　45
　　2-5-3　柔　軟　さ　46
　　2-5-4　緊急時に柔軟な構造　47
　　2-5-5　平常時に柔軟な構造　47
　2-6　ロジスティクスの同期化　50
　　2-6-1　パフォーマンスサイクル構造　50
　　2-6-2　パフォーマンスサイクルの不確実性　58
　2-7　ま　と　め　59

第3章　顧客への対応 ……………………………………………62
　3-1　顧客焦点のマーケティング　63
　　3-1-1　「取引的マーケティング」対「関係性のマーケティング」　65
　　3-1-2　サプライチェーン・サービスのアウトプット　67
　3-2　顧客サービス　69
　　3-2-1　アベイラビリティ　70
　　3-2-2　運営パフォーマンス　71
　　3-2-3　サービス信頼性　73
　　3-2-4　完璧な注文対応　73
　　3-2-5　基本サービスの基盤（プラットフォーム）　75
　3-3　顧　客　満　足　75
　　3-3-1　顧客の期待　76
　　3-3-2　認知されたサービス品質と顧客満足　78
　　3-3-3　顧客満足のモデル　78
　　3-3-4　増大する顧客期待　80
　　3-3-5　顧客満足の限界　81
　3-4　顧　客　成　功　82
　　3-4-1　顧客成功を達成する　83
　　3-4-2　付加価値サービス　84
　　3-4-3　顧客成功への展開：ある事例　85
　3-5　ま　と　め　88

第4章　マーケット流通戦略 …………………………………………91

- 4–1　サプライチェーンにおけるマーケット流通戦略　92
  - 4–1–1　マーケティング機能　93
  - 4–1–2　専門化　93
  - 4–1–3　品揃え　94
  - 4–1–4　チャネルの分離　96
- 4–2　マーケット流通戦略の開発　98
  - 4–2–1　流通構造　98
  - 4–2–2　市場流通チャネルのデザインプロセス　104
  - 4–2–3　チャネルの関係性　107
- 4–3　eコマースのマーケット流通へのインパクト　112
  - 4–3–1　eテイリングの出現　112
  - 4–3–2　新しいチャネルの選択　113
  - 4–3–3　チャネルの複雑性の増加　115
- 4–4　価格条件とロジスティクス　116
  - 4–4–1　価格条件の基本　116
  - 4–4–2　価格問題　119
  - 4–4–3　メニュー価格　122
- 4–5　まとめ　124

第5章　調達製造戦略 ……………………………………………126

- 5–1　品質の絶対性　126
  - 5–1–1　製品品質の切口　126
  - 5–1–2　総合的品質管理　128
  - 5–1–3　品質標準　128
- 5–2　調達　130
  - 5–2–1　調達の視点　130
  - 5–2–2　調達の戦略　134
  - 5–2–3　購買要求のセグメント化　138
  - 5–2–4　eコマースと調達　138
- 5–3　製造　141
  - 5–3–1　製造の視点　141
  - 5–3–2　製造の戦略　145
- 5–4　ロジスティクスとの接点　147
  - 5–4–1　ジャストインタイム　147
  - 5–4–2　所要量計画　148
  - 5–4–3　ロジスティクス向け設計　148
- 5–5　まとめ　149

第6章　オペレーション統合 …………………………………………152

6-1　なぜ統合が価値を生むのか　152
6-2　システム概念とシステム分析　153
6-3　ロジスティクス統合の目的　155
　6-3-1　応　答　性　155
　6-3-2　不安定性の除去　155
　6-3-3　在　庫　削　減　155
　6-3-4　出荷積合せ　156
　6-3-5　品　　　質　156
　6-3-6　ライフサイクル・サポート　156
6-4　企　業　統　合　157
　6-4-1　内部統合の障害　157
　6-4-2　大　分　断　159
　6-4-3　どの程度の統合で十分か　160
6-5　国内におけるサプライチェーン統合　161
　6-5-1　サプライチェーンの競争力　161
　6-5-2　リスク，パワー，リーダーシップ　162
　6-5-3　サプライチェーン統合のフレームワーク　165
　6-5-4　統合とロジスティクスコンピテンシー　169
6-6　グローバルなサプライチェーン統合　170
　6-6-1　グローバル経済におけるロジスティクス　172
　6-6-2　国際展開の段階　172
　6-6-3　グローバル・サプライチェーンの管理　174
6-7　ま　と　め　178

第7章　情報ネットワーク …………………………………………180

7-1　情報システムの機能　180
7-2　包括的な情報システム統合　185
　7-2-1　ERPまたはレガシーシステム　185
　7-2-2　コミュニケーションシステム　188
　7-2-3　実行システム　189
　7-2-4　プランニングシステム　190
7-3　サプライチェーン・アプリケーションの利用　191
7-4　コミュニケーションシステム　193
　7-4-1　EDI　193
　7-4-2　インターネット　197
　7-4-3　XML　200
　7-4-4　衛　星　技　術　201
　7-4-5　無線周波による情報交換　201

7-4-6　イメージ処理　202
7-4-7　バーコードとスキャニング　203
7-5　ま　と　め　206

第8章　企業資源計画と実行システム　209

8-1　なぜ ERP の導入か　209
 8-1-1　一　貫　性　210
 8-1-2　規模の経済　211
 8-1-3　統　合　化　212
8-2　ERP システムの構成　212
 8-2-1　中央データベース　213
 8-2-2　サプライチェーン・アプリケーション　215
 8-2-3　財務アプリケーション　215
 8-2-4　サービスアプリケーション　215
 8-2-5　人的資源アプリケーション　216
 8-2-6　報告書作成アプリケーション　216
 8-2-7　代表的な ERP システム　216
8-3　サプライチェーン・システム構成　217
 8-3-1　計画/調整　218
 8-3-2　オペレーション　222
 8-3-3　在庫の展開と管理　226
8-4　企業実行システム　227
 8-4-1　顧客関係管理　228
 8-4-2　輸送管理システム　228
 8-4-3　倉庫管理システム　228
8-5　ま　と　め　230

第9章　先進的計画スケジューリング　231

9-1　先進的計画スケジューリングの必要性　231
 9-1-1　計画先行期間の認知　231
 9-1-2　サプライチェーンの透明化　232
 9-1-3　資源の同時活用　232
 9-1-4　資　源　活　用　233
9-2　サプライチェーンにおける APS の応用　233
 9-2-1　需　要　計　画　233
 9-2-2　生　産　計　画　234
 9-2-3　所要量計画　234
 9-2-4　輸　送　計　画　234
9-3　APS システム構成の概観　235

9-3-1　APSシステムのコンポーネント　236
  9-4　予　　　測　239
    9-4-1　予測の要因　239
    9-4-2　予測管理のアプローチ　241
    9-4-3　予測管理プロセス　241
    9-4-4　需要予測技術　244
    9-4-5　予 測 誤 差　247
    9-4-6　協働による計画，予測，補充（CPFR）　249
  9-5　APSシステムのメリットと課題　251
    9-5-1　メ リ ッ ト　251
    9-5-2　課　　　題　252
  9-6　ま と め　253

第10章　変化は続く　……………………………………………………255
  10-1　つぎの10年間の展望　255
  10-2　10のメガトレンド　258
    10-2-1　顧客サービス管理から顧客関係管理へ　258
    10-2-2　敵対関係から協働関係へ　259
    10-2-3　フォアキャストからエンドキャストへ　260
    10-2-4　経験戦略を脱却し移行戦略へ　261
    10-2-5　絶対価値から相対価値へ　262
    10-2-6　機能統合からプロセス統合へ　263
    10-2-7　垂直統合からバーチャルな統合へ　263
    10-2-8　情報の囲い込みから共有へ　264
    10-2-9　スキルの訓練から知識ベース学習へ　266
    10-2-10　管理会計から価値創造経営へ　267
    10-2-11　関連するリスク　268
  10-3　エピローグ　269

索　　　引　272

第1章
21世紀のサプライチェーン

　ごく最近の1990年代初頭の米国においても，企業が受注処理をして倉庫在庫から顧客へ商品を届けるのに要する平均時間は，15日から30日，あるいはしばしばそれ以上かかった．受注から納品までの典型的なシナリオは，作成された注文が，通常，電話，ファックス，電子データ交換（EDI）あるいは一般の郵便で送られてくることから始まり，そのあとマニュアルまたはコンピュータシステムを使っての受注処理，与信の承認，倉庫への割当て，そして顧客への出荷と続く．すべてが計画どおり進んだとしても，顧客が注文した品目を受取るまでの平均時間は長い．在庫切れ，作業指示書の紛失や置き間違い，あるいは出荷先間違いのような不具合が発生すると（たいへん頻繁に起こることだが），顧客へサービスするための総時間は急速に増大する．
　市場へのこの非常に長く，予測が困難な分，在庫を積み上げることが一般的な慣習となった．たとえば，通常同一の製品を小売業者，卸売業者，そして製造業者が保有している．このように広範囲にわたる在庫にもかかわらず，製品のバリエーションがたいへん多いために，在庫切れや納品の遅延が広まっている．
　20世紀に一般的になったこのビジネス慣習と，納品完了までの流通チャネルの仕組みは，産業革命にまでさかのぼる多年の経験から発展してきた．明らかにそれを凌駕するといえる代替案がなかったがために，長期にわたるこのビジネス慣習が，ところどころに変わることなく残った．伝統的流通プロセスは，難問を克服したり，利益を獲得したりする目的で設計されていたものであるが，それらの問題ははるか以前にすでに重要性を失っていた．産業化社会においては，もはや物不足がその特徴ではない．製品やサービスを幅広く選択したいという消費者の期待と欲望は加速している．実際，現今の消費者は，自分たち独自の仕様に基づいて形づくれる広範囲の選択肢を望んでいる．顧客の欲望は受身の容認から，特定の製品やサービスの設計や納品の能動的な参加へと移った．精密な技術が，予測可能で正確な配送を促進して今日の輸送を支えているので，輸送能力や作業遂行能力が，その経済性と信頼性を大幅に高めることになった．
　とりわけ，情報が利用可能になったことから，大きな変化が起こった．1990年代の10年間に，商業の世界は，コンピュータ化，インターネット，および広範囲にわたる安価な情報伝達能力により，かつてないほどの大きな影響を受けた．スピード，アクセス可能性，正確性，とりわけ**関係性**という特徴をもつインターネットが規準となった．インターネット，つまりウェブの速度で動くことが取引として経済的になってきており，ビジネス対ビジネス（B2B）の直接e流通が可能となっている．これら

を基盤とする力によって，グローバル経済が急速に浮上してきた．

20世紀最後の10年間に始まり，21世紀に入っても開花し続けるものを，歴史家は「情報あるいはデジタルの時代」の夜明けとよぶであろう．電子商取引（eコマース）の時代に，B2B接続の存在は「サプライチェーン・マネジメント」とよばれるビジネス関係の新しい秩序を可能にした．マネジャーは伝統的な流通，製造，および購買の従来のやり方にますます疑問をもつようになっている．この新秩序の下では，製品は仕様どおり正確に製造され，地球上あらゆる場所の顧客にただちに納品される．正確な時刻に製品を納品する能力を有するロジスティクスシステムが存在する．顧客の注文と製品の納品は，時間単位で実行可能になる．過去には頻繁に起こったサービスのミスにとって替わって，通常シックスシグマ・パフォーマンス[1]とよばれるゼロデフェクトを約束する管理がますます大きく発展している．完全な注文処理——注文どおり取り揃えた高品質の製品を，正確な場所に，時間どおりに，破損なく，正確な請求書をつけて，納品すること——は，かつては例外であったが，いまや期待できることになってきている．おそらくもっとも重要なことは，かかる高レベルの業務遂行が，以前より低い総コストで，かつ過去の特徴であった財務資源依存を減らして達成できているという事実である．

この最初の章で，サプライチェーン・マネジメント・ビジネスモデルが，成長する現代の会社の戦略的姿勢として紹介される．本章ではビジネス慣習におけるサプライチェーン革命の展開を検討する．つぎに，サプライチェーンの概念が戦略的枠組みのなかで提示される．それから，サプライチェーン理論の出現を促進する力として，統合的なマネジメント，応答性，財務的精巧さ，およびグローバル化について議論する．最後に結論として，サプライチェーン・マネジメントに関連する現代の問題点をレビューする．第1章の全体としての目的は，ロジスティクス面の必要事項に関して21世紀のサプライチェーンを描写する枠組みを提供することである．サプライチェーンは，そのなかでロジスティクス面の必要事項が明確化され，関連するオペレーションが管理される，戦略的枠組みとして位置づけられる．

1-1　サプライチェーン革命

今日マネジャーが経験していることを述べるのに，われわれは「サプライチェーン革命」および関連する「ロジスティクス・ルネッサンス」という言葉を選ぶ．この二大変革は，ビジネス・オペレーションの遂行時の期待とその実践面でおおいに相互関係があるが，現代の戦略的思考面からは大幅に異なった局面をもっている．

サプライチェーン（「バリューチェーン」とか「デマンドチェーン」ともよばれる）**マネジメント（SCM）** は，「戦略的立場のテコ入れやオペレーション効率改善を求めて協働する会社」から構成される．参加各社にとって，サプライチェーン関係は戦略上の選択を反映する．サプライチェーン戦略は，相互依存性と関係性のマネジメントに基づいた**チャネル**編成である．サプライチェーン・オペレーションには，個々の会社の機能的な領域にまたがり，組織上の境界をこえて取引パートナーや顧客をつなぐ管理のプロセスが必要である．

サプライチェーン・マネジメントと対照的に，**ロジスティクス**は，「サプライチェーン全体にわたって在庫を移動させたり在庫位置を決めたりするのに必要な仕事」である．したがって，ロジスティクスは，サプライチェーンという，より広い枠組みの部分集合であり，その範囲内で起こることである．ロジスティクスは，在庫の時間的な調整と場所的な調整をすることによって，価値を創造するプロセスである．すなわち，会社の注文処理，在庫，輸送，保管，マテリアルハンドリング，および包装を，ネットワーク設備を通して統合的に組み合わせたものである．統合的ロジスティクスは，全体のサプライチェーンを連続するプロセスとしてつなげ同期化するのに役立ち，サプライチェーンを効率的に連結するのに欠くことができない[2]．ロジスティクスの仕事の目的は，必須のものとして数十年間にわたり変わりないが，その仕事を実践する方法は急激に変化し続けている．

「この本の重要な焦点は，統合的なロジスティクスマネジメントである」．しかしながら，ロジスティクスを学ぶためには，読者はサプライチェーン・マネジメントの基本を理解しなければならない．サプライチェーンを決めるということは，ロジスティクを遂行するオペレーションの枠組みを確立することである．まもなく検討することであるが，サプライチェーンの実践には劇的な変化をともなう展開が続く．したがって，この本で述べられているロジスティクスのベストプラクティスは，進展中の仕事として紹介されていて，サプライチェーン機構や戦略の展開しだいで，今後も絶えず変化するものである．第2章，リーン(無駄のない)ロジスティクスの範囲は，ロジスティクスのベストプラクティスにみられるルネッサンスであり，後に続くすべての章に対する舞台を設営する．

一見したところでは，サプライチェーン・マネジメントはあいまいな概念のように思える．基本的な定義，構成，あるいは共通とする用語範囲についてあまり考慮されずに多くが書かれてきた．サプライチェーンを構成するものは何か，社内のオペレーションと対照して他社とはどの程度まで統合するのか，そして競争優位な実践としてはどのように行われるのか，などの事柄についての適切な範囲に関して混乱が生じている．大部分のマネジャーにとって，サプライチェーンの概念は，本質的に訴えるものをもっている．というのは，それが顧客サービス改善の可能性を提供する，新しいビジネスの編成を思い抱かせるからである．その概念はまた，重複や非生産的な仕事を除去することによって効率を改善することのできる，高度に効率的，効果的なビジネスが連結されたネットワークを意味する．サプライチェーン革命を構成しているものをより具体的に理解するために，伝統的な流通チャネルの実例を調べることから始める．

商取引についての上記課題を克服するために，企業は，製品やサービスを提供するほかの会社とのビジネス関係を発展させ，共同して必要な活動を遂行した．そのような相互依存は，専門化の利点を享受するのに必要なことであった．マネジャーは，産業革命の初期から，戦略的に核となる能力，専門性，および規模の利益について計画を立てることを始めた．その結果，ほかの会社と親密に仕事をすることが，継続的な成功を収めるには必須であるということを理解するようになった．いかなる会社もす

べて自給自足ではありえないというこの考えは，垂直所有の統合という以前の考え方と対比されるものであった．ビジネス企業間での相互依存関係は，流通あるいはマーケティングチャネルとして知られるようになった研究を生み出した．

　異なったタイプのビジネスを十分に理解できるということから，チャネル編成についての初期の研究で特徴的なことは，流通プロセス間で遂行される役割に基づいて分類するということであった．たとえば，ある会社は卸売業者としての付加価値サービスを遂行するために創立されたかもしれない．卸売業者と取引する会社は，いかなるサービスを受け，支払いの代償は何かについての期待をもっていた．特定のチャネルを深く研究してただちに明確になることは，リーダーシップ，チャネルメンバー間で協力するためのある程度の約束事，そして紛争解決の手段などの必要性である．チャネル機構や戦略の研究を行った人たちは，単一の取引から高度に制度的な継続取引関係にまで及ぶ観察実例を分類するために，位相的な手法を展開した[3]．

　チャネル統合という結合特性は，協力することによって利益を得るというむしろ漠然とした概念であった．しかしながら，主として高品質の情報が欠けていたために，全体のチャネル機構は敵対を基盤とした姿勢をとることになった．お互いの主張が激しくなると，チャネル内の各社は何よりもまず自社の目標に焦点を当てるようになる．このようにして，結局は，チャネルの力学は，しばしば食うか食われるかの競争環境の特徴をもった．

　20世紀の最後の10年間において，チャネルの戦略と機構は急速に変わり始めた．伝統的な流通チャネル編成は，コンピュータと情報伝送技術の急速な発展で始まり，引き続いてインターネットとワールドワイドウェブ（WWW）の爆発で加速して，より協働的なものへと移っていった．WWWの相互接続性は新しいビジョンを打ち立てるのに役立った．

1-2　一般的なサプライチェーン・モデル

　統合的なサプライチェーンの一般的な概念としては，参加企業を協調的な競合体へと結びつける図1-1のようなラインダイヤグラムで典型的な説明ができる．図1-1は，ミシガン州立大学のサプライチェーン・マネジメントプログラムから引用された一般的なモデルを表している．

　統合的サプライチェーンの背景は，生産能力の限界，情報，コアコンピタンス（中核的能力），資本，および人的資源の制約などを特色にもつ枠組みのなかで，多数の会社が関係し合うマネジメントである．この背景の下では，サプライチェーン機構と戦略は，企業に競争優位性をもたせるために，支援関係にある流通やサプライヤーのネットワークならびに顧客ともオペレーション上結びつこうとする努力から生まれる．したがって，ビジネスオペレーションは，最初の原材料購入から最終消費者への製品やサービスのデリバリーまでを統合する[4]．

　5つの重要な流れ，すなわち，情報，製品，サービス，財務，および知識に関して，サプライチェーンを構成する会社間での相乗効果から価値は生じる（図1-1の情報の双方向矢印を参照）．ロジスティクスは，サプライチェーン・マネジメントの

なかでの，製品とサービスの流れの第一の経路である．サプライチェーンに組み込まれているそれぞれの会社は，ロジスティクス遂行に参加している．そのようなロジスティクス活動は，その会社内部あるいはサプライチェーン遂行全体のなかに統合されるかもしれないし，されないかもしれない．ロジスティクスの統合の達成がこのテキストの焦点である．

図1-1に例示されている一般的なサプライチェーン・マネジメントは，論理的にもロジスティクス的にも，1つの会社とその会社の流通およびサプライヤーネットワークを最終顧客へ結びつけるものである．この図が伝えるメッセージは，統合的価値

表1-1 成功したサプライチェーン戦略

最近のAccenture社の調査により，6つの異なった，しかしいずれも等しく成功したサプライチェーン戦略が明らかになった．
- 飽和市場に対応：強固なブランドと広く行きわたったマーケティングおよび流通を通して，高収益を生み出すことに焦点を当てる．
- オペレーション上敏捷な行動：製品分類や地理的地域ごとに，消費者の傾向が明らかになったら，それにすばやく反応して，資産やオペレーションを配分する．
- 新鮮さ志向：競争相手よりも新鮮な製品を消費者に提供することによって，プレミアムを生み出すことに集中する．
- 消費者関係をカスタマイズ：直接販売を通して最終消費者と密接な関係をつくり上げ，それを維持するために，マスカスタマイゼーション手法を使う．
- ロジスティクス最適化：サプライチェーン効率と効果のバランスを強化する．
- 取引を重視：消費者に対して「低価格で，最高の価値を」を優先させる（ロジスティクス最適化戦略で，しかし取引顧客に対してはブランドよりもサービス専心に注力して）．

（出典：Supply Chain Management Review, March/April 2000, p. 29.）

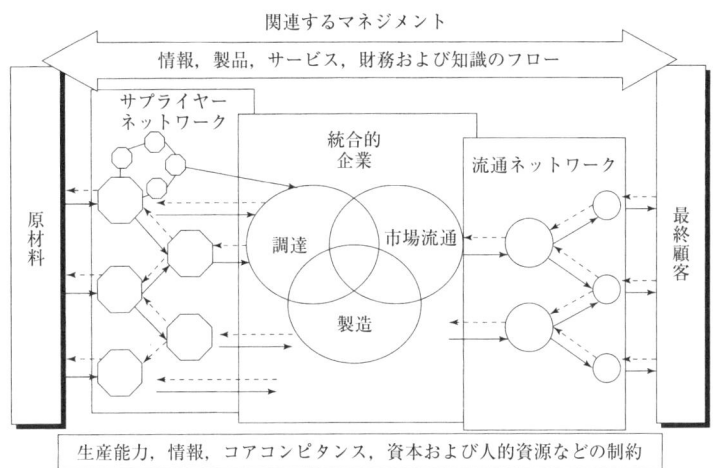

図1-1 一般的なサプライチェーンモデル

（出典：Adapted from supply chain faculty. Michigan State University.）

創造のプロセスは，原材料調達から最終顧客への製品/サービスのデリバリーまでを管理しなければならないということである．

統合的サプライチェーンの前途は，伝統的なチャネル形態の，在庫を売買し合う独立したビジネスが緩やかに結びつくグループから，市場へのインパクト，全体的効率，継続的改善および競争力を増加させるために経営的に率先して協力する方向に移行する．実際に，多くの**複雑性**は，サプライチェーンを直線図形として描く単純性に疑問を投げかける．たとえば，多くの企業は，多数の競合的サプライチェーンに同時に参加する．サプライチェーンが競争の基本的な単位となる段階で，多くの組合せに参加する会社は，秘密に属する忠誠の問題や潜在的な利害争いに直面することになりかねない．

サプライチェーン機構を理解するうえで，さらに複雑さを加えるもう1つの要素は，典型的な組合せにみられる高度な可動性と変化である．会社が加入しても，脱退しても，本質的な連結には何ら明確な損失がないような，サプライチェーンの流動性を観察するのは興味深いことである．たとえば，ある会社とサービス提供者が，それぞれ単独でかあるいはいっしょに，ピークの販売シーズンにはサプライチェーンに参加し，残りの期間は関わらないというように，特定の期間だけサプライチェーン機構に活発に参加するようなこともある．そのようなバーチャルなサプライチェーンの組合せの複雑さを示すために，そういう結果になる機構を**価値ネット**[5]に類似しているものとして説明する研究者もいる．表1-1は広範囲の異なったサプライチェーン戦略を明らかにする．

サプライチェーン・マネジメントを橋渡しし，その活動を可能にするものは情報技術である．情報技術のほかに，サプライチェーン編成の急速な出現は，4つの関連する力：(1) 統合マネジメント，(2) 応答性，(3) 財務的洗練，(4) グローバリゼーションによって拍車をかけられる．これらの力は，予測できる将来において，大部分の産業に対してサプライチェーン機構と戦略を促進する働きをするであろう．

ロジスティクス遂行への情報技術の影響についての詳細な議論は，第7～9章で考察する．サプライチェーンの各推進力について若干論じておくと，サプライチェーン・マネジメントがロジスティクス遂行に対して与える挑戦を理解する手がかりが得られる．

1-3　統合マネジメント

ビジネスオペレーションの全局面を通して，統合マネジメントを達成することが注目される．統合マネジメント達成が課題であるのは，機能ベースでことを遂行したり評価したりする長年のしきたりのせいである．産業革命以来，ベストプラクティスの達成については，機能の専門化を管理上重要なこととしてきた[6]．広く行きわたっている考え方は，特定の機能の遂行能力がよくなればなるほど，プロセス全般の効率は大きくなるというものであった．優に1世紀以上ものあいだ，機能面の効率に対する基本的なこだわりが，組織機構，実績測定，および説明責任におけるベストプラクティス追求へと駆り立てた．

1-3 統合マネジメント

マネジメントに関して，企業は伝統的に，仕事の重点，ルーチン化，標準化，および管理を促進するように部門を構成してきた．会計は，実際上部門の実績を測定するために展開された．大部分の実績測定は個々の機能に焦点を当てた．一般的な機能測定の2つの例は，製造単位当たりのコストと重量当たりの輸送コストである．機能間にまたがる測定や配賦は，一般的に，間接費，労賃，関接サービス，保険，利子など仕事の全機能分野共通のコストに限定されていた．

統合マネジメントの基本的挑戦は，伝統的な機能に焦点をおいたものを，プロセス達成に焦点を当てるように向きを直すことである．個別にはそれぞれ最高に遂行された機能が，組み合わされ集計された場合，必ずしも総コストが最低になったり，高度に効率的プロセスを達成することにはならないということが，過去数年のあいだで徐々に明らかになった．統合プロセスマネジメントは，機能間に存在するトレードオフを把握することによって，最低の総コストを把握して達成することを追及する．ロジスティクスの実例を使って説明すると，ある会社は従来より速くかつ信頼できる輸送に従来より多くの費用を支払う結果として，総コストを削減することができるかもしれない．というのは，そのプロセスに関連する在庫コストが，追加の輸送費以上に削減できるかもしれないからである．統合マネジメントが焦点を当てるのは，プロセス中に含まれる各機能のコストを最低にするということではなく，プロセス全体のコストを最低にするということである．

トレードオフの概念と最低の総コストが目標，ということが論理上必然の追求である．みかけと違って単純であるのに，総コストを最低にするプロセスを明確にし，測定し，そして実施することが，毎日のオペレーションのなかでは困難であると，マネジャーは思い続けている．機能間にまたがるトレードオフ計量を可能にするような，プロセスの遂行データやコスト測定基準を入手することはできないということが，プロセスエンジニアリングやアクティビィティ・ベースド・コスティング（ABC：活動基準原価計算）のような統合化用の道具の発展を活性化させるのに役立った．

統合マネジメントへの注目度が高まった結果として，サプライチェーン理論の3つの重要な局面が生まれた．すなわち，(1) 協働，(2) 企業拡張，(3) 統合サービスプロバイダーである．

1-3-1 協　　働

前に議論したように，ビジネスの歴史は協力したいという欲望に支配されてきたが，しかしつねに競争的枠組みのなかでうずくまっていた．競争は自由な市場経済を導く優勢なモデルでありつづける一方，徐々に増加する協働の重要性は，競争の重要な単位として，サプライチェーンのなかで存在するようになった．今日のグローバル経済においては，それぞれのサプライチェーン編成どうしは，顧客忠誠を求めてお互いに競争する．Sears，K-Mart，Target，およびWal★Martのサプライチェーンは，多くの市場において直接の競争相手である．同様なサプライチェーン編成は，エンターテインメントから自動車，化学品にいたる産業でみることができる．Limited Logistics Servicesのグローバル戦略は，現代のサプライチェーン・マネジメントの複雑さの輪郭を描いている．

制度的協業編成への一般的な起動力となったものは，1984年の米国共同研究開発法の制定であり，1993年の生産の追加修正によってその範囲は拡大した[7]．この国家の法律と引き続いての修正法は，伝統的な司法省の独占禁止哲学への基本的な変更の前兆となった．その基本的な法律は，行政の法令で補足されて，米国に基盤をおく会社が世界的競争力を強める努力のなかで，協働的イニシアチブを発展させるのを勇気づけた．協力は許されるものであり，勧められるものであるという理解が広まることは，サプライチェーンの形成に役立った．

あらゆるかたちの価格協定は法律違反ではあるが，協働に関する法律は，競争力を高めるために，組織をこえてオペレーション情報，技術，およびリスクを共有することを増進するのに寄与した．その反応として，さまざまな種類の新しい革新的なオペレーションの協定が生まれた．発展の1つとしては，企業拡張のビジョンが成長したことであった．

1-3-2 企業拡張

顧客やサプライヤーとの共同プランニングやオペレーションを増進するために，**企業拡張**の中心的な推進力は，単一企業の所有権の境界をこえて，経営上の影響や管理を拡張した．基本的な信念は，プロセスを統合する会社間の協働行動は，顧客へのインパクトを最大にし，全般的リスクを減らし，そして効率を大きく改善するということである．企業拡張は，2つの基本的パラダイム：情報共有とプロセスの専門化の上に成り立つ．

情報共有パラダイムは，高度の共同行動を達成するには，サプライチェーン参加者は自発的にオペレーション情報を共有し，戦略を協力して計画することを必要とするという広くゆきわたった信念である．企業間にまたがる協働の範囲は，販売の歴史をこえ，販売促進の詳細計画，新製品導入，および日々のオペレーションまでも含む．

協働を支援するための情報共有は，過去のつながりや売上げ高の大小によって制限されてはならないということを強調するのは重要なことである．よりいっそう重要なことは，共同計画を増進するためには，将来の活動についての戦略的情報を進んで共有することである．重要な原則は，顧客の要望をすばやくかつ効率的に共同で実行するためには，サプライチェーン参加者間で情報を共有することは必須であるということである．

サプライチェーン内の会社は，非生産的あるいは付加価値を生まない仕事は取り除くという目標に向かって共同オペレーションを計画するが，**プロセス専門化パラダイム**は，そのような計画立案に協働協定の重点をおくことに対するコミットメントである．基本的な考えは，全般的な結果が最大になるように，個々の必要な仕事を遂行しなければならない，特定の会社の責任および説明義務が明らかになるように，全体的なサプライチェーン・プロセスを設計することである．

サプライチェーンに参加している会社は，特定の役割をもっており，戦略的目標を共有する．情報共有と共同計画は在庫の配置に関わるリスクを減らし，在庫移動速度を速めることができる．協働は，サプライチェーンの特定メンバーを指名して，完全な責任をもたせることによって，めいめいが品質検査をするような重複や余剰の仕事

を取り除くことができる．そのように拡張された企業統合は，実績測定，利益とリスクの共有，信頼，リーダーシップ，および紛争解決に関する新たな課題をもたらした．協働と企業拡張への挑戦が新たな管理領域を形成することは明らかである．サプライチェーン発展へ貢献する第三の力は，統合サービスプロバイダーに対してマネジャーの態度が急速に変化していることである．

1-3-3 統合サービスプロバイダー

すでに述べたように，現代のビジネスはもともと機能の専門化に基礎をおいていた．特定の機能の遂行を専門に行う企業に仕事をアウトソースする慣習を，企業が発達させてきたことは驚くにあたらない．2つの伝統的なロジスティクスサービスのプロバイダーは輸送と倉庫の専門業である．

運輸産業は，地理的な場所間の製品移動を専門とする数多くの輸送業者からなる．数年にわたって，包括的な輸送業者のネットワークが出現し，利用できるあらゆる形態，すなわち輸送方法と関連技術を駆使して，荷主に広範囲な組合せのサービスを提供してきた．営業輸送の価値提案は，専門化，効率化，および規模の経済に基づいている．価値は，多数の荷主に対して共有の輸送サービスを提供する運送業者の能力によって生み出される．荷主にとって，とるべき輸送の手段は，輸送設備やオペレーションに投資するか，あるいは専門の輸送業者のサービスに依存するかである．当然ながら，非常に多くの会社が，これらの選択肢の利点を組み合わせる輸送ソリューションを発展させている．

輸送に加えるに，多くの数のサービス会社が伝統的に倉庫サービスを備えている．伝統的に「営業倉庫」とよばれて，これらの会社は製品保管と関連の専門サービスを提供する．営業倉庫を使用すると，荷主には2つの重要な利点がある．まず第一に，倉庫建築への資本投資が不要である．第二に，小口貨物を同じ営業倉庫を使用する他社製品と積合せして輸送することができることである．そのような多数荷主の積合せは，1社が自社倉庫から出荷するさいには通常享受できない輸送効率を達成し得る．多くの会社が，市場への流通ネットワークへ向けて，自社倉庫および営業倉庫を組み合わせる．

1980年に，米国における運輸サービスの状況は劇的に変化した．自動車運送事業者規制改正ならびに近代化法（MCA-80）およびスタッガーズ鉄道法[8]が通過した結果，2，3か月という短期間で，米国における輸送の経済上および行政上のインフラトラクチャーが規制解除され始めた．これらの規制上の変化は，究極的にはすべての形態の輸送に対する政府の規制を減らす結果になる自由輸送市場へ向けて舵を取る働きをした．時とともに，この傾向は世界的に広がり，大部分の自由市場の工業国における輸送の規制を緩和した．

輸送に比べて，営業倉庫を使用している会社は，オペレーションの都合上，連邦や州政府による規制を受けていなかった．大部分の倉庫会社は規制に関わるのを避けて輸送サービスを提供していなかった．しかしながら，輸送の規制緩和とともに，その慣習はすぐに変わった．一夜にして倉庫会社は輸送サービスを提供し始めた．同様に，多くの輸送業者は顧客に統合的な倉庫サービスを提供し始めた．

ロジスティクスサービス産業で起こったことは，単一機能から多機能アウトソーシングへの基本的な移行であった．統合サービスプロバイダー（ISPs）は，受注入力から製品デリバリーまで，顧客サービスに必要なすべての仕事を含む一連のロジスティクス・サービスを販売し始めた．多くの場面で，広い範囲の特別サービスをすることにより，輸送や倉庫サービスの創業が増大した[9]．このようなカスタマイズしたサービスは，通常，「付加価値サービス」といわれる．たとえば，United Parcel Service（UPS）は Nike の靴やスウェットスーツをルイスヴィレの倉庫で保管し，1時間ごとに受注処理をしている．関連するすべてのコミュニケーションおよび財務管理は，サンアントニオにある UPS のコールセンターで取り扱われる．このように，Nike は基本的ロジスティクスおよび関連する付加価値サービスを UPS に効果的にアウトソースしている[10]．

ISPs を述べるのに産業界を通して使われている一般的なよび名は**サードパーティ（第三者）ロジスティクスプロバイダー**（3PLs）である．一般的な意味では，サードパーティ企業は，通常「設備資産ベース」か「設備資産ベースでない」かによって分類されて，その違いは資産ベースの会社は輸送設備や倉庫建物を所有してオペレーションするということである．対照的に，資産ベースでないサービス会社は，サプライチェーン協定を増進する，包括的な情報サービス提供を専門とする．そのような資産のないサービスプロバイダーは，顧客の代わりにサードパーティ設備資産の運用者によるサービスを使用して，サービスを手配し統合する．

2000年のサードパーティロジスティクス・サービス市場は564億ドルであるが，24％の成長が予想されていて，2001年までには700億ドルに達すると見込まれている[11]．統合したサービスプロバイダーの成長は，サプライチェーン協定の形成や解体の両者をいっそう容易にする．サプライチェーン参加者は，バーチャルロジスティクス・ネットワークに相当する能力を雇う機会をもつことになる．このようなアウトソーシングは，プロセス重視の統合マネジメントを増進する助けとなる．

すでに議論したように，協働の到来，拡張された企業のビジョン，そして統合サービスプロバイダー活用の可能性増大などが相まって，新しいサプライチェーン・ソリューションを急速に押し進めた．協働の利益という考えは，サプライチェーンで共同する会社間での関係の重要性を強化するのに役立った．拡張された企業の論理は，サプライチェーン参加者間で情報，計画，および専門化したオペレーションを共有する結果として，効率や効果が増加するという見方を高めた．輸送の規制緩和は，統合サービスプロバイダーを発展させる触媒として役立った．この発展は，サプライチェーン・オペレーションを増進するのに役立つ，専門化したサービスの範囲を，再定義し，拡大するのに役立った．これらの3つの推進力はいっしょに組み合わさって，統合サプライチェーン・マネジメントを築き上げるのを助長した．それらは，統合マネジメントの戦略上の成果を明らかにし強固にするのに役立った．組み合わさって，コアコンピタンスが専門化する価値を強化し，バーチャルなサプライチェーン協定を築く挑戦と機会を固めた．第6章で，個別企業，国内，およびグローバルな挑戦の見地から，統合マネジメントを考察する．

1-4 応　答　性

　統合マネジメントへの挑戦とその成果は，サプライチェーン革命が行われるのに十分な理由づけを提供したということができる．しかし，ほかの基本的な推進力によって，サプライチェーン編成がいっそう魅力的な状態として続いている．情報技術が発展した直接的な結果として，戦略的思考における根本的なパラダイムの移行が起こった．情報の接続性は，応答（レスポンス）ベースのビジネスモデルを発展させる可能性を生み出した．広範囲に及ぶこの大発展の意味合いを念入りにみるためには，伝統的な「予測」のビジネス慣習を，出現しつつあるタイムベースの「応答性」ビジネスモデルに対比することが有効である．

1-4-1　予測ベースのビジネスモデル

　産業革命以来，支配的なビジネスモデルでは，顧客の要望を予測することを奨励してきた．購買行動に関する情報は簡単に利用できるものではなかったし，流通チャネルで緩やかに結びついている会社どうしが計画の共有を強制できるものとも考えられなかったので，ビジネスオペレーションは予測で動いていた．通常の製造業者は市場の予測に基づいて製品をつくった．同様に，卸売業者，流通業者，および小売業者は彼ら独自の予測や販売促進計画に基づいて製品を仕入れた．予測の結果は頻繁に間違った結果を伴ったので，会社の実行計画と，実際の実行とのあいだにはかなりの差異が生じた．そのような差異の結果，通常予期せぬ在庫が発生した．予測ベースでビジネスを行うことからくる高コストとリスクのために，取引パートナー間の関係は一般的に敵対的なものとなり，各会社は自社の利益を守る必要に迫られた．

　図1-2は予測ビジネスモデルにおける一般的な段階：予測，原材料購入，製造，倉庫保管，販売，そして納入を表す．非製造会社のオペレーションには，期待する販売をまかなう在庫の組合せを予測して仕入れることが含まれる．キーポイントは，必要な仕事のほとんどすべてが将来の需要を予測して行われるということである．最終顧客の需要測定が間違いがちなことが，予測ビジネスモデルをリスクの高いものにした．さらに，流通チャネルの各社は予測プロセスを重複させた．

1-4-2　レスポンスベースのビジネスモデル

　予測ベースとレスポンスベースのサプライチェーン編成の根本的な違いはタイミングである．レスポンスベースのビジネスモデルは，サプライチェーン参加者間での共同計画立案や迅速な情報交換によって，予測依存を減らしたり排除したりする．

　低コストの情報が使用できるようになって，「タイムベースの競争」が生み出された．サプライチェーン・ロジスティクスのスピードと精度の両方を改善するために，マネジャーはますます多く情報を共有しつつある．いわば，マネジャーは，予測によ

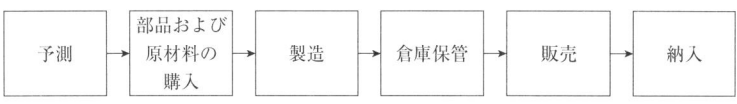

図1-2　予測のビジネスモデル

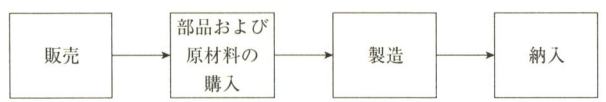

図1-3　レスポンスベースのビジネスモデル

る在庫展開を減らす努力のなかで，予測の精度を改善したり，場合によっては排除さえするために，情報を共有する．今日のマネジャーは，正確な販売情報の入手と共有や，オペレーション管理の改善実施を急速に行うことができるので，予測ベースからレスポンスベースのビジネスへのこのような転換が可能なのである．サプライチェーンのすべてのメンバーが彼らのオペレーションを同期化すると，全体としての在庫を減らしコストの高い重複作業を除去する機会が生じる．より重要なことは，顧客に必要な商品を早く届けることができることである．

　図1-3は，顧客注文に対して製造あるいは組立をするレスポンスベースのビジネスモデルを表す．根本的な違いは，ビジネスの実施を推進する事柄の順序である．また，図1-2と比べて注目に値するのは，レスポンスベースのプロセスを完結するに必要なステップが少ないことである．ステップが少ないということは，一般的に，コストが少なく，受注から納入までの経過時間が少ないということに等しい．レスポンスベースの順序は，販売から始まり，続いて原材料購入，カスタム製造，そして顧客への直送という順序になる．多くの点で，この応答ベースのビジネスモデルは伝統的な受注生産に似ている．現代のレスポンスベース・オペレーションと伝統的な受注生産との主要な相違点は，実施時間とマスカスタマイゼーションの程度である．

　受注から納入までの実行時間の観点では，現代のレスポンスベース・システムは伝統的な受注生産より実質的に速い．たとえば，顧客仕様のコンピュータは，最終顧客に3日以内でつくって届けることができる．消費財を小売店の在庫に日次ベースで補充することは，一般的な慣習となりつつある．カスタム製品の自動車は10稼働日以内で納入が約束されるようになっていて，受注から納入までのサイクルをさらに減らすことを目標としている．このように圧縮された受注から納入までのサイクルは20世紀後半には想像すらできなかった．

　おそらく，レスポンスベースのサプライチェーンがより魅力的といってもいい特質は，伝統的な受注生産における通常ロットサイズ製造に満たない注文に対しても，特別に製品をカスタマイズできる可能性があることである．ウェブベースの相互作用コミュニケーションを通して最終顧客と直接連結できるようになって，そのようなカスタマイゼーションの採用が加速されている．大部分の伝統的予測ベースの流通システムにおいては，顧客は受身の参加者であった．そのプロセスのなかで唯一顧客が行使できたかは，買うか買わないかの決定だけであった．レスポンスベースのプロセスに直接関わることによって，顧客は3つの直接的な成果を得る．第一に，参加することにより，顧客は包括的なサーチ能力を提供される．そして，そのことは製品やサービスを選ぶときに考慮できる，供給元や選択の範囲を広げるのに役立つ．第二に，顧客は価格についての情報をよりよく知らされて，入札や競売によって有利な価格を追求

する可能性がある．最後に，情報重視のレスポンスベースのシステムは，顧客が自身の製品構成を設計したりカスタマイズしたりする「顧客チョイスボード」のような革新性をも提供する[12]．

1-4-3 延　期

タイムベース競争の中心に，製造ならびにロジスティクス遂行を延期する能力がある．延期の考えはビジネス文献で長いあいだ論じられてきた[13]．しかし，延期を含む実例は，情報技術の進歩に直接関わっている．延期の戦略や実行は，サプライチェーン遂行のさいにおける予測のリスクを減じるのに役立つ．前に述べたように，予測に基づく仕組みによると，大部分の在庫は予測や計画に基づき生産され，配置されることになる．作業編成は，顧客注文入手まで製品の最終生産や流通を延期することを可能にし，間違った製造や不正確な在庫展開の発生を減じる．レスポンスベースのサプライチェーン・オペレーションでは2つのタイプの延期が一般的である：(1) 製造，すなわち「形態」の延期；(2) 地理的，すなわち「ロジスティクス」の延期．

a. 製造の延期

21世紀におけるグローバルな競争環境は，コストと品質を維持したままで，柔軟性と応答性を増やすように設計された新製造技術の発展を増進している．伝統的な慣習では，長期間の生産稼働を計画することによって，規模の経済達成に焦点を当てた．対照的に，柔軟かつリーンな製造理論は，顧客の要望に対する応答性を増やそうとする欲求によって推進される．

レスポンスベースの製造は柔軟性に力を入れる．**製造**ないし**形態の延期**というビジョンは，正確な顧客仕様が完全に把握でき，顧客の確約が得られるまでは，準備作業をせず部品調達も行わないということである．いわば，製品1つを「一度に1注文」製造するということである．受注してから生産するという夢は新しいことではない．新しいことは，柔軟な製造は，効率を犠牲にすることなく，このような応答性の達成が期待できることである．技術が市場ペースの柔軟な製造戦略を支援する段階で，会社は予測駆動のオペレーションから開放される．

実際の場合には，ロットサイズ製造の経済性は無視できない．課題は，調達，製造，およびロジスティクス間のコスト・トレードオフの計量である．この点については，トレードオフは，予測に基づく製造と関連するコストやリスクと，柔軟な手順導入の結果生ずる規模の経済の損失とのあいだにある，ということを理解することで十分である[14]．製造ロットサイズを小さくするためには，ラインの立上げ，切替え，および関連した調達に関わる費用が，完成品つくりだめに関連するコストおよびリスクと見合うトレードオフが必要となる．伝統的な機能スタイルのマネジメントにおいては，もっとも安い単位コストの生産を実現するように，製造スケジュールが作成される．統合マネジメントの観点からは，目標はもっとも安い総コストで顧客が望む満足を達成することである．このためには，全体としてのサプライチェーンの効率を追求するために，ある単位当たりのコストを犠牲にして製造を延期することが必要となる場合もある．

製造延期のオペレーション上の目標は，製品をできるだけ長く中立すなわち約束を

してない状態で保持することである．形態延期の理想的な適用は，標準あるいは基本的な製品を，規模の経済を満足するに足る十分な数量を製造し，一方では顧客の約束を取りつけるまで色や付属品のような最終的な特徴づけは延期することである．延期を基本とする製造シナリオの下では，広い範囲の異なった顧客を取り込むために，標準あるいは基本的な製品を生産することによって，ロジスティクスの均一化のためにも規模の経済が取り入れられる．商業的に実行可能な最初の製造延期の実例は，個々の顧客の要求に合わせて小売店でペンキの色を配合することであった．店内での配合プロセスが完成して，小売ペンキ店で必要とされた在庫アイテム数が大幅に減った．あらかじめ配合した色のペンキの在庫を保管しようとするのではなく，小売店は基本的なペンキを保管し，具体的な注文に合わせて色をカスタマイズする．

ほかの産業においては，製造の方法として，製品を大量に加工し保管し，顧客の注文を受けるまで最終段階の詰合せ包装を延期することである．ある場合には，製品は加工されブライト缶にパックしておかれ，具体的な顧客注文を受け取ってからブランドを記したラベルを貼る．ほかの製造延期の例としては，自動車，電気器具，バイクなどの販売業者の店で付属品を取りつけることが増えている．そのようにして購買時点で顧客の要望に製品をカスタマイズするのである．

これらの製造延期の例には共通していることが1つある：物流在庫における保有アイテム数を減らす一方，広いラインの販売努力を支援し，大量生産という規模の経済を維持することである．製品はカスタマイズされるまで，多くの異なった顧客に奉仕する可能性を残している．

製造延期の影響は二重にある．第一に，販売を見越して移動させるので，製品の種類は減少する．したがってロジスティクス上の不具合のリスクはより低い．第二に，おそらくより重要な影響であるが，軽い製造と最終組立てを行うために，ロジスティクス設備とチャネル関連の使用が増加することである．製造において，専門的能力や規模の経済の観点から許される限度まで，製品のカスタマイズは顧客のいる市場近くで遂行されるのが最良である．産業によっては，ロジスティクス上の倉庫がもつ伝統的な使命が，製造延期によって，大きく変化したものもある．

b. 地理的延期

多くの点において，**地理的**すなわち**ロジスティクス上の延期**は製造の延期とまったく逆である．実際，「加速」という言葉は顧客要求を急いで実現する原動力を表すのに使われる．地理的延期の基本的な考えは，1つまたは2,3の戦略的な立地場所にフルラインの在庫を保管することである．在庫の前方展開は，顧客注文を受取るまで延期される．ひとたびロジスティクスプロセスが開始すると，直接に顧客へ向ける製品の経済的移動を加速するのにあらゆる努力がなされる．地理的延期の考え方のもとでは，在庫展開という先行リスクは完全に除去されるし，一方製造の規模の経済は保持される．

地理的な延期の実例は，Sears Store の直接納品システムである．急ぎ注文用コミュニケーションを活用することによって，電気器具のロジスティクスは，顧客注文を受け取って初めてスタートする．月曜日に購入される電気器具は，早くも水曜日に顧

客の家庭で据えつけられる．月曜日に売られた電気器具が，当日の夜か火曜日早朝までは製造されない可能性があるということも明らかである．

地理的延期が適用されるなかの多くには，供給サービス部品も含まれている．重要かつ高コストの部品は，潜在的ユーザー全員に利用可能なように中央在庫に保持される．需要が発生すると，注文は電子的に中央のサービスセンターに送られ，速くかつ信頼できる輸送を使って，緊急出荷でサービスセンターへ直送される．最終的には，全般的在庫投資を減じて，高度に信頼性のある顧客サービスができるという結果になる．

精密さを要求される注文を，高度の精度とスピードをもって処理し，伝送し，配送する能力が増大することによって，地理的延期への可能性は増進した．地理的延期によって，精密さを要求される注文も配送が加速されたため，各地の市場倉庫へ先行して在庫を展開する必要が取り除かれた．製造の延期とは違って，地理的延期を利用するシステムでは，製造上の規模の経済は維持しつつ，直送出荷を加速することによって顧客サービスの要望に応える．

製造上の延期と地理上の延期を組み合わせることによって，顧客との成約に先立って市場配置に入ることを避けることのできる，別な方法を提供できる．いずれの形態の延期が有利かは，量，価格，競争上のイニシアチブ，規模の経済，そして望まれる顧客納入の速度と整合性しだいである．増え続けるサプライチェーンにおいて，両者の延期が組み合わさって，応答性の高い戦略をつくり上げる．

1-4-4　当面の課題と将来

実際，今日の最良のサプライチェーン・プラクティスは，極端な予測ベース設計と極端なレスポンスベース設計いずれをも反映していない．既成の会社は，かなりの程度まで，予測の慣習に任せたままである．しかし，レスポンスベースの戦略が急速に浮上してきている．おそらく，レスポンスベースの編成を採用するうえでの最大の障害は，広く公開されている会社に期待されている四半期ごとの利益を維持する必要があるということである．この説明義務が継続的な販売と財務上の結果に対する期待を生み出す．そのような期待から，しばしばタイムリーな販売を行うために在庫を「チャネルに詰め込む」販売促進戦略に拍車がかけられる．それとは逆に，チャネル在庫を大幅に減らすことは決してタイムリーではない．より応答型のオペレーション姿勢をとろうと，リーンになる，すなわち在庫を減らすためには，サプライチェーン・パートナーへの1回の販売量の削減を吸収する能力が必要となる．eコマース会社のような創業したばかりのベンチャーは，在庫削減という難問に直面しないので，レスポンスベースの実践システムを実行するには理想的な立場にある．

レスポンスベースのオペレーションを実行するのに立ちふさがる第二の障害は，協働関係を確立する必要があるということである．大部分のビジネスマネジャーは，成果やリスクを共有するように設計された協働編成を展開することについてのトレーニングを受けていないし，経験もまったくもっていない．一般にマネジャーは，レスポンスベースの連携に対する長期の可能性に強い信念をもってはいるが，彼らの報告によれば，サプライチェーン協定をいかに導入するかについてはかなりの欲求不満をも

っている[15].

　予測できる将来としては，大部分の会社は予測ベースとレスポンスベースのサプライチェーン協定を組み合わせる戦略を実行しつづけると思われる．特定の顧客やサプライヤーとのレスポンスベースの協定に，いっそう多く組み込まれる傾向は広がりつづけると思われる．レスポンスベースの流通を押しすすめる大きな力は，ウェブベースの商取引である．難問は，会社が伝統的な流通の特性とウェブベースの流通の特性とを併せもつ，さまざまの配送編成に同時に巻き込まれることである．

1-5 財務的洗練

　上記で論じられたタイムベース戦略をサプライチェーン・オペレーションに適用する利点について，ほとんどのマネジャーは疑問をもたない．しかし，十分な速さとはどれくらいの速さなのか？と問うのは妥当な質問である．速さのための速さは，価値があるとしても，それは永続的な価値ではない[16]．どれくらいの速さが望ましいかについての答えは，発生する財務上の成果にみられる．価値創造のプロセスの述べるところは，より速く，より柔軟で，より正確な顧客サービスの方法は，それらが競争優位な価格で提供され得るかぎりは正当化されるということである．競争優位なサプライチェーン戦略に向けての第三の推進力は，財務的魅力ある業務協定を達成するために，よりタイムリーな方法で管理する能力である．

　タイムリーな応答が財務に与える利点は明瞭である．速い直接納品は在庫を減らし，流通施設の必要性を減らす．顧客へより速く届けるということは，サプライチェーンのオペレーションを支援するのに必要な稼働資本を減らすことを意味する．財務的洗練の3局面は，運転資金回収，滞留時間の最小化，および現金回転である．

1-5-1 運転資金回収

　運転資金回収（キャッシュ・ツー・キャッシュ変換）とは，原材料すなわち在庫購入を販売収入に変換するに必要な時間を意味する．資金回収とは一般に在庫回転に関係がある：在庫回転率が高ければ高いほど，現金変換は速い．サプライチェーン設計の目標は，在庫回転の速度を上げる努力によって，受注から納品までの時間を減らしコントロールすることである．

　伝統的なビジネスの仕組みにおいては，資金回収に関連する成果は，通常ビジネスパートナーの犠牲のもとに享受することができた．通常の購入割引や請求書発行慣習のもとでは，会社がすばやく製品を販売し，しかも即座に支払い割引の資格を得ることはオペレーション上可能である．例をあげていうと，ネット10日の支払いで2%の割引（ネット10日に2%）を与える販売条件とは，納品後10日以内の支払いには即座の支払い割引が与えられるということを意味する．したがって，請求書が1000ドルの場合には10日以内に支払えば20ドル稼げる．もし会社が請求書の支払い日以前に現金で販売するならば，実際問題として在庫なしで済ませ，支払い日を待つあいだ資金を投資することによって金利を稼ぐことさえできるかもしれない．

　レスポンスベースのシステムにおいては，サプライチェーンを通るあいだの在庫移動の速度を管理することによって，資金回収の成果を共有することができる．原産地か

ら最終地への在庫（移動）速度を管理するこの能力は，単一の会社で到達し得るよりはるかに大きな効率をもたらす可能性がある．共同のオペレーションにあっては，サプライチェーン中の指定された1社が，主要な在庫保管場所としての役目をもつことが必要になるであろう．そのような慣習の意味するところは，在庫に関わるリスクや利益は参加企業が共有する必要があるということである．そのような仕組みを増進するためにサプライチェーンのメンバーは割引の代わりに**完全固定粗利益価格**を使う．

完全固定粗利益価格（完全透明価格）とは，売価をすべての取引や費用の各要素に分解することを意味する．このようにして，タイムリーな支払いに対する報奨金の代わりに，明記した正味価格で特定の業務を遂行する確約がなされる．交渉した結果の正味価格に基づいて，請求書支払いは，物理的受領の確認をもって完了する．そのような支払いは通常電子的資金移転（electronic founds transfer: EFT）の形態をとり，それによってサプライチェーン・パートナー間で物的製品と現金両者の流れを均等化する．継続的な同期化プロセスとしてサプライチェーンの業務遂行を管理することは滞留時間を減らすのにも役立つ．

1-5-2 停滞時間の最小化

伝統的な流通の編成には，通常各取引ベースで緩やかに結びついている「独立した」ビジネス単位が含まれている．伝統的なビジネスオペレーションの取引を考察すると，在庫を緩衝剤とした一連の独立した取引に帰着する．対照的に，サプライチェーンは，同期化した「相互に依存する」一連のビジネス単位として機能する可能性をもっている．

サプライチェーン活動のテコの中心にあるのは，できるだけ多くの協働と情報を活用して必要に応じて進んで在庫を移動するということである．そのような協働と情報については，サプライチェーンを移動する在庫の継続的な流れと速度を維持することに焦点が当てられる．そのような同期化ができることが，サプライチェーン接続の主要な利点である．

サプライチェーン生産性の重要な尺度は**停滞時間**である．停滞時間とは指定されたサプライチェーンの使命を果たすために必要とされる時間に対して，資産が使用されていない時間の比率である．たとえば，1単位の在庫が，移動しているか，さもなければサプライチェーンの目的達成に貢献している時間に対して，その在庫が保管されている時間の比率ということになる．

停滞時間を減らすために，サプライチェーンで協働している会社は，重複作業や付加価値を生まない作業を，進んでなくそうとすることが必要である．たとえば，もし3つの異なった会社が，製品がサプライチェーンを流れるあいだに，同一のプロセスを行うならば，停滞時間は蓄積するであろう．特定の会社を指定して，付加価値のある仕事をやらせ，説明義務をもたせるならば，それは全般的な遊休を減らすのに役立つ．

同じように，サプライチェーン・パートナー間でのタイムリーな入荷と継続的な在庫の流れは，停滞を減らす．製品が停滞したり，倉庫に移されたりすることなく，サプライヤーから小売業者のクロスドックプロセス（入荷即仕分け出荷プロセス）を通

すことによって，停滞は最短となる．停滞や関連したロジスティクス費用を減らすことの副次的成果は，在庫や関連資産への投資を減らす能力が生まれることである．

1-5-3 現金回転

サプライチェーンのなかで資産を減らす可能性のある利点を表す一般的な言葉は**現金回転**であり，しばしば**フリーな現金回転**ともいわれる[17]．この概念はサプライチェーン遂行に関わる総合的な資産を減らすことである．1ドルの在庫品あるいは倉庫家賃が，再設計されたサプライチェーン協定で除去されるとしたら，施設の改善に役立つ現金となる．そのようなフリーな資本は，危険すぎると思われるかもしれないプロジェクトに投資できる．

当然ながら，現金回転の機会はサプライチェーンに独特のものではない．現金が回転する可能性は，会社のすべての分野に存在する．サプライチェーンでの現金回転の可能性をそれほど魅力的にするものは，会社間で共働する機会である．

速い運転資金回収，減少した滞留時間，および現金回転から生まれる成果は，結合して，財務上の魅力である効果的共働が増加することである．サプライチェーン経営の拡大を助長するもう1つの大きな力は，大部分の会社が国際間のオペレーションにいっそう関わってきていることである．2つの重要な機会，すなわちマーケット拡大とオペレーション効率の結果から拡大したグローバルビジネスが生まれる．

1-6 グローバリゼーション

低く見積もっても世界需要の90%程度までが，最近は自国の供給では完全にまかなわれていない．現在の需要に，今後10年間1日平均20万人以上増えると見込まれる世界の人口を加えたものが，実質見込みとなる．製品/サービスが伸びる可能性のある領域は，先進工業国経済と発展途上国経済の間では大きく異なる．グローバル経済の先進工業国地域においては，B2Bと上級消費財に重点がおかれる．これらの先進工業社会では，付加価値サービスといっしょになった製品を販売するための実質的な機会が提供される．開発途上国の消費者は，先進工業国の消費者より相対的に購買力が劣るということは確かであるが，基本的な製品や必需品に対するこの経済社会における需要は巨大である．開発途上国の消費者は，ファッションや技術よりも基本的生活の質に，より興味をもっている．たとえば，インドや中国で増加し続ける人口は，食料，衣類および冷蔵庫や洗濯機などの耐久消費財のような基本的製品に対する巨大な市場機会を提供する．活発な成長を目指す会社は，グローバルなマーケットプレースが商業化するのを見逃さない．

販売の可能性があるうえに，オペレーションの効率を高める機会があるために，グローバルビジネスへの参入に拍車がかかっている．オペレーションの効率は3つの分野で達成可能である．第一に，グローバル・マーケットプレースは，全材料や部品を戦略的に調達するための重要な機会を提供する．第二に，製造設備や流通施設を開発途上国におくことによって，重要な労働上の優位性を確保することができる．第三に，税制上の優位性が，特定の国での付加価値作業の遂行をきわめて魅力あるものにする．

市場拡大を達成しオペレーションの効率を享受するために，グローバルオペレーションに参入することを決めると，必然的にビジネス拡大という道を歩むことになる．通常，会社は輸出入のオペレーションを行うことによって，グローバル・マーケットプレースに参入する．そのような輸出入取引はグローバルな国際ビジネスの重要な部分を構成する．国際化の第二段階には，外国や取引地域に拠点を確立することが含まれる．そのような拠点とは，進出地域でのフランチャイズ化やライセンス供与から，製造や流通施設の設立までの範囲を含む．輸出入の関与と進出地域での拠点の設立とのあいだの重要な区別は，第二段階の特徴である投資と経営参加の程度である．国際化の第三段階は，国内および海外にまたがる最終段階のビジネスオペレーション行為である．この国際的関与のもっとも進んだ局面が通常「グローバリゼーション」とよばれる．

国際化のロジスティクスには国内もしくは地域オペレーションと比べて4つの重要な相違点がある．第一は，通常の受注から納品までの「距離」が，国内ビジネスに比べて，国際間にまたがりかなり長いということである．第二に，関与するすべての政府の法律や規制に適合するために，ビジネス取引に必要な「文書化」がかなり複雑である．第三に，作業慣習や地域のオペレーション環境に合わせてかなり「多様性」をもって対応するように，国際ロジスティクスオペレーションを設計しなければならない．最後に，消費者が製品やサービスをどのように「必要とする」かについての文化的なバリエーションに合わせることが，ロジスティクスオペレーションを成功させるのには必須である．成功裏に「サプライチェーンをグローバル化する」には，ロジスティクスへの挑戦をマスターする必要があるということを理解するのが大切である．

ロジスティクスの原則とサプライチェーン統合の理想は，グローバルであっても国内のものと本質的には同一であるが，上記の特徴がオペレーション環境をより複雑でコスト高のものにする．グローバルベースのロジスティクス費用は年間5兆ドルをこえる[18]．その出費を正当化するものは，可能性のある市場拡大とオペレーションの効率性である．しかしながら，国際的なサプライチェーン経営やそのロジスティクス設備への資本投資はリスクにさらされることから，統合的なオペレーション戦略戦術が必要とされる．

1-7 サプライチェーン・マネジメントにおける問題

爆発的に進歩した情報技術の助けによって，統合的経営，応答性，財務的洗練，およびグローバリゼーションなどの力が結集して，サプライチェーンの課題を，大方の会社に対して大画面に映し出すように明瞭に提示した．第2章のリーン（無駄のない）ロジスティクスの議論に移る前に，サプライチェーン実行に関連する問題を考察するのが適切である．

サプライチェーン・マネジメントの可能性に関して，ビジネス出版物やセミナーの催しが，抑制できないほどの熱心さで氾濫している一方，そのような協働に関する難問やリスクにはほとんど関心が向けられていない．サプライチェーン協定で重要なものとして明らかにされてきた問題やリスクは，実行面や社会面にある．

1-7-1 実行面の課題

ビジネス戦略を現存する慣習から実質的に修正しようとするときはいつでも，実行への道は困難である．前に述べたように，サプライチェーン・マネジメントの可能性は，統合的プロセス遂行に焦点を当てるために，伝統的な機能の慣習を変更する能力に基づいている．そのような行動変更には，内部的な統合とサプライチェーンを通してのオペレーションの指示に関連する新たな慣習が必要とされる．統合したサプライチェーン慣習を実態のあるものにするには，少なくとも4つのオペレーション上の難問を解決しなければならない．

a. リーダーシップ

サプライチェーンが，参加企業にとって感知できる成果を達成するためには，サプライチェーンは管理されたプロセスとして機能しなければならない．そのような統合的管理にはリーダーシップが必要とされる．こうして，協働協定の展開の非常に初期の段階に，サプライチェーン・リーダーシップの問題が浮上してくる．大部分のリーダーシップ問題の根本は権力とリスクである．

サプライチェーン協働を考慮するさいには，どの会社がリーダーシップの役割を担うかは，権力が決める．同じように重要なことは，サプライチェーンを編成するさいに，ほかのメンバーは特定の会社を協働のリーダーとして進んで認めることである．全国規模のブランド品の消費財を提供する製造業者と，消費者の著しい店舗忠誠をもっている大規模販売会社とを結びつけてサプライチェーンを編成しようとすると，そのサプライチェーンは，実質的な権力闘争を起こすことがある．逆に，同レベルのサプライヤーたちの自動車組立オペレーションへの結合は，はるかに明瞭な権力の提携がはかられる．

サプライチェーン加入に関連するリスク問題は，実質的には，協働から誰がもっとも得をしたり損をしたりするかに集中する．明らかに，サプライヤーのなかで輸送サービスを提供するトラック運送会社は，上記で議論した製造業者や大商人よりもはるかにリスクが少ない．一般的に，リスクが，協働的協定を通して，したがってリーダーシップを決めるさいに重要な役割を果たす．

どの会社がリーダーとなり，ほかの会社がそのリーダーシップの下で進んで協働するかという問題は，サプライチェーンを理想的な仕事にするための根幹である．第6章ではこれらの挑戦的な問題をより詳細に展開する．

b. 忠誠と秘密性

どんな状況を観察しても，ほとんどの場合，特定のサプライチェーンに参加している会社は，同時にほかの似たような編成にも関わっている．関わり方に違いが十分あるために，秘密性の問題を引き起こさないようなサプライチェーンもある．たとえば，Dow Chemical のような多岐にわたる会社は，たくさんの異なったサプライチェーン協定に同時に参加することができるが，忠誠が実質的に重複したり，分断したりすることはない．

しかし，より一般的な事態は，いくつかの会社が直接的に競合者であるサプライチェーンのメンバーとして関わっていることである．たとえば，Procter&Gamble はあ

らゆる主要食品小売業者のサプライヤーである．そのため，Kroger，Farmer Jack，Meijer，および Spartan Stores のいくつかの小売業のメンバーは，みな同じ都市で店を開いていて，Procter&Gamble と協働の協定を展開するさいには，コンフリクトの可能性は実に現実的である．競争のフレームワークをいっそう複雑にするために，これらの同じ小売業者たちがまた，Kimberly-Clark，Colgate-Palmolive，および Lever Brothers のような Procter&Gamble の競争相手とも協働しているという事実を追加してみよう．そうすると，忠誠と秘密性の問題はより大きくなる．最後に，さらに複雑なことには，これらの製造業者の商品を同じ地域のマーケットで販売する，Rite-Aid，Target，Wal★Mart Stores, Inc. のようなほかのタイプの小売業者が加わると，直線状のサプライチェーンというすっきりした概念は，すぐに激しい競争という複雑さに埋没してしまう．

　競合する相互作用の複雑さのなかから抜け出し，統合的サプライチェーンの可能性を実現させるためには，協働のイニシアチブをスタートさせ，育て，維持しなければならない．競合するサプライチェーンに同時に参加している会社は，忠誠を育成し秘密性を維持するプログラムを発展させなければならない．そのような協定を述べるのに使われる言葉を**組織分割**（パーティショニング）という．

　分割とは，必要とする特定の関係性を取り入れるために，所有権のある組織と情報の協働を発展させることを意味する．製造業者ブランドの製品と小売業者との販売促進の展開に重点をおく状況下では，分割はしばしばユニークな顧客チームを使って管理運営される．新製品開発に関わる状況下では，特定のサプライヤーたちと取引する別の組織単位をつくる必要があるかもしれない．たとえば，Johnson Controls のプリンスグループは，DaimlerChrysler，Ford，および General Motors の各部門のために同時に将来の自動車の内装を設計する手助けをするので，厳格な秘密性を維持する必要がある．

　競合するサプライチェーンに同時に参加する組織において，いかにして集中した忠誠や秘密性を維持するかという問題は，きわめて重要なことである．秘密性の破綻は大きな法律上の問題になったり，長期間ビジネスに影響を与えることになることもある．忠誠は，少量の供給とか強制されてのオペレーションのさいに，問題となりがちである．組織をこえての協働の成果を達成するためには，このような問題を管理しなければならないし，懸念される損害をコントロールしなければならない．

c. 測　　定

　個々の企業と違って，サプライチェーンには従来型の測定方法がない．個々の企業には一定の方式の会計原則にのっとって作成された損益計算書や貸借対照表があるが，サプライチェーンの実績を測定するための，そのような一般的な書類とか手続きは存在しない．サプライチェーンの実績の問題は，サプライチェーン全体の実績をよくするプロセス改善が1社のコストを下げるかもしれないが，ほかの参加企業のあるコストを増やすかもしれないという事実があるので，ことはいっそう複雑になる．

　サプライチェーン・オペレーション測定には，参加メンバー間で実績やコスト情報を明らかにし，それらを共有する，独特な一連の測定基準が必要なことは明らかであ

る．多様な会社をサプライチェーン主導の同期化に結合するために，集合的統合体を反映する一方，個々の貢献を取り出して明らかにする測定方法が必要となる．同様に，集団のベストプラクティスを多く生み出すために，サプライチェーン・ベンチマークをもてば理想的であろう．

サプライチェーン・フォーマット（評価表）が急速に現れて，測定という難問を明らかにするのを助けた．しかし，意味のある測定基準の発展はまだ揺籃期にある．

d. リスクと報酬の共有

最終的挑戦は，サプライチェーン協働の結果生ずる報酬やリスクの公平な分配である．例証として，大製造業者のリーダーシップの下で，原材料サプライヤーや流通組織が協働した結果，市場に到達する優れた製品が利益を改善することになったと仮定する．描かれるシナリオはサプライチェーン成功の肖像ともいうべきものである．製品は競争者のものより優れていて，販売の結果もより多くの利益を生む．このシナリオの意味するところは，サプライチェーンを通して，浪費，非生産的努力，重複，および望まれない余剰が最小にまで減らされる一方，製品とロジスティクス提供の業績は新記録の高さまで達成した．成功あるいは失敗においての難問は，利益とリスクをいかに共有するかである．

伝統的な慣習では，リスクと報酬を分配する方法は移転価格である．移転価格は，マーケットの力に導かれて，取引上のビジネス関係で決まる．しかし，サプライチェーンに加わるということは，リスクや報酬共有を含む，より高レベルの協働を必要とする．換言すれば，プロセス改革が成功すれば，協働会社は成果を共有しなければならない．逆に，改革が失敗すれば，リスクは適切に吸収されなければならない．理論を形成することは容易であるが，リスクと報酬の共有の仕組みを実際に実施することはきわめて困難であることが立証されている．

適切な測定基準なしでリスクと報酬を共有することは，明らかに不可能である．しかし，適切な測定基準がある場合でも，適切な配分には，共有プログラムがうまく働くための注意深い事前計画と査定が必要である．

1-7-2 限定的成功

前節の議論ではサプライチェーンの実現に関して，いくつかの実際的な制限をあげている．成功のために協働する考えは活力に満ちており，効率のためにコアコンピタンスをテコ入れする考えは納得のできるビジョンである．そのように複雑な関係をいかにして日次ベースで作動させるようにするかの技術は十分には理解されていない．サプライチェーン編成を成功に導くためには，正しく定義し，共同で認めた協働原則に基づいて推進する必要がある．そのような実行原則には，リーダーシップ，忠誠と信用評価，およびガイドラインと協定の共有などの取決めが必要である．

いまの世のなかでは，大部分のいわゆるサプライチェーンは，長期的成功に必須の，仮定の方策の仕組みをもっていない．ミシガン州立大学で完成した最近の調査によって明らかになったことは，協働の協定に参加した5社のうち，自社のマネジャーを編成作業に投入し，指揮をとらせる方針を策定し，実行した会社は1社もない[19]．いかなる会社も，伝統的な業務遂行契約をとびこえて，組織を交差する協働の協定に

ついて報告していないし，進んでそのような協定を共有しようともしなかった．契約のあるものには，業務遂行のインセンティブやリスク吸収の協定が含まれていた．しかし，その協定は，業務遂行期待のステートメントほどには協力的な取決めではなかった．

末端から末端までのサプライチェーン編成はその揺籃期にあるということは明らかな結論である．今日の状況としては，2つあるいはしばしば3つの組織のあいだで業務遂行を拡張し，増進する，多くの複雑なオペレーションの協定が点在している．2,3の例では，いわゆる大型小売業者，耐久消費財製造業者および先端技術製造業者のサプライチェーン戦略において，体系的な成果の達成が報告されるまでに発展した．これらの成果がサプライチェーン参加者すべてに共有されているかどうか，もしくは支配的ないしは先導的組織に保有されたままでいるかについての理解はそれほど徹底的には明らかにされていない．しかし，これらの適切に公表されたサプライチェーン達成のほかには，成功した末端から末端までの協働は少ないように思われる．

1-7-3 社会面の課題

サプライチェーン協働の理論と，達成の現実とのあいだには大きなギャップが存在することを前の議論は暗示している．サプライチェーン協働を設計し，効果的に協定するマネジャーの能力に疑問を抱く批評家もいるし，そのような協定に対する社会的要請に疑問を抱く批評家もいる．サプライチェーン協働の批評家は少なくとも2つの点――独占禁止と消費者のみる価値――を問題にする．

a. 独占禁止関係

サプライチェーン協働に対する独占禁止面からの挑戦は，自由な市場競争の教義に基づく．工業社会の初期のあいだは，大企業間のビジネス協働は消費者やほかの力のないビジネス組織にとっては不利に働くということが明らかになった．独占に近い状態をうまく成し遂げた会社は，その経済的金融的権力を使って取引を抑制し不当な利益を獲得していることが観察された．その結果が一連の独占禁止法の通過と改正であり，それらのすべては会社間の行動や市場および価格決めの慣習に関する行動を定義づけた．

20世紀後半の特徴である，世界市場における変動体質の競争と関連国内産業の経済力が，これらの伝統的な独占禁止の教義をいくぶん和らげるのに役立った．グローバルベースで競争するために，米国の会社は，太平洋圏特有の商社取引とヨーロッパ経済圏での銀行からの派遣役員慣行と対等に競争できる立場を確保する必要があった．結果は以前議論した共同研究開発法の通過であった．同法は協働のオペレーションを勇気づけるのには役立ったが，いかなるかたちの市場における結託をも可能にしたり正当化するものではなかった．

いかなるかたちの協働も遅かれ早かれ市場提供物や価格に影響を与えることになるというふうに，批評家は単純に感じる．しかし，そのような批評は，協働で設計された電気自動車の第一ラウンドとして予想された特徴や価格には当たっていないようである．しかし，より疑問なことは，協働サプライチェーンの本質をもつガソリンの小売価格や選り抜きの電子部品に関する慣習である．品質に関する協働が究極的に価格

決めの仕組みとなるかどうかは時間がたてば明らかになるであろう．

サプライチェーン協定における不均衡な力のバランスは，一部の参加企業に不利益に働くということは明らかである．サプライチェーン協働における権力の誤使用の例として，批評家は数多くのかつての「その年の優れたサプライヤー」がその後倒産に追い込まれた点を指摘する．くり返すが，事件は事実であるが，そのようなサプライヤーの失敗の直接的原因が協働だという証拠は存在しない．

自由市場経済においては，どんなかたちの協働に対しても，消費者大衆からみたり，ビジネスパートナーとの関係において，権力の誤使用の可能性があるということにある種の関心がもちあがる．企業をこえてのシナジー（相乗作用）達成の可能性を追求することには，協働と連動するリスクや可能性のある危険が伴うということに，大方の人は同意する．しかし，インターネットベースの取引提携を注意深くレビューしての米国司法省や連邦公正取引委員会の行動は，協働の境界線をこえての新しい利害関係が現れてきていることを暗示している．**共進化**とよばれる協働と競争の結合した形態を提案する人たちもいる[20]．この形態の協同は，サプライチェーン内の企業間の結びつきがゆるく，絶えず変化する関係を提案する．そのサプライチェーン機構は，悪化する編成は切り離し，同時に新鮮な協働を生み出すという，変化するウェブの関係と理解される．

b. 消費者価値関係

サプライチェーン・マネジメントのうちで，いくぶん抽象的であるがよく引用される潜在的な基底部分は，協働の暗い面というレッテルを貼られた．その論によれば，サプライチェーンの効率から一般の人たちは利益を受けないということである．サプライチェーンの批判は2つの点にある．

最初に，論拠の道筋は，オペレーションの効率は自動的には消費者価格を下げることにならないしそれを保証するものでもない．協働する会社は個々にあるいは集合的により多くの利益を上げ，それによって株主の大きな富を生み出すかもしれない．しかし，効率が小売価格を下げるかたちで消費者に還元されるという保証はない．実際，それを支持する理論は，サプライチェーンが効果的な競争の単位になるにつれて，市場の機構は多くの競争する会社からいくつかの大サプライチェーンに移るということである．より独占的な機構へのこの移行は，価格を下げるのではなく，人工的に引き上げる可能性をもつものとして，批評家に指摘される．この論拠の解説者は，食料業界での効率的消費者レスポンス（efficient consumer response: ECR）イニシアチブを引用して，大きく広がったサプライチェーン協働の結果でも，消費用食料価格が下がったという明確な証拠を提供しない協働の例としている．しかし，逆の議論を支持する明確な証拠も存在しない．

サプライチェーン協定への第二の批判は，オペレーション効率は必ずしも社会的に公平ではないという前提に立つ．この議論は，余剰製品の全般的な削減の見地から，需要と供給をより的確にマッチングさせることの利益に疑問を提する．例証として，もし的確な量のドレスが市場の最高値で売られるならば，過剰在庫または余剰衣装が値下げされて，伝統的に蔵払いセールから見切り品特売セールまでのプロセスで処分

されることもない．最終蔵払い衣装を原価以下で購入する婦人は，マーケティングシステムの非効率から利益を受ける．精密なサプライチェーン協働ならそのような価値機会を除去するか，かなり減らすであろう．さほど効率的でない会社が適正な利益をあげ，下層の消費者が平均以上の価値のものを入手すると仮定するならば，非効率が起こると一般消費者大衆がより豊かになるということになる．同様な議論が，正当化されようとされまいと，食料雑貨品再生利用や新車リベートの社会的利益にも当てはまる[21]．

　これらの議論は，今日まで提起され，文書でも書かれているが，面白くはあるが説得力のあるものではない．経済成長の見地から，浪費，余剰，および付加価値を生まない努力などを除去することによってコストを下げようとするイニシアチブは，効率を改善する可能性を提供するものであるので，依然として興味をひく．もっとも深刻なことは，包括的なサプライチェーン・イニシアチブを効果的に実行し，管理することができないことであろう．

1-8　ま　と　め

　生産性を継続的に改善するには，一段と統合したマネジメントスキルを発展させることが重要である．そのような統合マネジメントでは，機能とプロセスの両レベルでの品質改善に焦点を当てなければならない．機能の見地からは，重要な仕事は最高度の効率で遂行されなければならない．価値を創造するプロセスは，個々の会社内および協働のサプライチェーンで連結されている会社間の両方で発生する．各タイプのプロセスを絶えず改善しなければならない．

　すべての，あるいは大部分の会社においても，予測可能な将来のいかなるときでも，高度に協働的な末端から末端までののサプライチェーン・イニシアチブを形成するために結合するということは，ほとんど考えられないことである．自由競争市場システムの力学は，そのような最終的段階を利用するのに役立つであろう．しかし，サプライチェーンのなかで企業をこえての統合を目的とするイニシアチブは，ますます多く発生し，成功裏に実施されるようになるまで，競争優位性獲得に向けて新しく興味あるビジネスモデルを提供するであろう．ひとたび達成されると，そのサプライチェーン統合は維持するのが困難で，絶えざる再定義を迫られる．今日うまくいくものが明日はうまくいかないかもしれない．逆に，今日うまくいかないものが明日はうまくいくかもしれない．

　かくして，サプライチェーン協働はきわめて流動性に富むものとして考察しなければならない．そのような協働は，魅力的にも，市場の位置やオペレーションの効率を確保するための新しい目標を提供する．サプライチェーンという機会は，21世紀のマネジャーが探求し開発しなければならない挑戦である．しかし，サプライチェーン統合は利益を増やし成長を達成するための手段であって，それ自体が目的ではない．

　統合ロジスティクス・マネジメントの見地から，サプライチェーン戦略は関連するオペレーション・フレームワークを決める．ロジスティクス上遂行しなければならないことは，サプライチェーンの機構や戦略に直接連結される．そのような機構や戦略

を国際的に位置づけるときには，ロジスティクス遂行はグローバリゼーションに関係する挑戦を受け入れなければならない．要するに，サプライチェーン戦略あるいは戦略の欠如，および関連する機構が，ロジスティクス上の要求のフレームワークを形成するのに関係する．第2章はリーン（無駄のない）ロジスティクスの挑戦を詳細にわたって紹介する．

参考文献および注

1) シックスシグマ・パフォーマンスは，100万個に対して3.4個の欠陥というエラー率，すなわち99.99966%正確な達成水準を表す．Forrest W. Breyfogle, III, *Implementing Six Sigma: Smarter Solutions Using Statistical Methods* (New York, NY: John Wiley & Sons, 1999).

2) ロジスティクスマネジメント評議会（CLM）はつぎのように定義づけをしている：「ロジスティクスとは，顧客要望に応える目的で，出発点から消費時点までにわたる，商品，サービスおよび関連情報の効率的かつ効果的な流れと保管を，計画し，実施し，そして管理するプロセスである」．

3) たとえば，Louis W. Stern, Adel I. El-Ansary, and Anne T. Coughlan, *Marketing Channels*, 5th ed. (Saddle River, NJ: Prentice Hall, 1996).

4) 最終顧客とはサプライチェーンの到達点と定義づけられる．最終顧客は，商品を消費するか，あるいは別のプロセスや商品のために不可欠な部分すなわち部品としてそれを使用する．肝要な点は，最終顧客に消費される時点では，元の製品は独自の形態を失うということである．その定義は，第3章で詳述する．

5) この用語はつぎの文献で紹介された．David Bovet and Joseph Martha, *Value Nets* (New York, NY: John Wiley & Sons, 2000). Ernst & Young describe such connected and complex supply chain networks as *value webs*. See Ernst & Young, "Supply Chain Management in the Connected Economy," *Advantage 99 Forum*, 1999.

6) Frederick W. Taylor, *Scientific Management* (New York, NY: W. W. Norton, 1967).

7) 1984年10月11日に，レーガン大統領は，「独占禁止法の運用に関連して，研究開発を促進し，革新を奨励し，商取引を刺激し，そして必要かつ適切な修正を加える」目的で，1984年国民共同研究開発法（公法98-462）に署名した．この法律によれば，研究開発活動を，ひながたが開発される時点まで，共同で遂行することが可能になる．さらにこの法律は，独禁法訴訟は，競争に影響を与えるあらゆる要素を勘案して，良識を基に判断されるものということも決めている．この法律の拡張が，1993年6月10日にクリントン大統領により署名された．その拡張された1993年国民共同生産修正法（公法103-42）によれば，合弁会社が，製品，プロセスあるいはサービスの製造やテストを含むために，単なる研究以上のことを行うことも可能になる．1984年の法令に取って代わって，1993年の国民共同研究生産法とよばれる新法ができたことになる．そのうえ，この新法は企業が司法省と連邦商業委員会に，「行政の独禁法責任に関する単一損害の制限」に対する有資格者になる目的で，届出をする手続きをも確立した．

8) それぞれ，公法96-296および96-488．

9) 主要なサードパーティロジスティクス・プロバイダーのサービスに関する包括的な観察は：“Recognizing 3PL Excellence," *Inbound Logistics*, July 2000, pp. 47-49.

10) Kelly Barron, "Logistics In Brown," *Forbes*, January 10, 2000, p. 78.

11) Robert V. Delaney, Twelfth Annual "State of Logistics Report," presented to the National

参考文献および注

12) Adrian J. Slywotzky, "The Age of the Choiceboard," *Harvard Business Review*, January–February 2000, pp. 40–41 ; and Jarrus D. Pagh and Martha C. Cooper, "Supply Chain Postponement and Speculation Strategies : How to Choose the Right Strategy," *Journal of Business Logistics*, 19, no. 2 (1998), pp. 13–28.
13) Wroe Alderson, *Marketing Behavior and Executive Action* (Homewood, IL: Richard D. Irwin, Inc., 1957), p. 426. For a modern discussion of postponement, see B. Joseph Pine, II, Bart Victor, and Andrew C. Boynton, "Making Mass Customization Work," *Harvard Business Review*, September–October 1993, pp. 108–19.
14) 製造のトレードオフに関する詳細は第5章で述べる．
15) Donald J. Bowersox, David J. Closs, and Theodore P. Stank, *21st Century Logistics: Making Supply Chain Integration a Reality* (Oak Brook, IL: Council of Logistics Management, 1999).
16) George Stalk, Jr., and Alan M. Webber, "Japan's Dark Side of Time," *Harvard Business Review*, July–August 1993, pp. 93–102.
17) Gene Tyndall, et. al., *Supercharging Supply Chains* (New York, NY: John Wiley & Sons, 1998), p. 1.
18) 詳しくは第6章を参照．
19) Donald J. Bowersox, David J. Closs, and Theodore P. Stank, *21st Century Logistics: Making Supply Chain Integration a Reality* (Oak Brook, IL: Council of Logistics Management, 1999).
20) Kathleen M. Eisenhardt and D. Charles Galunic, "Coevolving: At Last a Way to Make Synergies Work," *Harvard Business Review*, January–February 2000, pp. 91–101.
21) James Aaron Cooke, "The Dark Side of the Supply Chain," *Losistics Management*, December 1997, p. 63.

第2章
リーンロジスティクス

　ロジスティクスほど複雑で，地理的に広域にわたるビジネス領域はない．ロジスティクスは製品やサービスを，世界中で，毎日24時間，週7日，年間52週間，必要とされる場所へ，必要とされる時間に正確に届けることに関わっている．ロジスティクスなしでは，あらゆるマーケティング，製造，または国際的な商取引を成し遂げることはできない．高度に発展した先進国のほとんどの消費者は，高いレベルのロジスティクスの能力を当たり前と考えている．彼らが商品を購入するとき——それが小売店であれ，電話であれ，インターネット経由であれ——彼らは製品が約束どおり完璧に配送されると思っている．現実に彼ら消費者の期待はつねにタイムリーで，エラーのないロジスティクスが行われることである．彼らはほとんど，いやまったくといっていいほど失敗への寛容さをもち合わせていない．

　ロジスティクスは文明の始まり以来実践されてきたにもかかわらず，最高レベルの実践的なロジスティクスを遂行することは，サプライチェーン・マネジメントのもっとも刺激的で困難な業務領域である．ロジスティクスは古くもあり新しくもあるので，私たちはベストプラクティスのなかで起きる急激な変化を，ルネッサンス（新生・復興）と特徴づけている．

　ロジスティクスは注文処理，在庫や輸送の管理，そして保管，マテリアルハンドリング，包装の統合や施設のネットワークのすみずみまでの組合せを包含している．ロジスティクスの目的は調達，製造，そして流通など必要な業務を支援することである．企業の課題は機能的能力を調和させ，顧客サービスに焦点を当てた統合オペレーションを行うことである．より広範囲なサプライチェーンにおいては，内外の業務を1つの統合プロセスとしてつなげるために，原材料やサービスの供給者と同様，顧客との業務の同期化が欠かせない．

　リーンロジスティクス（無駄のないロジスティクス）とは「最小のトータルコストで原材料，仕掛り在庫，また最終製品在庫の，地理的位置と動きをコントロールするシステムを設計，管理すること」ができる卓越した能力を意味する．最小のトータルコストを実現するということは，ロジスティクスに関する金融資産や人的資産が絶対的な最小値で行われなければならないということを意味する．同様に直接経費も可能なかぎり，低く抑えることが必要である．リーンロジスティクスを構築するために求められる，資源，スキル，システムの組合せは完成させるのに骨が折れるが，一度構築されればそのような統合化された能力を，競合他社が真似することは難しい．

　この章では，リーンロジスティクスが統合されたサプライチェーン・マネジメント

へ，どのように貢献しているかに焦点を当てる．まず，コストとサービスに焦点を当て，つぎにロジスティクスの価値提供を展開する．それから伝統的なビジネスプロセスとそれにまつわるロジスティクスプロセスを検証する．最後にサプライチェーンを統合するうえで，ロジスティクスの同期化がいかに重要であるかを，パフォーマンスサイクルの構造と力学の点から述べる．

2-1 ビジネスロジスティクスは大規模で，かつ重要である

原材料が工業国の製造工程に入り，製品が消費者に配送されるのはロジスティクスを通してである．近年の世界的な商取引の成長や，eコマースの導入はロジスティクスの規模と複雑性を拡大させてきた．

売上達成のために在庫を戦略的に配置するとき，ロジスティクスはサプライチェーン・プロセスに価値を加える．ロジスティクスの価値を創出するには費用がかかる．計測は難しいが，米国におけるロジスティクス実践のための年間の支出は，9兆9600億ドルである国民総生産（GDP）のおよそ10.1%，つまり1兆60億ドルにもあたると専門家は認めている[1]．2000年における輸送のための支出は5900億ドルで，これはロジスティクスのトータルコストの58.6%にあたる．さらに表2-1でも表されて

表2-1 米国におけるロジスティクスコスト，1980-2000（単位：10億ドル，GDP*を除く）

年	名目GDP（単位：1兆ドル）	商業的在庫金額	在庫維持コスト比率	在庫維持コスト	輸送コスト	管理コスト	米国の総ロジスティクスコスト	GDPに対するロジスティクスコスト(%)
1980	2.80	692	31.8	220	214	17	451	16.1
1981	3.13	747	34.7	259	228	19	506	16.2
1982	3.26	760	30.8	234	222	18	474	14.5
1983	3.54	758	27.9	211	243	18	472	13.3
1984	3.93	826	29.1	240	268	20	528	13.4
1985	4.21	847	26.8	227	274	20	521	12.4
1986	4.45	843	25.7	217	281	20	518	11.6
1987	4.74	875	25.7	225	294	21	540	11.4
1988	5.11	944	26.6	251	313	23	587	11.5
1989	5.44	1005	28.1	282	329	24	635	11.7
1990	5.80	1041	27.2	283	351	25	659	11.4
1991	5.99	1030	24.9	256	355	24	635	10.6
1992	6.32	1043	22.7	237	375	24	636	10.1
1993	6.64	1076	22.2	239	396	25	660	9.9
1994	7.05	1127	23.5	265	420	27	712	10.1
1995	7.40	1211	24.9	302	441	30	773	10.4
1996	7.81	1240	24.4	303	467	31	801	10.3
1997	8.32	1280	24.5	314	503	33	850	10.2
1998	8.79	1323	24.4	323	529	34	886	10.1
1999	9.30	1379	24.1	332	554	35	921	9.9
2000	9.96	1485	25.4	377	590	39	1006	10.1

（出典：Robert V. Delaney, Twelfth Annual "State of Logistics Report," presented to the National Press Club, Washington, DC, June 4, 2001.）　　　　* gross national product

いるとおり，ビジネスロジスティクスは本当に大きなビジネスであるのだ！

ロジスティクスコストは大きな規模ではあるが，リーンロジスティクスの醍醐味はコスト切り下げでもコスト削減でもない．その醍醐味は，選び抜かれた企業がいかにロジスティクスの能力を駆使し，競争優位を達成するかを理解することから生まれる．世界に通ずるロジスティクス能力を構築した企業は，重要な顧客への優れたサービスを提供する結果として，競争優位を勝ち得ている．先進的ロジスティクスの実践者は，典型的にリアルタイムな基盤で，国際的なロジスティクス活動を監視することのできる情報技術を導入している．そのような情報技術は，潜在的な操業上の障害を発見し，配送サービスが失敗に陥る前に，是正措置をとることを容易にする．タイムリーに是正措置がとれない状況では，顧客は進行している問題について事前の通知を受けることができる．これにより，不可避のサービスの失敗によって，顧客が驚かされることがなくなる．多くの場合，顧客とサプライヤーは協力し合っているので，操業停止や費用のかかる顧客サービスの失敗を防ぐために，是正措置をとることが可能になる．在庫のアベイラビリティ（利用可能性）が高く，確実ですばやい配送や運用の効率性において業界平均を上回る，ロジスティクスに熟練した企業が，理想的なサプライチェーンのパートナーである．

2-2 ロジスティクスの価値提供

ここまでで，ロジスティクスとは，最小のトータルコストで顧客満足を達成するための，統合化された取組みとして管理するべきだということが明らかになった．ここでわれわれは最近の課題は「価値」の創造であるということをつけ加える．この節では，ロジスティクスの価値提供の構成要素，サービス，コスト最小化についてより詳細に述べる．

2-2-1 サービスの効益

もし企業が，要求される経営資源を注ぎ込むことをいとわなければ，ほぼどんなレベルのロジスティクスサービスも達成される．今日の事業環境で制約要因となるのは，技術問題ではなく経済問題である．たとえば，地理的に非常に近接する特定顧客向け専用在庫は，大手顧客を満足させることができる．トラックの集団は絶え間ない配送の準備を可能にする．注文処理を円滑にするためには，専用通信回線によるリアルタイム処理，またはインターネット基盤で，顧客とサプライヤー間のロジスティクスオペレーションの維持を可能にする．このような高いレベルのロジスティクスの用意があれば，顧客の要求を認識して数分以内に製品や部品を配送することが可能になる．サプライヤーが取引先の施設に委託在庫をおくことに同意するならば，アベイラビリティはよりいっそう高くなる．製品が必要とされるときにオペレーションをする必要がなくなるからである．委託在庫は顧客が製品を要求する前に，数や量を揃えていることになる．このような極端なサービスを実施することはセールスマネジャーの夢であるかもしれないが，費用がかさむし，流通や製造のほとんどの市場では一般的に必要ない．

戦略上の鍵は，いかにして競合他社よりコスト効率をよくするかということであ

る．もし製造に必要な特定の原材料が入手できなければ，プラント停止による莫大なコスト，売上喪失の可能性，さらには大口の顧客のビジネスを失う結果になる．このような失敗の利益への影響は多大である．これに対して，倉庫の在庫補充のための配達が1，2日遅れることの利益への影響は小さいし，さらに全体の運営パフォーマンスへの影響も軽微である．ほとんどの場合，ロジスティクスの失敗によるコスト/利益への影響は，顧客への重要なサービスに直接的に関係する．サービスの失敗が顧客の業績に与える影響が大きいほど，優先的に，エラーのないロジスティクスへおき換えられる．

　基本的なロジスティクスの効率は，アベイラビリティ（availability），運営パフォーマンス（operational performance），そしてサービスの信頼性（reliability）[2]によって計測される．「基本的なロジスティクスサービス」という言葉は，企業がすべての既存の顧客に提供できるレベルのサービスを表している．

　アベイラビリティとは，顧客の原材料や製品への要求を，つねに満たす在庫をもっているかを意味する．伝統的規範では，在庫のアベイラビリティが高ければ高いほど，必要とされる在庫の量もコストも多大であった．情報技術は，相応する高い設備投資をせずに，高い在庫のアベイラビリティを達成する新しい方法を提供している．アベイラビリティを促進する情報および情報技術が，リーンロジスティクスを構築するうえできわめて重要である．

　運営パフォーマンスは，顧客からの注文の配送に必要な時間に影響する．運営パフォーマンスには配送の「スピード」と「一貫性」が関与する．当然，ほとんどの顧客は速い配送を求める．しかしながら，配送時間に一貫性がなければ，速い配送の価値は限定的なものになる．サプライヤーが翌日配送を約束しながらしばしば遅れると，取引先にとってはほとんどメリットがない．スムーズなオペレーションを達成するために，企業は一般的に，初めにサービスの一貫性に焦点を当て，それから配送スピードの改善を求める．運営パフォーマンスのほかの側面もまた重要である．顧客の日常的でない要求や，予期せぬ要求に対応できる「柔軟性」によって，運営パフォーマンスが評価される．また別の運営パフォーマンスは機能不全の頻度であり，そしてそうした機能不全が起きた場合に必要な修復時間である．つねに完璧に機能する企業などほとんどない．何か問題が起こる可能性をあらかじめ見込むことが重要である．「機能不全」とは，製品の損傷，仕分けミス，不正確な書類のような失敗を含む，ロジスティクスの可能性を意味している．そのような機能不全が起こったとき，企業のロジスティクス能力は修復時間で計測される．運営パフォーマンスとは，日々の失敗を含め，すべての顧客の要求を企業がどのように取り扱うかということである．

　サービスの信頼性とはロジスティクスの「品質属性」を意味する．品質の鍵は正確なアベイラビリティと運営パフォーマンスの計測である．包括的な実績測定によってのみ，すべてのロジスティクス運用が要求されるサービスゴールに達したか否かを決定できる．サービスの信頼性を構築するには，在庫のアベイラビリティと運営パフォーマンスをどう測定するかを決めて，それを実践することが基本である．つねに顧客の効率に対する期待を満たすためには，管理者が継続的な改善に努力することが必要

不可欠である．ロジスティクスの質はそう簡単には実現しない．それは従業員教育，献身的な運用，広範囲な測定，絶え間ない改善から生み出されるものである．サービス実績を改善するためには，設定目標は選択可能である必要がある．いくつかの製品は，その製品の顧客にとっての重要性と利益への貢献度によって，ほかの製品よりもより重要である．

基本的なロジスティクスサービスのレベルでは，顧客の期待と要求に対して，忠実であるべきである．多くの場合，企業は顧客が著しく異なった購買可能性をもっている状況に直面する．なかには独特で特別なサービスを要求する顧客もいる．かくして管理者は，顧客は多様であり，提供するサービスは特別な要求と，購買可能性に対応しなくてはならないと実感するだろう．一般的に，企業は平均的で簡単な顧客へのサービス実施に対して，過度に楽観的になる傾向がある．基本的なサービスに非現実的に高い目標を掲げ，それが達成できないことは，最初からもっと控えめな目標をたてていたよりも，より多くの操業上の問題や，取引先との関係の問題を引き起こす結果になるかもしれない．非現実的な全面的なサービスに関わることは，高い購買可能性をもつ顧客の特別な要求を満たす企業の能力もまた弱める可能性がある．

2-2-2 コストの最小化

リーンロジスティクスの焦点は，比較的最近進化したトータルコスト理論と実践によって明らかになる．1956年，航空貨物の経済に関する著名な論文が，ロジスティクスコストについて新しい見解を示した[3]．Lewis，CullitonおよびSteeleは高コストの航空輸送が正当化される状況を説明しようと努力し，トータルコスト・ロジスティクスモデルの概念を完成させた．トータルコストとは，ロジスティクス上の要求を実践するのに必要なすべての支出と位置づけられる．彼らは電子部品の配送戦略において，工場から顧客までの航空輸送による直送にかかる多様な高コストが，伝統的な在庫管理と倉庫業務のコストよりも少ないということを立証した．彼らは，要求される顧客サービスを実現し，かつ「トータルコスト」を最少にするロジスティクスの方法は，1つの倉庫での集中在庫管理と，航空輸送による配送であると結論づけた．

このトータルコスト概念は，基礎的なものであったが，それ以前にはロジスティクスの運営に適用されていなかった．おそらく，その時代の経済的状況と，提唱されたこのやり方の急激な進展のために，トータルコストの提案は多くの議論を引き起こしたであろう．会計管理や財務管理が強化され始めたこのころの一般的な経営管理のやり方では，ロジスティクスの個々の機能の最小コストに注意を集中させ，統合化されたトータルコストに関してはほとんど，もしくはまったく注目しなかった．マネジャーたちは伝統的に，たとえば輸送のような機能別コストに注目してきた．彼らはそうすることが最小のトータルコストを実現すると期待していた．トータルコスト概念の発展は，機能別コストがいかに相互関係をもち，互いに影響し合っているかを調査することへの扉を開いた．後の改良によって，ロジスティクス上のコストの構成要素がかなり理解され，また，機能別コスト分析の発展や活動基準原価計算の能力が必要不可欠であることが認識された．しかしながら，効果的なロジスティクスプロセスの原価計算の導入は，依然として困難な新しい挑戦である．多くの長年続いている会計慣

行が，ロジスティクスにおけるトータルコストの解決策を100％実施することへの障害となっている．

2-2-3 ロジスティクスの価値提案

ロジスティクスのリーダーシップを構築する鍵は，主たる顧客の期待や要求に，オペレーション能力をマッチングさせ，それに献身するコツを習得することである．苛酷なコストの枠内で顧客へ献身することが，**ロジスティクスの価値提案**である．それは個々の顧客または選ばれた顧客グループへのユニークな献身である．

典型的な企業は，許されるトータルコストの支出の範囲内で，顧客の期待を満足させることができる，包括的なロジスティクス競争力を開発し，導入することに努力している．最小のトータルコストも可能な最高位の顧客サービスも，基本的なロジスティクス戦略となることは，めったに起こらないだろう．そのうえさらに，適切な組合せもそれぞれの顧客によって異なるだろう．よくデザインされたロジスティクスとは，最小の在庫で，運用上の変動を上手にコントロールする能力と，顧客への高い適応力をもっていなくてはならない．そして，何より，特定の顧客への適合性をもっていなければならない．

コストとサービスのトレードオフの計測によって，管理を助けるツールの開発が飛躍的に進歩した．健全な戦略を体系化するには，特定のサービスレベルを実現するために，必要なコストを見積もる能力が要求される．さらに，特定のレベルのシステム効率は，マーケティング，製造，調達戦略のすべての事業体にわたって概観できなければ，無意味なものである．

先進企業は，よくデザインされ，よく運営されているロジスティクスシステムが競争優位を達成することに役立つと実感している．実際，一般的な法則として，ロジスティクスの能力を基盤に戦略的優位を手にしている企業は，その業界での競争優位を確立している．

2-3 ロジスティクスワーク

サプライチェーン・マネジメントのなかで，必要な時間，場所そして所有の効益を達成するために，最低のトータルコストで在庫を動かし，配置するのがロジスティクスである．所有権の移動または付加価値の創出をサポートするために，正しいときに，正しい場所に在庫が配置されるまで，その価値は限定されている．もし企業が要求される時間と場所をつねに満足させなければ，なにひとつ売れるものをもたないことになる．ロジスティクスの戦略的優位性を最大限に実現するサプライチェーンでは，すべて機能を統合しなければならない．1つの機能領域での意思決定はほかのすべての領域のコストに影響を与えるだろう．統合されたロジスティクスマネジメントの実行を成功させるための課題となるのが，この機能の相関関係である．図2-1はロジスティクスワークの5つの領域が相関関係にあるという性質を，視覚的に表したものである．(1) 注文処理；(2) 在庫；(3) 輸送；(4) 保管，マテリアルハンドリング，包装；(5) 施設ネットワークである．下記に述べるとおり，ロジスティクスの価値を実現するために必要な能力を創造するには，これらの機能領域に関連した

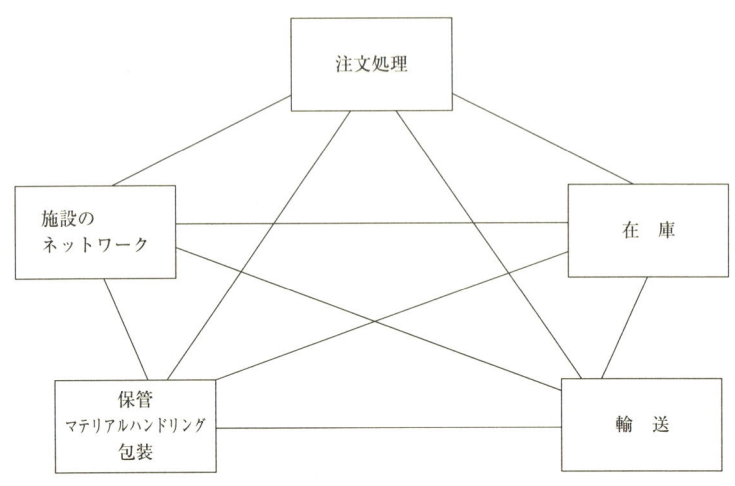

図 2-1　統合されたロジスティクス

活動を結合しなくてはならない．

2-3-1　注　文　処　理

ロジスティクス遂行のための正確な情報の重要性は，歴史的に過小評価されてきた．多くの面で情報がロジスティクスの運営にとって重要であるが，とくに注文処理がもっとも重要である．注文処理の歪みや手順がどれほどロジスティクスの運営に影響を与えるかということの理解に失敗した結果，このことの重要性を十分に理解することに失敗した．

現在の情報技術はもっとも骨の折れる顧客の要求でさえも処理することができる．注文情報は必要とされるとき，リアルタイムで入手できる．

速い情報の流れの有益性は，作業のバランスをとることに直接関係する．企業が地方の営業所で1週間注文をため，それらを地方支社に郵送し，ひとまとまりで注文を処理し，それらを流通倉庫に割り当て，それから速い配送をするために，航空輸送するということは，まったく無意味である．これに対して，顧客の営業所から直接注文データを転送したり，ウェブ上でコミュニケーションし，速度の遅い費用の安い陸路による輸送と組み合わせると，より低いトータルコストで全体としてずっと速い配送サービスを達成できる可能性がある．目標の鍵はロジスティクスシステムの構成要素のバランスをとることである．

予測と顧客要求とのコミュニケーションは，情報によって駆動されるロジスティクス業務の2つの領域である．2つのオペレーショナルインフォメーションの相対的な重要性は，サプライチェーンが反応よくまたは先を見越して機能するために，どのように位置づけるかに直接に関係している．つまり，サプライチェーンが反応よくデザインされていればいるほど，顧客の購買行動に関する正確でタイムリーな情報の重要性が大きくなる．第1章でも確証されたとおり，サプライチェーンは，よい反応と先

を見越した業務の調和が重要である．

ほとんどのサプライチェーンにおいて，顧客の要求は注文というかたちをとって伝達される．これらの注文処理は最初の注文の受領，納品，請求，代金回収という，顧客の要求をすべて管理することである．企業のロジスティクス能力はその注文処理能力と同等である．

2-3-2 在　　庫

企業の在庫への要求は，施設ネットワークや望まれるレベルの顧客サービスに直接関係する．理論的には，企業はそれぞれの顧客へのサービスのために，すべての販売対象のアイテムをすべての施設に蓄えることになろう．しかし，リスクやトータルコストが法外に高いので，そのような贅沢な在庫をもつことができる企業はほとんどない．在庫戦略の目標は，望まれる顧客サービスを最小限の在庫で達成させることである．過度の在庫はロジスティクスシステムの基本的な設計の欠陥を補うが，けっきょくのところ，必要以上に高いトータルコストを招く．

ロジスティクス戦略は，可能なかぎり最小の財務的投資で維持できる在庫をデザインしなければならない．基本的なゴールは約束したサービスを満足させながら，最大限の在庫回転を達成することである．健全な在庫戦略は，5つの側面の展開の組合せに基づく．それは (1) 中核となる顧客層，(2) 製品の収益性，(3) 輸送の統合，(4) 時間的な能力，(5) 競争力．

多様で異なる顧客にモノを売るすべての企業は，不均等な機会に直面している．高い採算がとれて，著しい成長の購買可能性をもつ顧客もいれば，そうでない顧客もいる．顧客のビジネスの収益性は，購買される製品，量，価格，求められる付加価値サービスによる．継続中の関係を発展し維持するためには補足的な活動がある．高い採算性のある顧客はすべての企業にとって核となる市場を構成するので，在庫戦略は彼らに焦点をおく必要がある．効果的なロジスティクスのセグメンテーションの鍵は，コアとなる顧客をサポートするために優先的に割り当てる在庫である．

ほとんどの企業は製品ラインを通して，量と収益性にかなりの変動があることを経験する．もしどんな制約もなければ，企業は売買されているすべての製品の20%以下のアイテムが，総利益の80%以上を占めていることに気づくだろう．いわゆる80/20ルール，すなわち**パレートの原則**はビジネスでは一般的であるが，マネジメントはよい製品ラインの分類に基づいた在庫戦略を実践することによって，上記のような結果を避けなければならない．低収益，少量の製品を蓄えることにより，増加するコストの現実的な評価をすることが，過度のコストを避けるために必須である．明白な理由によって，企業はもっとも採算がよく，製品のアベイラビリティが高く，確実に配送可能なモノを提案したい．しかしながら，コアとなる顧客にフルラインのサービスを提供するためには，比較的の収益性の低い商品への高いレベルのサービスが必要であるかもしれない．避けるべき罠は，コアではないまたは二次的な顧客におもに買われる，低収益の商品に高いサービスを実践することである．それゆえ，在庫政策を選択するさいに，製品ラインの収益性を熟慮しなければならない．

特定の施設の製品保管計画が輸送の効率に直接影響する．ほとんどの輸送料率は，

1回の輸送のサイズと量がベースである．したがって，よい戦略とは十分な量を在庫するか，倉庫で製品を組み合わせて混載できるようにすることである．輸送のやり取りの回数を削減することが，在庫コストの増加を埋め合わせて余りある．

顧客の在庫への要求を満たすために，すばやく製品を配送することに企業が力を入れることが，競争力の主な要因になる．もし製品や原材料がただちに配送されるならば，顧客が大きな在庫を維持する必要がなくなる．同様に，小売店がすばやく補充を受けられるならば，安全在庫はもっと少なくなろう．買いだめや安全在庫に取って代わる手段が，正確でタイミングのよい在庫補充を受けることである．このような時間ベースの計画が絶対的な最小まで顧客の在庫を減らすことを可能にするが，時間に敏感なロジスティクスプロセスの結果こうむる，ほかのサプライチェーンコストに対して，節約はバランスをとらなければならない．

最後に，在庫戦略は競争関係がないところではつくり出せない．もし企業がすばやく確実な配送を約束し，実践できるならば，その企業はともにビジネスをする顧客にとって，競合他社よりもずっと魅力的である．それゆえ，競争優位を勝ちとるために，たとえトータルコストを増加させても，特別な倉庫に在庫を置くことが必要となるだろう．顧客サービス優位を手に入れ，または競合他社がもつ強みを無効にするために，選択的な在庫展開の策が必要不可欠であろう．

原材料や部品の在庫は，最終製品在庫のためというよりは，むしろほかの理由のためにロジスティクスシステムに存在している．在庫のそれぞれのタイプや関わり合いのレベルは，トータルコストの視点から考えなければならない．注文処理，在庫，輸送，施設ネットワークの決定のあいだの相互関係を理解することが，統合されたロジスティクスにとって必須である．

2-3-3 輸　　送

輸送は在庫を地理的に動かし位置づける，ロジスティクスの運用領域である．その基本的な重要性と目にみえるコストのために，輸送は伝統的に経営管理上のかなりの注目を受けてきた．大企業にせよ中小企業にせよ，ほとんどすべての企業が，輸送に責任のある管理者をおいている．

輸送への要求は3つの基本的な方法で満たされる．第一は，自家車両設備の運営．第二は，専用輸送の専門業者たちとの契約．第三は，出荷ごとに異なる輸送サービスを提供する，幅の広いさまざまな運送サービスとの契約である．ロジスティクスシステムの観点から，3つの要素が輸送の実施の基礎である．それは（1）コスト，（2）スピード，そして（3）一貫性である．

輸送のコストとは2つの地点間の運賃の支払いと，輸送中の在庫を維持するための費用である．ロジスティクスシステムはトータルシステム・コストを最小化する輸送を利用すべきである．これはもっとも安価な輸送方法であっても，もっとも低いロジスティクスのトータルコストになるとはかぎらないということを意味している．

輸送のスピードとは特定の移動を完結させるために必要とされる時間である．輸送のスピードとコストは以下の2つの点で関係している．まず1つ目に，速いサービスを提供できる輸送業者ほど，一般的に，高い料金を請求する．2つ目に，輸送サービ

スが速ければ速いほど，在庫が輸送中で入手不可能である間の時間が短い．したがって，もっとも望ましい輸送サービスを選ぶことの重要なポイントは，サービスのスピードとコストのバランスをとることである．

輸送の一貫性とは，多くの輸送の中で，1つの移動を実現するために必要とされる時間のばらつきのことである．一貫性は輸送の信頼性を反映する．何年ものあいだ，輸送マネジャーたちは一貫性を，質の高い輸送のもっとも重要な属性として認識してきた．もし，2つの地点間の輸送が，あるときには3日かかり，つぎのときには6日かかるならば，その予期しない変動はサプライチェーンの機能上深刻な問題を発生する．輸送が一貫性を欠くならば，サービスの機能停止を防ぐため安全在庫が必要とされ，このことは売り手と買い手両方の在庫責任に影響を与える．新しい情報技術の出現により，輸送状態をコントロールしたり報告できるようになり，ロジスティクスマネジャーは一貫性を維持しながら，より速い移動を行うことを求め始めている．スピードと一貫性が結びついて，輸送の質をつくり上げている．

ロジスティクスシステムのデザインに当たっては，輸送コストとサービスの質との微妙なバランスを維持しなくてはならない．ある状況では，低コストで遅い輸送が満足される．また別の状況では，操業上の目標を達成するためには，より速いサービスが必須であるかもしれない．サプライチェーン全体にわたって，要求されるトランスポーテーションミックスをみつけ運営することが，ロジスティクスの重要な責務である．

2-3-4　保管，マテリアルハンドリング，包装

ロジスティクスの初めの3つの機能領域，つまり注文処理，在庫，輸送は，多様で異なる運用の配列で設計される．それぞれの配列は，関連するトータルコストによって，決められたレベルの顧客サービスに貢献する可能性をもっている．本質的に，これらの機能が結合して，統合されたロジスティクスのためのシステムソリューションを生み出す．ロジスティクスの四番目の機能，つまり保管，マテリアルハンドリング，包装もまた，ロジスティクス業務ソリューションの不可欠な一部分である．しかしながら，これらの機能は先の3つの機能で述べられたような，独立した機能ではない．保管，マテリアルハンドリング，包装はロジスティクスのほかの領域にとって，不可欠な部分である．たとえば，ロジスティクスプロセスのなかで，在庫はいつか必ず倉庫に入れる必要がある．輸送車輌は効率的な荷積みと荷卸しのために，マテリアルハンドリングを必要とする．最後に，個々の製品は発送用段ボールやそのほかのユニットロードに包装されるとき，非常に効率的に取り扱うことができる．

ロジスティクスシステムのなかで配送設備が必要とされるとき，企業は保管の専門業者のサービスを受けるか，または自社が保有する設備を運営するかの選択ができる．その決定は単に在庫を保管するために設備を選ぶということ以上に，広範なものである．なぜなら製品が倉庫に入れられているあいだに，価値を加える多くの活動がなされるからである．こうした活動の例には，仕分け，順序づけ，注文品選択（訳注：倉庫内のピッキングなどの作業），積合せ輸送，そしてときには製品修理や組立などがある．

倉庫内では，マテリアルハンドリングは重要な活動である．顧客の要求を満たすために，製品を受領，移動，保管，仕分け，そして組立てなければならない．直接労務費とマテリアルハンドリング設備への投下資本は，トータル・ロジスティクスコストの重大な要素である．マテリアルハンドリングを劣悪なやり方で実施すると，実質的な製品ダメージを発生させる結果になる．論理的に考えれば，製品が取り扱われる回数が少なければ少ないほど，製品ダメージを受ける可能性が小さくなり，倉庫の効率性全体が増加される．マテリアルハンドリングをアシストするために，機械化され，そして自動化されたさまざまな装置がある．本質的に，それぞれの保管とそのマテリアルハンドリングの能力はすべてのロジスティクスプロセスのなかにあるミニシステムといえる．

ハンドリングの効率を促進するために，缶やボトルや箱に入っている製品は一般的に，より大きな単位にとりまとめられる．この大きな単位は一般的に**マスターカートン**とよばれ，2つの重要な特徴をもつ．1つ目は，ロジスティクスの過程のなかで製品を保護することに役立つ．2つ目は，多くの小さな個別の製品ではなくて，より大きい1つのパッケージをつくることで，マスターカートンはハンドリングを容易にする．効率的なハンドリングと輸送のために，マスターカートンは通常，より大きな単位の**ユニットロード**に統合される．マスターカートンの統合体としてもっとも一般的な単位が，**パレット**，**スリップシート**やさまざまな型の**コンテナ**である．

保管，マテリアルハンドリング，包装を企業のロジスティクスにうまく統合すれば，ロジスティクスシステム中の製品の流れをスピードアップし，円滑にする．実際，いくつかの企業が，途中のハンドリングなしで製造工場から小売店まで，製品の幅の広い品揃えを直接送る仕組みを運営している．

2-3-5 施設のネットワーク

古典的な経済学では，効率のよい事業運営をするための，施設のロケーションとネットワーク全体のデザインの重要性を軽視していた．経済学者たちが初めに需給関係について議論したとき，施設のロケーションによる輸送コストの差異は，存在しないいものあるいは競争間で均等であるという前提であった[4]．しかしながら，事業運営においてはロジスティクスを実践するために使われる施設の数，規模，地理的関係が，顧客サービス能力とコストに直接大きく影響する．企業の施設は顧客に製品や原材料を出荷するために使われるので，ネットワークのデザインはロジスティクスマネジメントの主要な責務である．典型的なロジスティクス施設とは，製造工場，倉庫，クロスドックオペレーション，小売店舗である．

ネットワークデザインはロジスティクスを実践するために必要とされる，あらゆる種類の施設の，数やロケーションを決定することに関わっている．また顧客の指示と同様にそれぞれの施設でどのような在庫をどれほど保管するかを決定することも必要である．施設ネットワークがロジスティクス運営を効率よくする構造をつくり上げる．したがって，そのネットワークは情報や輸送能力を統合する．顧客の注文処理に関連した特別な作業，庫内業務，マテリアルハンドリングはすべて施設ネットワーク内で行われる．

施設ネットワークのデザインは地理的な特質についての注意深い分析を必要とする．地理的に特徴をもつ市場間に多くの違いが存在するという事実を例証することはたやすい．米国の人口上位 50 の大都市の市場は小売売上の大半を占めている．それゆえ，全国規模の企業のマーケティングは，主要な市場にサービスを提供できるロジスティクスネットワークを確立しなければならない．原材料や部品の調達ロケーションにも，同様の地理的相違が存在する．企業が国際的なロジスティクスに従事するとき，ネットワークデザインに関連する課題はますます複雑になる．

需給基盤の変化に対応するために，施設ネットワークを継続的に修正することの重要性は，どんなに過度に強調されても強調されすぎることはない．ダイナミックな競争環境においては，品揃え，顧客，サプライヤー，製造への要求は絶え間なく変化している．優れたロケーションネットワークの選択は競争的優位を達成する大きな一歩である．

2-4　ロジスティクスオペレーション

統合されたロジスティクスの企業内のオペレーション範囲が図 2-2 の影のついた部分で表されている．顧客からの，および顧客に関する情報は，販売活動，予測，注文というかたちで，企業内を通して流れる．そのうち重要な情報が製造計画，販売促進活動計画，購買計画のために精緻化される．製品や原材料が調達されると，付加価値をつける在庫のフローが始まり，最終的に顧客への最終製品の所有権の移動で終わる．このようにして，在庫と情報という相互に関係する 2 つのフローで，そのプロセスが概観される．社内の統合マネジメントが成功のために重要であると同様に，企業はサプライチェーンをまたがって統合しなければならない．今日の競争環境において最大の効率を獲得するために，企業は顧客やサプライヤーを組み込む事業統合を拡大しなければならない．この拡大は，より幅広い見地でのサプライチェーン・マネジメントとしてロジスティクスを位置づける．サプライチェーンの統合はこの章で後に述べる（2-6 節ロジスティクスの同期化をみよ）．

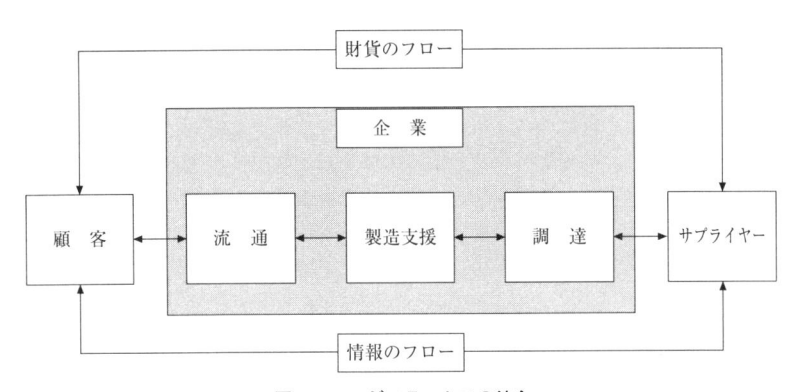

図 2-2　ロジスティクスの統合

2-4-1 財貨のフロー

　ロジスティクスオペレーションのマネジメントは原材料と最終製品の移動と保管に関係している．ロジスティクスオペレーションは，まずサプライヤーからの原材料または部品の出荷から始まり，製造または加工された製品が顧客に運ばれて完結する．
　原材料や部品の最初の購買から，在庫を必要とされるときと場所へ移動することによって，ロジスティクスプロセスは製品に価値を加えていく．もしすべてがうまくいけば，最終製品在庫までの輸送のそれぞれのステップごとに原材料や部品は価値を増加する．いい換えれば，個々の部品はそれが機械に組み立てられると，部品であったときよりもより多くの価値を得る．さらに，機械は顧客に配送されるやいなや，より多くの価値を得る．
　製造を支援するために，仕掛り在庫は適切に位置づけられなければならない．それぞれの部品とその移動のコストは付加価値プロセスの一部となる．よりよく理解するために，ロジスティクスオペレーションを3つの領域，つまり (1) 流通, (2) 製造支援, (3) 調達に分けることが有効である．これらの構成要素は，企業の一体化したロジスティクスオペレーションの単位として，図2-2の影のついた部分で表されている．

a. 流　　通

　最終製品の顧客への移動が**流通**である．流通では，最終顧客が最終目的地を意味する．製品のアベイラビリティが，それぞれのチャネル参加者のマーケティング活動に必要不可欠である．一般的に自ら在庫を所有しない製造業者の代理店でさえも，期待されたマーケティング責務を遂行するために，在庫のアベイラビリティによって支援されることもある．もし必要とされるときと場所に，適切な品揃えの製品が効率よく配送されなければ，すべてにわたる多大な市場努力が危険にさらされるであろう．流通プロセス全体を通して，在庫するタイミングと地理的配置がマーケティングの最重要課題である．高度に商業化した国に存在する，多種多様なマーケティングシステムを支援するためには，多数の異なる流通システムが必要である．すべての流通システムはある共通の特徴をもっている．それは，流通システムが，製造業者，卸売業者，小売業者をサプライチェーンで結合し，製品のアベイラビリティを提供しているということである．

b. 製 造 支 援

　製造支援の領域は，製造の各段階で仕掛り在庫のフローの管理に専念することである．ロジスティクス上の製造におけるその主要な責務は，基本生産計画を作成し，原材料，部品，仕掛り在庫をタイムリーに使用できるように，手配して実行することである．製造支援は，生産がどのように行われるかということよりも，むしろ，「何が」「いつ」「どこで」製造されるべきかということに全面的に関わっている．
　製造支援は流通とは大きく異なっている．流通は顧客の望むサービスの提供に挑み，それゆえ消費者や需要の不確実性に適応しなければならない．製造支援は管理する製造業者の移動への要求に携わる．流通が適応しなければならない，不規則な顧客の注文や気まぐれな需要によって発生する複数の不確実性は，製造業務においては典

型的でない．全体的な計画化の観点からみて，外向きの流通と内向きの調達活動から，製造支援を分離することは，専門化と効率の改善のための機会を提供する．企業が採用するレスポンスベース戦略の度合いによって，製造の分離が低減されたり撤廃されたりする．

c. 調　　達

調達は，サプライヤーから製造工場または組立工場，倉庫，小売店への，原材料，部品，または最終製品在庫の購買や移動を手配することである．状況によって，その入手プロセスは一般的に違う名前で表現されている．製造では入手のプロセスは通常「購買」とよばれている．政府筋では，入手は伝統的に「調達」とよばれている．小売や卸売りでは「仕入れ」がもっとも広く使われている．多くの分野で，そのプロセスは「インバウンドロジスティクス」とよばれている．本文では，調達という言葉がすべての種類の購買を含むものとする．「原材料」という言葉は再販準備がどの程度できているかにかかわらず，企業へ入ってくる在庫を認識するために使われている．「製品」という言葉は消費者が購入できる在庫を認識するために使われている．つまりいい換えれば，原材料とは製造を通して価値を加えるプロセス上にあり，一方製品とは消費される準備ができていることになる．根本的な違いは，製品は製造，仕分け，組立中の原材料に加えられた価値から生まれているということである．

典型的な企業内では，ロジスティクス上の3つの運営領域は重なり合っている．それぞれを，全体的な付加価値プロセスのうちの不可欠な部分としてみることは，全体

表2-2　ロジスティクスにおける流通，製造支援，調達の具体的業務

流　通

顧客サービス関連活動．
要求される機能：サプライチェーンのなかで，受注と処理，在庫配置，保管と荷扱い，販売物流．
マーケットプランニングのコーディネーションに関連する下記の領域の責務を含む：値づけ，販売促進支援，顧客サービスレベル，配送標準，返品の取り扱い，製品ライフサイクル支援．
主要な流通業務の目標は，最小コストで，戦略的に求められる顧客サービスレベルの実現によって，収益アップを促進すること．

製造支援

プランニング，スケジューリング，製造業務支援関連活動．
要求される機能：マスタースケジュールの立案，および，仕掛り在庫の保管，荷扱い，輸送，および部品の仕分け，順序立て，時間調整．
製造拠点での在庫保管，組立と地理的配置に関する最大限の柔軟性，製造と流通間のオペレーションの延期に関する責務を含む．

調　達

社外のサプライヤーからの製品，原材料の入手関連活動．
要求される機能：資源計画，サプライヤーの確保，交渉，発注，調達物流，受領と検査，保管と荷扱い，品質保証．
下記の領域に関する調整をサプライヤーとともに行う責務を含む：スケジューリング，供給の継続性，投機とリスク回避，新しい調達先と計画のリサーチ．
調達の主要な目標は，最小のコストで，タイムリーな購買を供給することにより，製造または再販部門を支援することである．

的なプロセスのなかでそれぞれに特有な性質をフルに活かす機会をつくり出す．表2-2は，ロジスティクスのそれぞれの補助プロセスに含まれる日々の活動についての，より厳密な定義を示している．サプライチェーンの全体的な挑戦は，全体効率を促進させる方法で，参加企業のロジスティクスプロセスを統合することである．

2-4-2 情報のフロー

情報のフローはロジスティクスシステム内において，必要なものとして特別な位置づけをもっている．情報もまた先の3つの運営領域を統合している．個々のロジスティクス領域には，注文の規模，在庫のアベイラビリティ，移動の緊急性という点で，異なる移動の要求がある．情報のフローの管理の主要な目的は，サプライチェーン全体の効率のために，これらの差異を調和させることである．情報は，流通，製造支援，調達の実際の活動と同時に要求されることを強く意識することが重要である．これらの領域が実際のロジスティクス活動を支える一方で，情報は計画の調整と日々の業務のコントロールを円滑にする．正確な情報がなければ，ロジステックスシステムで行われる努力は無駄になるだろう．

ロジスティクスの情報は大きな2つの構成要素をもつ．計画/調整と業務である．2種類のロジスティクス上の情報の相互関係を図2-3で説明した．情報技術についての深い議論は後の第7～9章に用意されていて，そのときにロジスティクス情報システムの構造がより詳しく展開される．ここでの目的は，統合化されたロジスティクスをマネジメントするのに必要な情報の詳細のフレームワークを紹介することである．

a. 計画 / 調整

計画/調整の全体的な目的は (1) 戦略目標，(2) 能力の制約，(3) ロジスティクス所要量，(4) 在庫配置，(5) 製造所要量，(6) 調達所要量，(7) 予測，を通して，必要とされる業務情報を認識し，サプライチェーンを円滑に進めることである．もし高レベルな計画/調整が実践されなければ，非効率的な運営や過剰在庫を生み出す可能性がある．課題は，重複や不必要な過剰を減らすために，サプライチェーンに参加している企業すべてにわたって上記のような計画/調整を達成させることである．

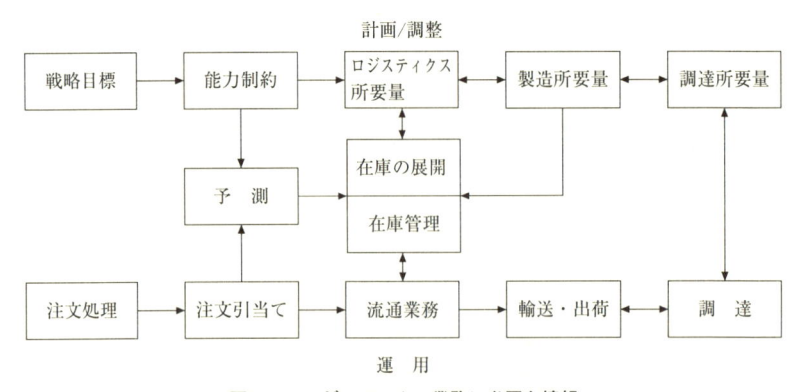

図2-3 ロジスティクス業務に必要な情報

サプライチェーン運営の主導役となるのがマーケティングや財務上の目標から生まれる，**戦略目標**である．これらの手始めにまず，顧客の性質やロケーションの詳細を述べる．それが，計画した製品やサービスとサプライチェーン活動が合致する方向に向かわせる．戦略プランの財務的局面は，在庫，債権，施設，設備，そして保管能力をサポートするのに必要とされる資金を詳細に表す．

能力制約は社内外の製造や流通の制約を意味する．与えられた戦略目標に対して，能力の制約は，製造，流通施設における制約，障壁，ボトルネックがあることを認識する．それはまた特定の製造または流通業務をどんなときに外注すべきかの認識に役立つ．例をあげると，Kellogg は "Craklin' Oat Bran" という自社ブランドをもっているが，すべての製造は契約に基づき第三者によって行われている．能力制約の計画書は，設備の稼働率，財務的資源，人的要求のスケジュールと詳細の目標を，時間的段階で表現する．

予測，販売促進スケジュール，顧客の注文，在庫状況を入力に使用すると，戦略を支えるために必要な，作業施設，設備，労働力などの**ロジスティクス所要量**が判明する．

図 2-3 でわかるように，**在庫の展開**は計画/調整と業務のあいだの在庫管理と接している．配置プランは，サプライチェーンを通して在庫を効率的に動かすために，どのタイミングで，どこに在庫をおくかを詳細に表す．情報の見地からすると，配置はロジスティクスプロセスのなかで，「何を」「どこに」「いつ」を明記する．オペレーショナルな見地からすると，在庫管理は日次単位で実践される．

生産側では，**製造所要量**がスケジュールを決定する．伝統的な成果物は基本生産計画（MPS）や資材所要量計画（MRP）をドライブするのに使われる，時間別在庫要求書である．高速な対応を要求される状況では，先進的計画スケジューリング（APS）がより一般的に，時分割製造に使われている．

調達所要量は製造の要求を支えるために必要とされる原材料や部品の時間順のスケジュールを表す．小売や卸売組織では，購買が仕入れる商品を決定する．製造業では，調達部門がサプライヤーからの原材料や部品を手配する．ビジネスの状況にかかわらず，購買情報は，サプライヤーの適性，望まれる投資の程度，第三者の手配，長期契約の実行可能性に関する決定のために利用される．

予測は，時系列データ，現状の活動レベル，計画の前提を活用して，将来の活動レベルを予測する．ロジスティクス上の予測は一般的に，比較的短期の予測である．典型的な見通し期間は 30 日から 90 日間である．見通しの課題は特定の製品の売上見込みを算出することである．これらの予測がロジスティクスの要求や計画運営の基盤を作成する．

b. オペレーション

正確でタイムリーな情報の第二の目的は，ロジスティクスオペレーションを円滑にすることである．サプライチェーンの要求を満たすために，ロジスティクスは在庫を受け取り，加工し，そして出荷しなければならない．業務の情報は以下の 6 つの領域で必要とされる．(1) 注文処理，(2) 注文引当て，(3) 流通業務，(4) 在庫管理，

(5) 輸送と出荷，(6) 調達，である．これらの領域の情報はそれぞれのロジスティクス活動を円滑にする．図2-1 やそれに関する記述で概略を説明した．

注文処理は製品流通に関わるサプライチェーンのメンバー間での要求情報の交換を意味する．注文管理の第一の活動は顧客の注文の正確な入力と修正である．情報技術は注文管理の伝統的なプロセスを劇的に変えた．

注文引当ては顧客の要求を満たすための，在庫と組織の責務を意味する．伝統的アプローチは，所定の優先度にしたがって，顧客に向けての責務または計画された製造を指示するものであった．最新の技術の注文処理システムでは，顧客との双方向のコミュニケーションにより，計画されたロジスティクスの制約内で，顧客を満足させる，交渉による注文をつくり出す．

流通オペレーションとは，ロジスティクス施設内において作業を円滑にし，調整する情報である．重複と過剰な作業を最小化する，望ましい在庫の品揃えのアベイラビリティをスケジュール化することに重きがおかれる．流通業務の鍵は，欠品しないで，可能なかぎり在庫を少なく取り扱うことである．

在庫管理はロジスティクスプランを遂行するために必要な情報である．人的資源と情報技術の組合せを活用すれば，計画された要求を満たすように在庫は配置され管理される．在庫管理の仕事は，全体的なロジスティクスシステムが，計画どおり実践するに十分な資源をもつことを確実にすることである．

輸送と出荷情報は在庫の移動を指示する．流通業務では輸送能力を十分に活用するために，積合せ輸送が重要である．必要とされる輸送設備が必要なときに利用可能であるかどうかを，確認することもまた必要である．最後に，所有権の移動は輸送から起こるので，確証する取引書類が必要とされる．

調達は，サプライヤーが注文をすべてを確認するまでのあいだ，購買注文の前処理，修正，そしてリリースを完結させるのに必要な情報である．多くの点において，調達に関連する情報は注文処理に関連する情報と似通っている．両方の情報交換は，企業と顧客やサプライヤーとを結びつける業務の円滑化に役に立つ．

業務情報の全体的な目的は，流通，製造支援，調達業務の統合マネジメントを円滑にすることである．計画/調整は必要な業務の優先順位をつけ，日々のロジスティクスの実行に必要な業務情報の確認をするものである．サプライチェーンの同期化の動きについて次節で述べる．

2-5 ロジスティクス機能の配置

ロジスティクスサービスが顧客に好ましい影響を与える能力は，運用システム設計に直接関係している．運営構造が，効率，コスト，柔軟性のバランスを提供しなければならないがために，ロジスティクス上の実行要求の多くの異なる切り口が運営上のデザインを，複雑にしている．多様な市場に幅広くサービスを提供するために世界中で利用される，さまざまなロジスティクスシステムを考えるとき，何らかの構造上の類似性が存在するというのは驚くべきことである．しかし，すべてのロジスティクスは2つの共通の特徴をもっていることに留意してほしい．第一に，それらのロジステ

2-5 ロジスティクス機能の配置　　　　　　　　　　　　45

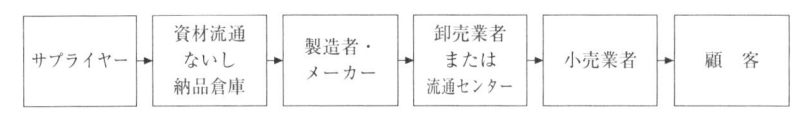

サプライヤー → 資材流通ないし納品倉庫 → 製造者・メーカー → 卸売業者または流通センター → 小売業者 → 顧客

図2-4　多段階構造のロジスティクス

ィクスは在庫を管理するよう設計されている．第二に，ロジスティクスシステムの範囲はアベイラブルな技術に基づいている．これら2つの特徴が，一般的にみられる機能的配列をつくり出す傾向にある．幅広く利用される3つの構造は，多段階，ダイレクト，柔軟性である．

2-5-1　多　段　階

　ロジスティクスシステムが多段階構造をもつものと考えることは，製品の流れが通常，共通の配列の企業を通して進み，製品が原産地から目的地まで円滑に流れているということを意味する．多段階層を利用していることは，サプライチェーンとして，ある程度の在庫を保管すること，あるいは特定の活動を行うことが，トータルコスト分析上，正当であることを意味するのが一般である．

　多段階システムは在庫の品揃えのために倉庫を有効活用し，多量の輸送出荷に伴う統合経済を構築する．倉庫内にある在庫は，顧客の要求に対する配置に早期に応じることができる．図2-4は典型的な段階的バリューチェーンを図解している．

　典型的な多段階システムはブレイクバルク（荷卸し）ないし納品用の倉庫を有効活用する．ブレイクバルク用の施設は概して，さまざまなサプライヤーからの多量の積荷を受け入れる．在庫は仕分けられ，将来の顧客要求を予測して保管される．大きな食料品店チェーンや卸売業者によって運営されている食料配送センターは，ブレイクバルク用の倉庫の例である．積合せ用倉庫は逆のかたちで機能している．積合せは，さまざまな地理的ロケーションに工場をもつ，製造企業に概して必要とされる．企業がフルラインの品揃えを顧客に出荷するために，別々の工場で製造された製品は，中央倉庫に保管される．大きな消費財製造業者が全製品を積合せするために多段階システムを利用する企業の主要な例である．

2-5-2　ダイレクト

　多段階的な在庫に対して，このロジスティクスシステムは，1つあるいは少数の中央に位置する工場から顧客の目的地まで，ダイレクトに製品を出荷するようにデザインされている．ダイレクト配送は，顧客注文を迅速に処理し配送を実現するために，概して，情報技術によって連結された品質のよい輸送を利用する．注文配送サイクルでデザインされた，この能力の組合せが，時間の遅延を減らし，顧客から地理的に離れていることを克服する．直送の例が，工場から顧客向けのトラックロード（車扱い），直接店舗輸送，カタログショッピングやeコマースショッピングによって必要とされる，消費者へのダイレクトなさまざまなフルフィルメントである．ダイレクトロジスティクス構造は製造工場へ向けた部品や原材料のためにも利用される．一般的にそれらの積荷の平均規模が大きいからである．

　その経済性が正当化されるとき，ロジスティクスの実行者は，先行在庫や中間製品

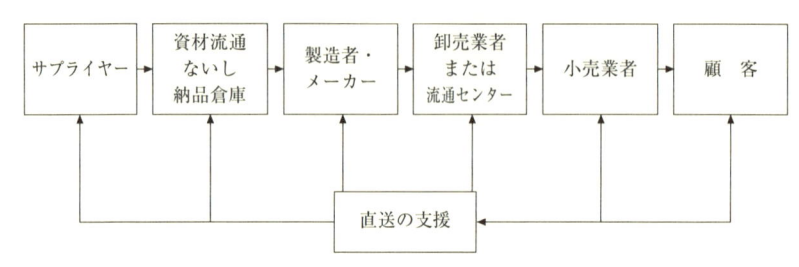

図 2-5 多段階かつダイレクトな構造のロジスティクス

のハンドリングを減らすので，これに代わるダイレクトな方法を望む傾向にある．高い輸送コストやコントロールが失われる可能性によって，ダイレクトロジスティクスの適用は限定されている．ほとんどの企業は数年前には一般的であった多数の倉庫を今日は運営していない．よって多段階構造をダイレクトなロジスティクス能力を含むように修正するようになってきた．図2-5は多段階なロジスティクス構造に加えられたダイレクトなロジスティクス能力を図解している．

2-5-3 柔軟さ

ロジスティクス上の理想の配置は，多段階をもち，ダイレクト構造の利点が結合し，フレキシブルなロジスティクスシステムをつくり上げている状況である．第1章でも述べたとおり，売上見込み用の在庫は理想的にはできるだけ長く延期されるべきである．在庫戦略はしばしば，動きの速い製品や原材料を前方の倉庫におき，一方で，よりリスクが高くコストのかかるアイテムは顧客へ直接配達するために，中央のロケーションで保管される．基本サービスの約束や注文規模による経済性が，特定の顧客に提供するサービスをもっとも望ましい経済構造にする．

例で説明すると，自動車の取替え部品のロジスティクスは一般的に，フレキシブルなロジスティクス戦略を活用して顧客へ配達する．それぞれの部品は，需要のパターンや大きさによって，ディーラーや販売店からさまざまな距離にある倉庫で在庫されている．一般的な法則として，部品の回転が遅ければ遅いほど，その需要は不安定であるために，中央の在庫に入れたほうが利点も大きい．もっとも動きが遅く需要の少ない部品は世界中の顧客にサービスできるように1か所で保管されるしかない．もっと予測可能な需要をもつ動きの速い部品は，迅速な配達を容易にするためにディーラーに近い前方の倉庫で保管される．

これに対比する例が，生産業者へ機械部品を売る企業である．このビジネスの性質がまったく正反対のフレキシブルな配送戦略を支援している．機械の故障や予期しないダウンタイム（停止時間）に直面した顧客に対して優れたサービスを提案するために，企業はすべての地点の倉庫に動きの遅い部品を保管している．これに対して大きい需要で，回転の速い部品の自動車産業は，予防的保守のために正確に需要が予測される．これら動きの速い部品の，最小コストのロジスティクスは，部品製造工場に隣接した中央の倉庫から直接出荷する方法である．これら2つの選択的なロジスティクス戦略——両戦略は異なるロジスティクス上の柔軟な能力を活用している——は，顧

客からの特別な要求や直面している競争の激しさにおいて正当性が証明される．自動車製造業者は，新車の保証期間中唯一の部品サプライヤーであり，顧客の車を適切に修理するためには，ディーラーに迅速に部品を配達しなければならない．ディーラーは最小の在庫投資で，顧客を満足させるために，部品の早期補充を要求する．車の年数がたつにつれ取替え部品への需要が増加し，別の製造業者が取替え部品市場に入ってくる．このライフサイクル・モデルでの，このように激しい競争の段階では，競争力を維持するためにロジスティクス上の速い反応が求められる．モデルが古くなるにつれ，競合他社は縮小する補修部品市場から消えていき，もとからの製造業者を唯一のサプライヤーとして市場に残すことになる．

　自動車企業に対比して，産業部品のサプライヤーは標準的で，高い代替可能性をもつ機械部品を提供する．定期的に使われる製品は予測される一方，動きの遅い，需要の不安定な製品を予測することは不可能である．この企業は，予期しない機械の故障がいかに速く修復されたかという点で，顧客がサプライヤーを評価する状況をつくるのに力を注ぐ．顧客が期待するレベルのサービスの実施に失敗することは，競合他社が能力を証明するきっかけをつくる．

　それぞれの企業がユニークな顧客の状況に直面し，競争優位を達成するために，異なった柔軟性のロジスティクス戦略を活用することが期待される．最小コストで顧客の期待を満足させるチャネル戦略は，典型的に，多段階とダイレクトを組み合わせて活用することである．

　ベーシックなチャネル構造を超越して，代替施設を活用した顧客サービスを開発することによって，柔軟なロジスティクスシステムがデザインできる．ロジスティクスの柔軟性は緊急時ベース，または平常時ベースの運用設計によってなされる．

2-5-4　緊急時に柔軟な構造

　緊急時に柔軟なオペレーションとは，ロジスティクス上の失敗を解決するために，事前に計画された戦略である．典型的な緊急事態とは，指示を受けた配送拠点に在庫がなかったり，または何かほかの理由のために顧客の注文を完結できないときに起こる．たとえば，倉庫が在庫を切らしていて，そのアイテムは顧客指定の注文配達日までに在庫補充の予定がないなどである．入荷待ちやキャンセルを防ぐために，緊急事態運用政策は，すべての注文，または少なくとも欠品しているアイテムの出荷をほかの代替倉庫に割り当てるであろう．このような緊急時の柔軟運用は，特定顧客の重要性や注文された製品の重大な性質に基づいて使用される．

2-5-5　平常時に柔軟な構造

　通信の改善の結果として評判の高い，ロジスティクスの柔軟性は，基本的なロジスティクスシステム設計の一部として，特定の顧客へのサービスのために開発した手順を含んでいる．柔軟なロジスティクスのルールや意思決定シナリオは，たとえばほかの配送拠点を割り当てるなど，必要なサービスを満たすための代替方法を明確に記述する．平常時の柔軟な運用を活用する戦略は，少なくとも以下の4つの異なった状況で正当性を証明されるであろう．

　1つ目に，特定の顧客への配送ロケーションが，ロジスティクスコストも配送時間

も2つの異なるロジスティクス施設からほぼ等しい地点である場合である．このような均等な位置にある顧客は，サプライヤー企業にロジスティクス能力を十分に活かす機会を与える．注文は顧客の要求を満たすベストな在庫の位置づけと，タイムリーな配達能力をもつ施設から，サービスを受けることができる．この種の柔軟なロジスティクスは，優れた顧客サービスを維持しながら，施設間の負荷のバランスをとることによって，システム能力を十分に活かすことができる．その利点は機能上の効率のよさであり，そのことがサービス低下のないことを期待する顧客にとっても，透明性が高く納得のいくものとなる．

　平常時の柔軟な配送を正当化する2つ目の状況は，もし選択的なチャネル配置を通してサービスされるならば，顧客の注文の規模がロジスティクス上の効率を改善する機会をつくるという状況である．たとえば，少量の出荷配送をするのに，トータルコストのもっとも低い方法は，配送業者を利用することかもしれない．これに対して，大量の出荷は，工場から直接顧客に出荷されるときにトータルコストがもっとも低いかもしれない．もし選択した出荷方法が顧客のサービスへの期待を満たすならば，平常時の柔軟な運用によって，トータル・ロジスティクスコストが削減されるかもしれない．

　平常時のフレキシブルなオペレーションの3つ目のタイプは，選択的な在庫保管戦略から生まれる．在庫を保管するのに伴うコストとリスクは，それぞれの倉庫にどのアイテムを保管するかを決定するのに注意深い分析を必要とする．取替え部品に関して，先にも述べた一般的な戦略は，トータルの製品ラインを中央の倉庫で保管しながら，特定の倉庫に選んだアイテムを保管するというものである．一般的な小売りでは，小さな地域社会に位置した店や配送センターは，企業の全製品ラインのうちかぎられたバージョンの製品しか保管できないかもしれない．顧客が保管していない製品を希望したとき，注文は別の施設から満たされなければならない．**マザー施設**という言葉は，制約をもつ小さな施設のバックアップサポートをするための大きな施設を表し，在庫戦略を述べるのにしばしば使われる．階層によって選択的な在庫を保管するのは，在庫リスクを減らすための一般的な戦略である．多段階による選択的な保管をする理由は，低い製品利益貢献から高い単位コストにわたる在庫を維持することである．きちんとした在庫クラス戦略を機能させる1つの方法は，多段階システムによって異なった在庫政策をとることである．このようなクラス分け保管戦略を行う状況では，分割納品についての，事前の顧客の承認が必要であるかもしれない．しかしながら，差別化した在庫保管戦略を使っている企業は，状況によっては，顧客の注文を同時配送のために再構成することができ，それによって顧客の理解を得られている．

　平常時の柔軟なオペレーションの4つ目のタイプは，確立されたダイレクトまたは，多段階ロジスティクス配列以外の方法で，企業間で特別の出荷を行って結果を出している．流行が進む2つの特別な手配は**クロスドックとサービスサプライヤー手配**を通しての流れである．クロスドックオペレーションは複数の入荷を，指定された時間に，荷扱い施設に到着させる．棚入れやマテリアルハンドリングをしなくていいような設備ができている．入荷品はドックを横切って仕分けられ，目的地まで直接配送

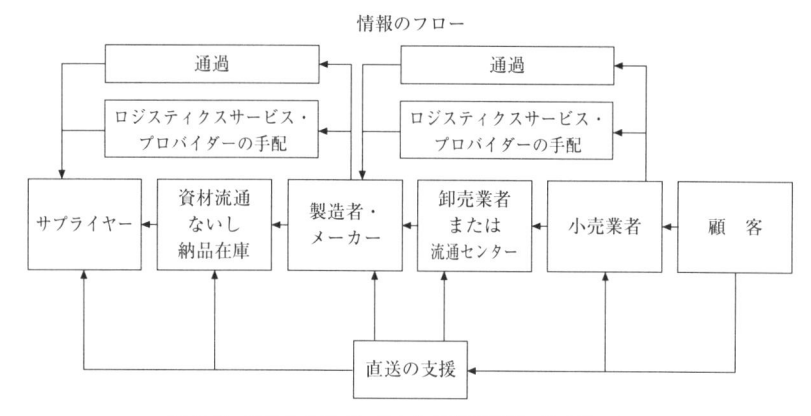

図 2-6 柔軟かつダイレクトな多段階構造ロジスティクス

するために出荷用トレーラーに積合せされる．クロスドックオペレーションは，食料品業界の店別品揃えや，大規模商店の連続在庫補充の標準的方法として，またほかの小売業で行われることにより，流行が広がっている．

もう1つの平常時の柔軟なオペレーションは，統合されたサービスサプライヤーを，配送に向けての製品の組立に利用するものである．これは，前節で述べられた，輸送目的の積合せに類似している．しかしながら，柔軟なロジスティクスの形態として，本流である多段階ロジスティクス構造のフローのなかから，動きの遅い製品の貯蔵やハンドリングを取り除くために，専門業者が利用されている．このようなサービス提供者は重要な付加価値サービスも提供している．たとえば，Smurfit-Stone は店内 POS ディスプレイを店舗直送とした．

図2-6は，前に図解したロジスティクスオペレーション構造に柔軟性を取り入れている．効率的で柔軟な運用に不可欠なものは，ネットワークを通して在庫状況を監視し，顧客の注文を取り扱う方法を迅速に切り替えることができる情報技術の活用である．緊急用設備に柔軟な運用を活用することで，実績をあげている．驚くほど効率的で，柔軟なロジスティクス戦略は，伝統的な予想によるロジスティクスシステムで維持される安全在庫に取って代わることができる．

統合されたサービスプロバイダーを利用することの利点は，デザインされた企業のロジスティクス戦略の柔軟性に直接関係する．もし企業が直接配送の提供を選択するなら，信頼の高い，高速輸送サービスが必要になるだろう．階層構造は，クロスドック施設運営に特化した企業のサービスと，大量輸送にビジネスチャンスがあるということを意味している．多段階構造とダイレクトロジスティクスの結合利益を求める戦略は，サードパーティ・ロジスティクス専門業者の統合されたサービスための理想的候補かもしれない．ロジスティクス戦略は，チャネルの構造と関連に直接に働くということを，覚えておくことが重要である．情報技術は驚くほど，長年にわたる融通の利かないビジネスのやり方に関する慣行を再考させる．これらの発展は，内外のロジ

スティクスの統合を達成するのに必要な，経営管理の実践についての調査によって例証されることができる．

2-6 ロジスティクスの同期化

ここまでの論述はロジスティクスを個々の企業内の統合されたマネジメントプロセスとして位置づけてきた．サプライチェーン・マネジメントへの挑戦は，同じ価値提案で連帯している複数の企業間にまたがるオペレーションの統合である．サプライチェーンの参加企業は，ロジスティクス運用を円滑化するよう努力し，連携して業務を計画し，実行しなければならない．サプライチェーンにまたがる複数企業の運用統合は**ロジスティクスの同期化**として言及される．

ロジスティクスの同期化は，不要な重複や余剰を絶対的な最小にまで減らすために，サプライチェーン・パートナー間の原材料，製品，情報の流れの調整を求める．またそれは全体的なサプライチェーン能力のテコ入れをつくり出すために，個々の企業の内部運用を再設計することを求める．テコ入れされた運用は，それぞれの参加企業が実行し，責任をもつための，ロジスティクス活動共同計画を必要とする．サプライチェーン統合の根底には，在庫停滞時間の全面的な削減を達成するために，メンバーのコアコンピタンスをテコ入れするという目標がある．

第1章でも定義されたとおり，停滞時間とは，在庫がサプライチェーン内の望まれたロケーションに生産的に移動する（販売などされる）のにかかる時間量と，滞留状態である時間の比率である．例をあげて説明すると，倉庫に保管された製品や部品は停滞している．これに対し，顧客への輸送途中にある同じパーツは生産的に配置されているといえる．理論的には，その積荷は，即座に顧客によって付加価値プロセスで利用されるように，タイムリーに到着するだろう．望まれることは，製品が倉庫に保管されたり，何か別の理由で継続的な移動を制限されることなく，直接顧客の付加価値プロセスに組み込まれることである．同期化の利益とは，まず需要が求めるものを供給するタイミングを同期化するのが第一義で，そのつぎに個々のサービスや製品の移動のスピードアップであることを普遍化することの支援である．

2-6-1 パフォーマンスサイクル構造

パフォーマンスサイクルとは流通，製造，調達サポートに関するロジスティクスを完成させるために必要な活動の要素を表す．それは要求が認識されてから，製品が配送完了するまでのあいだの作業の仕様ということができる．パフォーマンスサイクルはさまざまな面の活動を統合するので，ロジスティクスの同期化のための主要な分析単位である．基本レベルでは，情報と輸送がサプライチェーンで機能するすべての企業を結びつけなければならない．情報と輸送によって結びつけられた運用拠点は**ノード**（結節点，拠点）とよばれる．

ノードやリンクに加えて，パフォーマンスサイクルには在庫資産も含まれる．在庫は運用を支援するのに割り当てられる**資産の投資レベル**で計測され，結節点にあるものや移動中の製品や原材料も含まれる．サプライチェーンノードにある在庫は，基本在庫と安全在庫からなる．基本在庫はノードで取り扱う在庫で，一般的に，平均的入

荷サイズの半分である．安全在庫は需要やリードタイムの変動に備えるために存在する．ロジスティクス活動がなされるのは，サプライチェーン・ノードとノード間においてである．在庫は多種多様なマテリアルハンドリングや，ときには保管を必要としながら，ノードを通して保管され流される．荷扱いや輸送中にも，保管が発生するが，そのような活動は，倉庫のようなサプライチェーン・ノード内で典型的に行われる活動に比べれば，小さなものである．

パフォーマンスサイクルは，**入力/出力の内容**に応じてダイナミックになっている．パフォーマンスサイクルにとっての入力とは要求資源であり，一般的に製品や原材料の所要量を明確に示す作業命令のかたちをとる．大容量のサプライチェーンは，少量のスループットをもつサプライチェーンよりも，一般的により幅広い多様性に富んだ，異なったパフォーマンスサイクルを必要とするだろう．要求される処理が高度に予測可能であるか，または少量のスループットであるとき，サプライチェーン・ロジスティクス支援を提供するために必要とされる，パフォーマンスサイクル構造は単純化することができる．Target や Wal★Mart のような大規模な小売企業をサポートするのに必要とされるパフォーマンスサイクル構造は，カタログ販売企業の要求する運営構造よりも，はるかにずっと複雑である．

サプライチェーンの「出力」とは，連結したロジスティクスオペレーションから期待されるパフォーマンスレベルである．この連結したロジスティクスは特定の配列をサポートする．オペレーショナルな要求の満足が拡大すればするほど，連結したロジスティクス上の，サプライチェーン・パフォーマンスサイクル構造はその使命を果たすのに効果的である．サプライチェーンの効率は，そのようなロジスティクス上の効果を達成するために必要な，資源消費をはかる目安となる．ロジスティクスパフォーマンスの効果と効率は，サプライチェーンマネジメントの中でキーとなる．

サプライチェーン構造における，パフォーマンスサイクルのオペレーションの使命しだいで，それに関連した活動は1つの企業のコントロール下にあるかもしれないし，または複数の企業を含むかもしれない．たとえば，製造サポートサイクルはしばしば1つの企業の運用管理下にある．これに対し，流通や調達に関するパフォーマンスサイクルは一般的に複数の企業を含む．

取引の頻度と強度はパフォーマンスサイクル間で異なるということを実感することが重要である．なかには，一度きりの購買や売買を円滑にするためにつくられるパフォーマンスサイクルもある．そのような場合では，その関連するサプライチェーンはデザインされ，実行され，そしてひとたびその処理が完了すると撤廃される．ほかのパフォーマンスサイクルは長期にわたる構造的な配置を示している．複雑にしている現実は，1つのロジスティクス上の配列における運用や施設が同時に，ほかの多くのパフォーマンスサイクルに参加しているということである．たとえば，ハードウェアの卸売業者の倉庫施設は，多様な製造業者からの商品を定期的に入荷するかもしれないし，競合する複数の小売業者にサービスを提供するかもしれない．同様に，トラック運送会社は幅広くさまざまな業界にわたって，数え切れないほどのサプライチェーンに参加している．

一国内のもしくは多国籍の規模のサプライチェーンで，非常に多くの顧客に向けて幅広い製品ラインを市場に出すことに関わっており，また基本的な製造，組立，原材料や部品の調達に世界的に従事している，そのようなサプライチェーンを，人が考えるとき，そのすべての参加企業のオペレーションをつなげる数々のパフォーマンスサイクルの概念をそれぞれが理解することは難しい．GM や IBM のサプライチェーン構造のなかに，どれほど多くのパフォーマンスサイクルが存在するかを概算することは気が遠くなるようなことに近い．

　サプライチェーンがそのロジスティクス上の要求を満たすために配置する，パフォーマンスサイクルの数や多様な使命にもかかわらず，それぞれのパフォーマンスサイクルは個別にデザインされ，運用されなければならない．パフォーマンスサイクルのデザインとオペレーションの，基本的な重要性はどんなに過度に強調されても強調されすぎることはない．それは以下のような重要性である．「ロジスティクス・パフォーマンスサイクルはサプライチェーンをデザインし，運用管理する基本単位である．本質的に，そのパフォーマンスサイクル構造はサプライチェーン全体にわたって統合されたロジスティクスを実行するための骨組みである．」

　図2-7 は基本的なロジスティクス・パフォーマンスサイクルを描く，多段階構造をもつサプライチェーン構造を表している．図2-8 はネットワーク状のフレキシブルなパフォーマンスサイクルを，複数の多段階構造に描いている．

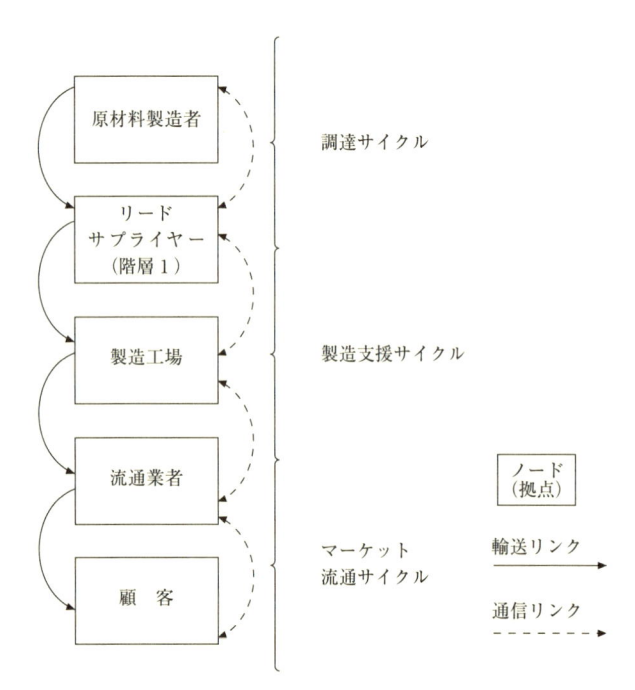

図2-7　ロジスティクス・パフォーマンスサイクル

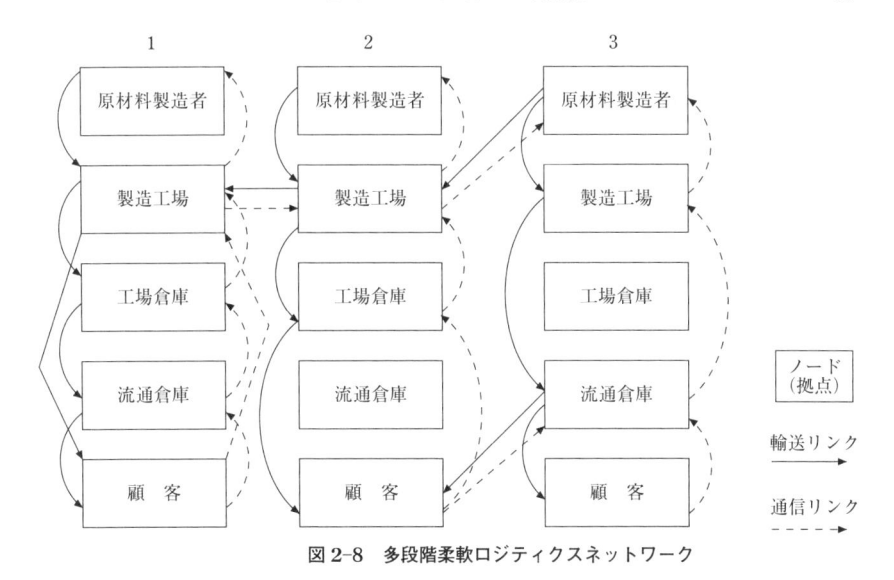

図2-8 多段階柔軟ロジティクスネットワーク

統合されたサプライチェーン・ロジスティクスシステムの構成を理解するには，以下の3つのポイントが重要である．まず1つ目は，前述したとおり，パフォーマンスサイクルはサプライチェーンにわたる統合されたロジスティクスのための基本単位である．2つ目に，サプライチェーンのパフォーマンスサイクル構造は，リンクとノードが配列されているという点で，流通，製造支援，調達のどれについて考えても，基本的に同じである．しかしながら，個々の企業が特定のパフォーマンスサイクルについて実行できる，コントロールの程度にはかなりの違いがある．3つ目に，サプライチェーン全体がいかに巨大で複雑であろうとも，パフォーマンスサイクルの配列や関連するマネジメント上の責任という点で，本質的なインターフェイスやコントロールプロセスが，認識され評価されなければならない．

サプライチェーンの統合化における同期化の重要性をよく理解するために，流通，製造支援，調達のパフォーマンスサイクルにある類似点と相違点を述べ図解する．

a. 流通パフォーマンスサイクル

流通オペレーションは顧客の注文を処理し，配送することに関係している．流通はタイムリーで経済的な製品のアベイラビリティを提供するので，販売を実行するうえで必要不可欠である．顧客を獲得しそれを維持する全体のプロセスは，取引を生み出す活動と物的に満たす活動とに大まかに分けることができる．取引を生み出す活動とは広告と販売である．物的に満たす活動とは (1) 受注，(2) 注文処理，(3) 注文品選定，(4) 配達，そして (5) 顧客への納品を含んでいる．基本的な流通パフォーマンスサイクルが図2-9に描かれている．ロジスティクスの観点からすれば，流通パフォーマンスサイクルはサプライチェーンを最終顧客と結びつける．この接点が競合することがある．

第2章 リーンロジスティクス

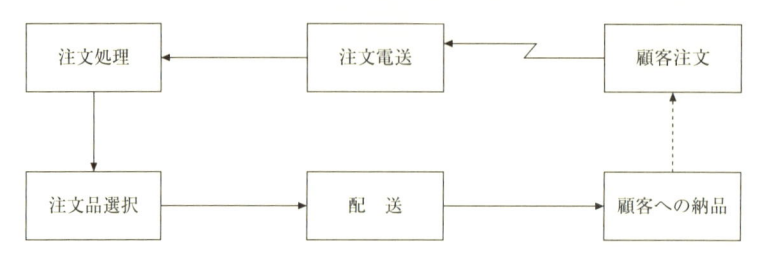

```
┌─────────┐   ┌─────────┐   ┌─────────┐
│ 注文処理 │←──│ 注文電送 │←──│ 顧客注文 │
└─────────┘   └─────────┘   └─────────┘
     │                            ↑
     ↓                            ↓
┌─────────┐   ┌─────────┐   ┌─────────┐
│注文品選択│──→│  配 送  │──→│顧客への納品│
└─────────┘   └─────────┘   └─────────┘
```

図2-9 基本的なマーケット流通のパフォーマンスサイクル活動

　マーケティングは，もっとも可能性の高いセールスの浸透を達成するために，顧客を満足させることに専心される．よってほとんどの企業で，マーケティングと販売は，顧客に適応するという点で，自由な政策を課している．このことはマーケティングと販売が，一般的に幅広い品揃えを求めるということを意味している．また，この幅広い品揃えは大量の在庫によって支えられるか，それが小さなものであろうと，採算性の高いものであろうとお構いなしに，すべての顧客要求を満足させることを求めている．マーケティングの期待は，ロジスティクス上の欠点ゼロのサービスがサプライチェーンで達成され，そして顧客に焦点を当てたマーケティング努力が支援されることである．

　一方では，製造における伝統的な考え方は可能なかぎり低い単位コストを達成することであり，それは一般的に，長く安定した生産によって達成される．継続的な製造プロセスは規模の経済性を維持し，低い単位コストを生み出す．理論上，継続的なプロセスでは，少品種の製品が大量生産される．在庫は，これらの伝統的なマーケティングと製造哲学とのあいだの特有の衝突を緩衝し，解決するのに役立つ．マーケティングと製造との折り合いをつけるために在庫に関わり合うことは，将来の売上を予測して，在庫をサプライチェーンの前方に位置づけることを意味してきた．製品が，間違った市場に間違った時間で運ばれるかもしれないということを認識しつつも，予測された要求に基づいて倉庫に運ばれる．このようなリスキーな意思決定の最終的な結果は，顧客サービス要求を効率的に支援しようとして，重要な在庫が不適切に配置されたということである．この点で，留意すべき重要なコンセプトは，流通パフォーマンスサイクルは，製造から前方に，最終顧客に近く，サプライチェーンを下流へ流れているということである．流通在庫は，正しく配置されるとき，ロジスティクスプロセスによって実現される最大の潜在的価値を表す．

　流通が顧客の要求を扱うという，まさにその事実が，サプライチェーンの運用は製造支援や調達パフォーマンスサイクルよりも，不安定であるということを意味している．流通の運用上の変動を減らし，処理を単純化するために，どのように顧客が製品を注文するかに注意することが必要不可欠である．第一に，予測の正確性を改善することに全力を傾注しなければならない．第二に，可能なかぎり不確実性を減らすために，顧客と協力して計画を立てるプログラムを開始しなければならない．第三に，そして最後に，流通パフォーマンスサイクルは可能なかぎり応答性よくデザインされな

ければならない．また，そのことは延期戦略の導入を含んでいるかもしれない．

　流通パフォーマンスサイクルの力学を理解するうえでの鍵は，顧客が製品を注文するかぎり，彼らがサプライチェーン・プロセスを先導しているということを忘れないことである．流通における反応の敏捷性と柔軟性が，ロジスティクスのもっとも意義深い競争力の1つを構成する．

b. 製造支援パフォーマンスサイクル

　サプライチェーンにおいて製造は，「形態」の価値をつくるノードである．製造の効率は，相当の程度までロジスティクス支援に依存する．ロジスティクス支援によって，製造スケジュールが要求する原材料と工程内在庫の順序正しく経済的なフローを確立維持できるからである．流通や調達で必要とされる特殊性が，製造支援のための在庫移動の時期と位置づけの重要性に，影を投げかけている．製造ロジスティクスは顧客やサプライヤーが含まれていないので，ほかの2つのロジスティクスよりも目にみえにくくなっている．

　製造ロジスティクス支援を独立した運営領域と認識することは比較的新しい概念である．製造支援パフォーマンスサイクルに焦点を当てることの正当性は，柔軟な製造戦略の独特な要求と運用上の制約において発見される．最大限の柔軟性を提供するために，規模の経済性に由来した伝統的な製造慣行が，迅速な製品切替えと短期間の生産に取って代わられつつある．このような時間に敏感な製造戦略を完璧にするために，サプライチェーン参加企業間の厳しいロジスティクスサポートが求められる．ロジスティクスの製造支援の使命は，生産の方法（how）ではなくて，生産の「何を」（what），「どこで」（where），「いつ」（when）を容易にすることであるということを，もう一度強調することが重要である．その目標はすべての製造の要求を，もっとも効率的な方法で支援することである．

　製造支援オペレーションは流通や調達とは，驚くほど違っている．製造支援ロジスティクスは，一般的に1つの企業内に閉じ込められており，一方でほかの2つのパフォーマンス領域はサプライチェーン全体にわたる，不確実性を取り扱わなければならない．社内の能力を増強するために，製造のアウトソーシングが利用される状況でさえも，その1つの企業の全体にわたるコントロールはほかの2つの運営領域よりも大きい．このコントロール機会を活用することによって得られる利益は，ロジスティクス製造サポートをはっきりとした運営領域として扱うことを第一に正当化するものである．

　最近導入され，急速に伸びているやり方（とりまとめ）は，関係する製造サプライヤーのグループ活動を調整し，円滑にするために**リードサプライヤー**が利用されるというものである．これら関係するサプライヤーは，より複雑な製品の組立部品を生産するために使われる，類似したあるいは補完的な製品を生産する．「階層1」サプライヤーという言葉は，大きな製造業者と特定の部品をつくるサプライヤーとのあいだに位置するリードサプライヤーを述べるのにしばしば使われる．リードサプライヤーの目的は全体的なサプライチェーンをマネジメントすることの複雑性を軽減することである．リードサプライヤーが，組立部品を製造するために，小規模

サプライヤーの活動や質を監視し，国内輸送を調整することを評価されて，落札されることが一般的である．リードサプライヤーは製造をサポートするために，仕分け，組立，連続したサブアッセンブリーをする責任を委託される．このような状況では，調達や製造のロジスティクスは結合されている．JITはジャストインタイムを表すが，これはトヨタ自動車工業のこのタイプのサプライチェーンの同期化での初期の努力から進化した[5]．

典型的な製造組織内では，調達部門は原材料やアウトソーシングされた製造部品を，必要とするときに，必要な場所へ供給する責任をもつ．いったん企業の製造オペレーションが始動されれば，それに続く原材料や半製品の工場間の移動への要求は，製造支援の責任となる．製造ロジスティクス支援はドックからドックへの移動やいくつかの途中の貯蔵を含んでいるが，一般的に工場内の組立や生産に必要不可欠なマテリアルハンドリングは含んでいない．製造プロセスが完了すると，最終製品在庫は顧客へ直接か，またはそれに続く顧客への輸送やカスタマイゼーションのために配送倉庫に配分され，配置される．この移動の後，流通オペレーションが始められる．

サプライチェーンが特定の生産活動に特化している多様な工場を含んでいるとき，製造支援システムは複雑なネットワーク状のパフォーマンスサイクルを含むであろう．特化した工場が最終組立に優先して，独自の段階の生産や組立をする範囲には，製造プロセスを完成するのに必要とされる，数え切れないほど多くのハンドリングや輸送がある．この支援プロセスを実践するのが製造ロジスティクスの仕事である．場合によっては，製造支援の複雑性は流通や調達の複雑性をこえているかもしれない．

c. 調達パフォーマンスサイクル

サプライチェーンに沿った順序正しい，原材料や部品や最終製品在庫のフローを円滑にするために，いくつかの活動やタスクが必要とされる．それは（1）調達先選定，（2）発注と督促，（3）輸送，（4）受領である．図2-10でも表されているように，これらの活動は調達プロセスを完結するのに必要とされる．いったん原材料や部品や再販商品を受け取ると，製造または流通を円滑にするために必要な，それに続く保管やハンドリングや輸送が，ほかのパフォーマンスサイクルによって適切に供給される．外的な供給に焦点がおかれているために，調達のこのような局面を「インバウンドロジスティクス」とよぶ．

調達パフォーマンスサイクルは流通パフォーマンスサイクルに似ているが，重要な

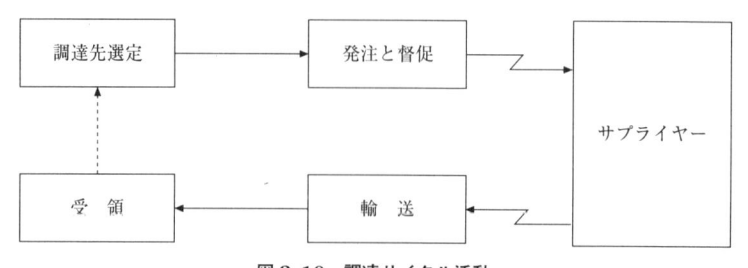

図2-10　調達サイクル活動

3つの相違点がある．第一に，調達においては，配達時間，積荷の大きさ，輸送手段，そして製品の価値が流通とかなり異なっている．調達はしばしば非常に大きな積荷になり，輸送のために，はしけや大型船やユニットトレインや複数のトラックロードを利用するであろう．多くの原材料や部品が国際的に購買される．例外はあるが，調達における典型的な目標は，最低のコストでインバウンドロジスティクスを達成することに焦点を合わせることである．原材料や部品の価値が最終製品の価値と比べて低いということが，移動中の在庫を維持するためのコストと，低コストのモードで輸送するのにかかる時間とのあいだに，トレードオフがあることを意味する．もし，予期せぬ要求に直面しなければ，より速いインバウンド輸送に割増し運賃を払うメリットは通常何もない．したがって購買におけるパフォーマンスサイクルは，最終製品の流通に関するパフォーマンスサイクルよりも一般的に長い．

もちろん，どんな原則にも例外はある．高価な部品が使われる製造または，レスポンスベース（応答型）のビジネスモデルにおいて，一般的に重要なことは正確な時間に到着する必要最小限の小規模な購買にシフトすることである．このような正確なロジスティクスは完全なコントロールを必要とする．こうした状況では，原材料や部品の価値が，高速で信頼性の高い割増し輸送と納品を利用することを正当化する．

たとえば，ケーキの素を製造する工場はその生産プロセスで，一般的に大量の小麦粉を使う．大量の小麦粉は比較的安価であるので，その企業が，鉄道で輸送する最大限の量の小麦粉を購買することが意味をもつ．少量を購買することは，大幅な値引ができず，また少量輸送の高いコストを払うのであまり意味がない．これに対して，電動サンルーフを買って自動車のカスタマイズをする業者は，要求のあるたびに購買するだろう．サンルーフパッケージは車ごとにかなり異なり，またそれぞれのパッケージは比較的高価である．そのような状況では，カスタマイズ業者は在庫を抱えることを避けるために1個1個の単位で注文し，速い配達のために喜んで割増し輸送料金を支払う可能性が高い．

購買の2つ目の特徴はサプライチェーンに含まれるサプライヤーの数は最終顧客よりも一般的に少ないということである．Lands'End は 600 万人の顧客基盤をもっているが，約 250 のサプライヤーと取引をしているだけである．流通オペレーションにおいては，それぞれの企業はサプライチェーン全体に参加している多くの企業のうちの1つにすぎない．これに対し，調達パフォーマンスサイクルはたいていもっとダイレクト（直接的）である．原材料や部品は，もともとの製造業者か専門的な業界の卸売業者のどちらかから，しばしば直接に購買される．

最後に，顧客注文処理サイクルは顧客の要求に応じて注文を取り扱っているので，流通においてはランダムな発注が一般的である．対照的に，調達においては調達システムが注文を先導する．製品がいつ，どこで購買されるかを決定することができるということが，オペレーション上の変動を減らすことに役立っている．

これら調達における3つの相違点は，流通の注文サイクルと対照的であるが，この3点によってロジスティクス上の活動をより順序よくプログラム化することができる．調達における大きな不確実性は価格の変動，あるいは供給が途切れる可能性であ

る．ロジスティクスのすべての局面にとって重要な，パフォーマンスサイクル同期化の最後の特徴は**オペレーション上の不確実性**である．

2-6-2 パフォーマンスサイクルの不確実性

　すべての運営領域におけるロジスティクスの大きな目標は，パフォーマンスサイクルの不確実性を減らすことである．パフォーマンスサイクル自体の構造，運用条件，ロジスティクス運用の質，これらすべてがランダムに組み合って運用上の変動を引き起こしているというジレンマがある．

　図2-11はパフォーマンスサイクル運用で生じ得る変動のタイプと大きさを表している．このパフォーマンスサイクルの図は最終製品在庫の配送に限定されている．図に示されているように，時間の分布は典型的なパフォーマンスサイクルのそれぞれのタスクにおける，パフォーマンス履歴を統計的に示している．この図はそれぞれのタスクを完成させるのに必要とされる最小から最大までの履歴上の時間と，全体的なパフォーマンスサイクルに対する時間分布を図解している．垂直の破線はそれぞれのタスクパフォーマンスの平均時間を示している．

　それぞれのタスクに関して，その変動は関連する活動の性質に起因している．注文伝送はEDIやウェブ上のコミュニケーションが利用されるときには，非常に信頼性があり，電話や普通郵便が使われるときは不安定である．オペレーション上の変動は，テクノロジーの発展レベルにかかわらず，日々の仕事量の変動や予期せぬ出来事の解決の結果起こるだろう．

　注文処理に関する時間と変動は，仕事の負荷，自動化の程度，クレジットの承認に関する規定に相関する．注文品選択，スピード，それに関する遅延は処理能力，マテリアルハンドリングの精巧さ，人的資源の有効性に直接関係している．製品が品切れであるとき，注文品選択を完成するのにかかる時間は製造スケジュールを含む．必要

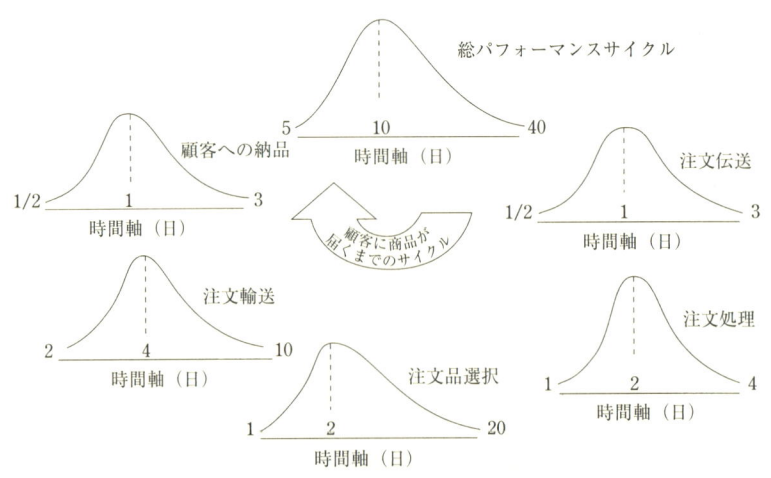

図 2-11 パフォーマンスサイクルの不確実性

とされる配達時間は距離，積荷の大きさ，輸送のタイプ，そして業務環境と相関的なものである．最終的な顧客への納品は，認可された受入れ時間，納品予約，労働力の有効性，専門的な荷卸しや設備の要求によって変化する．

　図2-11では，注文から納品までトータルのタイムパフォーマンスの履歴は5日間から40日間までに及んだ．5日のサイクルはそれぞれのタスクがもっとも速い時間でなされたという，通常ありそうにもない出来事を示している．40日のサイクルはそれぞれのタスクが最大の時間を必要としたという，同じようにありそうにもないまったく逆の極端な出来事を示している．計画された，または目標とする注文から納品までのパフォーマンスサイクルは，実際のオペレーションでできるかぎり頻繁に，規定の時間目標を満たすように，複数の変動を調整することができる．実際のパフォーマンスが10日間前後であるときには，顧客の要求を満たすためにマネジメント上のアクションをとることが必要とされるだろう．そのような進捗統制は追加の経営資源を必要とし，そしてロジスティクスの全体的な効率を低下させる．

　パフォーマンスサイクル同期化の目標は，計画されたタイムパフォーマンス（タイム実績）を達成することである．サプライチェーン上のいかなる点でのパフォーマンス（実行）の遅れも，オペレーションの潜在的な崩壊という結果になる．このような遅れは変動を補完するための安全在庫を設けることを要求する．この場合，予期されたよりも速くパフォーマンス（実行）がなされると，早期に到着した在庫の荷扱いや保管のために，計画していなかった活動を必要とする．速い納品あるいは遅い納品によって不都合と損失が与えられるなら，ロジスティクス管理者がオペレーションの一貫性を奨励するのは当然である．ひとたび一貫性のあるオペレーションが達成されたら，そのパフォーマンスサイクルが完結するに要する時間が最小限になるように，最大の努力をするべきである．いい換えれば，短いサイクルが消費されるトータル資産を減らす．しかしながら，もし一貫性があるならばスピードが唯一の確かな目標である．第一の目標として一貫性が達成されれば，速い注文サイクルが在庫リスクを減らし，（在庫）回転率を改善する．

2-7　ま　と　め

　ロジスティクスはサプライチェーンを，統合した運用とするプロセスである．ロジスティクスのための支出はほとんどの企業にとって重要な支出である．

　ロジスティクスサービスはアベイラビリティ（利用可能性），運営パフォーマンス，信頼性の3点によって評価される．それぞれのサービスは顧客の期待と要求によって形成されていく．リーンロジスティクスとは必要な顧客サービスを，可能なかぎり少ないコストで供給するということがすべてである．苛酷なコストの枠組みのなかで，このような顧客への責務を実行することが，ロジスティクスの価値提供である．

　実際のロジスティクス業務は現実的に機能的なものでなくてはないならない．施設の配置はネットワークを考慮して決定されるべきであり，情報は系統立てられ共有されなければならない．輸送体制の整備，在庫の効率的な配置，そして，これらの拡張要求に応えられることも必要である．また庫内業務，マテリアルハンドリング，そし

て梱包作業も機能する必要がある．伝統的なやり方では，1つの業務領域が，ほかの領域に与える影響の考えられる限界のなかで，可能なかぎり効率よくそれぞれの機能を行っていくことにあった．ロジスティクス業務はとても詳細にわたり複雑であることからわかるように，機能の実行に重点がおかれる傾向に陥るのは当然なことである．機能面で卓越することは重要であるが，それが全体のロジスティクス能力を支援しなければならない．

ロジスティクスの各機能は統合して，流通，製造支援，調達，の3つの主要なオペレーション過程となる．それぞれの領域を統合するためには，領域間の在庫と情報の流れが調和して働くようにする必要がある．

サプライチェーンを同期化するための，オペレーション上の焦点はロジスティクス・パフォーマンスサイクルである．パフォーマンスサイクルは同様にロジスティクス設計に必要な分析の主要な単位である．パフォーマンスサイクル構造は，ノード，レベル，リンク，資産の配置を組むためのロジックを提供する．それらは流通，製造支援，調達の実行において不可欠なものである．これらのきわめて重要なロジスティクスオペレーション領域を表すパフォーマンスサイクルには，多くの類似点や多数の重大な相違点が存在する．これらの類似点や相違点を完璧に理解することは，サプライチェーンの統合を全面的に計画しコントロールするうえで必要不可欠である．基本命題は，ロジスティクスの統合が，規模や複雑さに関わりなくパフォーマンスサイクルの構造と力学によって理解され，評価されるということである．

第一のゴールは一貫性を構築することである．ついでサプライチェーンが要求されたロジスティクス業務を迅速に行える能力をデザインすることであるが，より重要なことは，速さより可能なかぎり一貫性をもたせることである．予想しなかった業務の遅れは，期待されたより速かった場合と同様に，パフォーマンスサイクルを完遂するために，増加や減少の時間の調整を要求される．オペレーションの観点からみると，速すぎる引き渡しも遅すぎる引き渡しも望まれず，受け入れがたい．

第2章では以下の2点について展開した．いくつかのロジスティクス領域での重要な基本事項と，サプライチェーンのなかでどのように価値をつくり出していくかである．これらの考察はロジスティクス業務の本質である．在庫と情報の管理を通しての内部運用の統合の重要性，分析の基本単位としてのパフォーマンスサイクル構造の見方，そして，オペレーションの不確実性の管理である．これらを結合してロジスティクスの一貫性を実現し，サプライチェーン・マネジメントを支援するのがロジスティクスの基本コンセプトである．

第3章では，サプライチェーン・パフォーマンスに影響を与える顧客の要求に重点をおきたい．

参考文献および注

1) Robert V. Delaney, Twelfth Annual "State of Logistics Report," presented to the National Press Club, Washington. DC, June 4, 2001.
2) これら基本的な顧客サービスの計測については第3章でより詳しく述べる．

3) Howard T. Lewis, James W. Culliton, and Jack D. Steele, *The Role of Air Freight in Physical Distribution* (Boston, MA : Harvard University, 1956).
4) Alfred Weber, *Theory of the Location of Industries*, transl. Carl J. Friendrich (Chicago, IL: University of Chicago Press, 1928); August Lösch, *Die Räumliche Ordnung der Wirtschaft*, (Jena: Gustav Fischer Verlag, 1940); Edgar M. Hoover, *The Location of Economic Activity* (New York, NY: McGraw-Hill Book Company, 1938); Melvin L. Greenhut, *Plant Location in Theory and Practice* (Chapel Hill, NC: University of North Carolina Press, 1956); Walter Isard, et. al., *Methods of Regional Analysis: An Introduction to Regional Science* (New York, NY: John Wiley & Sons, 1960); Walter Isard, *Location and Space Economy* (Cambridge, MA: The MIT Press, 1968); and Michael J. Webber, *Impact of Uncertainty on Location* (Cambridge, MA: The MIT Press, 1972).
5) Richard J. Shonberger, *Japanese Manufacturing Techniques* (New York, NY: Macmillan Free Press, 1982); George C. Jackson, "Just in Time Production: Implications for Logistics," *Journal of Business Logistics* 4, no. 2 (1983); and Richard J. Ackonberger, *Japanese Manufacturing Techniques, Nine Hidden Lessons in Simplicity* (New York, NY: The Free Press, 1982).

第3章
顧客への対応

　ある意味ではわかりきったことであるが，ロジスティクスというものは，デリバリー（納品）とアベイラビリティ（利用可能性）への顧客の期待と要求に対応することによって，組織の成功へ寄与できるということ，これを最初に明らかにすることが重要である．しかしながら，それほど明確ではないのは，「顧客」という用語が正確に意味するものである．サプライチェーン・マネジメント概念を扱うときには，顧客という用語がさすものについて，注意深い配慮が必要であり，多くの異なった見方があることを認識しておく必要がある．

　トータル・サプライチェーンの観点からは，究極の顧客は，製品ないしサービスの最終ユーザーであって，そのニーズないし要求に対応しなくてはならない．歴史的に有用だったのは，2つのタイプの最終ユーザーを区別することだった．第一のものは，個人的ニーズを満足させるために製品およびサービスを購入する**消費者**，個人，ないし家庭である．ある家族が車をその輸送に供するために購入するとき，その家庭は該当のサプライチェーンの消費者なのである．第二のタイプは，**組織内の最終ユーザー**である．購買行為は，企業ないし公共団体によって，組織における課業ないし業務として遂行される．企業が販売員のために車を買うとき，あるいは製造工場において組立作業員によって使われる道具を購入するとき，その企業は顧客であるとみなされ，販売員や組立作業者はそのサプライチェーンの最終ユーザーである．サプライチェーン・マネジメントの観点から，該当のサプライチェーンのなかのすべての企業は，組織内最終ユーザーのニーズと要求への対応を中心におくことが求められる．

　顧客についてのもう1つの観点は，サプライチェーン内の特定の製造企業向けのものである．この観点は，その企業と最終ユーザーのあいだに，中間組織がしばしば存在することを認める．これらの組織は，通常の用語では**中間顧客**として認識されるが一般である．というわけで，最終顧客にブランド名 Tide という洗濯洗剤を提供する Procter&Gamble (P&G) のサプライチェーンにおいて，Kroger と Safeway のスーパーマーケットは中間顧客である：つまりこれらのスーパーマーケットは最終顧客に再販するために，P&G から Tide 洗剤を購入するのである．

　最後に，ロジスティクス担当者にとっての顧客は，納品先すべてである．代表的な納品先は，消費者の家庭から，小売業，卸業，流通センターおよび製造工場の納品ドックにまで及ぶ．ある場合には，納品対象の製品やサービスについて所有権を有するほかの組織ないし個人が顧客である．別のものとしてのロジスティクス担当者の顧客は，同一企業の別の施設ないしサプライチェーンのなかでのビジネスパートナーであ

ることが多い．小売の流通センターのロジスティクスマネジャーにとって，個々の小売店舗は，顧客として考えるのがふつうであって，これが流通センターと同一企業に属する場合であっても，そうなのである．

動機と納品目的がどんなものであろうとも，サービスを享受する顧客が，ロジスティクスのパフォーマンス（遂行内容）への要求を確定することにおいての焦点であり，かつ駆動力なのである．ロジスティクスの戦略を確立することにおいては，対応しなければならない顧客のニーズを完全に理解することが肝要である．本章では，顧客の要求に対応する種々のアプローチの本質について詳述する．3-1節では，顧客焦点のマーケティングの根底にある基礎概念について，ロジスティクスが企業の全社的なマーケティング戦略にどのように適合していくかを考察し提示する．3-2節では，最終ユーザーへのサプライチェーンのアウトプットの性格，および，これらのアウトプットは最終ユーザーの要求内容に適合するためにどのように構成されねばないか，これらについて説明する．その後の節では，顧客対応について，緻密度を高めながら展開する．これらのレベルは，顧客が期待しているものの充足による顧客満足，これに向けてのロジスティクス顧客サービスという伝統的な概念に始まり，顧客対応（アコモデーション）――顧客がそのビジネス要件を満たすことによって成功するよう支援すること――という究極点にいたることになる．

3-1 顧客焦点のマーケティング

顧客焦点のマーケティングの基本原理は，そのルーツを，事業戦略の焦点はサービス対象の顧客であるべきだとする**マーケティングコンセプト**――企業哲学におく．組織がその目標を達成するうえで，特定の顧客ニーズを確認し，その顧客の要求内容に対応することに資源と活動を集中することが，競争相手をこえて効を奏するはずである．企業戦略の多くの側面が，顧客を支援するために統合化されねばならないのは明らかであり，ロジスティクスは，このうちの重要な1つなのである．

マーケティングコンセプトは，つぎの4つの基礎的な観念の上に構築される：
① 顧客のニーズと要求内容は，製品やサービス以上に基本的な問題であること
② 顧客が異なれば，ニーズと要求内容の点で異なったものがあること
③ 製品とサービスは，顧客の立場から利用可能であり，顧客の立場から位置づけ（ポジショニング）されて，初めて意味をもち，これがロジスティクス戦略の焦点となること
④ 販売高は利益につぐものであること

製品やサービスよりも顧客のニーズが基本的なものであるという信念，これは，なにが市場機会を動かすのかをまず完璧に理解すべきとしているのである．重要なことは，顧客の要求内容を満たす製品とサービスの組合せを理解し開発することである．たとえば，顧客が3つの色違い器具からの選択しか必要としていないなら，6種の色違い製品を提供する意味はきわめて小さい．また，顧客にとって色違い選択が重要であるのなら，ホワイトの器具だけを市場に出すのは，ほとんど意味をなさない．この基本的な考え方によって，基本的なニーズについての十分な洞察を展開することが可

能となり，これによって製品とサービスをその商機に合わせた製品とサービスを提供することが可能となるのである．成功するマーケティングは，製品およびサービスが顧客の要求に合致するよう，顧客について綿密に研究することから始めるのである．

マーケティングコンセプトの二番目の基本的なとらえ方は，製品ないしサービスのいかなるものにとっても，単一のマーケットというものは存在しないことである．すべてのマーケットは，異なったセグメントで構成され，それぞれ若干とも異なった要求内容を有しているのである．効果的なマーケットセグメンテーションとして，セグメントを明確に区分し，ターゲットにするセグメントを選択することが企業に要求されたのだ．マーケットセグメンテーションについての包括的な論議は，この教科書の範囲をこえるものであるとはいえ，顧客のロジスティクス要求が，セグメンテーション区分にとって，効果的な基盤を提供することが多いことを指摘しておくのは，重要なことである．たとえば，新家屋を建築しようとする業者は，設備類を設置に必要な数週間前に発注するだろうが，消費者が，故障した設備の交換品を購入する場合には，即時の在庫対応と納入を要求するはずである．企業は，すべてのマーケットセグメントに対応できるわけではなく，発生しうる顧客要求の組合せセットすべてを満たして利益を上げることはできそうもないのである；というわけで，特定のセグメントについて注意深く適合することが，このマーケティングコンセプトについての重要なとらえ方なのである．

成功するマーケティングのためには，製品とサービスは，顧客にとって利用可能（アベイラブル）でなければならない．いい換えれば，マーケティングについての第三の基本的なとらえ方は，顧客にとって欲する製品が簡単に取得できなければならないことである．購買行為を促進するためには，販売企業の資源は，顧客と製品の配置に重点がおかれなければならない．4つの経済的効用が顧客に対して価値を付加する：それは，「形態，所有，時間，場所」である．製品の形態は大部分が製造過程でつくられる．たとえば，皿洗い機では，形態効用は，部品と構成部品の組立から生まれる．ヘアカットのようなサービスの場合，形態効用は，シャンプー，カット，スタイリングのような個別の活動の完了で達成される．マーケティングは，潜在顧客へ，製品/サービスのアベイラビリティと所有権交換が可能であることを知らせ，新らたな所有を生むのである．このように，マーケティングは，その製品ないしサービスの属性を区分して伝達し，買い手-売り手の交換のためのメカニズムを発展させることに役立つのである．ロジスティクスは，時間と場所の効用についての要求内容を準備するのだ．このことは，基本的に，顧客が要求している時と場所で，その製品を利用可能にすることを，ロジスティクスが実現せねばならないということを意味する．この時と場所の達成には，かなりの努力を必要とし，資金もかかるのである．4つの効用すべてが，顧客に適切なかたちで結合されるときにだけ，利益がある取引が実現するである．

マーケティングコンセプトの第四のとらえ方は，販売量ではなく収益性に焦点を当てる．成功の1つの重要な要因は，販売された量ではなく，顧客とのリレーションシップ（関係性）の結果として生じる収益性である．それゆえ，4つの基本的な効用の

すべて——形態，所有，時間，場所——の変異が，顧客ないし顧客セグメントにとって価値があり，その変更にお金をかけようとするならば，この変更修正は妥当だと評価されるのである．電気器具の例を用いれば，顧客がある色のオプション品を割増料金で求めるのなら，この要求には対応することができ，またされるべきであって，利益面でプラスとなる貢献が得られるのである．マーケティング戦略でのこの最終の精緻化（四番目の戦略）は，収益的に妥当なら，提供している製品/サービスのすべての側面を変更修正できるという認識に基づいている．

3-1-1 「取引的マーケティング」対「関係性のマーケティング」

伝統的なマーケティング戦略は，収入と利益を増大させる顧客との交換ないし取引を，上手く行うことに焦点をおく．**取引的（トランザクショナル）マーケティング**といわれるこのアプローチでは，一般に，企業はその顧客と短期の相互関係を志向する．この伝統的なマーケティングコンセプトは，顧客のニーズと要求内容とに対応することを強調するが，このことについて議論するビジネス組織はほとんどなかろう．しかしながら，多くの企業において実施されているように，結果は，サプライヤーとその顧客との間の個々の取引をうまくやることが焦点となるのである．さらに，セグメント化と目標とするセグメントのマーケティングの実施では，顧客を比較的大きくグループ分けするのが一般で，グループのそれぞれは，ある程度同じニーズと同じ要求内容を有することになる．マーケティングに対するこのアプローチでは，「市場非差別化」，「市場差別化」，「ニッチ」（隙間）の戦略が一般的である．

市場非差別化戦略では，すべての潜在顧客を基本的に同じ性格であるとみなすのである．これを採用する組織は，セグメンテーションのプロセスを経過していくとしても，最終的には顧客ニーズを「平均化」し，平均的顧客のニーズを満たすような製品とプロセスを設計しようとするのである．これが，その企業に，製造，市場流通，ロジスティクス，および販促を合理化しコスト効率化を達成するのを可能にする．何年ものあいだ，Coca-Cola はただ1つだけのコーラ製品，レギュラーコークを有し，それはすべてのコーラ愛飲者のニーズに合うように意図されていた．UPS は何年ものあいだ，小荷物配達で，コーラ同様の「すべてに適応するフリーサイズ」戦略に集中した．顧客は，低価格で提供する事業から利益を得ることができるとしても，そのなかの多くは，その独自の要求内容を満足させられないサプライヤーの無能さに，完全には満足していないはずである．

市場差別化戦略では，企業は複数のマーケットセグメントを目標とし，それぞれに対しセグメントの独自のニーズと要求内容に，固有に合致する製品/サービスと市場流通を供給する．Coca-Cola は今日，ダイエットコーク，カフェイン抜きコーク，チェリーコークなどを提供する．Federal Express が小荷物物流のマーケットに参入したとき，UPS は，より速くより管理された配達を求める発送人のニーズに対し，これを満たす能力を身につけて対応した．この結果，異なったマーケットセグメントに対して異なったサービスの提供が行われた．差別化戦略は組織の複雑さとコストを増大させるとはいえ，製造企業を異なった顧客グループの要求内容に特定して対応することを相対的に可能とする．

ニッチ戦略は，小さな企業あるいは新規企業がしばしば採用し，これらの企業は非常に緻密なサービスを提供することで，市場全体のなかでの1セグメントを選び，狙いを定める．清涼飲料業界では，Jolt Cola が高糖と高カフェインのものを欲求する少数の顧客のために存在する．小荷物配達では，いくつかの小さい企業が，当日配送を必要とする顧客に焦点を合わせている．

サプライチェーン・マネジメント概念の進化と平行して，マーケティング戦略の性格についての理念上の転換があった．この転換は，一般に**関係性（リレーションシップ）マーケティング**として知られている．リレーションシップマーケティングは，長期の選好とロイヤリティを開発維持する努力のなかで，最終ユーザー，中間顧客，サプライヤーなどの主要サプライチェーン関係者の長期関係の開発に焦点をあてるのである．リレーションシップマーケティングは，顧客開拓に出て新しい顧客を引きつけようと試みるよりも，現在の顧客を維持しその購買の大きなシェアを獲得することが，多くの業界でより重要であるというの認識に基づいている[1]．

マーケティングセグメンテーションと関係性マーケティングにおける究極点は，個人顧客に焦点を合わせることである．このアプローチは，「マイクロマーケティング」あるいは「ワンツーワン・マーケティング」といわれ，それぞれ顧客個々が実際に独自の要求内容を有していることを認識するのである．

たとえば，Wal★Mart と Target は，ともにマスマーチャンダイザーではあるが，ロジスティクス面でサプライヤーと相互作用しようとする方向において，要求内容が大きく異なっている．両大規模小売業と事業をしようと欲する製造業者は，それぞれの相違のあるニーズに対して，ロジスティクスのオペレーションを適合させねばならない．長期の組織的な成功を保証するもっともよい方法は，顧客個々の要求内容を熱心に研究してこれに対応することである[2]．このようなリレーションシップは，すべての顧客には適用できないはずである．また，多くの顧客は，サプライヤーすべてに密着したリレーションシップを望んでいないことも真実である．しかしながら，ワンツーワンのリレーションシップは，取引費用を際立って低減し，顧客の要求内容によりよく対応し，顧客個々との取引をルーチン化することができるのである．

ワンツーワン・マーケティング計画の実行には，4つのステップがある．第一が，その企業の製品とサービス向けの顧客個々を分別することである．このことは簡単にみえるかもしれないが，多くの企業では個々の顧客よりも顧客グループでとらえる傾向が依然として残っている．

第二のステップは，顧客を差別化することであり，これは，その組織にとっての価値と，顧客の固有の要求内容の点の双方から行う．すべての顧客が，同量の潜在販売量ないし販売利益を示すわけではない．これは明らかである．成功するワンツーワンの販売者は，もっとも大きな収益可能性を示す顧客に努力を集中する．異なった個々の顧客ニーズを理解することが，製品とサービスのカスタマイゼーションの基礎をつくるのである．

第三のステップは，費用効率とその効果の双方を改善する目標をもって，顧客と実際に相互作用することを伴う．たとえば，費用効率は，発注や資料請求のような自動

化された相互作用ルーチンによって合理化できるかもしれない．顧客との相互作用は，それぞれ，いままでの相互作用すべての流れから発生することを理解すれば，効果を向上させることができるのである．

最後に，4番目のステップとして，「ワンツーワン・マーケティング」が推進され，組織のふるまいをカスタマイズする．その企業は，ふるまいのある側面を，顧客の個々に表現されたニーズに適合させなくてはならない．それが，工業製品のカスタマイジングの場合であろうと洋服仕立てというカスタマイジングであろうと，得意先向け包装あるいは配送のように，その事業のアウトプットである製品とサービスの双方あるいは一方は，特定の顧客をそれぞれの方法で扱えなければならないのである．

3-1-2 サプライチェーン・サービスのアウトプット

サプライチェーンというフローのなかで，顧客焦点のマーケティングを理解するには，実際に最終顧客に対して提供されるサービスについて，考察が必要になる．Bucklinは，4つの基本的なサービスのアウトプットを設定する長命な4つの理論を提示した[4]：(1) 空間的な利便性，(2) ロットサイズ，(3) 待ち時間ないし配送時間，(4) 製品のバラエティ（多品目度）と品揃え[4]．

前に論じたように，異なった顧客は，サービスアウトプットに関して異なった要求をもつはずである．その結果，これらの差異に対応するうえで，異なったサプライチェーン構造が要求されるはずなのである．（訳注：Bucklin自身の基本構成は，ロットサイズ，配達時間，市場分散化の三要素．うち，市場分散化は，本書1目のアウトプット空間的利便性に当たる．本書4番目の製品バラエティと品揃え（もの）については，品揃え活動として，ロットサイズとの関わりで扱われる．また，配達時間に関しては，投機・延期の概念が併せて扱われる．）

a. 空間的な利便性

空間的利便性は，アウトプットの第一のものであり，顧客側で要求される購買の時間と努力の量に関わるものである．空間的利便性の高いレベルでは，多くの場所で，その製品へのアクセスを顧客に提供することによって，サプライチェーンが達成され，顧客の購買努力が低減される．たとえば，ホーム家具の業界を考えてみよう．製造業のあるものは，デパート，ディスカウント・ストア，多数のチェーン店，独立家具専門店，これらを含む機構を利用する．一方，Ethan Allenは，ブランド供給を，一定数のEthan Allen認定ストアに絞る．この空間的利便性の水準での差異は，大きな意味をもっている．サプライチェーンエン全体の構造とサプライチェーンのなかで負担されるロジスティクスコストにとって，大きな意味をもっているのである．顧客のなかには，欲しい製品ないしブランドを探そうとして，他人よりも多くの時間と努力を払おうとする人たちがいるのも，また同様に明らかである．

b. ロットサイズ

2番目のアウトプットは，**ロットサイズ**であり，取引ごとの購買単位に関わるものである．大量購買を要求されるとき，顧客は製品の貯蔵と保全のコストを負担しなくてはならない．サプライチェーンが小ロットでの購買を容認するとき，顧客は消費仕様に購買を合わせることが容易になる．高度化した経済の下では，新規のサプライチ

ェーンは，しばしばロットサイズのサービスアウトプット量の選択できるようにするのである．たとえば，12 ないし 24 ロールのパッケージのペーパータオルを購入しようとする消費者は，Sam's Club か Costco で買うことができる．別の選択肢として，ローカルな食料雑貨店やコンビニエンスストアでも買うことができるのである．もちろん，少量購買を許すサプライチェーンは，通常高いコストを必要とし，顧客に高い単価を要求するのである．（訳注：Sam's Club, Costco のいずれも，米国の会員制大型店チェーンであり，後出の倉庫型大型店舗に属する．Sam's Club は，米小売大手である Wal★Mart がチェーン展開するものである．）

c. 待 ち 時 間

待ち時間は，3 番目の基本サービスのアウトプットである．待ち時間は，顧客が製品の注文と受取りのあいだで待たなくてはならない時間の量であると定義される：つまり，待ち時間が少ないほど，サプライチェーンサービスの水準は高いのである．この点でも，これからのサプライチェーンは，消費者と最終ユーザーに要求される待ち時間量という点から，いくつかの選択を提案する．パーソナルコンピュータ業界では，顧客は電気ないし PC 専門店に行き，PC を購入し自宅にもって帰る．まさに，待ち時間なし，である．別な方法として，顧客はカタログやインターネットによって注文し，自宅や事務所で納品を待つこともできる．一般的な意味で，要求される待ち時間が長ければ，顧客にとって不便になる．しかしながら，このようなサプライチェーンは，一般にコスト負担が低く，顧客は，我慢して待つ代わりに，低価格というかたちで報われるのである．

d. 製品のバラエティ

製品のバラエティ（多品目性）と品揃え（もの）が 4 番目のサービスアウトプットである．この面でも，異なったサプライチェーンは，異なったレベルの多品目性と品揃えを消費者と最終ユーザーに提供する．代表的なスーパーマーケットは，多くの異なったタイプの製品について幅広い品目と，それぞれのタイプのブランド，サイズ，などの品揃えを供給するサプライチェーンに関係している．事実，スーパーマーケットは，35000 以上の異なった品目を棚の上に保有するはずである．他方，倉庫型大型店舗（ウェアハウスストア）では，ずっと少数の製品バラエティないし品揃えを提供していて，一般には 8000 から 10000 品目の幅での在庫をもち，1 つの品目について，たった 1 つのブランドとサイズを提供するのがふつうである．コンビニエンスストアは，わずか数百の品目の在庫のはずであり，スーパーマーケットに比して，少ない品目ないし品揃えを提供する（訳注：米国のコンビニエンスストアは，日本のコンビニよりも，品揃えが少ない．日本の代表的チェーンは，3000 品目前後を品揃えする）．

サプライチェーンは，その顧客に追加のサービスアウトプットを提供する．別の研究者は，前に論じた 4 つの基本サービスアウトプットのほかに，情報，製品カスタマイゼーション，アフターサービスに関するサービスを，優良顧客にとって重要なものとして認めてきている[5]．念頭におくべきポイントは，消費者すべてが同じように提供された同じサービスを望む均一市場のようなものは，存在しないことである．消費者は，どういうサービスがもっとも重要なのかという点と，ニーズに対応する上で必

要とするサービスの水準という点で,それぞれ異なっているはずなのである.たとえば,ある顧客は,要求にぴったりした構成のPCを手に入れるのに3日かかってもよいと思うのに対し,即時入手を求める顧客もいるはずである.さらに,サービスに対して,どの程度の対価を支払うかの点でも,顧客は異なっている.水準の高いサービスは,一般に,高い流通コストを要するので,組織は,顧客の待ち時間低減,利便性,そのほかのサービスアウトプットに対する欲求にかかる価格感度係数に注意深くあらねばならない.

ここでの議論は,基本的なサービスアウトプットについてのものであり,おもに,サプライチェーンのなかでの消費者あるいは組織内の最終ユーザーに焦点を合わせる.このことが,① サプライチェーンを最終的にどのように構成するのか,② サービス要求を満足させるために,どんなタイプの参加企業が含まれるべきで,どんなタイプの費用がそのプロセスのなかで負担されるべきか,これらが重要な意味合いをもつのである.さてこれから,顧客対応について,ロジスティクスというテーマにそって,これに固有な検討に注目を当てていくこととする.以下,3つのレベルの顧客対応を論ずる:顧客サービス,顧客満足,顧客成功である.

3-2 顧客サービス

ロジスティクスの第一の価値は,費用効果の高い方法で,顧客要求をかなえることである.大多数の幹部マネジャーは顧客サービスが重要であるということを認める.しかし,顧客サービスとは何であり,何をするのかを説明することは,極端に難しいことを見出すことがある.顧客サービスの一般表現は,「取引しやすさ」と「顧客に即応的である」の意を含むものであるが,顧客サービスについて十分な理解を行うためには,さらに深化させた枠組みが必要になる.

顧客サービスというものは,マーケティングコンセプトを充足するうえでのロジスティクスの役割を,理念的に描き出す.顧客サービス計画は,競争企業と同等以上のレベルで,顧客のロジスティクス上の要求に対応するために必要な活動すべてを見分け,優先順位づけしなければならない.顧客サービス計画を確立するには,活動と評価尺度それぞれのため,明確な遂行標準をはっきりさせることが緊急の課題である.基本的な顧客サービス計画の中では,焦点をロジスティクスのオペレーショナルな面に置き,その組織が,顧客に対して**7つの正しさ**(セブンライツ)を提供することができることを保証するのが,典型的である.7つの正しさとは,以下をさす.

正しい量の
正しい製品で
正しいときに
正しい場所に
正しい状態で
正しい価格で
正しい情報をもって

第一級のサービスが,サプライチェーン全体の価値を高めるのは明白である.サー

ビス戦略を展開するなかでの重要な関心は，「特定のサービスパフォーマンス（行為）を達成するための費用が，健全投資に値するのだろうかどうか」である．基本的なサービス戦略を定式化するのには，競争的なパフォーマンスとサービスの諸特性に対する顧客の感性係数についての慎重な分析が要求される．第2章において，基本的な顧客サービスの重要な特性を，アベイラビリティ，運営パフォーマンス，サービスの信頼性であると確認した．これらの特性を，本章でその詳論として論じる．

3-2-1 アベイラビリティ

アベイラビリティ（利用可能性）は，顧客に望まれたときに在庫を有している能力である．これは簡単なことのように思えるかもしれない．しかし，組織が顧客の需要を生起し顧客の要求に応えられるよう，それ相当の時間とお金を使いながらも，製品をアベイラブルにできないことが，あり得ないわけではない．組織における伝統的な慣わしでは，顧客の注文に先立ち在庫をもつことである．在庫計画は，製品に対する予測需要に基づくのが通常であり，品目ごとの販売対象規模，利益性，全製品ラインに対する該当品目の重要度および商品価値，これらの結果として，品目それぞれが在庫政策をもつはずである．

在庫政策の確立についての詳細については，省略するが，在庫というものは2つのグループに分類できる：1つが，予測および計画された要求によって決定される「基本在庫」，もう1つは，需要ないし操業の予期できない変動をカバーする「安全在庫」である．

高水準の在庫アベイラビリティを達成することは，多くの計画を必要とすることは明白であろう．実際には，在庫と設備の投資全体を最小にしながら，選ばれあるいは核とされた顧客に向けて，高いレベルのアベイラビリティを達成することが，ポイントである．在庫アベイラビリティについての厳密な計画は，「平均値」に基づき管理されているのではない．アベイラビリティは3つの性能評価尺度に基礎をおいているのだ：「それは品切れ頻度，注文充足率，そして，注文完全出荷である」（訳注：以下のc項で説明するように完全出荷とは注文内容すべてを欠品なしに出荷すること）．

a. 品切れ頻度

品切れ頻度は，この語から察せられるように，顧客の要求を充足する製品を企業が所有していないときに発生し，企業が顧客の注文に対応してアベイラブルである在庫をもたない確率をいう．たとえば，スーパーマーケットについてのある調査研究では，平均のスーパーマーケットでは，何曜日であろうと，棚在庫の計画品目のおよそ8％が在庫切れしていることが明らかにされている．しかしながら，顧客が実際に製品を求めるまでは，在庫切れは発生しないことを指摘しておくことは重要である．すべての製品にわたっての品切れの合計は，企業が提供する製品のアベイラビリティについての基本サービス基準として，よい評価尺度となっている．アベイラビリティの点で，ある製品がほかの製品よりも問題であることは考えられない場合でも，これが在庫アベイラビリティについて考える出発点となる．

b. 充足率

充足率は，在庫切れの影響の大きさ・強さを，期間要素をもたせて測るものであ

る．在庫切れは，顧客が製品を要求するまでのあいだは，サービス実績に影響を与えない．そこで，製品がアベイラブルではなく，かつ顧客が望んでいる数量はどのくらいかを決定することが重要である．たとえば，もし，顧客がある品目について，100単位を欲しており，そのうち 97 だけがアベイラブルであるとすると，その充足率は97％である．充足率を効率的に検討するための手続は，通常，複数の顧客オーダーを含むように，時間をかけて実績を評価することである．それゆえ，充足率実績は，特定の顧客，特定の製品，顧客・製品の一定の集合，あるいは事業といったセグメントに対して，評価を行うべきである．

　充足率は，特定の製品に関して提供されたサービスの水準を，弁別するのに使用されるべきである．前記の例で，注文した製品 100 単位すべてが，顧客にとって重要であるのなら，97％ の充足率は，その顧客の工場や倉庫において，在庫切れという結果となるはずであり，この顧客の工場の操業をひどく混乱させるはずである．自動車100 台の製造を計画している組立ラインが，必要なブレーキ部品の 97％ しか受け取らなかった場合を想定してみよう．この部品の一部が操業に必須ではない場合には，97％ の充足率は，容認されるはずである．この場合，顧客は「入荷待ち」を容認したり，不足品目について別途再注文することを受け入れるはずである．充足率戦略は，製品に対する顧客側の要件を考慮する必要があるのだ．

c. 注文完品出荷

　製品のアベイラビリティおいて，実績の尺度についてのもっとも厳密な基準は**注文完品出荷**である．これは，満足なパフォーマンスとしての標準として，顧客の注文全品を調べることになる．顧客の注文内容が 1 品目でも供給できなかった場合，注文完全出荷の点では，その注文は「0」として記録されることになるのである．これら，アベイラビリティについての 3 つの尺度は，組み合わされて，企業の在庫戦略が顧客需要に適合している程度を明らかにする．

　これら 3 つの尺度は，また，アベイラビリティの適切なレベルを評価する基礎を構成して，企業の基本ロジスティクスサービスのプログラム計画に取り入れられるべきものとなる．高水準の在庫は，アベイラビリティ増加の手段としてみなされるのが一般であった；しかし，いくつかの組織は，実際の注文に先立つ顧客需要を見分ける情報技術（IT）を利用する新戦略によって，在庫の増加なしに誠に高いレベルの基本サービスのパフォーマンスに達している．

3-2-2　運営パフォーマンス

　運営パフォーマンスは，顧客の注文内容を納品するのに必要な時間に関わるものである．問題のパフォーマンスサイクルは，市場流通面なのか，製造支援面なのか，調達面なのか，これらの場面のどれなのかにより，運営パフォーマンスは，速度なのか，整合性なのか，柔軟性なのか，さらに，トラブル復旧力なのかが特定される．

a. 速　　　度

　パフォーマンスサイクルの速さは，顧客の注文ニーズの確定から，製品が出荷され顧客の使用準備ができるまでの間の経過時間である．全体の遂行サイクル完了のために必要とされる経過時間は，ロジスティクスシステム設計に依存する．今日の高レベ

ルの通信と輸送の技術であれば，注文サイクルを数時間に短縮したり，逆に，数週間から数か月に設定することも可能であろう．

当然，大多数の顧客は速いパフォーマンスサイクルを望むのである．速いパフォーマンスサイクルは顧客の在庫要求内容を低減する．したがって多くのジャストインタイムとクイックレスポンスのロジスティクス戦略において，速度は不可欠な要素なのである．これとつり合う重りとなるのは，サービスのスピードは高価であるのがふつうだということである：それがトータルコストの増加を意味する場合，顧客すべてが極限のスピードを必要としたり望んでいるわけではないのである．スピードの正当化は，積極的なトレードオフにおいて見出されなくてはならない；すなわち，サービススピードの価値を評価する適切な枠組みは，顧客が認知した便益だけなのである．

b. 整 合 性

注文サイクルの整合性は，実行されたサイクルが，計画された完了時間を満足する数で測定される．サービスのスピードが重要であるとはいえ，大多数のロジスティクスのマネジャーは，それ以上の価値を整合性にもたせる．それは，顧客が自分の活動を計画し遂行する能力に，直接，強い影響を与えるからである．たとえば，注文サイクルが変化し，顧客は今後の遅い出荷に対し防衛するために，安全在庫を保有せねばならないとする：その場合，変化の度合いは，安全在庫の要求度合いに直接的に変換される．パフォーマンスサイクル実行に関して多数の活動が関わる場合には，ここにパフォーマンス遂行における不整合が発生する潜在的な源が多くある（図2-11を再確認のこと）[6]．

整合性は，効果的なロジスティクス運用についての基本問題である．というのは，注文要求する日を実際に特定し，納品納期を特定するのがふつうになった顧客，これが増加しているからである．サプライヤーのパフォーマンスサイクルを考慮に入れて，このような正確な指定がなされるべきかもしれないが，つねにそうだともいえない．実際，顧客が注文を出すのは，製品補充の必要に，はるかに先立つことがしばしばである．このような状態において，なぜ特定した納品にミスが出るかについて，顧客が理解することは非常に難しい．納品者側の運営パフォーマンスの整合性に対する顧客側の立場は，指定した日時に納品がされるかどうかである．このような状態においては，整合性の定義は修正されねばならない．4日完了サイクルのような計画時間で評価するのでは，もう十分ではない．顧客仕様に沿って業務サイクルが完了したかどうかが，きわめて重要なのである．

c. 柔 軟 性

柔軟性は，特別な状態と異例ないし予想外の顧客要求に対しての，企業の対応能力に関わるものである．たとえば，ある顧客へのサービス提供の標準パターンは，その倉庫にフルトレーラートラック単位の量を送ることであるとしよう．しかし，その顧客はときおり，個々の小売店舗へ少量の直接輸送を受けることを望むかもしれない．企業のロジスティクス能力は，このような意外な状況にどれほどうまく対応することが可能かに，ただちに関係するのである．以下が，柔軟な運営を必要とする典型的な事象である：(1) 基本的なサービス協定の変更修正，出荷先場所の変更など，(2) 特

別の販売サポートないしマーケティング計画，(3) 新製品導入，(4) 製品リコール，(5) 供給中止，(6) 特定の顧客ないしセグメントへの1回かぎりの基本サービスのカスタマイゼーション，および (7) ロジスティクスシステムのなかでの製品の改良，カスタマイゼーション．値札づけ，製品キット化，包装のようなもの．どうあろうと，ロジスティクス面での卓越性の真髄は，柔軟さの能力にゆだねられているのである．

d. 機能不全の回復

企業のロジスティクス業務がいかに整備されようと，機能不全は発生するだろう．朝に夕べの絶え間ないサービス提供は，難しい仕事である．理想的にいえば，調節が実施できて，特別の状況が発生防止されたり，それへの対応が可能になれば，機能不全は防止されるのである．たとえば，顧客に通常提供されている必需品目の品切れが流通施設で起こるなら，その品目は何らかの緊急便を利用して入手されるはずである．このような透明な回復が常に可能ではないとしても，効果的な顧客サービス計画が，機能不全とサービス故障が発生するのに先行して，適切なコンテンジェンシー（不測事態）プランをもって回復を達成し，全体整合性を評価するのである．

3-2-3 サービス信頼性

サービス信頼性は，合成的なロジスティクス特性にかかるもので，注文処理関係活動を遂行するすべての企業能力に関係し，あわせて，顧客にロジスティクスのパフォーマンスと状況についての重要な情報を提供する．信頼性の諸特性は，アベイラビリティと運営パフォーマンス以上のものであり，以下の内容を意味するはずである．

- 出荷品が無損傷で到着する
- 送り状（インボイス）が正しく間違いがない
- 出荷品が正しい送り先に向けて出荷される
- 注文量の製品がきちんと出荷貨物に入っている

信頼性全体について，このような諸相をすべて列挙することは難しいのではあるが，要するに顧客は，多種多様な取引内容を供給者が日常的に処理してくれることを要求する．さらにサービス信頼性は，業務処理と注文処理の状況について，正確な情報を提供する能力と意思を必要とする．正確な情報を提供する能力は，良好なサービス計画のもっとも重要なものの1つであると示す研究がある[7]．顧客は，納品されたものよりも欠品となる注文内容のほうが重要であるとして，そのことの事前通告がより重要であると指摘するケースが増加している．顧客は意外性を憎むのである．事前通知が得られれば，たいていの場合，欠品納入ないし遅延に対応することができるのだ．

3-2-4 完璧な注文対応

究極のロジスティクスサービスは，すべてを正しく行うことであり，また最初から正しく行うことである．注文内容が揃っていても，これが遅延すれば，十分な結果ではない．また，時間通りに完全な指示を出せなければ，不完全な送り状（インボイス）を受け取ったり，荷扱いと輸送の過程のあいだに発生する破損製品を受け取ることになる．過去において，ロジスティクスマネジャーの多くは，いくつかの独立した

尺度から顧客サービスのパフォーマンスを評価した：
- 充足率は注文充足の標準に対して評価
- 定時納品は，その標準に対する実績で評価
- 損傷率は損傷の標準に関して評価

などである．これら個々の尺度のそれぞれが基準に対して許容範囲にあるとき，サービス全体のパフォーマンスが適切であるとみられた．

しかしながら最近，ロジスティクスおよびサプライチェーン担当幹部は，ゼロディフェクト（無欠陥）ないしシックスシグマに焦点を合わせて始めている．経営組織の中での総合的品質管理（TQM）努力を拡張したものとして，製造そのほかのプロセスと同様に，ロジスティクスプロセスが管理対象となってきている．かりに，標準が，顧客サービスコンポーネントごとに，独立して設定されているとすると，遂行実績がそれぞれの尺度の基準を満たしたとしても，顧客の相当数は，注文内容は相対的に未達成だと思うはずである．たとえば，注文内容が完品出荷される平均，定時納品の平均，無損傷納品の平均，さらに正確な帳票内容の平均が，それぞれ97％であるとすると，無欠陥の納品の確率は，およそ88.5％である．どの不全もほかの不全と組み合わされて発生し，その確率が，$0.97 \times 0.97 \times 0.97 \times 0.97$ であるから，そうなるのである．もちろんその逆に，注文の11.5％相当に何らかの問題が発生するはずなのである．

無事故注文処理の概念は，1つのオーダーは，完品，定時納品，正しい納品場所，完全な状態，完全で正確な帳票つきで，納品されるべきということだ．これら個々の要素は，それぞれ，顧客指定に従わなくてはならない．このように，完品納品とは，顧客がもともと要求したすべての製品を意味し，定時とは，顧客が指定した日時を意味する．いい換えれば，注文サイクル行動は，ゼロディフェクトとともに実行されるべきで——アベイラビリティと運営パフォーマンスは完全に実行されるべきであり，またすべての支援活動は顧客と設定したとおりに正確に完了されねばならないのである．基本的なサービス戦略として，すべての顧客にゼロディフェクトを広く提供することは可能ではないかもしれないが，このような高いレベルのパフォーマンスが選択基盤としてのオプションとして存在すべきである．

完璧な注文対応のための基盤（プラットフォーム）を導入するためには，これに必要な資源が重要であるのは明らかである．非常に高い充足率は，すべての潜在的な要求と変動に対応するためには，高いレベルの在庫を必要とする．しかし，このような完璧なサービスは，全面的に在庫を基盤として達成されることはできない．ロジスティクスパフォーマンスを少なくともゼロディフェクト近くまで上げることについての1つの方法は，ロジスティクスの資源をコア顧客の要求に対して適合させることである．顧客提携，情報技術（IT），延期戦略，在庫戦略，割増し料つき輸送，選択計画，これらのコンビネーションを利用することである．競争優位なロジスティクス顧客サービスを達成している企業は，ゼロディフェクトの達成に関する挑戦課題に，十分気づいている．ここでは，こういっておくことで十分である．エラーに対する低い許容度をもつことで，どんな食い違いが発生しようとも解決する努力と結びつけ，このよ

うな企業は競争相手に対し戦略的優位を達成する．

3-2-5　基本サービスの基盤（プラットフォーム）

　基本サービスの基盤を実装するためには，アベイラビリティ，運営パフォーマンス，信頼性の見地から，すべての顧客に対するサービス提供のレベルを設定する必要がある．この基本的な問題：「システムは，基本的なサービスをいくつ用意すべきなのだろうか？」に答えるのは，容易ではない．

　実際には，多くの企業が2つの要素に基づいて，その基本的なサービス基盤を確立する．第一の要素は，競争相手ないし「業界慣行」である．ほとんどの産業において，サービスパフォーマンスの最低限と平均の基準ははっきりしている．これら受け入れられている水準は，その産業のなかでのサプライヤーと顧客の双方によって，十分に認識されているのが一般である．顧客サービスの提供について，ロジスティクスとサプライチェーン担当の経営幹部が，「競合するものと同じレベルでやる」あるいは「競争相手大手のパーフォマンスを打ち負かす」という見地から語るのを聞くことは，珍しくない．2番目の要素は，その企業の全体的な「マーケティング戦略」に由来するのである．

　企業が，ロジスティクス中核能力（コンピテンシー）によって競争相手に差をつけようとする場合には，高いレベルの基本サービスが必要となる．もし，企業が価格で差をつけようとするのなら，高レベルの貢献に必要な資源と費用の埋め合わせに，低いレベルのロジスティクスサービスを提供しようとするであろう．高いレベルの基本的顧客サービス提供をする企業でさえ，トータル・ゼロディフェクト（全体無欠陥）のアプローチをすべての顧客に対して適用しないのが，一般的には現実である．共通サービスの提供ということは，それぞれのサービスコンポーネントに対して内的な実行基準を確立することである．これらの基準は，一般的な業界慣行を費用と資源提供の観点から慎重な検討をして，反映するのが一般である．97％の充足率，3日以内での納品などの典型的なサービス基準が設定され，その実施は，組織の内部基準から監視されるはずである．この戦略的アプローチは，一般には，競争相手と同等以上に顧客に適合する結果をもたらす可能性はあろう．しかし，特定組織がこの業界全体でのパフォーマンスやそれ以上のレベルでパフォーマンスを実施したとして，これに顧客が満足するかどうかは，確実ではないのである．実際には，顧客に聞いてみる以外に，満足したかどうかを確認する方法がないのである．

3-3　顧　客　満　足

　長いあいだ，顧客満足（CS）というものが，マーケティングおよび企業戦略での基本概念であった．しかしながら，顧客満足プログラムをつくることにおいて，答えねばならない最初の質問は，顧客が満足しているということが何を意味するかである．顧客満足を定義する方法論のうち，もっとも単純でもっとも広く受け入れられたものは，**期待不一致**（エクスペクタンシィ・ディスコンファメーション）として知られている．簡単に説明するとこうである．「顧客の期待が，サプライヤーのパフォーマンスと一致あるいは超過すれば，顧客は満足するはず」ということである．　逆

に，認識されたパフォーマンスが顧客の期待より低ければ，顧客は不満をもつ．多くの企業が，顧客満足に向けて，この枠組みを採用し，顧客の期待との一致ないしこれをこえるサービス提供を追求している．事実，多くの組織体が，期待をこえるパフォーマンスによって，顧客を「喜ばせること」というかたちで進めてきた．

この顧客満足のフレームワークは，比較的簡明ではあるが，ロジスティクスにおける顧客サービスの枠組みをつくるとすると，簡単とはいえない．ロジスティクス顧客サービスの基盤をつくるためには，顧客期待の性質をさらに十分に探究することが必要なのである．顧客は何を期待するのか．顧客は，これらの期待をどのように形成するのだろうか．ロジスティクスサービスの品質について，顧客の満足と顧客の認知とのあいだにはどんな関係があるのだろうか．なぜ，多くの企業が顧客を満足させるのに失敗し，多くの企業が低位のロジスティクス品質を提供しているとみなされるのだろうか．企業が顧客を満足させれば，それで十分なのだろうか．つぎの節で，この重要な疑問への答えをいくつか用意する．

3-3-1 顧客の期待

顧客がサプライヤーと取引するとき，顧客は多くの期待を有することは明らかであり，この期待の多くは，供給者の基本ロジスティクスサービスの基盤を中心に展開する；つまり，アベイラビリティ，運営パフォーマンス，サービス信頼性に関する期待があるのだ．顧客は，しばしば，ロジスティクスのパフォーマンスについて，これらの次元のそれぞれに関して，適当な場所で監視するフォーマルなプログラムをもっているのだ．サービス期待とサービス品質についての先駆的な研究として，Parasuraman, Zeithaml および Berry は顧客期待の10の範疇集合を具体化したが，そのそれぞれがロジスティクスマネジメントにとって意味をもつのである[8]．

彼らのその後の研究では，10の範疇が5つの決定要素の集合に縮減されたが，表3-1が，もともとの概念化内容を示しており，顧客が有しているはずのロジスティクスへの期待ごとに，例が添えられている．もちろん，これらのカテゴリーは，販売部門のパフォーマンスのような，ほかのマーケティング活動のなかでも検討されたはずである．

ロジスティクスとサプライチェーンというテーマのなかで，顧客の期待という概念はとくに複雑である．というのは，一般に顧客は，多くの機能と個人により構成された事業組織であるからだ[9]．顧客組織のなかの担当者それぞれが，既述したようなパフォーマンス基準の重要順位をいろいろにとらえ，評価の点でも異なった水準をもつはずである．たとえば，ある担当者は，注文処理状況についての反応性と迅速な処理について，もっとも関心をもっているかもしれない．ほかの担当者は完品納入ないし納期キープに，より関心があるかもしれない．顧客の期待を満たすことは，これらの期待が形成される方法と多くの企業の期待を損なう理由を理解する必要がある．

3-3-2 認知されたサービス品質と顧客満足

認知されたサービス品質の概念は，顧客満足の概念と密接な関係がある．以前に，一流の専門家が，「サービス品質」は「顧客満足をもたらすパフォーマンスないし顧客不満をもたらす欠陥のなさである」と記した[10]．最近のロジスティクス関連のあ

3-3 顧客満足

表 3-1　ロジスティクスのパフォーマンスに関する顧客の期待

信頼性：信頼性は企業の基本的なサービスプラットホームのひとつの捉え方である．この捉え方をすると，信頼性はサプライヤーによって約束されるすべての活動のパフォーマンスに関係することになる．サプライヤーが翌日納品を約束し，納品に2日を要するとすれば，それは信頼性に欠けると受け取られる．サプライヤーが製品100ケース（箱）の注文を受け取るとすれ，これは暗黙のうちに，製品100ケースを納品することの約束となる．顧客が期待の100ケースすべてを受け取れば，サプライヤーに満足する．顧客は，基本サービス基盤のすべての点で信頼性をもつと判定する．このように，顧客は，損害，文書の正確さなどに関して期待をもっているのである．

応答性：応答性とは，迅速なサービスを提供する供給側担当者の意志と能力に対する顧客の期待に関するものである．これは，単なる納品行為の範囲をこえて，問題事項の調査と解決の迅速な取扱いに関わるものを含んでいる．明らかに，応答性は時間主導の概念であり，顧客は，すべてのやり取りをサプライヤーがタイムリーに取り扱ってくれるという期待をもつ．

アクセス：アクセスには，サプライヤーの接触しやすさについての期待と近づきやすさを伴う．たとえば，注文をすること，在庫や注文処理状況についての情報を得ること，これらの容易さである．

コミュニケーション：コミュニケーションとは，顧客が先行的に情報を受けとれる状況にあることを意味する．顧客は，注文処理状況の問合せを自ら行うよりも，状況について，サプライヤーの通知があることを期待している．とくに，納品や在庫有無に関係する問題の場合がそうである．顧客は驚かされることを好まない，だから事前通知が重要である．

信憑性：信憑性は，サプライヤーからのコミュニケーションが実際に信じられ正当であるという期待に関するものである．多くのサプライヤーが意図的に顧客をミスリードしているかもしれないのだが，信憑性とは，必要とされるコミュニケーションの完璧性の意をもつ．

セキュリティ：サプライヤーと事業をすることにおいてのリスクないしは疑いを顧客が感ずること，これに関するものである．顧客は，サプライヤーのパフォーマンスへの予期に基づいて計画をつくる．たとえば，企業は納品を見込んで，生産計画を立て設備着手し製造ラインを組み立てる．このとき，リスクを冒す．注文品が遅延あるいは欠品となるなら，計画は変えなければならない．セキュリティのもう1つの側面が，サプライヤーとの取引が機密になるという顧客期待に対応する．このことは，競争相手にもサービス提供するサプライヤーと独自の委託契約をもつとき，サプライチェーン協約のなかでとくに重要である．

丁重さ：丁重さは，窓口担当者の丁寧，親切，敬意を必要とする．顧客が，販売担当者から，カスタマーサービス担当者，トラック乗務員までのその組織に属する多数の人々に接触することを考慮すると，これはとくに厄介な問題となろう．1人の怠慢がほかのすべての最善の努力を台なしにするかもしれない．

能力：資格能力は，サプライヤーとのすべてのやり取りのなかで顧客に鑑定され，丁重さと同じく，扱いにくい問題となりうる．なぜならば，すべてのやり取りのなかで，気づかれるからである．いい換えると，顧客は納品がなされるときにトラック乗務員を，納品内容をチェックするときには倉庫担当者を，電話コールのさいにはカスタマーサービス担当者を評価する，などである．どんな個人であれ能力証明の点での失敗があれば，その組織全体についての顧客の理解に悪影響をもつ．

見た目：顧客は，施設，設備，担当者の物理的なみかけに関して，期待を有している．たとえば，古くキズだらけ，あるいはひどい状態の納品トラックを考えてみよう．このようなみてわかる特性は，顧客にとって，企業のすべてのパフォーマンスに対する追加の指標として用いられる．

顧客知識：サプライヤーは，顧客グループ，マーケットセグメントという面を考えているとしても，顧客はさらに，自身を独自の存在であるととらえている．彼らは，顧客ごとの独自性についてサプライヤーが理解し，顧客ごとの独自要求に対応することを期待している．

る研究では，「サービス品質アプローチは，いろいろの属性についての顧客の認識と実際のサービスとの間の差異の認識から，顧客満足を理解しようとする試みである」と一般化されている[11]．多くの著者が，顧客満足とサービス品質との間を区分している．この区分は顧客満足は1つの取引についての評価に関わるもので，これに対し，サービス品質は多数の取引にわたる評価である．この2つの概念は十分に類似しており，同時に扱われるべき存在であることが正当であり，明白である．

3-3-3 顧客満足のモデル

サプライヤーパフォーマンスへの期待を，顧客が実際に形成するプロセスを理解するうえでの骨格，これを図3-1のモデルが提供する．これはまた，顧客満足に関して，顧客対応を基本骨格としてとらえるとき，サプライヤーが克服しなければならないギャップはしばしば数多く存在することを示唆する．

前に議論した基準のそれぞれについては，期待の水準と，その基準間の順位づけの双方の点で，顧客の期待に影響を与えるいくつかの要因が存在する．これらの要因のうち最初のものは，誠に単純なことだが，顧客のニーズないし要求内容である．顧客は顧客自身の事業戦略の中心に要求内容をもち，それはサプライヤーのパフォーマンスに依存するのである．顧客は相当程度に，これらのニーズをサプライヤーが満たすことができ，そうなるだろうと期待する．しかし，興味深いことに，顧客の期待はそれらの真の要求内容やニーズと同じではないことが，しばしばある．これまでのサプライヤーのパフォーマンスは顧客期待に影響を与える大きな要素である．いままで定時配送してきているサプライヤーが，今後も定時配送してくれることが期待される．同様に，パフォーマンス不良の経歴をもつサプライヤーは，将来においても不完全にしか演ぜられないことが期待されてしまうはずだ．あるサプライヤーが経験させた前回のパフォーマンスが，そのほかのサプライヤーについての顧客期待にも影響を与えるだろう．このことを指摘しておくことは重要である．たとえば，Federal Expressは，翌日ベースの小荷物配送する能力を証明したとき，多くの顧客はほかのサプライヤーも同様のパフォーマンス能力をもつことを期待し始めたのである．

過去のパフォーマンスについての認知に関するものとして「口コミ」がある．顧客たちは特定のサプライヤーに関する経験を，しばしば，お互いにコミュニケートするのである．取引関係でのミーティングでは，サプライヤーの問題が経営者のあいだでの共通トピックスの1つである．論議の相当部分は，サプライヤーのパフォーマンス能力を中心にして回っているはずである．このような論議が顧客期待の形成に手を貸すことになる．

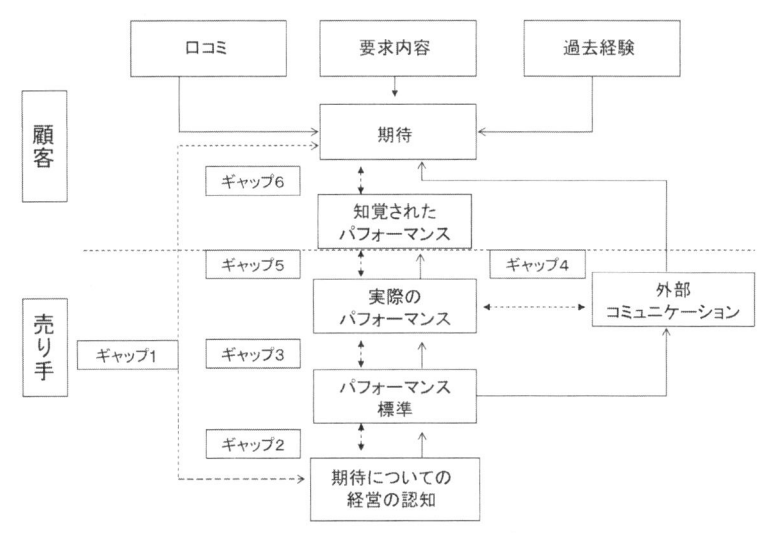

図 3-1 満足と品質のモデル

　おそらく，顧客期待に影響するもっとも重要な要素は，サプライヤー自体からのコミュニケーションである．販売担当者ないしカスタマーサービスの窓口によって行われた見込みと約束は，マーケティングおよび販売促進のメッセージ，つまり宣伝文句を含んでおり，顧客が根拠とすべきコミュニケーションは，ただ，サプライヤー組織の政策と手続きを印刷したものであることもある．このような性格のコミュニケーションが，期待を形成するうえでの大きな基礎となる．配送予約を満たす，あるいは製品の完品入手する約束は，顧客の心に期待をもたらすのである．実際に，多くのサプライヤーが，顧客期待に影響を与えようとして，空約束となる失敗に向けて自らの身をおくという罪を犯しているはずである．
　図3-1が，顧客満足を生み出すために，組織は何をなさねばならないかを理解する枠組みを提供する．顧客を満足させるうえでの多くの企業の失敗は，その理由を，この枠組みのなかの1つ以上のギャップの存在まで追跡することができる．
　ギャップ1：知識　第一番目の位置にあり，もっとも基礎的なギャップである．これは顧客の現実の期待とこの顧客期待についての供給側マネジャーの認識のあいだに存在するはずである．このギャップは，マネジメントの顧客についての知識ないし理解の欠如を示す．この理解の欠如には多くの理由があるはずである．しかしどうあろうと，顧客の期待が，どのように順位づけされるのか，どう形成されるのか，これらについての十分な理解なしには，有益な顧客満足プラットホームが確立されることはないはずである．販売は，顧客との取引について大きな責任を有しているのが一般であり，顧客のロジスティクスへの期待について，知識を獲得するのが難しいのがしばしばである．

ギャップ2：標準 たとえ，顧客期待について完全な理解をしているとしても，パフォーマンス標準を確立することが，組織にとって必要なことは変わらない．この標準のギャップは，内部のパフォーマンス標準が，十分あるいは正確に顧客の期待を反映していない場合に存在する．組織内部の執行能力の検証，あるいは競争のなかでのサービスパフォーマンスの表面（おもてめん）での検証に基づき，基本サービス基盤を開発する多くの組織において，これが明確な真実でなのである．

ギャップ3：パフォーマンス パフォーマンスギャップは，パフォーマンスの標準と実際のあいだのギャップである．もし，自分なりの期待をもつ顧客についての調査で，この標準が98％の充足率であって，その企業が実際に履行する充足率が97％なら，パフォーマンスギャップが存在する．パフォーマンスギャップを排除することによって，多くの企業が満足度を向上させようと努力していることに注意をすべきである．しかしながら，不満は，第一に，顧客の期待への理解が不十分であるために存在する．

ギャップ4：コミュニケーション 顧客満足におけるコミュニケーションの役割については，強調しすぎるということはない．先に論じたように，空約束ないし実際に提供できるのよりも高いレベルのパフォーマンスを約束することが，顧客不満の大きな原因となる．企業ができるものと，顧客の話題になる企業能力とのあいだに，ギャップは存在すべきではなかろう．

ギャップ5：認知 顧客は，パフォーマンスが実際に達成されるより，低い，あるいは高いと認知することがあるのは事実である．ロジスティクスにおいて，多くのマネジャーは，「われわれは，前工程を受け継ぎ，最後の役回りをしているだけだ」と嘆くのがしばしばである．パフォーマンスが長期間にわたって，非常に良好な形ができた場合でも，遅延，欠品，そのほかの平均以下の配送があれば，顧客から極端な不満を表明されることになる．

ギャップ6：満足/品質 上のギャップの1つ以上が存在すれば，ロジスティクスのパフォーマンスが期待したほどよくないという顧客認知を導くことになる．いいかえれば，これらのギャップは，顧客不満にいたるのだ．顧客満足を生み出す基盤を構築するとき，企業はこれらのギャップが存在しないことを確かにしなければならない．

3-3-4 増大する顧客期待

TQMの重要な構成要素として，「絶えざる改善」（継続的改善）の概念が，多くの組織において受け入れられてきている．「絶えざる改善」の結果として，サプライヤー能力に関する顧客期待の絶えざる上昇が続いている．パフォーマンスが顧客の期待を1年間満たすとしても，つぎの年には極端な顧客不満にいたるかもしれない．というのは，顧客が受け入れるパフォーマンス水準についての期待を高めるからである．

期待の増大は，ある程度まで，競争の力学で解明できる．前に論じたように，大多数の業界では，伝統的にパフォーマンスについて明示ないし暗示的な水準を保有してきており，これで十分と考えられていた．ある企業が真剣な競争者であることを欲するのなら，これらの業界最低レベルのサービス期待を達成しなければならない．しか

しながら，その業界で1つの企業がコアコンピタンスとしてロジスティクスに焦点を当て，高いパフォーマンス水準を提供するならば，顧客はほかのサプライヤーもこれに追従することを期待してくる．たとえば Federal Express が輸送ステータスのリアルタイム追跡を導入して，まもなく，UPS そのほかの小荷物配達企業がこれに追従したことを考えてみよう．

完全な注文処理パフォーマンスの達成は，顧客満足を確実にするのであろうか．表面上は，そう思えるかもしれない．すべての注文納品が欠陥なしでやりとげられるのなら，顧客が不満とする根拠として，どんなものが存在するのだろうか．この質問への答えの一部は，完全な注文処理は，それ自身だけでも重要であるが，同時に，個々の取引と納品の履行にも関係する．顧客満足はずっと広い概念であって，サプライヤーと顧客のあいだの関係全体にかかるほかの多くの側面を扱うのである．たとえば，ある顧客は継続して欠品なしの注文処理を受益していたとしよう．ただ，情報を得るのが困難だったり，問合せの回答に時間を要したり，サプライヤー側の担当者がその顧客を適切な礼儀と尊敬をもって扱わないという印象のような関係性の側面で不満をもつかもしれない．このように，顧客満足は，運営パフォーマンスをこえて，個人と対人関係の諸相を含むものなのである．

3-3-5 顧客満足の限界

顧客に対して的確な焦点を当てると，顧客満足への貢献が，顧客に対応する組織の努力のなかで，基本サービス基盤をこえていく第一歩となるのだ．競争相手よりも顧客の期待を満している企業のほうが，若干とも市場での競争優位を得るだろうと考えるのは，妥当なことである．それにもかかわらず，顧客満足のいくつかの欠陥と限界を理解することが重要なのである．

この最初の限界は，多くの幹部が満足の解釈について，基本的なミスをしがちであるということである．多くの組織において，サプライヤーのパフォーマンスに満足している顧客は，即ハッピーで，さらに喜びに輝いているのが当然だろう．しかし現実には，そうであったり，そうでなかったりする．満足というものは，実際のパフォーマンスについて，顧客が期待との関係で認識した結果である．つまり，顧客の要求内容ではないのであって，このことを思い起こさねばならない．図3-2での検証が満足と幸せとのあいだの差異を説明する手助けとなる．企業は高水準の能力を発揮しないという予想を，顧客がもっているかもしれないことも，また事実である．低水準でのパフォーマンスを顧客が予期していて，その企業が低水準の能力しか示さないと実際に認知すれば，パフォーマンスと期待は一致することは明白である．定義によれば当然，顧客は満足しているのである．

中位の期待と認知においても，高位のそれぞれの水準と同様に，同じことが真である．低水準でのパフォーマンスが満足であると思われるはずだという概念は，つぎの例でまことによく例証できる．顧客が，注文充足率95%，あるいは10%の納期遅延，あるいは2%の輸送事故率で，サプライヤーから長期の供給を受けることを期待したとしよう．サプライヤーが実際にこの水準のパフォーマンスを提供したとすると，顧客がそう認識した場合，顧客は満足する．期待水準よりも低いと認識されたパ

	期待		
パフォーマンス	低位	中位	高位
高位	大変満足	大変満足	満足
中位	大変満足	満足	不満
低位	満足	不満	不満

図3-2　満足は幸福と同じではない

フォーマンスは，不満をもたらすのである．満足した顧客は，サプライヤーの注文充足率あるいは配送遅延に関して必ずハッピーとなるのだろうか．もちろん，そうではない．期待が満たされ，それが競争条件と同等ないしそれ以上の条件で満たされる場合でも，その顧客がハッピーになるかどうかは，依然として保証がない．期待されたものよりも高いパフォーマンスで，顧客にとって満足できるものであっても，実際に幸福をもたらさないかもしれないのである．顧客期待への重点指向は，期待がニーズないし要求内容と同じではないという事実を無視するのである．

　考慮すべき二番目の限界は，実際には第一のものと関係がある：満足した顧客は必ずしもロイヤリティのある顧客ではないのである．期待は満されている場合でも，満足した顧客は競争相手とのビジネスを選択するかもしれないのである．こういうことが発生するのは，該当の組織よりも競争相手のほうが高い水準，少なくとも同等の水準で演ずることが期待されるからである．何年ものあいだ，マーケットとサプライチェーン担当幹部は，顧客を満足させた顧客は，ロイヤリティのある顧客でもあると考えてきた．しかし研究結果は，期待が満たされ満足していても，多くの顧客が競争相手からひいきにされ，そことビジネスを行う可能性が高いことを，しばしば示している[12]．

　顧客満足の三番目の限界は，満足というものは個々の顧客の期待と認識のうえに存在することを，企業が忘れてしまうことが多いことである．その結果，顧客の期待を纏めて扱い，個々の顧客や顧客セグメント群のなかでの差異，つまりマーケティング戦略の基本教義を軽視する傾向があるのだ．簡単にいうと，1人の顧客を満足させるものは，ほかの多くの顧客を満足させないかもしれない．

　これらの限界にもかかわらず，顧客満足は顧客に対応するという点で，先出の基本サービス論の域をこえた貢献がある．顧客は対応されるべき存在であり，これを保証する唯一の方法は，顧客自身に焦点を当てることだという明確な認識を提供する．企業は，業界および競争企業の基本サービスパフォーマンス基準に焦点を合わせれば，顧客が非常に満足ないしおおいに満足していることがわかる．

3-4　顧　客　成　功

　近年，いくつかの企業は，もう1つ別の努力があれば，ロジスティクスのパフォーマンスを通して，真の競争優位を獲得できることを発見した．これは，企業の成長と市場占拠率を伸ばす力は，もっとも成功した顧客を引きつけ確保する能力いかんであ

表 3-2 マネジメント思想の進化

フィロソフィー	焦点
顧客サービス	内部標準の充足
顧客満足	期待の充足
顧客成功	顧客の要求内容の充足

注：顧客満足モデルは，顧客の要求内容に焦点を当てていないことに注意．

るという認識，これに基礎をおいている．というわけで，顧客焦点マーケティングの真の鍵は，組織が顧客の成功を高めるために，そのパフォーマンス能力を用いることにあるのだ．顧客成功に対するこの焦点が，顧客対応に向けての大きな貢献を表すのである．表3-2が，顧客焦点の組織が経てきた進化を要約している．顧客サービスの焦点は，基本サービスパフォーマンスついて，組織内部での基準確立を指向していることに注目しよう．企業においては，その顧客サービスのパフォーマンスが，その内部基準を，いかにうまく達成されたかについて，評価するのが典型的である．顧客満足の基盤は，顧客はパフォーマンスに対して，期待を有しているという認識に基盤をおく．また，顧客が満足していることを確認する方法は，唯一，その期待に対応させてパフォーマンスを認知し評価することなのである．

顧客成功は，顧客の期待から現実の要求内容へと焦点を変えるのである．前の論議にあったように，顧客の要求内容というものは，期待の基礎を形成するとはいえ，期待とまったく同じではないことを思い出したい．それ以前の概念であるパフォーマンスの認識，伝聞，企業からのコミュニケーション，これらによって要求内容は期待に格下げされることがよくある．このことが，単に期待を満たすことでは，ハッピーな顧客をもたらさない理由を説明する．たとえば，1人の顧客は98%の充足率で満足する可能性があっても，自身の戦略の実現で成功する顧客にとっては，特定の製品や部品について100%の充足率が必要なのかもしれないのである．

3-4-1　顧客成功を達成する

顧客成功プログラムは，個々の顧客の要求内容の完全な理解，ならびに成長と収益性の面で高いポテンシャルをもつ長期の事業関係に焦点を合わせるという努力を必要とする．これは明白である．このような努力は，すべての潜在顧客に対して試されることが，ほとんどないはずだ．このことは，企業が，顧客の要求内容，内部プロセス，および顧客自身の競争市場のなかで成功をもたらすものすべてを理解し，顧客と徹底的に協働することを要求するのである．さらに，組織は顧客のパフォーマンスを高めるために自己の事業能力を活用する方法への理解を深めることが要求される．

顧客成功のプログラムは，いろいろな意味で，ロジスティクス幹部に包括的なサプライチェーンの視点を必要とさせる．このことは，図3-3で示されている関係を吟味することによって，容易に説明できる．基本サービスと顧客満足のプログラムにおける代表的な焦点は，企業がその販売先の基準と期待を満たそうと試みることである．これはこの販売先が，消費者，産業最終ユーザー，中間業者，さらに社内顧客，

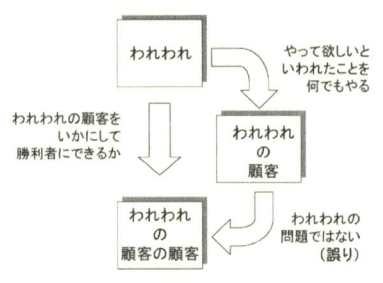

```
                われわれ ──┐
                          │ やって欲しいと
                          │ いわれたことを
                          │ 何でもやる
    われわれの顧客を ↓
    いかにして       われわれ
    勝利者にできるか   の
          ↓        顧客
                          │
       われわれ ←─────────┘
         の         われわれの
       顧客の顧客    問題ではない
                    （誤り）
```

図3-3　顧客成功への移行

このいずれであるかにかかわらない．それらの顧客がその顧客とどう取引するかは，問題であると考えないのがふつうである．サプライチェーンの視点と顧客成功のプログラムでは，この見方をロジスティクス幹部が変えねばならないことが，明らかである．幹部は，サプライチェーン全体とそのなかでのいろいろのレベルでの顧客を理解し，つぎの届け先の顧客がそのサプライチェーンの下流の顧客の要求を満足させることを確実にするプログラムを開発しなければならない．もし，サプライチェーンのすべてのメンバーが，この視点を採用するのなら，すべてのメンバーが，この成功を分かち合うことになろう．

　顧客の成功を確実にするためには，企業の製品生産方法，流通ないし売出し市場を改革することが要求されるはずである．事実，成功への将来的な道を見出すために，供給者と顧客間のコラボレーションが行われれば，サプライチェーン過程の面で大きな前進をもたらそう．協働的な関係と提携についての概括的なテーマについては，第4章でさらに展開される．ここではつぎのことをいっておくだけで，十分である．つまり，このようなアレンジメント（取決めによる編成）は，要求および能力についての深い理解を促進するために，関係する事業の間での相当量の情報交換がなしには，可能とならない．しかしながら，多くの企業は顧客成功という挑戦課題に対応してきているという重要な方向が，付加価値サービスの発達を通して存在するのだ．

3-4-2　付加価値サービス

　付加価値サービス（value-added services）の概念は，顧客成功への進化において，重要な発達である．定義により，付加価値サービスは，企業群がその効率と効果の双方またはいずれか一方を強化することを，共同で進めるという独特で特別な活動に関わるものである．付加価値サービスは，顧客成功を促進するのを支援するのである．それらは顧客固有の傾向があるから，付加価値サービスとして考えられるものすべてを一般に説明することは難しい．

　企業が，大手顧客向けの付加価値ソリューションに献身し始めると，すぐに，カスタマイズされたロジスティクス，ないし特別注文のロジスティクスを扱うことになる．特定顧客に目標を達成させようとすることは，それ固有のものを行うことである．IBMは，個々の顧客に対するカスタマイズしたパーソナルコンピュータとネットワークを生産し流通させる．この能力は，標準的な製品に付加価値を与える1つの

事例である．企業は，ロジスティクスというとらえ方のなかで，顧客の成功を高めるため，独自の製品パッケージの提供，特別設計のユニットロード作成，その価格設定，独自の情報サービスの提供，特別の出荷準備，などを行うはずである．

買い手と売り手が同意した付加価値サービスのいくつかは，実際には，そのようなサービスを提供する立場にある統合サービスプロバイダーを必要とする．運送事業者，倉庫事業者，そのほかの専門企業が，そのサプライチェーンと親密に関わり，このような付加価値活動を現実のものにするのである．それらの業者が，特定のサプライチェーンのなかで，付加価値サービスを供給するためにどう取り組んでいるか．この事例は，ここで2, 3あれば十分である．

倉庫は，それが自家用か営業用かどうかにかかわらず，カスタマイゼーション活動の多くに利用することができる．たとえば，小売である顧客は，そのクロスドック活動（訳注：在庫をもたず，サプライヤーから入荷したものを，出荷先別に仕分け，出荷車両に積付ける積替え拠点活動）を支援し個々の店舗施設からの独自品の要求に答えるため，独自のパレタイゼーション（複数品をパレット積付けした一体貨物化）を要求するかもしれない．個々の店舗は，個々の製品についてそれぞれの量を要求し，それぞれの最小在庫で在庫維持しようとする．別の状況では，多くの別々の品で構成される救急箱が，それぞれの顧客が要求する独自のキット内容に合せて，注文を受けたときに，実際に倉庫のなかで箱詰めを行う．また，個々の顧客向けの独自の製品構成に対応するため，倉庫が詰め替えサービスを提供するのも一般である．

もう1つの付加価値サービスは，特定の顧客の要求に合わせ，製品を仕分け配列詰めすることである．たとえば，自動車組立工場では，部品は時間に間に合うだけでなく，組立ライン上の特定の車のニーズにマッチするよう，仕分けられ順序よく並べられることが要求される．その目的は，組立工場のハンドリングと納品検品を低減することである．納品に向けて，このような厳格な要求内容を満たすことは，多くの構成部品供給者の基本サービス能力をはるかにこえている．これには，サードパーティ（第三者）の専門企業の利用が必要であって，とくに複数のサプライヤーからの構成部品をいっしょにして配列すべきときは，なおさらである．

付加価値サービスは，直接の事業関係者によって行うこともできるが，専門家を巻き込むこともできる．近年は，専門企業が頼られることが，より一般になってきた．それは，要求されるサービスを提供するうえでの柔軟性と専業能力が原因である．とはいえ，どのように特効的なものが組織化され実行されようとも，ロジスティクスの付加価値サービスが，顧客成功プログラムの重大な側面であることは，明らかである．

3-4-3 顧客成功への展開：ある事例

顧客成功プログラムは典型的に個々の顧客を中心にしたものである．これは，異なった顧客組織は，独自の要求をもっているからである．これら顧客の注意深い識別と選択が，成功プログラムを実行するうえで重要である．このような顧客はこのような努力にたいへん好んで反応し，そのサプライヤーに自分の意志でロイヤリティ（顧客忠誠心）を還してくる．しかし，ある場合には，長期の生き残りを確実にするため，

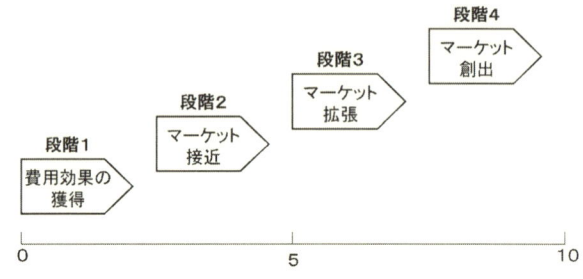

```
        段階1      段階2      段階3      段階4
       費用効果の  マーケット  マーケット  マーケット
        獲得      接近       拡張       創出

  0                     5                    10
```

図3-4　ロジスティクス能力を基礎としたビジネス成功の達成

企業は，全セグメントの顧客についての成功に焦点を当てることが，有益であり，必要でさえあることを発見する．このような状況が，1980年代，90代のあいだ，卸売薬品流通業界で存在した．Bergen Brunswig とそのほかの主要な卸売業者は，小売薬品業界のなかの独立・自営店主層に革命を起こした．これらの小売業者はチェーンと量販薬局経営の増加によって絶滅の危機に直面したが，卸業の成功主導を受けて，生き残った．

とくに，その小売薬局顧客のビジネス成功を高めるために，Bergen Brunswig は定評ある4段階のモデル：費用効率，マーケットアクセス，マーケット拡張，およびマーケット創出，このモデルを開発した．この長期の過程は，図3-4で図示される．

大局的にみて，産業としての効率改善はかなりのものであった．特定の顧客に対する特別仕立のサービスは，長期の提携を維持するための動機を確立するのに役立った．ロジスティクスの能力が，どのように顧客成功を達成するために使われ，競争的優位を獲得できるか．Bergen Brunswig のイニシアチブの本質を，以下に再検し図示する．

a. 費　用　効　果

最初のもっとも基本的な段階が，費用効果の獲得であった．基本サービスが首尾一貫して高い水準のパフォーマンスをもち，また費用効果的な方法で，提供されてきたはずだということを確かにするために，このプロセスと必要な関係コントロールが適切に管理されていること，これが重要であった．顧客に必要な基本ロジスティクスサービスを効率的に実行できること．これは，経営上の観点から，企業の必要条件である．品質に関して真剣に考えている企業の大多数は，基本的な運営上のエラーを容認する余地がほとんどないとしている．企業が妥当なコストで基本サービスを産み出せないのなら，事業の進展にとりかかる理由はなく，さらに上の関係に向けて，前進する可能性も制約される．

b. マーケット接近

このマーケット接近段階は，共同の目標を達成するために協力する意志を表明した顧客に向けて，高水準の貢献を行うことで成立する．いい換えれば，マーケット接近は，買い手と売り手で構成され，両者が事業をいっしょにとり進め，基本情報を分かち合って円滑な共同経営を促進するのである．マーケット接近のなかでは，本当の意

味での顧客選択が関係してこない．これを強調することが重要である．たとえば，Bergen Brunswig は，取引をいとわなかったすべての薬局に対し，卸売供給者としての基本サービスの提供を確立する必要があった．このアクセス段階におけるサービスのタイミングないしレベルの差は，唯一，顧客の購買量によって決定されるものであった．一度，Bergen Brunswig が小売業者に明確なサービスプログラムを提供したとき，薬局は同等の基本サービスを受けて，それぞれ必要とする量を購入することが，事業公正の基本原則と合法見解になった．Bergen Brunswig にとって，このコミットメントが，一貫性ある納品スケジュールのなかで，正確な在庫要求に対する日々の補充を意味したのである．

c. マーケット拡張

マーケット拡張は事業協定を強化する．拡張とは，事業関係の結束と拡張を狙いとして，ゼロデフェクト（無欠陥）への移行と付加価値サービスの導入を基礎としている．現在のところ，この関係には，参加意思をもつか参加可能な顧客数に制約があることから，高度に選択的なものになっている．Bergen Brunswig の戦略においては，付加価値提携が，選ばれた顧客の競争力を改善するいろいろなプログラムから成り立っていて，対象の顧客は指定供給者として Bergen Brunswig と契約することをいとわなかった．そのような付加価値イノベーションの典型は以下のようなものである．精巧なバーコーディング，売場レジ向けのコンピュータターミナル，販売時点情報管理（POS）プログラミング，棚計画プログラミング，即刻の価格変化管理，収益と在庫回転の報告．これらのイノベーションは，経営効率を高め，全体としての競争力を拡張するために計画された．このような付加価値サービスは，拡張した事業関係契約をした顧客にだけ提供された．

d. マーケット創出

最終の段階，マーケット創出では，顧客の成功に対して，最大限の貢献を必要とする．いままでの段階すべてが，能力に寄与するものであるのに対して，この最終段階では，成功度を高めるための一歩として位置づけられる．Bergen Brunswig のケースのなかで，マーケット創出は，比較的小さな薬局がより大きく垂直に統合されたチェーンに対して，競争力を増加させるための新規で革新的な方法として開発された．たとえば Bergen Brunswig は，小売切花と持帰り食品のような購買創出の工夫を先駆しテストした．また，受発注を含めたシステム的サービス全域を提供する目的で，Bergen Brunswig とその小売顧客を電子的につなぐ創造的な共同システムの実装までにいたった．

ロジスティクスとしての最大限のインパクトが，このプロセスのすべての段階で感じられる．コントロールを得て，費用効果を高めることは重要である．水準の高い基本サービスは，マーケット接近において重要である．マーケット拡張の段階では，完璧なパフォーマンスと付加価値サービスへのコミットメント貢献が，基本事業協定を締結させる．この関係が成熟して，顧客がもっとも成功する事業を達成することを支援することで，将来の成長が獲得できるという，長期の立場にいたるのだ．この進化的な原理に基づく事業関係の発達は，10年以上といった，長い期間を要する．協働

活動にとって重要な共同運営と自由な情報交換という信頼の側面は，未試行で未熟な事業アレンジメントのなかでは，設計も実装もできない．Bergen Brunswig のモデルは，サプライチェーンでの成功を達成するのに必要な情報技術（IT）とリーダーシップの融合について，典型的な事例を提供するのである．

3-5 ま と め

　ロジスティクスの基本原理は，顧客に対応する必要性であって，この顧客が最終ユーザーなのか中間顧客であるかを問わない．このマーケティング概念は，基本的な焦点を以下の内容に合せる．つまり，製品あるいはサービスよりも，顧客の立場で製品やサービスを考察して位置づけることを意味する顧客ニーズとその要求内容，ニーズが異なるマーケットセグメンテーションの認識，販売量は利益につぐものであるというとらえ方，これらがこのマーケット概念の基盤となるのであり，顧客対応としての基盤を提供するのである．

　マーケティング概念の最近の解釈は，顧客との個別の取引を完璧にすることよりも，顧客とのリレーションシップの発達に焦点をおくことのほうが，重要であることを示唆している．この解釈は，ワンツーワン・マーケティングの中核成分として，個人顧客のニーズと要求内容に焦点を合わせるのである．サプライチェーンというとらえ方のなかでは，空間的な利便性，ロットサイズ，待ち時間，および製品バラエティと品揃えに関する顧客の要求内容があって，これに対してロジスティクスのオペレーションが対応するべきなのである．

　組織は，3つのレベルでの段階的な貢献によって，顧客に対応する基盤を構築する．その第一のものは，基本的なロジスティクス顧客サービスである．競争力をもつために，企業はすべての顧客に対して，アベイラビリティ，運営パフォーマンス，および信頼性をバランスさせた，基本サービス能力を必要とする．サービスのそれぞれの面での貢献は，そのパフォーマンスに競争力があるかどうか，費用/便益分析の面でどうなのか，これらについて慎重な検討考慮を必要とする．最高レベルの貢献は，完璧な注文充足の実現であって，それにはロジスティクス運営におけるゼロディフェクト（無欠陥）が要求される．このような高水準の提供内容は，その企業にとっての主要顧客のために用意されるのが通例である．

　顧客対応の第二レベルは，上の基本サービスをこえて，顧客満足を創出していくことである．組織内部の運営パフォーマンスに基本的サービスの焦点をおく場合，顧客満足は，顧客，サプライヤーのパフォーマンスについての顧客の期待と認知評価，これに焦点をおくことになる．顧客の期待は，オペレーション上の信頼性と応答性のみならず通例のロジスティクス運営の検討域をこえて，コミュニケーション，信頼感，反応性，および特定顧客に対する知識，これらに関する要因を含むことになる．競争相手と同等以上のロジスティクスサービスを提供している場合でも，顧客に欲求不満をいだかせていることがあるだろう．顧客満足の面での失敗は，顧客の期待についての認識の欠如，パフォーマンスについての不適切な基準，パフォーマンスの失敗，コミュニケーションの不足，パフォーマンスについての顧客側の誤認から，生ずるはず

である．顧客の期待はエスカレートする．したがって，ロジスティクス経営幹部は，継続的に顧客満足をモニターし，ロジスティクスパフォーマンスを改善していかねばならない．

　最高のレベルの顧客対応は，顧客成功として知られている．顧客満足計画が顧客の期待と合致あるいはそれ以上となっていれば，顧客成功の基盤は，顧客のニーズと要求内容に焦点を当てることである．顧客の期待は，そのニーズと要求内容とは異なることが多い．成功達成には，顧客のニーズとオペレーション面での要求内容についての詳細な知識と，取引先の能力を市場で打ち勝てるよう強化するサービスプロバイダーの貢献を必要とする．付加価値サービスは，ロジスティクスが顧客成功に寄与することができる1つの方途である．顧客成功というものは，ワンツーワン・マーケティングの関係性と結びつけられるのが通常であるとはいえ，そうでない場合でも，顧客の全扱い領域での長期生き残りを保証するのに，もっとも適したアプローチであることを意味する．Bergen Brunswigと小売薬局業界が，このアプローチがうまくいった古典的な事例を提供している．

参考文献および注

1) Thomas O. Jones and W. Earl Sasser. Jr., "Why Satisfied Customers Defect," *Harvard Business Review*, November/December 1995. pp. 88‒99.［邦訳：ロイヤリティの収益化をはかる完全な顧客満足——5つの市場の分析から明らかになった，ダイヤモンド社，1996.］
2) ワンツーワンのアプローチについての包括的な議論については，つぎを参照のこと．
Don Peppers and Martha Rogers, *The One-to-One Manager: Real World Lessons in Customer Relationship Management*（New York, NY：Doubleday, 1999）
3) Don Peppers, Martha Rogers, and Bob Dorf, "Is Your Company Ready for One-to-One Marketing" *Harvard Business Review*, January/February 1999. pp.151‒60［邦訳：ワン・トゥ・ワン・マーケティング　実践への4ステップ，チェックリストで明らかになる課題とその対応策，ダイヤモンド社，1999.］
4) Louis P. Bucklin, *A Theory of Distribution Channel Structure*（Berkeley CA：IBER Special Publications, 1966）［邦訳：バックリン流通経路構造論，田村正紀訳，千倉書房，1977］
5) V. Kasturi Rangan, Meluia A. J. Menzies, and E. P. Maier, "Channel Selection for New Industrial Products：A Framework, Method, and Application," *Journal of Marketing* 56（July 1992），pp.72‒3.
6) 図2‒11参照．
7) Donald J. Bowersox, David J. Closs, and Theodore P. Stank, *21st Century Logistics: Making Supply Chain Integration a Reality*（Oak Brook, IL：Council of Logistics Management, 1999）．
8) A. Parasuraman, Valerie Zeithaml, and Leonard L. Berry, "A Conceptual Model of Service Quality and Its Implications for Future Research," Report No. 84‒I06（Cambridge, MA：Marketing Science Institute, 1984）．
9) ロジスティクス研究者たちは，ロジスティクスサービスの満足評価に使われる特有なアンケート尺度を開発してきた．たとえば，つぎがある．John T. Mentzer, Daniel Flint, and John L. Kent, "Developing a Logistics Service Quality Scale," *Journal of Business*

Logistics 20, no.1 (1999), pp.11-29.
10) Joseph. M.Juran, *Juran on Leadership for Quality: An Executive Handbook* (New York. NY: Free Press, 1980).
11) John T. Mentzer, Daniel Flint, and John L. Kent, 10) と同書掲載, p.11.
12) Michael J. Ryan, Robert Raynor, and Andy Morgan, "Diagnosing Customer Loyalty Drivers," *Marketing Research* 11, no.2 (Summer 1999), pp. 18-26.

第4章
マーケット流通戦略

　顧客のさまざまな要求に対応しようとする場合，どの活動1つをとってみてもほかのいかなる活動よりも重要でないということはないし，またいかなる会社も自給自足的ではありえない．この基本的な事実を何年も前に発見したのは，Henry Ford 自身である．ほとんど最初から，Ford はいかなるほかの会社にも頼らない完全に自足的な産業帝国を目論んだ[1]．

　自動車製造工場を支援するために，Ford は石炭鉱山，鉄鉱山および製鉄工場に投資した．かれは塗料の製造に使われる大豆を育てる土地やタイヤをつくるためにゴム園を買った．材料の輸送のために道路および船舶を所有し，完成品の自動車を配送するためにトラックを所有した．また，自動車の販売代理店のネットワークを Ford 自動車会社が所有することによって整備し，その管理は自社の社員にやらせた．Ford 自動車会社は，材料調達から最終消費者までをすべて高度に統合した組織といえるだろう．

　最終的には，Ford は他人の助けが必要であることがわかった．厳しい経済的，規制上の，また労働上の障害に直面して，必要とする材料，部品およびサービスを独立サプライヤーのネットワークに頼らざるをえなかった；マーケティングをより効果的に行うには，資本もオペレーションも独立した代理店に移行した．時が経過するにしたがって，Ford は特化した会社のほうが多くの主要な仕事を，自社の官僚的な組織と同じか，あるいはよりうまくこなせることができるということがわかった．Ford の戦略は，所有に基づく管理から，チャネルの関係性の調和をとることにシフトした．

　この章では会社がマーケティングチャネルの流通関係性を，なぜそしていかに開発し管理するかを中心に論じる．第5章では会社をサプライヤーに結びつける活動としての調達および顧客に対してかたちの効用を提供する活動としての製造を扱う．この2つの章を通じて焦点を当てるのは，顧客の要求にもっとも効果的かつ効率的に対処するために必要とされるロジスティクスの活動の統合力についてである．

　マーケティングチャネルの研究には，企業のオペレーションが行われるうえでの広範な異なるやり方がある．サプライチェーンは一般的なマーケティングチャネルの仕組みのなかの1つである．4-1節では，全体的なチャネル構造および高度産業経済におけるマーケティングチャネルの論理的根拠を取り扱う．4-2節では，構造，チャネルのデザインおよびチャネルの参加者のあいだの関係性の種類を中心にマーケット流通戦略にふれる．情報テクノロジー，とくに e コマースはマーケット流通戦略に

大きなインパクトを与えたが，これは4-3節で論じる．最後の節では，マーケティング戦略の意思決定が，価格構成条件およびロジスティクスを考慮に入れてなされるという相互関係性に焦点を当てる．

4-1 サプライチェーンにおけるマーケット流通戦略

あらゆる個人が完全に自給自足である社会を想像してみよう：各個人は生存に必要なすべての製品およびサービスを生産し消費するから，人々の間で財貨およびサービスを交換するための何らの経済活動も必要としないだろう．今日ではこのような社会は考えられない．実際に個々人は特定の製品およびサービスの生産に特化し始めると，それぞれの消費ニーズを満たすために，商品およびサービスを交換するようなメカニズムをつくらなければならなくなる．これを効率的かつ効果的に行うためには，会社は3つの懸隔（けんかく）を克服しなければならない：「空間」の懸隔，「時間」の懸隔および「量と品揃え」の懸隔である．

空間の懸隔とは，生産活動の場所と消費の場所とはほとんど一致することはない．たとえば家具の産業を考えてみよう．米国における大部分の家具は北部カリフォルニアの小さな地域で製造されており，事務所用家具の大部分は西部ミシガンで製造されている．しかも家具はどこで需要があるのか？ ほとんど全米である！ 生産地と消費地のこの懸隔は交換を成し遂げなければならない基本的な問題である．この場所的懸隔を克服するためには，第3章で述べた空間的利便性というサービスアウトプットを顧客に提供しなければならないのである．

時間の懸隔とは，生産と消費のあいだのタイミングに差があることをいう．たとえば農産物は短期間に生産されるが，消費者の需要は継続的である．他方で多くの製品は将来の需要を予期して製造される．製造は製品が需要されるときと同時に行われるとはかぎらない．この懸隔を克服する特別の方法は，第3章で論じた待ち時間に関したサービスを生み出すことである．このテキストでの議論の多くは，生産のレートを市場の消費により密接にマッチさせるために，会社がどのような問題に直面し，それに挑戦するかに焦点を当てる．

数量と品揃えにおける懸隔は，製造会社は通常多くの種類のアイテムを大量に生産することに専念するが，他方で消費者は数多くのアイテムを少量欲するのがつねである．生産と消費のあいだに存在するこの経済性の違いは，顧客に対して製品の種類と品揃えをよくすることによってある程度調整されなければならない．

交換というこの基本的な問題は，通常**流通チャネル**とよばれるメカニズムを通じて，マーケットの流通全体のプロセスによって解決されなければならない．流通チャネルは組織および機関のネットワークとして定義される．この両者がいっしょになって生産者を最終消費者に結びつけるのに必要なすべての機能を遂行し，マーケティングの任務を完成させる．ロジスティクスマネジャーにとって流通チャネルの理解は欠かせない．なぜならば顧客の要求に対処するために，ロジスティクス戦略が現実に実行されるのは，まさにこのチャネルのなかにおいてである．この節において，マーケティング機能，専門化，品揃えプロセスおよびチャネルの分離について，チャネル理

論の重要な諸要素が検討される．そしてマーケティングチャネルの必要条件とそれにロジスティクスがいかに対応するかの相互作用が浮き彫りにされる．

4-1-1 マーケティング機能

交換をうまく成立させるためには，数多くの行為や活動が欠かせないとうことをマーケティングの研究者は以前からずっと認識してきた．これらの機能を分類するには多くのやり方があるが，伝統的には販売，購買，輸送，保管，財務，標準化，市場金融，危険負担およびマーケット情報が列記されている．一般的なチャネル編成においては，ある1つの機能は異なるチャネルメンバーによって交互に遂行されるか，あるいは何回も重複してくり返されるだろう．

表4-1は8つの一般的な機能を交換，ロジスティクスおよび促進支援という3つのグループにまとめたものである．

交換機能は所有権の移転に必要な活動である．販売は市場のニーズを満足する製品の開発により，また宣伝や個人向け販売のような需要刺激を通じて製品の需要を増やすために必要な活動である．購買は顧客の必要とする条件に合うように，適切な数量と品質をアベイラブルにする品揃えの計画および取得の活動である．ロジスティクス機能は，必要な場所に，必要なときに必要な製品をもたらすことである．現代のロジスティクスの役割の範囲は，輸送および保管よりもはるかに広く，かたちと所有の両方の必要条件を満足させる局面を含めた在庫のポジションに関するすべての仕事を包含している．ほかの4つの機能は，交換とロジスティクスの活動を成し遂げることを支援するので，まとめて促進支援とよばれる．

4-1-2 専 門 化

機能的な働きが必要であるということは，専門化という経済的概念に直接結びつく．専門化は経済的効率性の基本的な原動力である．製造業は特定の製品の生産に関する専門家である．卸売業および小売業は，かれらが選んだ目標とする市場の必要条件に合わせて特定の品揃えをし商品を売り買いする．倉庫会社と輸送会社はロジスティクス機能の遂行における専門家である．専門化という論理は規模と範囲の経済性に基づいている．会社が専門化する場合，オペレーションの効率性を達成すべく規模と範囲を開発する．事実，専門化したチャネルの参加者の経済的な存在理由は，活動を

表4-1 チャネル編成によって行われる一般的なマーケティング機能

グループ	機能
交換	販売
	購買
ロジスティクス	輸送
	保管
促進支援	財務
	標準化
	リスク
	マーケティング情報

効率的に遂行できる能力があるか否かにある．専門家を使う経済的な理由は，会社は内部でその活動を行うのに値するほど十分な量が生じた場合に，専門化に挑戦するのである．逆のいい方をすれば，会社が十分な経済的な規模がない場合，あるいは核となる競争能力にもっと関連したと思われるほかの機能に集中しようとする場合に，ある機能からスピンオフしたり，アウトソーシングしたりする．問題は重要な機能が，ある会社からほかの会社へと移転したり，吸収されたり，スピンオフするとか同様なことが起こるということである[2]．誰が特定の仕事を行うかに関係なく，すべての機能は流通プロセスを完成するために実行されなければならない．

4-1-3 品　揃　え

　製品の種類を取り揃えることは，専門化するということに直接関係をもっており，経営の文献で多くの関心が払われている[3]．流通チャネルが必要とされる利便性は，消費者および最終ユーザーが必要とするレベルの各種製品の取揃えを提供するということである．チャネル編成の仕組みにおいては，数多くの独立している会社が適切な製品ミクスを生み出すことにしばしば協力している；流通チャネルのなかの戦略的場所において，製品は集められ，仕分けされ，サプライチェーン全体のなかでつぎの場所へと分散されていくのである．このプロセスにはつぎの4つの基本ステップがある：集荷，小分け，顧客仕様化および分散である．

　集荷とはある1つの製品あるいは複数の製品をグループとして販売できるように大量にまとめることである．たとえば製造業者の納品倉庫には，数か所の工場の製品が1か所に集められる．もう1つのやり方は，製造業の特約代理店や卸売業者は，いくつかの製造業者から購入し，それらのアイテムを1か所に集める．集荷の1つの目的は輸送コストを下げることである．個々のサプライヤーが別々に少量の製品を直接顧客に出荷するよりも，大量の製品をまとめて移動することによりコストを削減する効果を生む．

　小分けとは同じ種類の製品をより小さなロットサイズにして顧客の必要条件に近づけマッチさせることである．サプライヤーからトラック1台分の大量に送られた製品をケース単位の数量に変換して販売するようにする．小分けはまたブレークバルクのプロセスとして知られている．

　カスタマイゼーション（顧客仕様化）とは，特定の顧客の要求にユニークに対応するため，アイテムを組み合わせて製品を再グループ化することである．製造業者は，自分の納品保管施設から卸売業者や小売業者にいろいろな製品をトラック一杯の量で買ってもらう．同様に卸売業者は小売業者に対して製品をミクスして取り揃え，小売業者は消費者に対する品揃えをする．たとえばCostcoのようなウェアハウスストア（倉庫店舗）は2箱のシリアルをまとめて1つにした独特の包装を希望するであろう．ほかの小売業者は2つの異なる製造業者からの製品をいっしょにしたような特別の販売促進の宣伝物を必要とするかもしれない．現代のサプライチェーンではカスタマイズする能力は必須である．

　分散配置は品揃えにおける最後の段階である．それは顧客の要求に合った品揃えの製品を指定された時間と指定された場所へ出荷することである．仮定上の例を用いて，

4-1 サプライチェーンにおけるマーケット流通戦略

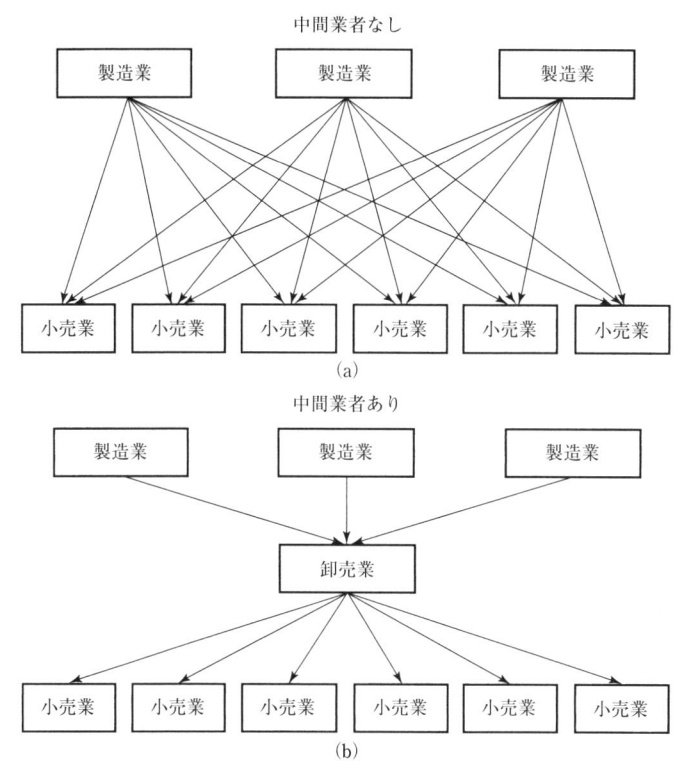

中間業者なし

(a)

中間業者あり

(b)

図 4-1　取引総数最小化の原則

品揃えの全体プロセスを説明し，そして流通についてのクリティカルな経済原則に対する洞察を提供しよう；これを**取引総数最小化の原則**という．図 4-1(a) は，3 つの製造業者と 6 つの顧客からなる単純な構造を示している．顧客は消費者あるいは産業用品のユーザーであろう．話を単純化するために，顧客は消費者市場へ再販するための品揃えをしようとする小売業と仮定する．この図では各小売業者がそれぞれの製造業者から直接購入すると，18 の別々の取引が必要になり，しかもそれぞれの取引には発注，注文処理，注文充足が伴い，製造業者から個々の小売業者の場所までの比較的少量の輸送コストがかかる．

図 4-1(b) では卸売業が流通に参加し，品揃えについての全体のプロセスをうまくできるような構造にする．卸売業者は少量に分けて，各小売業者の要求に応じた数量に小分けし，個々の小売業の場所へと品揃え品を配送する．製造業者から卸売業者まで 3 つの取引が必要で，卸売業者から小売業者まで 6 つの取引が必要である．この仲介業者を使うことによって，全取引の数は 9 つに減る．発注，注文処理および注文充足のコストの節約は大きい．さらに輸送コストは大幅に削減される．なぜならばわずか 9 つの輸送移動しかなく，18 回の個々の少量輸送に比べるとそれぞれの量は大き

くなる．もちろん仲介業務はその仕事に対して報酬が支払わなければならない．しかしながら，製造業と小売業の両方のコストが安くなるので，たとえ仲介卸売業のコストが付加されても，トータルシステムコストが下がる可能性が存在する．

品揃えのプロセスをみると，マーケット流通の経済性についての多くの洞察が得られる．また流通チャネルがいかにいろいろな顧客に対して，必要なレベルでの製品の種類と必要なロットサイズを提供してくれるかがわかる．Kellogg のような製造業が幅広い食品の品揃えをするために卸売業を通じて，小さな食品雑貨店がシリアルの購入を可能にするかの説明の助けになるだろう．他方で Kellogg はシリアルを大量に購入する大手のスーパーマーケットチェーンとは直接取引するだろう．

4-1-4 チャネルの分離

前に述べた機能と品揃えの専門化という概念から，市場流通におけるもう1つの重要な概念，**チャネルの分離**が導き出される．分離とは所有権移転に関する売買機能を物的流通あるいはロジスティクスに関する機能から独立させることである．2つの活動は必要でありかつセットとして調整されなければならないが，同時にまた同一企業によって行われる必要はない．ある製品は物理的に移動されずに所有権の移転が行われたり，あるいは所有権の移転がなくても数回も出荷されたり移動されたりするであろう．このようにして所有，マーケティング，チャネルは売買に関係した会社のネットワークを形成している．ネットワークは代理店，産業資材のディストリビューター，完全な「かつ/あるいは」限定的な機能卸売業，販売代理人および小売店のような中間業者から構成される．これらのすべてが交渉，契約，および継続的な販売管理に携わっている．

チャネルは物的流通であれ，あるいはロジスティクスであれ，在庫の移動および配置をうまく成し遂げようとする組織のネットワークを表している．ロジスティクスの仕事は輸送，倉庫管理，保管，ハンドリング，注文処理を含んでおり，そして同時に時間，空間，ロットサイズおよび品揃えの必要性に関してますます増大する一連のさまざまな付加価値サービスの達成をも含むのである．

どんな会社でも，ある製品に対してマーケティングおよびロジスティクスの両方のチャネルに参加できるということは確かであることに注目しなければならない．卸売業，ディストリビューター，および小売業は一般的に物理的なハンドリング，保管，輸送をし，同時にマーケティングのフローに参加する．しかしながら，1つの会社が両方のチャネルに参加する必要性はないことも概念的に認識することは非常に大切である．

a. 分離の実際

図4-2は，カラーテレビの全体的流通チャネルが分離している場合を説明している．マーケティングとロジスティクスが正式に合流しているのは，製造業の工場と消費者の家庭におけるときだけである．3つの専門家がロジスティクスチャネルに参加している：営業トラック，営業倉庫および地域配送専門会社．さらに3つのロジスティクスオペレーションが製造業者によって行われている．テレビは，まず会社の工場倉庫に保管され，それから自家用トラックで輸送され，専門の中間業者がロジスティ

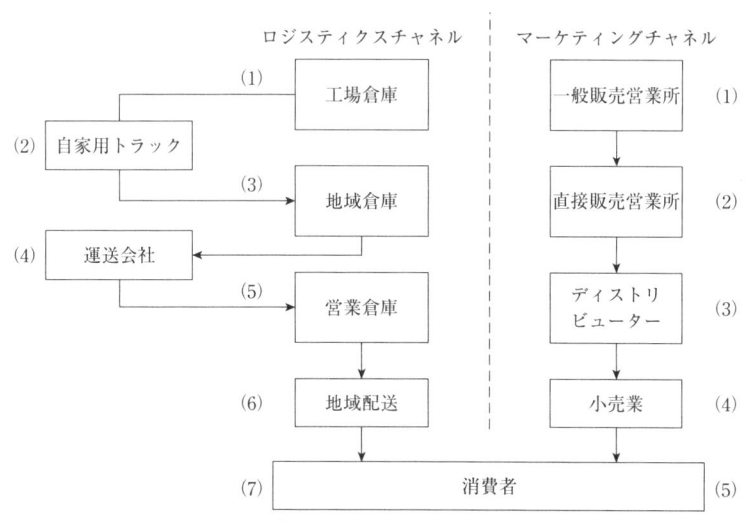

```
            ロジスティクスチャネル    マーケティングチャネル
                    ┌─────────┐      ┌──────────────┐
         (1)        │ 工場倉庫 │      │ 一般販売営業所 │  (1)
           ┌────────→└─────────┘      └──────────────┘
           │                                 ↓
    ┌──────────┐                      ┌──────────────┐
(2)│自家用トラック│                    │ 直接販売営業所 │  (2)
    └──────────┘                      └──────────────┘
           │ (3)    ┌─────────┐              ↓
           └────────→│ 地域倉庫 │      ┌──────────┐
                    └─────────┘      │ ディストリ │
    ┌──────────┐         ↓          │ ビューター │  (3)
(4)│ 運送会社 │←────────┘          └──────────┘
    └──────────┘                          ↓
           │ (5)    ┌─────────┐      ┌──────────┐
           └────────→│ 営業倉庫 │      │  小売業  │  (4)
                    └─────────┘      └──────────┘
                         ↓                  ↓
                    ┌─────────┐
            (6)     │ 地域配送 │
                    └─────────┘
                         ↓
              ┌────────────────────────┐
        (7)   │         消費者          │  (5)
              └────────────────────────┘
```

図 4-2　ロジスティクスとマーケティングの分離

クスチャネルに参加し始めるまで地域倉庫に保管される．

　マーケティングチャネルにおいては，ディストリビューターはテレビが製造業者の地域倉庫から出荷された時点から法律的な権利をもつ．小売業者は営業倉庫からテレビの配送を受ける．ロジスティクスプロセスが行われるあいだ，ディストリビューターは決して物理的にテレビを保管したり，ハンドリングしたり，あるいは輸送をしない．小売業がテレビセットを販売したときには，営業倉庫に保管されているディストリビューターの在庫から消費者の家庭に配送される．小売業者は店頭展示のための限定された在庫を保有するだけである．小売業者と消費者との販売交渉では，特定のテレビセットを直接消費者の家まで配達することが合意される．消費者の家庭への直接配送は，戦略的に配置された営業倉庫から行われるが，店頭販売の場所と製品の目的地までは何マイルも離れている．

　構造的な分離は，説明されたように，家具，家庭用器具およびテレビセットのような幅広い産業界で共通して行われている．これらの取引では，オプション，モデルおよび色についての製品種類に幅があるので，小売業者はフルレンジ（全種類）の製品を在庫することはできない．その代わりに，在庫を展示品に限定し，顧客のために色見本やオプションの本を手元においておく．ロジスティクスの専門性は配送コストを下げマーケティングを効果的にするという利益をもたらすのである．

　もう1つの例は，在庫をもたない工場の出先の営業所である．営業所の唯一の目的は所有権取引を促進することである．販売者と購入者の物理的な製品の交換は，出荷品の価値，サイズ，容積，重量および脆弱性に応じていろいろな保管と輸送の組合せを考慮して移動される．一般的に支店と同じ場所に倉庫および在庫を配置する経済的な理由はない．営業支店のネットワークは，マーケティングのインパクトを最大限に

するようにデザインされる．ロジスティクス構造は，必要とされる配送と経済性を達成できるようにデザインされるのである．

分離の最後の例として，急速に成長している通信販売業がある．電話，ローカルなカタログデスクあるいはインターネットで注文した場合は，通常，工場や流通倉庫から直接購入者の家へ配送される．ダイレクト・マーケティングシステムは分離を促進し分離の利点を実現する．

b. マーケティングおよびロジスティクスの相互依存性

この本ではロジスティクスの流れに重点がおかれているが，マーケティングおよびロジスティクスの分離を，どちらかが独立して存在していると考えてはならない．1つの会社で，すべてのマーケティングおよびロジスティクスの必要条件を内部でまかなうことができるかもしれない．オペレーション的にどの程度分離するかは，サービスプロバイダーがいるかいないか，規模の経済性，資源およびマネジメントの能力による．分離する利点は，内部の組織単位を外部の専門家と機能的に分離することである．所有権の移転という観点からは，顧客価値の創出プロセスは，ロジスティクスの役目が完全に果たされるまでは完了しないのである．その移転に製品が伴う場合には，ロジスティクスのオペレーションは，販売を予期して始まったり，販売時点と同期化したり，あるいは販売以後も続くであろう．時間，場所および引渡し条件に関するロジスティクスの成果は，売買交渉での取決めに合致していなければならない．

4-2 マーケット流通戦略の開発

マーケティングチャネルは経営戦略のうちでもっとも理解しにくい領域の1つである．サプライチェーンの戦略を開発する場合に，チャネルの仕組みの多様性と複雑性のために，マネジャーたちが直面する困難な挑戦的問題を概括的に記述することは難しい．マーケティングチャネルは均一の次元をもっていないし，また単純な記述ではわからないことがよくある．いくつかのチャネルは直接的で，製造業者あるいはある産物の生産者たちを直接消費者に結びつける．ほかのチャネルでは，何回も所有権の移転を伴う多くの仲介業者が存在する．問題を複雑にしているのは，ほとんど多くの会社が複数のチャネルに参入しているからである．なぜならば，かれらは多くの異なる市場セグメントに参加するためにもっとも効果的な手段を追求し，そして選択したこれらセグメントの必要性に対応しているからである．

4-2-1 流通構造

図4-3はマーケティングプロセスを完結するために必要な一般的なチャネル構造を示している．単純化することは間違いにつながるけれども，それは全体プロセスに関与している主要な制度機関の種類を説明することに役立つ．製造業は主として製品をつくることに従事する．かれらは創造者として，伝統的にチャネルの編成の創始者とみなされ，チャネルを論ずるときの基点を占めた．しかしながら，包括的なチャネル研究には，製造業の視点より以上のものが含まれなければならない．そうしなければ卸売業および小売業の立場を受身的な制度機関として位置づけてしまうだろう．

多くのチャネルの状態において，小売業および卸売業は，全体的な流通プロセスが

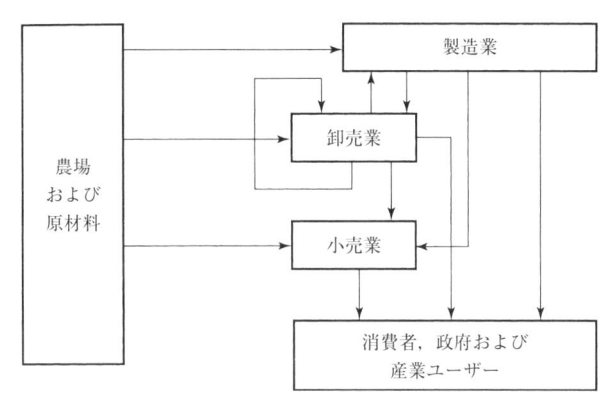

図 4-3　流通の一般的チャネル

いかに組織化されどのような管理が行われるかを決定するうえで強力で支配的な力をもつ．小売業は最終消費者にもっとも近い制度機関として，チャネルの業績に非常に重要である．卸売業のプロセスはみえにくいが，多くの製造業と小売業の多くの活動をまとめたり，調整したりする役割は無視することはできない．多くの種類のチャネル参加者の役割を理解することは，マーケット戦略を開発するうえで決定的に重要である．

a. チャネルの参加者

第一次のチャネル参加者は付加価値流通プロセスにおいてリスクを負う企業である．それぞれのビジネスタイプの基本的性格をつぎに検討する．それは 37 万 5 千の製造業，45 万の卸売業および 110 万の小売業以上を包含する経済的組織の流通の仕組みについての範囲，規模および複雑性を説明しようとするのが目的である[4]．

製造業：材料および部品を混合あるいは組み立てて製品にするプロセスを通常**製造**あるいは**生産**と称する．製造会社は非常に目につくチャネルの参加者である．なぜならば製品をつくり出すことによって形態の効用を提供するので流通プロセス全体の大きな関心を集めるからである．

製造業は製品をつくり出すことによって多大のリスクを負担する．たとえば General Motors, Ford および DaimlerChrysler は新しいスタイル，新しいオプションおよび改良車種の開発，テストおよび発売に何百万ドルという投資をする．信頼できる製造業者は，自分たちの製品の品質および製品を顧客が最終的に受け入れてくれることに対して完全な責任をもつ．もっとも目につく製造業は自動車，電気製品，食品，医薬品，衣料品などの消費者用製品を生産する会社である．大量消費のために大量生産されたこれらの製品は，大々的に宣伝・広告されているので消費者の認知度が非常に高い．しかし実際的にはこれらの会社は，製造に従事するすべての会社のほんのわずかのパーセンテージしか占めていない．製造会社の大半は部品，半組立品あるいはほかの会社へ販売する材料を生産している．このようなビジネス対ビジネス（B2B）マーケティングは，最終製品の製造および流通の全体の遂行に欠かせないも

のである．流通プロセス全体における製造業におけるリスクの範囲は大きいが，一方でそれは当該業者が生産する製品に限定されているということに注意すべきである．それぞれの特定の製造業者の製品は，ほかの主要メンバーである卸売業および小売業が取り扱う製品の割合に比し，一般的にはわずかしかない．

　卸売業：おそらくもっとも理解されにくく，またみえにくいチャネル参加者は**卸売業**である．卸売業は主として製造業から商品を購入し，小売業，資材のユーザーあるいは企業のユーザーに再販している企業である．かれらはまた会社に対して商品を購入したりあるいは販売したりする代理人として行動している．1977年に米国では45万の卸売業が存在して2兆ドルをこえる総売上高を上げていた．

　卸売業の基本的な仕事は，ほかのチャネルメンバーのためにコストおよびリスクを削減するようなやり方で品揃えを専門にすることである．製造業および小売業の部門で合併，吸収および継続的な集中化があったので，長年のあいだ多くの産業界で卸売業の経済的な存在理由はなくなったと考えられてきた．それにもかかわらず多くの産業界で卸売という仕事は繁栄し続けている．Super Valu, True Value, Sysco, McKesson, Graingerおよびほかの多くが多数の製造業および小売業のために品揃えプロセスの専門性を革新して，かれらの存続能力を維持している．それができるのは，かれらが顧客の必要条件を満足させるべく，リクス，仕事の重複および取引回数を減らすことに成功しているからである．たとえばいくつかの卸売業およびその子会社は，いくつかの製品種類をまとめて，栄養食品とすべての健康食品がワンストップで買えるよう小売業の顧客のためのプログラムを開発した．

　小売業：**小売**とは，消費者が自分自身が使用し便益を得るための商品およびサービスを販売するビジネスのことである．1997年において110万の小売業者がいて，その総売上高は3兆8千億ドルであった．Wal★Mart, Kroger, Toys R UsおよびThe Limitedのような規模と範囲の大きな会社組織から，個人の所有と経営の小規模店舗にいたるまで，小売業は消費者にもっとも目につくチャネル参加者である．かれらは目標とする消費者に正しい製品を，正しい場所に，正しいときに，正しい数量を，正しい価格で提供するために必要な機能をまとめる役割を果たす．これらのいろいろな「正しさ」を提供するために，個々の小売業がとっている戦略は大きく違う．マスマーチャンダイジングをはじめとして，ディスカウンティング，スーパースペシャリティ，特別サービスおよびそのほか多くの範囲がある．事実，小売は各社が消費者に訴求しそしてサービスする方法を追求するので，絶えず変化するダイナミックな産業である．

　ロジスティクスのオペレーションにもっとも関係のある小売戦略の構成要素は，製品の品揃えである．小売業の製品計画への投資とそれによって生ずる在庫のリスクは多大なものである．小売業が抱える製品の種類の多様性は，目標とする顧客を満足させようとするニーズと要求によって決められる．また小売業は，消費者に提供されるいろいろなブランド，色，サイズ，スタイルなどに関する製品の品揃えの深さについての意思決定をする．ファッションおよび品質レベルに関する意思決定と併せて考慮すべき要因は，供給先と自分たちのサプライチェーン戦略にどの流通チャネルを含め

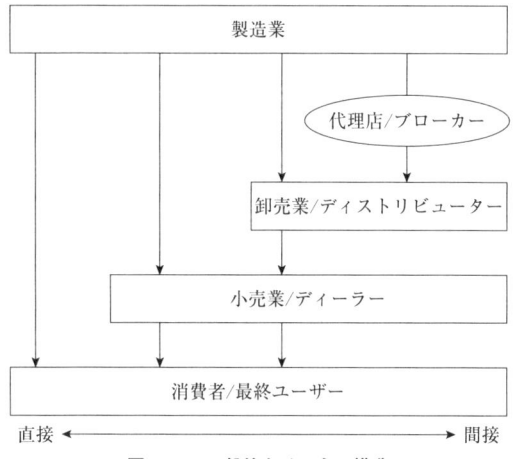

```
           製造業
            │
            │   代理店/ブローカー
            │      │
            ▼      ▼
       卸売業/ディストリビューター
            │
            ▼
         小売業/ディーラー
            │
            ▼
       消費者/最終ユーザー
   直接 ←──────────────→ 間接
```

図 4-4　一般的なチャネル構造

るべきかである．このようにして，Wal★Martがいかに巨大であっても，可能性のあるあらゆるサプライヤーによるサプライチェーンの参加者とはならない．Wal★Martのみならず，実際は，すべての小売業が目標とする消費者に効果的かつ効率的にサービスを提供できるようなサプライチェーン関係性を注意深く練り上げなければならない．

b.「直接」対「間接」の構造

図 4-4 はある特定の消費者セグメントの要求に対応するために利用できると思われるチャネル構造の広がりを示している．一番左側は製造業から消費者まで仲介業を含まない直接的な流れであり，一番右側は卸売エージェント，卸売業者および小売業までの流れを含んでいる．仲介業を全然あるいはほとんど含まないのがよいのか，あるいはいくつかの異なる仲介業を含む間接的であるべきなのか？　「直接的」対「間接的」構造という考えは根本的な戦略的意思決定を表している．

この章の冒頭で流通の中間段階に関する経済性について説明した．しかしながらこの議論は間接的流通がつねに適切なソリューションであるという意味で解釈されてはならない．また間接さの程度はどのくらいがよいのかという疑問が残る．どれが適切な戦略的な選択なのか？　単純な答えはないが，おもな決定要因は消費者あるいは最終ユーザーの必要条件にある．第3章で論じた最終消費者の必要条件を思い起こしてもらいたいが，それらはロットサイズ，品種の取揃え，場所の便利さ，待ち時間および情報である．一般的なルールとしては，これらのアウトプットに対する最終消費者の要求が増大するほど，流通構造に対する要求は中間業者を含むことが多くなるであろう．いくつかの例でこの点について説明することができる．

インドネシアおよびほかの発展途上国では，低所得者層の消費者は街頭の販売店で煙草を1本ずつ買うが，街頭の販売店は卸売業者から1箱ずつ購入し，卸売業者は地域卸売業者から1カートン単位で買い入れるのがよくみられる姿である．なぜならば

消費者はできるだけ小さな単位で購入したいので、流通構造は中間的レベルを必要とする。消費チャネルへの製造業の直接参入は実際的でない。しかしながら、もし消費者がケース単位で大量に購入したいのであれば、もっと多くの直接構造がとられるであろう。

おそらくもっと包括的な例で、チャネル構造のドライバーとしての最終消費者の性格が説明できるであろう。パーソナルコンピュータ業界では、Dell Computer が 1980 年代に消費者への直接流通の製造業者としての先駆者となった。ほかの PC メーカーはより間接的な構造を用いていたし、またほとんどが依然として間接的であった。Dell Computer のチャネルは、特別のタイプの消費者にうまく適応している。あるコンピュータを買おうとし、そのコンピュータの受取りを待つことをいとわない、いくつかの異なるブランドから選ぼうとはしないし、またすべての技術的品質を賢く特定する十分な知識を備えている消費者は、直接チャネルで十分満足できるのである。しかし多くのほかの消費者は、何日も待つことはできないし、個人的に十分な知識をもち合わせないし、あるいは仕様、品質および価格を比較するために何種類かのブランドおよびモデルをみたいと思うのである。これらのニーズは、Dell が採用している直接的構造ではなく、少なくとも小売業の仲介を含めた構造によってのみ満足されうる。

PC 産業が採用している多くの異なるチャネル構造を考察すると、最終消費者および最終ユーザーに提供されるサービス必要条件において、それぞれの構造がいかに違っているかということをよく考えてみる価値がある。たとえば Gateway は Dell と似た構造をもっているが、重要な違いがある：その構造は小売レベルを含んでいる。特定の市場には Gateway Country と称する店があり、そこに潜在的顧客が訪れ、みて試して Gateway のコンピュータについて学ぶことができる。顧客はその店でコンピュータを買うこともできるが、できないのは自宅にもって帰れないことである。配達されるのを待たなければならない。Gateway がそのチャネル構造に小売の仲介を含める利点は何であろうか？　答えは数多くの顧客の必要性——必要とする情報——を満足させることができるという事実である。多くの顧客は電話やインターネットによってコンピュータを賢く選ぶ十分な知識をもち合わせていないと感じるかもしれない。Gateway は、このような必要な情報に対して Gateway Country の小売店で対応しようとしているのである[5]。

c. 市場のカバレッジ

チャネル構造という概念に関して、市場をどの程度カバーするかについての意思決定の問題がある。市場のカバレッジは、現在および潜在的な顧客のニーズに十分対応できるように、どの特定の地域の店にどの程度集中するかの選択についての意思決定である。とくに市場のカバレッジは、顧客に対する場所的な利便性を与えることにももっとも直接的に関係している。3つの基本的な市場のカバレッジの選択がある：(1) 集中的流通、(2) 選択的流通、(3) 独占的流通である。

集中的流通：1つの製品をできるだけ多くの店および場所に配置することを**集中的流通**という。消費者が頻繁に購入し、買い物にかける労力を最小にするには、場所的

な利便性を購買の必要条件とするのは一般的に当然なことである．ソフトドリンク，アメ，新聞，ガソリンおよびアスピリンのような製品は，まさに集中的流通のいくつかの代表的な消費用製品である．保守用品，修理用品，および消耗品（maintenance, repair, and operating supplies: MRO），事務用品，およびそのほかの産業アイテムのような最終ユーザーアイテムも集中的流通該当するだろう．

　表面的にはすべての製品およびブランドにとって集中的流通がもっとも妥当な選択のようにみえる．けっきょく製品を多くの場所で取得可能にすることが最終消費者の利便性を増やし，したがって潜在的売上を増加する．しかし考えてみよう．集中的流通を利用しようと意思決定したならば，ソニーのような製造業に何が起こるであろうか？　ソニーはすべての量販店，安売店，たぶんドラッグストア，および電化製品をよく販売するスーパーマーケットまでを含めて，テレビのための捌け口の店の数と種類を拡張するかもしれない．店の数が増えるにしたがって，ソニーは短期的には市場でのシェアを増やすだろうが，いくつかの逆効果が予想されるだろう．いくつかの小売店は消費者をひきつけるために，非常に安い価格でテレビを売るようになるだろう．このことは，逆にほかの店はソニーの流通チャネルに参加することを考え直すようにするだろう．いくつかの小売店は修理と保証に必要なレベルのアフターセールサービスを提供できないので，サービス施設をきちんと抱えている店に悪影響を与えてしまうだろう．するといままでソニーを喜んで顧客に勧めていたディーラーは，それを嫌がるようになる．その結果またソニーは宣伝のようなマーケティング機能に，より力を注がざるを得なくなるだろう．この議論は，もちろん，推測的なものであるが，集中的流通がすべての製品にとって正しい選択ではないことを示すものである．

　選択的流通：ある製品あるいはブランドを，特定の地理的な場所のなかでより限定された数の店舗へ投入することを**選択的流通**という．もちろん，ほとんど集中的流通といえるものから，ほとんど独占的流通といえるまでの範囲にわたる多くの選択の程度があるだろう．また，その選択の動機となる第一の要因は，顧客が時間と努力を費やしてでもその製品を手に入れるための場所的利便性と顧客の意欲との兼ね合いであろう．事実ソニーのテレビは，選択的流通によって，ほとんどの電気器具店およびそのほかの店舗で手に入れることができ，そのことが品質のイメージを高めそしてブランドレベルを高めることに役立っている．

　独占的流通：集中的流通の正反対にあるのは**独占的流通**であり，1つのブランドをただ1つの地域にある1つの店舗に投入することである．それは，消費者あるいは最終ユーザーが喜んで多大な努力をはらい，しかも場所的な便利性をほとんど気にしない場合にとられる策である．それは会社がRolexの時計のような高い品質イメージを企画したり，あるいは非常に高いレベルの再販業者のサービス支援が必要な場合に用いられる．このように，建設および農業機械，家具，デザイナーファッション衣料，および類似の製品のいくつかのブランドに対して独占的流通が用いられる．

　あるいくつかの種類の製品は，特定の市場カバレッジを選択することに適しているようにみえるが，一般的にこのように考えるのは誤解を招くだろう．それは，会社がどの顧客にサービスを提供しようと意図しているのか，また特定の顧客セグメントあ

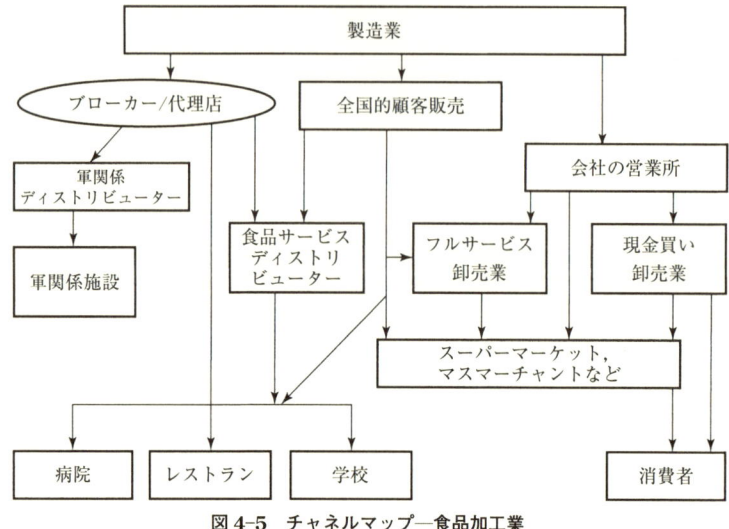

図4-5 チャネルマップ—食品加工業

るいは個人顧客では，かれらのサービス要求が違うのであることを再度強調しなければならない．アメのような同じ製品種類でも競争会社によって異なる選択がとられてきている．たとえば，Lifesaver mints は集中的流通である．他方 Altoids はより選択的流通である．Godiva は，実際上は独占的店舗でのみ買える．最後に市場カバレッジとチャネル構造は密接に関係していることに注意すべきである．集中流通は一般的に複数の仲介業者を含む間接的構造を必要とするが，選択度および独占度が高い流通は，より直接的構造を通じて行われる．

4-2-2 市場流通チャネルのデザインプロセス

上記の構造および流通カバレッジの議論において，市場流通戦略を開発する場合，最終ユーザーの必要条件を理解する必要性を強調した．2つの意味のある支援ツールがあり，それはチャネルマッピングとデザインプロセスに対するマトリックスアプローチである．それぞれについて以下に説明をする．

a. チャネルマッピング

図4-5は最初のツールであるチャネルマッピングの例である．チャネルマップはもともとはある特定の会社で利用されているチャネルのフロー図である．それはある会社が，いかに市場へ進出していくかについて，組織内部での注意深い研究と多くの幹部との議論を通じて開発されたものである．それは信じ難いことのようであるが，そのような研究は重要なステップである．なぜならばほとんどの場合，非常に少数の人しか自分たちが利用している流通チャネルを包括的に理解していないからである．

マッピングの目的は現在のプロセスに洞察を与え，そして変化に対する青写真を描くことである．チャネルデザインを変えようとしたり，あるいは変更が適切かどうかを決定する前に，現在のプロセスについて十分な理解が必要である．新しい会社ある

いは新しい製品に対して最初からデザインをする場合でさえも，産業および主要な競争者をマッピングすることは役に立つ．

　チャネルマップを開発するには，目的とする市場セグメントの明確な図解をすることから始まる．図4-5は食品製造業の流通チャネルを単純化したマップである．3つの異なるマーケットセグメントが識別される；(1) 一般消費者用，(2) 公共施設用および (3) 軍関係給食用である．これらのそれぞれのカテゴリーのなかを，より細かく異なるサブセグメントを描くことによって，もっと包括的マップが描くことができるだろうが，結果としては必要以上に複雑さを増してしまうことになるだろう．それではマッピングプロセスは，流通の必要条件にサービスを提供できるどんな能力のあるチャネル参加者が，どの市場でサービスを提供しているかを識別することから後退してしまう．チャネルマッピングは図解をつくることで終わるものではない．マップ上のそれぞれのリンクに関する活動量の仕様をも含むのである．たとえば全体量の何パーセントが軍隊，公共施設および消費者へいくのかである．またそれぞれのリンクでチャネル参加者が果たしている特定の機能と活動は何か，取引の経済的な特徴は何かがわかるように詳しく調査すべきである．たとえば各リンクに関する価格，費用および利幅についてである．

　マッピングプロセスの1つの成果として，潜在的に存在する仕事の重複，機能の無駄，および/あるいは移行できる領域を正確に指摘できることである．そのことによってどんな近道が可能なのかというような質問を発するために使われる「ロードマップ」(道路地図) が提供されることになる．たとえば図4-5に示されている食品加工業者は卸売仲介の活動間で重複を排除するか，あるいは少なくとも減らすというような方法で，機能的仕事を調整できるかということである．またそれは，それぞれのチャネルの階層における機能的仕事を理解したり，また適切な財務的な意味に関する問題を取り上げるための仕組みを提供してくれる．たとえば機能的な仕事と活動量が同じならば，ブローカーと完全な機能的卸売業者とのあいだにおけるコストと利幅は正当であるのか？　あるいは何らかの再調整によって，より効果的で効率的なデザインが可能にならないのか？

　チャネルマップはそれ自体でこのような質問に答えを与えてはくれない．しかしながら，戦略および戦術におけるデザインの間違いおよび変革の可能性への洞察を与え

表4-2　マトリクスアプローチ

関係者	需要生成タスク				
	顧客発掘	顧客絞込み	前売込み	販売成約	販売後のサービス
直接販売			大ロット	大ロット	大ロット
テレマーケティング		全顧客			全顧客
ダイレクトメール	全顧客				
ディストリビューター			小ロット	小ロット	小ロット

(出典：Rowland T. Moriarty and Ursala Maran, "Managing Hybrid Marketing Systems." *Harvard Business Reviw*, November/December 1990, p.151.)

てくれる．究極的にはこのようなマップは，現存するチャネルのどの面がうまくいっているか，どれがうまくいってないのかについて理解を深めるのを助けてくれる．

b. マトリクスアプローチ

チャネルデザインで第二に使われているツールは，簡単でしかも効果的なマトリクスアプローチである[6]．ほとんどの会社はいくつかの顧客および最終ユーザーのセグメントにサービスを提供しているので，これらのセグメントのそれぞれに，できるだけ効率的かつ効果的にサービスを提供する必要がある．マトリクスアプローチはこの章の初めに述べた分離の概念を広げて，目的を達成するためにもっとも適切な参加者と構造は何かに対する洞察を与えてくれる．事実マトリクスアプローチは，この章の初めに述べたチャネルの分離とマーケティング機能の概念に基づいている．

チャネル分離の拡大：マーケティングチャネルとロジスティクスチャネルは異なる会社で担当してもよいし，いかなる会社も必ずしも両方のチャネルに参加しなければならない理由はない．マトリクスデザイン・アプローチはこの考えを押し進めて，それぞれの機能はさらに特定の個々の活動に細かく分割され得るということを示唆している．それぞれの活動は，異なるチャネル参加者によっても行われてもよいのである．わかりやすいように，販売機能とそれに関係する活動を考えてみよう．同じアプローチがほかの機能に対しても使用できることをよく覚えてもらいたい．

表4-2は仮定上の会社の販売機能のマトリクスデザインを示している．上部を横に販売のタスクの特定の活動がそれぞれ記載されている；売込み，売上の増進，販売前，販売時点および販売後のサービス提供．マトリクスの縦はそれぞれの必要な活動を遂行する代替的な方法で，あるものは内部であるものは外部で行う．この例のマトリクスでは，4つの代替的方法が考慮されている．(1) 直接販売部隊，(1) テレマーケティング，(3) ダイレクトメール，(4) ディストリビューターである．

参加者に適した活動：マトリクスデザイン・プロセスのコツは，特定の顧客セグメントに対する活動をチャネルの参加者にいかに効率的かつ効果的に任せるかにある．ある仮定上の例を使ってこのプロセスを説明することにする．

会社が2つのセグメントを目標にサービスを提供しようすると仮定しよう．1つのセグメントは，大量ロットで購入する顧客であり，ほかの顧客は少量ロットの顧客である．この仮定上の例では，少量ロット購入の顧客に対して，直接販売部隊を使って売込みあるいは売上増加を期待することはコスト的に効率的ではないだろう．売込みの仕事はダイレクトメールに，売上増進はテレマーケティングに任せたほうがよいだろう．すべての見込客は，これらの2つの仕事に対して2つのセグメントに該当する．顧客に対する販売が期待できるならば，大量ロットの顧客に対する商談および契約は直接販売部隊に任せられる．少量ロット顧客に対してはこれらの仕事はディストリビューターに任せる．販売後のサービスでは，いくつかのサービス活動はテレマーケティングによって達成されるが，ほかのどの活動も直接販売あるいはディストリビューターの参加を必要とするだろう．

流通チャネルデザインの最後にくるのは，どの活動がどのタスクの達成にもっとも効果的に顧客の要求に応えられるかを考慮することである．われわれの簡単な例で

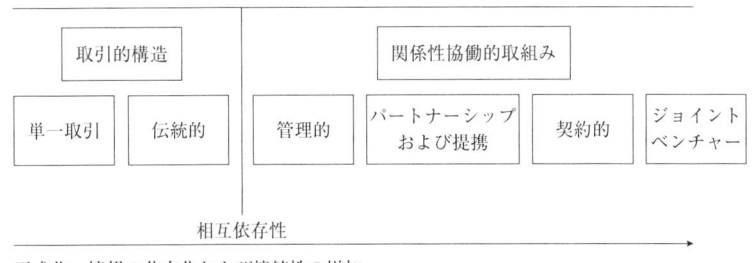

```
┌─────────────────┬────────────────────────────────────────┐
│   取引的構造    │         関係性協働的取組み             │
├──────┬──────────┼────────┬──────────────┬──────┬─────────┤
│単一取引│ 伝統的 │ 管理的 │パートナーシップ│契約的│ジョイント│
│       │        │        │および提携     │      │ベンチャー│
└──────┴──────────┴────────┴──────────────┴──────┴─────────┘
                        相互依存性
                                                    ──────▶
正式化,情報の共有化および接続性の増加
```

図 4-6 相互依存性の認識に基づくチャネル関係性の分類

は,2つの重要な点が明らかである.第一に,1つのチャネルでは1つの機能を果たすために必要なすべての活動を遂行することはできない.テレマーケティングは,販売見込みと販売後のサービス活動のみに使われることに注意すべきである.第二に,いかなる市場セグメントに対して,いかなる活動も,いかなる特定のチャネルメンバーによっても完全に遂行されなければならないということはない.直接販売部隊とディストリビューターチャネルは,かれらの特定セグメントに関連した活動だけを遂行するのである.

4-2-3 チャネルの関係性

この章を通じて,機能および活動が専門化されると,チャネル構造は一般的に独立した会社間での取組みを必要とするようになることを強調してきた.それぞれの会社はマーケットプレースで成功するために他の会社に依存するようになる.依存性という概念は,流通で観察される行動上の関係性の種類を理解するために役に立つフレームワークを提供してくれる.もっとも閉鎖的なものからもっとも開放的な3つのチャネルの分類が識別される:(1) 単独取引チャネル,(2) 伝統的チャネル,(3) 関係性協働的取組み(RCAs : relational collaborative arrangements)である.本当のサプライチェーンの取組みはRCAsのかたちとして特徴づけられる.

チャネルに参加する形式は,その参加者による異なるコミットメントの程度を反映している.図4-6は,明確に認識された相互依存性に基づいた協働的取決めを図解したものである.この分類は取引的な構造と関係的構造との違いを示している.取引的な仕組みにおいては,ほとんどあるいはまったく相互依存性についての認識はない.売買を支配する法律と義務が,所有権の移転に対しては単なる機能として働いているだけである.参加者はお互いに何ら責任を感じない.しかし関係性のチャネルにおいては,参加者は相互依存性を認識し,お互いに確約し実行することを感じている.すべてのタイプのチャネルにはロジスティクスが必要であるが,関係性として分類されたものは,サプライチェーンの制度を発展させるうえでもっとも大きな機会をもっているのである.

摩擦を減らし,重複とムダを避け,そして共通の問題を協調して解決するために,関係性をうまく管理することがサプライマネジメントの本当の本質なのである.

a. 単一取引チャネル

非常に多くの取引は，交換が1回の出来事だろうという予期の下に商談を行う．単独取引の例は不動産の販売，株式および債券の所有権の移転およびプロセスプラントや重機械のような耐久設備の購買である．

単一取引チャネルの契約は，関係性マネジメントという点からは重要ではないが，多くの仕事が関係しているという点からは重要である．契約どおりに納入を完全にこなすことは，しばしば技術的な問題があり難しい．印刷プレスのような非常に大きな機械の移動には，通常特別の許可が必要であり，年間の特定の日および時間の制約がある．ある状況下ではその製品の大きさや重量を運ぶのに特別の輸送および機材が必要である．もし会社がおもに単一取引だけをするならば，ロジスティクスの成果はクリティカルであり，全体の作業のうちで多大のコストを占めてしまうのがふつうである．引き続き買ってくれる顧客との取引パターンを開発できなければ，それぞれのロジスティクスの仕事は個別の出来事とならざるを得ない．たとえロジスティクス活動が支障なく行われ，すべての関係者が非常に満足したとしても，反復取引はほとんど見込めそうもない．

b. 伝統的チャネル

伝統的なチャネルは，将来あるいは継続的な取引を考えずに，必要に応じて製品を売買するという緩やかな取組み，あるいは関係としてもっともよくみられる．取引のタイミングと程度についての主要な決定要因は売値である．

伝統的チャネルに関与する会社は，自分自身の基本的な商売の使命を果たすのに必要なサービスを提供するための能力を開発している．かれらはお互いに忠誠心も，またサプライチェーンを協力して効率的に改善しようとする動機ももっていない．

伝統的取引における活動は，取引対取引ベースで行われる．典型的取引は価格支配的で，自己と他人いう態度で敵対的である．換言すると，関係する会社は決まった長期的な関係性をつくり上げない；どちらの相手も望むときには何時でも退出が自由である．よりよい取引がやってくるまでは取引は起こらない．事実1年以内に数回もお互いに取引を始めたり止めたりすることが通常である．伝統的チャネルに関して，2つの重要な点がある．第一にそれらは単に取引量が多いというだけで，全体ビジネスの重要な部分である．第二に会社は取引相手とのシナジー効果を開発しないで，自立性を好んで，協力という美点によって効率性を得ることを犠牲にしてしまっている．

c. 関係性協働的取組み

RCAsのきわだった特徴は，参加企業が相互依存性を認識し企業の優越性を達成するために協力して共同の利益を開発することである．このようなシステムに参加するには，それぞれのチャネルメンバーは意欲的に特定の義務を果たさなければならない．このようにして，サプライチェーンの関係性マネジメントの特徴が，RCAsのいろいろな形式のなかに現れてくる．

RCAsの全体的な関係は，一般的に指揮者として認められた会社によってオーケストラのように編成される．指揮者は，そのチャネルにおいてしばしば市場占有率，規模あるいは技術的スキルにおいても支配的な会社である．一般的にリーダーシップを

発揮する会社は，その仕組みにおいてもっとも大きな相対的な力をもっている．

相互依存性を認識することは，RCAs の仕組みにおいて一致した力となるが，それはまた軋轢を生む．マネジャーは自分たちの会社が，利益について公正な分け前を得ていない，あるいは不必要な危険な地位におかれていると感じることがある．潜在的あるは現実の軋轢が大きくなると，チャネルの強固さを維持するために軋轢は解決されなければならない．RCAs が安定であるためには，リーダーは全体チャネルの長期的利益という点から，軋轢状態を解決しなければならない．最後に RCAs は相当長い期間存在することが期待されるので，リーダーは将来のビジョンを示し，共同計画を促進し，競争優位性の維持に必要なマネジメントに変えていかなければならない．

広い意味では，2つあるいはそれ以上の会社を含むすべてのチャネルシステムには関係性の構造がある．関係性が共同の目標を達成するべく管理され，そして参加する会社がお互いにそのような義務を感じた場合には，関係性はサプライチェーンとなる．4つのかたちの RCAs が一般的である；(1) 管理されたシステム，(2) パートナーシップおよび提携，(3) 契約システム，および (4) 共同事業である．仕組みが，管理されたシステムから共同事業へと進むにつれて相互依存性は増加すると思われる．

管理されたシステム：もっとも正式なかたちをもたない RCAs は**管理されたシステム**である．管理されたシステムの興味ある特徴は，一般的に参加者の間に形式的なあるいは相互依存性の表明がないことである．通常もっとも有力な会社がリーダーシップの責任を担い，取引相手およびサービス提供者の協力を求める．管理されたシステムにおいては，伝統的なチャネルの仕組みとの境界線上にあるけれども，すべての独立会社はもしともに仕事をしてリーダーに従うならば，うまくいくだろうというお互いの諒解に導かれているようだ．

リーダーの責任としては，それぞれのチャネルの参加者の共栄が考慮されるように意思決定がされることが非常に大切である．すべてのメンバーは関係性を公平で釣り合いのとれたものとして考えなければならない．オペレーションが安定するか否かは，従来の典型的なチャネルにみられる単なる敵対的でギブアンドテイクの交渉とは反対に，リーダーが報酬を分かち合うということによる．啓発的なリーダーシップによって，管理されたシステムは長い期間にわたり維持されることができる．リーダーシップを発揮できる会社は，いかなるチャネルのレベルでもみられるが；しかしながら，もっとも多い例は支配的な小売業である．

多くの会社は，チャネルにおいて協働することの利益に気がついているが，管理下での取決めの特徴である公式化がないことに不安を感じている．このような状況下で，Wal★Mart と Procter&Gamble（P&G）のような2,3の比較的力のある会社はもっと緊密に協働したいが，より構造的な関係性を高める必要性を感じている．このような公式化が起これば，相互依存的関係性は広く認識され，そして参加会社はパートナーシップと提携を形成する．

パートナーシップ（共同/協力）および提携： 会社が，管理されたシステムで通常みられるコミットメントよりも，もっと明瞭で長期的なコミットメントを望む場合に

は，関係性を公式化しようとするだろう．一般的には法律にとらわれないパートナーシップを形成し，時が経つにつれて提携へと関係性を深めていく．このような取組みのなかで，会社は自身のオペレーションの自主性の一部を放棄して，共同して特定の目標を追及するように努力する．この取組みは相当長期間にわたって功を奏すると期待できる．

　非常に多くの会社の取組みは，参加会社によって**パートナーシップ**といわれている．管理されたシステムと同様に，パートナーシップの関係性は相互依存性としては弱い方に属する．しかし会社が相互依存性を認識すると，パートナーシップを拒否する態度は最低となる．換言すれば，忠誠心の程度が高まれば，ほかのあらゆることが満足できるかぎり，くり返されるビジネス取引は固く結ばれるようになる．取組みに対するコミットメントだけでは，基本的なビジネスの方法および手続きを修正しようとする意欲に欠ける．しかしながら，本当のパートナーシップには，管理されたシステムよりはるかに大きな相互依存性へのコミットメントが反映されている．少なくとも，このようなパートナーシップは一般的に差異をつくり出そうする態度と，なかんずく情報共有のレベルを高め，協働への明確な意欲のうえに構築されるのである．多くの育ったばかりのパートナーシップの結びつきが弱くて，異なる意見を本当に解決できる能力がないと，パートナーシップを壊してしまう．このような軋轢の典型的な例は，しばしば価格の上昇をもたらす．もし1社がサプライヤーからの値上げ要求に対して，取引を公開入札にするならば，パートナーシップの取組みの品質は疑わしい．本当のパートナーシップの取組みは，問題解決というかたちでのルーチンを調整する方法である．もしこのような組織相互間での一致が存在するなら，パートナーシップは提携に向かって進むだろう．

　提携の本質的特徴は，参加者が基本的な取引のやり方を修正しようとする意欲である．もしマネジャーたちがベストプラクティスの修正をすることによって全体ビジネスの取組みが利益を受けることがわかり，そして喜んで変化するならば関係性は本当に提携となる．提携の背景にある動機はビジネスにおける単なる固い結びつきではない．くり返されるビジネスは重要であるが，ベストプラクティスの重要性は重複，無駄を減らし，共同の効率性を促進することを狙うことである．「本質的に，提携の目標は参加会社の資源を協力して結合することにより，チャネルのパフォーマンス，品質および競争力を改善することである」．このような協力には，情報共有および問題解決が必要である．期待できることは，すべての参加者にウィン-ウィンの結果をもたらすことである．サプライチェーンとしてもっとも頻繁にいわれるチャネル取組みは，このタイプのRCAsのタイプのかたちとして現れる．

　パートナーシップは比較的簡単にみつけられるが，本当の提携を識別することは難しい．ドラッグ，衣服，建築材料，マスマーチャンダイズおよび食品業界において高い評価を受けているいくつかの提携が最近全米中に報道されている．提携は，個々の会社が財務的に投資することなしに経済的および市場レバレッジを増大することができるので訴求力がある．それは協力という力である．提携のメンバーは，人的および財務的資源を集めてチャネルの仕組みの全体的な競争力を改善する．競争関係にある

Ford Motor Company と DaimlerChrysler と Exel Logistics のあいだでの独特のパートナーシップが形成されているが，それは自動車部品のディーラーへの流通において大きな効率性をもたらしている．

契約システム： その名前が意味するように，多くの会社がビジネスを正式契約の枠のなかで行おうとする．流通の関係性における契約合意のもっともふつうのかたちは，フランチャイズ，特約代理店，およびサービス専門家と顧客とのあいだの合意である．契約に対するコミットメントは，提携の特徴である純粋な自発的なフレームワークから関係性というものを取り除いてしまう．純粋な協力という代わりに，契約の仕組みは一連の法律的な義務を生じさせる．

多くの会社は，コミットメントを正式化することによって安定性が得られるので契約を望む．フランチャイズや特約代理店の場合には，正式な同意は，特定の地域におけるサービスあるいは製品の代理に関して権利と義務に関する保証となる．代理権を与えた会社はビジネスの特定のやり方が遵守され，必要とする最低購入量が守られることが保証される．フランチャイズおよび特約代理店制度は，自動車およびファーストフード産業でのマーケティング構造にもっとも共通している．

多くの契約の仕組みは，流通を完成するためにロジスティクス活動の成果をよくすることにとくに意を注いでいる．たとえば，RCAs 契約のもっとも通常の形式は輸送の請負である．荷主と輸送会社間のもっとも通常の契約は，期待されるレベルのパフォーマンスを特定し，そのサービスに対して支払われる料金あるいは料率を設定する．典型的な例は，輸送会社が荷主に対してあらかじめ決められた量の決められた機材を定期的に供給することに同意することである．荷主はその代わりに，輸送会社が効率的なスムースな定期輸送のための引取りができるように積込みと機材の配置に協力することに同意するだろう．契約には当事者の義務と合意された価格が記載される．契約は多くのロジスティクスの取決めに欠くべからざる一部である．多くのロジスティクス関係性には広範な資本投資が必要であるから，参加会社の株主および銀行はリスクを明確にするために契約というやり方を望むのである．したがって自発的な関係性の仕組みのなかでも，ある程度の契約をするのがふつうである．

ジョイントベンチャー（共同事業）：いくつかの流通の仕組みにおいては，1社で開発するにはあまりにも資本集中的すぎる場合がある．したがって，2つあるいはそれ以上の会社が1つの仕組みに共同で投資することがある．もっとも厳密な意味でのジョイントベンチャーは，2つあるいはそれ以上の会社が経済的に共同して新しい経営主体をつくり出す．ゼロからのこのような出発は一般的ではないが，将来の発展に対する機会は存在する．

もっともよくみられるジョイントベンチャーのシナリオは，出荷者が完全にロジスティクスに必要な活動を——施設，設備機械および毎日の作業を含めて——サードパーティあるいは契約サービスプロバイダーから調達することである．この外部からの調達を進めることが，必然的に出荷者とサービス会社間でのジョイントベンチャーの設立となるのである．すべてのマネジメントグループが参加するようなビジネス関係性が樹立され，とくに広範な排他的取決めが必要とされる場合にはリスクが軽減され

る．

4-3 eコマースのマーケット流通へのインパクト

　おそらくいかなる問題も，世界中で爆発的に成長したeコマースほど多くの注目を集めたものはない．ほとんど毎日一般誌，経営誌および学術誌に，現在の取引量，将来に対する計画およびeコマースによりつくり出される変化について言及されている．多くの記事がいわゆるニューエコノミーについて，そしてオールドエコノミーに組込まれている会社が，いかにニューエコノミーのダイナミクスによって挑戦を受けたり，あるいは陳腐化されているか，おおいに注目している[7]．eコマースはファックス，および従来のEDI（electronic data interchange: 電子データ交換）を含めて多くの異なる形式があるが，最近の多くの議論は，インターネットとそれに関係する取引が市場にいかに広がるかに焦点を当てている．

　変化が早いので，マーケット流通への長期的な影響がどんなものになるかを正確に概括化することは難しい．下記に述べるように，1990年代後半に出現し始めたいわゆるeテイラーといわれる新しい形式の発展がまず注目されている．もちろん，それらの多くが2001年までに消えてしまった．つぎに議論はeコマースによって助長されたチャネル参加者が，どのような新しいチャネルを選択し，そしてどのような関係性を打ち立てたかに向けられる．最後にこれらの発展が，市場チャネルの増加する複雑性を支援するために必要なロジスティクス活動に，いかに影響を与えるかについて評価をする．この章における論点は，消費者セクターにおけるeコマースに向けられる．eコマースによって影響を受けるB2Bの関係性の変化の特徴については第5章で議論される．

4-3-1 eテイリングの出現

　誰が最初にeテイラーとよんだかは今日でも明らかではない．パソコンの広い普及とインターネットの使い方を工夫して，現存する消費者にショッピングの代替的な手段を与えるべく新しい機会を提供したが，誰が最初にそのようなことを利用したのか？　1992年代の初めにアメリカオンラインのようなインターネット・サービスプロバイダー（ISPs）が，顧客がバーチャル・ショッピングモールに入り込むことができるような仕組みを提供し始めた．そこでは顧客が数多くのバーチャルな店舗が提供している製品を選び注文し自宅へ直接届けてもらうことができる．このもっとも初期の試みでは，消費者が初めはオンラインで注文するという考えに抵抗したので，成功はかぎられたものであった．これらのバーチャルモールでかなり多くの消費者が製品を探すが，実際の販売はかぎられたものであることがわかった．

　1995年にJeff Bezosがamazon.comを創設した．たぶん最初のeテイラーではないが，amazon.comの知名度と販売収入の創出における成功によって，いかにeテイリングがチャネルの代替的選択の1つとして出現したかの主要な例となった．Amazon.comおよびほかのeテイラーは，従来の土地つきの煉瓦とモルタルの店舗に比べて，有利さと不利の両方をもった代替的なショッピング形式である．もっとも大きな利点は場所的な便利さであるが，あなた自身のパソコンからショッピングができる以上の

便利さとは何であるのか？

第二の利点は，このやり方によって消費者に提供できる品揃えの豊富さである．店舗スペースの物理的制限から開放されて，eテイラーは煉瓦とモルタルの店舗では対応できない完全な品揃えを提供することができる．数多くのほかの製品分類を選択する前に，amazon.com は，消費者が1つのカテゴリーで百万以上の本のタイトルを選べるようにしている．第三の利点は情報の提供である．潜在的な購入者は専門的書評家およびほかの消費者によって書かれた書評にアクセスすることができるし，また興味のある題目に関する本あるいは好みの作者の本にも容易にアクセスできる．

eテイリングによる消費者のショッピングのもっとも不利な点は，待ち時間，現物を実見できない，操作ができない，製品を試すことができないことであり，またセキュリティに関する心配である．注文すると消費者は最低1日は待たなければならないが，実際の在庫状況によっては，多くの場合何週間も延びてしまうことが多々ある．さらに消費者はしばしば製品に実際にふれてみたいと思う．それが本の頁をパラパラとめくったり，衣服がぴったりと合うかどうかであろうとも．最後にセキュリティに対する心配は，クレジットカードの詐欺の可能性と会社が個人の経歴，趣味および習慣についての多量の個人情報を集めてしまうことができることである．このような制約があるにもかかわらず，eテイリングはかなり多くの消費者を引きつけている．eテイリングによる消費者の購入は，1999年に20億ドルと推定され，2004年までには1800億ドル程度と見込まれている[8]．

4-3-2　新しいチャネルの選択

インターネットは，製造業者とサービス会社と最終消費者のあいだに新しい関係を築くだろうという大きな期待が広がった．インターネットはサプライヤーが安いコストで顧客に直接アクセスできるメカニズムを提供してくれる．また顧客が製造会社に直接アクセスすることができる．いずれにしても，代理店，卸売業あるいは小売店を含む複雑な市場チャネル関係性を減らすという考えである．もし消費者がインターネットを通じて買い物をしようとするならば，既存のチャネルをバイパスして製品/サービスの製造業者と直接取引をすることになる．そしてけっきょくは，新しい経済に対する主要なメカニズムとしての直接チャネルの出現を特徴づける新しい世紀をもたらさないはずがないではないか[9]？

事実まさにこのような直接チャネルの発展についての多くの例が存在する．航空旅客産業において，ほとんどの航空会社がルート，飛行便，空席状況および価格についての詳細情報などを提供するウェブサイトを開いている．消費者は時間，価格による調査をして，自分自身のフライトの予定を立てることができる．同時に航空会社は，いままでこれらの調査を行っていた旅行代理店へ支払っていた手数料を減らすことができた．多くの製造業者はまたウェブサイトを設定し，消費者が製品，その使用方法，および実演広告について多量の情報にアクセスし，支援的な情報を得られるようにしている．このような状況では，消費者が簡単に製造業者に直接注文をすることが容易に想像される．

インターネットによって，マーケティング取引に関するアベイラビリティと低コス

トが広がるならば，将来はマーケティング機能の役割を再定義し，その機能を製品およびサービスの元の製作者へ取り戻す新しい時代になるだろうと多くの人は考えた．手短にいえば，チャネルの仲介取引の排除が広がるならば，従来のマーケティングチャネルはもはや，生産者と消費者間のギャップを埋める必要はないだろうと考えた．このように想定するならば，消費者には低コスト，サプライヤーには高い利益という結果となるだろう．

事実，消費者は非常に意欲的にインターネットにより製造業者に直接的に反応したので，従来チャネルの仲介業者がより完全にあるいは共同で行っていたマーケティングフローに製造業者がより多く参加できるようになった．研究者によると，数多くの消費者は製造業者のウェブサイトをみるという；かれらは頻繁にウェブサイトをみるし，そして購買プロセスのいくつかの段階でもみる．表4-3は，オンライン消費者の1つの研究からのデータであるが，それは消費者が製品および購買情報を探す場合に，どのように製造業者のウェブサイトをみているこかを示している．このデータによると，消費者のわずか27%しか製造業者からの購入にウェブサイトを使っていないことがわかる．

もちろん多数の製造業者は，消費者にオンラインで直接に購買できるようにはしてはいない．直接取引をするメカニズムとしてのインターネットに対する対応の遅さには3つの原因がある．第一に製造業者は消費者との直接取引に必要なロジスティクスの注文充足を効率的に行う能力がない．第二にすでにある流通チャネルをバイパスして，現在の仲介業者との関係を壊したくないという製造業者の大きな抵抗がある．

表4-3 力をもった消費者は製造業を小売業と同一視する

"購買プロセスのどの段階であなたは製造業のサイトをみようとするか？"		
製品を買わない場合	意識をする	45%
製品を調べる場合	考慮する	75%
何を買うかを決定した後でどこで買うか決定する	選好	16%
購入する	購買	27%
何を買うかを決めるが，どこで買うか決めない		42%
購買後，修理とサービスのオプションを探す	販売後	25%
購買後，据付と製品構成調整を依頼する		31%
購買後，製品保証の登録をする		40%
"過去6か月以内に製造業者のサイトでどんな情報を探したか？"				
製品情報	79%	新製品開発	37%
製品価格	79%	品質保証情報	35%
どこで特定の製品を買うか	49%	据付および調整	31%
顧客支援	44%	一般的会社情報	31%
すでに所有している製品の付属品情報	42%	同様な利害をもつ人々にいかに接触するか？	4%

(出典：オンラインを利用した消費者8842人の調査に基づいたもの，Data from Forrester's Technographics Online Retail & Media 2000 Field study (Forrester Research, Inc., Report：Channel Conflict Crumbles, March 2000, p. 2))

1999年に大きく報道された事件として，Home Depot はそのサプライヤーに，消費者との直接取引を行っているいかなるサプライヤーとも取引をしないという書面を送ったことである．ほんのわずかの製造業者しか現在の小売業者との関係を壊すことをしないだろう．玩具業界では，Mattel はオンライン販売を取り止めたし，また衣料業界でもそうである．オンラインの開発の先駆者であった Levi-Strauss は，ジーンズをサイトで販売することを中止したと発表した．

　最後に製造業と消費者とのインターネットを通じた直接取引は，e テイリングと同じように多大な不利益を消費者に与えることを注意すべきである．製造業者は小売業が提供する幅広い製品の選択を提供してくれないし，それが物理的な場所であろうとインターネットサイトであろうと，消費者が幅広い製品ラインとブランドの選択を欲するなら，製造業との直接取引は望ましくない．簡単な例として，製造業との直接商談によって毎週食料品を購入することを想像してみよう．

4-3-3　チャネルの複雑性の増加

　インターネットの結果として生じた仲介の排除とチャネルの簡素化とは対照的に，チャネルの複雑性が増加するという可能性が存在する．消費者との e コマースによって現存する取引は活動を拡大し，e テイリングは消費者のあいだで人気を得て，流通関係は拡散し，ほかのかたちの中間業者が現れるという現象が起きる．これら中間業者の多くは，たった数年前には聞いたこともなかったが，現在市場流通で重要な役割を担っている．アフィリエイトサイト，ポータルズおよびサーチエンジンといった名前の組織が統合的マーケット流通の一部となった．伝統的な卸売業および小売業は，ときにはこれら新しい中間業者といっしょに活動し続けている．一方で従来の卸売業および小売業は，ときにはこれらの新しい仲介業と共同して活動を続けている．たとえば Barnes and Noble，Toys R Us は e テイリングを含めてかれらの活動を拡張してきた．これはチャネルにおける仲介の排除というよりも，企業と消費者の e コマースは，インターネットの可能性に適した流通チャネルとして，ある作家がハイパーメディエーションと称するものの発生である[10]．企業対消費者の e コマースへのチャレンジのもつもっとも大きな意味は，マーケティングおよび販売における挑戦ではない；事実 1999 年および 2000 年における販売傾向は，ある消費者は意欲的に電子的に商品を探し購入をしていることを明瞭に示している．e コマースは注文とその処理に関する取引コストを大幅に削減するが，これらの注文を物理的にピッキングしたり，梱包したり，輸送する経済性に大きな影響を与える．

　製造業のロジスティクスプロセスの基礎をなすビジネスモデルは，大量の注文を比較的少数の顧客のいる場所へ出荷することに大きく依存している．1 台のトラックで配送センターへ出荷することと，小さな梱包で消費者へ出荷するのとはまったく違う．e 流通業者および e 小売業者は，ロジスティクの背負うたいへんな仕事には無頓着である．1 つか 2 つのアイテムの出荷を準備し，書類をつくり，記録したりそして顧客が期待する非常に短い時間帯のなかで輸送しなければならない．しかしそれによって消費者に対してトータルコストを上げないという仕事のやり方は，すべてのインターネット企業対消費者という組織の主要な関心事である．すばやい配送に対する顧

客の増加する要求と小さな荷物の長距離輸送のコスト増加に対応すべく，amazon. com は米国中に精緻な配送センターの建設に乗り出した．この戦略は従来の小売業とは違った施設および設備への投資となる．

事実，企業対消費者のeコマースに対しては，ロジスティクスを管理しうまくやるためのいくつかの戦略が存在する[11]．いくつかの会社は，数多くの市場に配送センターのネットワークを形成し，そこに顧客の注文を予期して在庫をもつだろう．もう1つのロジスティクス戦略は，家庭まで届けるよりも中央の場所で顧客にもち帰ってもらうことである．このやり方は「バイ・ヒアー/ピックアップ戦略」とよばれる．どちらの場合も，このような施設はある規模の経済性を生み，多数の販売業者の役に立つことができるだろう．もう1つの戦略はすべての注文充足プロセスを，物理的な注文充足の専門家であるパートナーに外部委託することであろう．とくにサードパーティ・ロジスティクス会社は，多数の販売業者のためにオペレーションをまとめることにより，量の拡大を柔軟に吸収でき，そして現地から消費者までの製品のより効率的な流れを管理できる．十分な量を抱える販売業者は，amazon.com および Micro Warehouse のように，自社独自の注文充足オペレーションを利用することを選ぶだろう．

どのような戦略を選択したとしても，コストとサービスレベルのトレードオフを慎重に調べる必要があるだろう．在庫への投資，施設への投資，輸送コストおよび消費者への配送コストに対するそれぞれの意味合いである．これらのトレードオフの分析はロジスティクス・プロセスデザインの基本的問題である．現時点でいえることは，企業対消費者のeコマースに加わるすべての組織は，もっとも適切なロジスティクスおよび注文充足戦略をみつけるのに苦闘しているということで十分であろう．

4-4 価格条件とロジスティクス

価格条件はマーケティング戦略のもう1つの局面であり，ロジスティクスのオペレーションと相互作用をする．引渡し価格についての取引条件は当事者のどちらがロジスティクスの活動を行うかを決定する．価格戦略の主な傾向としては，製品および材料の価格を別にして，従来価格に含まれていた輸送費のようなサービスが別個のアイテムとして識別できるようにすることである．ロジスティクスオペレーションのタイミングと安定性は，価格条件によって直接影響を受ける．この章ではいくつかの基本的価格条件について検討し，価格に影響する領域にふれる．価格決定に関する経済的および心理的問題という広範囲領域に触れる意図はまったくない．焦点は価格条件とロジスティクス・オペレーションの関係である．

4-4-1 価格条件の基本

価格条件の決定においては，取引におけるどちらの当事者がロジスティクス活動，所有権および義務の移転を行うことに責任をもつかを直接決めることである．F.O.B.積込地引渡し価格および仕向地引渡し価格がもっともふつうの方法である．

a. F.O.B. 価格条件

「F.O.B.条件」は専門用語で "Free On Board" あるいは "Freight On Board" を意

4-4 価格条件とロジスティクス　　　*117*

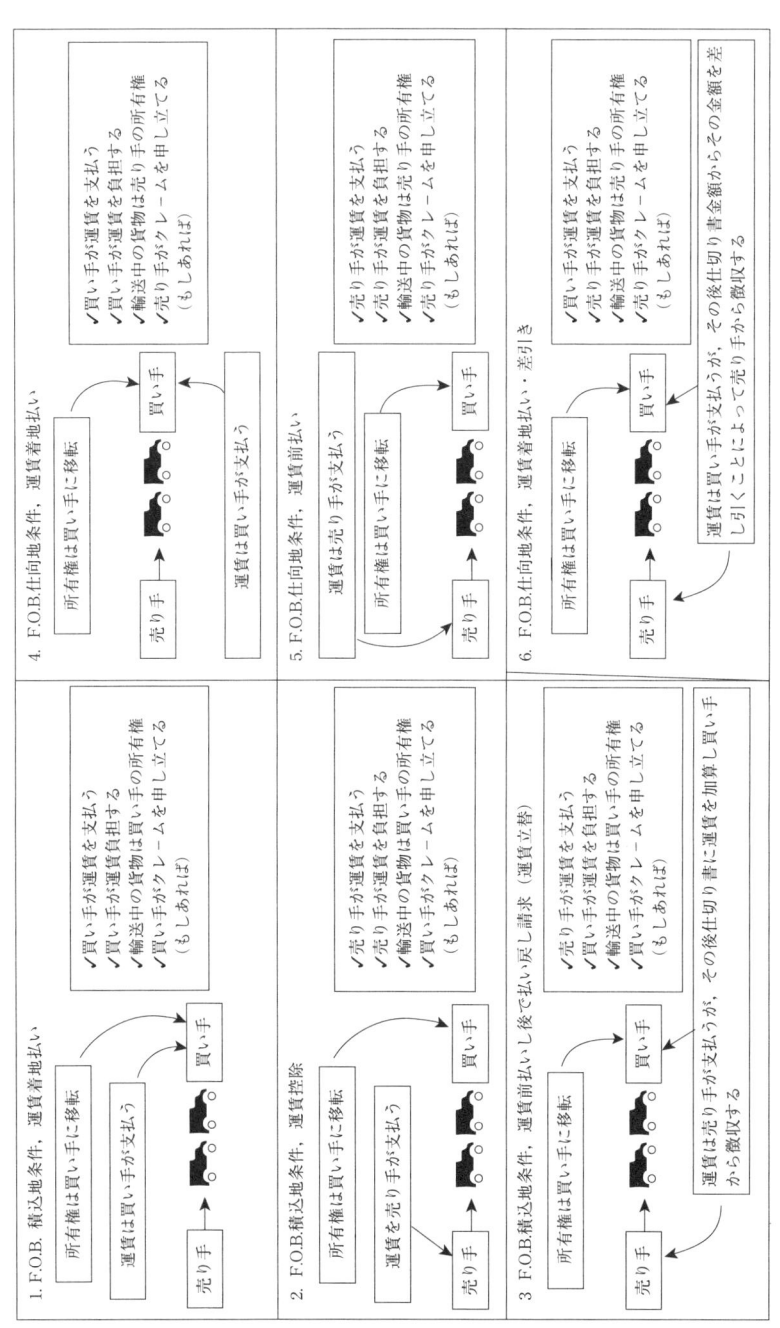

1. F.O.B. 積込地条件，運賃着払い

所有権は買い手に移転

売り手 → 買い手

運賃を買い手が支払う

- 買い手が運賃を支払う
- 買い手が運賃を負担する
- 輸送中の貨物は買い手の所有権
- 買い手がクレームを申し立てる（もしあれば）

2. F.O.B. 積込地条件，運賃控除

所有権は買い手に移転

売り手 → 買い手

運賃を売り手が支払う

- 買い手が運賃を支払う
- 買い手が運賃を負担する
- 輸送中の貨物は買い手の所有権
- 買い手がクレームを申し立てる（もしあれば）

3. F.O.B. 積込地条件，運賃前払いし後で払い戻し請求（運賃立替）

所有権は買い手に移転

売り手 → 買い手

運賃は売り手が支払うが，その後仕切り書に運賃を加算し買い手から徴収する

- 売り手が運賃を支払う
- 買い手が運賃を負担する
- 輸送中の貨物は買い手の所有権
- 買い手がクレームを申し立てる（もしあれば）

4. F.O.B. 仕向地条件，運賃着払い

所有権は買い手に移転

売り手 → 買い手

運賃は買い手が支払う

- 買い手が運賃を支払う
- 買い手が運賃を負担する
- 輸送中の貨物は売り手の所有権
- 売り手がクレームを申し立てる（もしあれば）

5. F.O.B. 仕向地条件，運賃前払い

運賃は売り手が支払う

売り手 → 買い手

所有権は買い手に移転

- 売り手が運賃を支払う
- 売り手が運賃を負担する
- 輸送中の貨物は売り手の所有権
- 売り手がクレームを申し立てる（もしあれば）

6. F.O.B. 仕向地条件，運賃着払い，差引き

所有権は買い手に移転

売り手 → 買い手

運賃は買い手が支払うが，その後仕切り書金額からその金額差し引くことによって売り手から徴収する

- 買い手が運賃を支払う
- 売り手が運賃を負担する
- 輸送中の貨物は売り手の所有権
- 売り手がクレームを申し立てる（もしあれば）

図 4-7 販売条件とそれに対応する責任

(Reprinted with permission from The Purchasing Handbook. *National Association of Purchasing Management.*)

味する.実際的には数多くのF.O.B.価格の変形が使われている.**F. O. B. 積込地渡し**は価格見積りのもっとも単純な方法である.売り手は積出地での価格を提示し,輸送のための積込みに同意するが,それ以上の責任は何も負わない.買い手は輸送手段を選択し,運送会社を選び,輸送費を支払い,輸送中の紛失および/あるいは破損のリスクを負う.**F.O.B.仕向地価格**は,所有権は引渡しが完了するまで移転しない.このような状況下では,売り手は輸送を手配し,この費用を仕切り状に付加する.

価格決定の条件およびそれに該当する履行責任の範囲は,図4-7で説明されている.いろいろな販売条件を検討すると,運賃を支払う会社が輸送中の貨物の所有権,運賃負担,あるいは貨物引渡し請求申し立てに対して必ずしも責任を負うことにはならないことが明らかである.

b. 仕向地渡し価格条件

F.O.B.と仕向地渡し価格とのおもな違いは,仕向地渡し条件では売り手は製品の輸送を含んだ価格を買い手に示す.換言すれば輸送コストは別項目として表示される.仕向地渡し価格についてもいくつかの変形がある.

シングルゾーン価格(単一仕向地域価格):シングルゾーン仕向地価格では,買い手は自分がいる場所に関係なく単一の価格を支払う.仕向地価格は一般的に売り手の平均的な輸送価格を反映している.現実的には,ある顧客は公平に分担すべき輸送コスト以上を支払っており,ほかの人々の支払いが安くなっている.米国Postal Service(現在は郵政公社)は第一種の書信および小包に対しては,全米を通じて単一価格を用いている.仕向地までの距離に関係なく特定のサイズと重さに対して,同一料金あるいは郵便料が課される.

単一仕向地価格は一般的に輸送コストが売値に対して比較的小さいパーセンテージである場合に用いられる.売り手にとっての主な利点は,ロジスティクスを十分に管理できることである.買い手にとっては,平均的な価格にもかかわらず単純であることである.

マルチプルゾーン価格(到着地域別価格):マルチプルゾーン価格は,特定地域に対して異なる価格を設定する.その考え方は,ロジスティクスコストの差がより公平に賦課されることを意味している.2つあるいはそれ以上のゾーンがある場合に,───一般的に距離をベースに───仕向地価格を示すために使われる.United Parcel Service(UPS)は,マルチプルゾーンプライスを用いている.

ベースポイント価格(基点地別価格):仕向地価格のなかでもっとも複雑で論争の多い形式であり,最終的な到着地価格は,製品のリスト価格と指定された基点,通常製造場所からの輸送コストを加えて決められるというシステムを用いている.このやり方は出荷が実際に基点場所からなされようがなされまいが,仕向地価格を計算するために指定された場所を使う.

図4-8はいかにベースポイント価格が一般的に売り手に対して異なる利益をもたらすかを示している.顧客は仕向地価格が単位当たり100ドルと見積りを受けた.工場Aが基点である.工場Aから顧客までの実際の輸送コストは単位当たり25ドルである.工場Aの基本製品価格は単位当たり85ドルである.工場Bおよび工場Cから

4-4 価格条件とロジスティクス

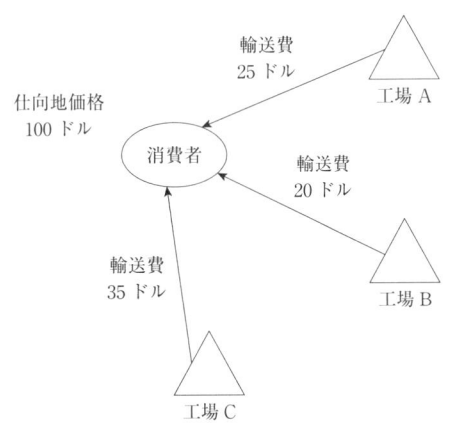

```
                     輸送費
                     25ドル    ┌──┐
                               │工場A│
   仕向地価格     ╱
   100ドル   ╱
         ┌消費者┐
                  輸送費
                  20ドル
                          ┌──┐
                          │工場B│
      輸送費
      35ドル
   ┌──┐
   │工場C│
```

図 4-8 ベースポイント価格

の輸送コストはそれぞれ単位当たり20ドルと35ドルである．

出荷が工場Aからなされた場合，会社の純収益は75ドル（仕向地価格100ドルマイナス輸送コスト25ドル）である．会社に対する純収益は，出荷がB工場あるいはC工場からなされたならば変わってくる．仕向地価格が100ドルならば，工場Bは顧客に対して5ドルの幻の運賃を徴収することになる．幻の運賃は，買い手が貨物の移動に実際にかかる運賃以上の輸送費を払う場合に起こる．もし工場Cが基点ならば，10ドルという輸送費を自分で吸収することになる．**運賃込み**価格は，売り手が実際の輸送費の全部あるいは一部を支払わない，またすべての費用を買い手から取り戻せない場合に起こる．換言すれば，売り手は競争上輸送コストを吸収することを決めるのである．ベースポイント価格は見積価格を単純化するという利点がある反面，顧客に不利な点もあり得る．たとえば，もしかれらが実際の運賃以上の輸送費を請求されていることがわかったならば，満足しないかもしれない．このようなやり方はまた，売り手にとっても多額の運賃吸収という結果を引き起こすだろう．

4-4-2 価 格 問 題

また価格条件の実際は少なくとも4つのほかの方法でロジスティクスのオペレーションに結びついている：差別化の可能性，数量割引，持帰り値引および販売促進価格である．

a. 差別化の可能性

輸送価格の適法性については重要な配慮が必要であり，そして慎重に検討され，そして差別化にならないように管理されなければならない．1914年のクレイトン法は，1936年のロビンソン-パットマン法によって修正されたが，実質的に競争を弱めるようなやり方で，買い手に対する差別価格を禁止している．

ゾーン価格は差別になるおそれがある．なぜならば何人かの買い手が実際の輸送コスト以上を払い，一方でほかの人々が少なく支払っているからである．ゾーン価格シ

ステムにおいて，直接の競争者に対する同一製品に対して，仕向地価格が結果として正味価格で違う場合には違法になる．最近では，仕向地ゾーン価格システムの適法性の決定は，「売り手が独立的に行動し競争者と共謀していない」かどうかの問題が中心になっている．連邦商取引委員会はこのような明らかな共謀の証拠がなければ，問題として取り上げないようだ．

過去においては選択的ベースポイント価格は，ロビンソン-パットマン法および連邦取引委員会の両方とも違法としてきた．問題は，それによって直接の競争者のあいだに差別的な利益を与える結果になっているかどうかである．

法的問題を起こすのを避けるために，大多数の会社はF.O.B.価格かあるいは均一な仕向地価格政策を採用している．この戦略は，ゾーン価格で必要なコストの平均化のやり方を弁護したり，あるいはベース基点価格に関して起こる法的な難しさとの論争をすることに比べると一般的に望ましい．地域別の価格を設定する場合，つぎのような指針が考慮されるべきである．

> 地域別価格戦略のあるものは……ある状況下では違法である．この点において3つの一般的な原則が政策指針として役に立つだろう．第一に同じ地域（とくにある地域的境界のどちらかの側にいる買い手に対するゾーン価格において）にある競争関係にある買い手のあいだに差別を設けてはならない．なぜならばこのような行為は1936年のロビンソン-パットマン法に抵触するかもしれないからである．第二に会社の戦略は，とくに運賃吸収価格において略奪的であると思われてはならない．なぜならばこのような戦略はシャーマン法の第二条に違反するおそれがあるからである．第三にベースポイント価格あるいはゾーン価格を選ぶ場合に競争者間に価格を固定しようとすべきではない．なぜならば，このような行為はシャーマン法第一条に違反するからである[12]．

b. 数　量　割　引

数量割引は通常注文量を増やしたり，取引の全体量を増やす誘導策として行われる．非差別的であると認められるには，同一割引構造がすべての買い手に適用されなければならない．ロビンソン-パットマン法の下では，同一で，非累進的な割引がすべての資格のある買い手に与えられていることを，売り手は立証する責任がある．提供された数量割引は直接コスト節約をベースに正当性を説明されるべきである．

ロビンソン-パトッマン法は，コストの違いは，製品の製造，納入および販売における節約を基に正当性を説明され得ると述べている．製造あるいは販売コストの低下を基にした数量割引は証明するのが難しい．ロジスティクス・コスト関係の節約は比較的文書化しやすいが，それは多くが出荷先が特定されているからである．数量割引の正当化には，輸送およびハンドリングについての節約が使われるが，それは大量出荷に対しては，安い運賃レートが適用されるのが共通しているからである．

非累進的割引とは対照的に，累進的割引──ある特定の期間にわたる継続的な購買──は正当化するのにもっと難しい．累進的割引は計算基礎の性格そのものによって大量購買に有利であり，一方少量の買い手にとっては差別的となる．しかしながら，差別価格は，競争に対する実際の被害あるいは可能性が決定されたときにのみ立証が

可能なのである．

c. 持帰り値引

　持帰り値引はF.O.B.積出地ベースの商品購買と同じ条件である．もし買い手あるいはかれらの代理人が商品を売り手の場所で引き取り，その後の輸送に対する責任を負うならば，標準仕向地価格からの値引を受けられる．また買い手により製品の持帰りに営業用備車を用いることがあるだろう．従来仕向地価格を用いていた食料雑貨品業は，自社あるいは営業用備車を使ったほうが，仕向地価格で製品を購入していたときよりも大きな節約ができることがわかった．

　持帰り価格をいかにもっともうまく設定するかについては，いくらかの混乱があるが，確実な方法としては売り手はすべての直接的に競争関係にある買い手に同一の割引を与えるべきである．均一な割引は，出荷地にもっとも近い顧客に対する奨励価格としてよく利用される．そのほかによく使われる政策は，輸送会社が適用する運賃に等しいレートである．持帰り割引は売り手および買い手の双方に利益を与える可能性がある．発送者はごく少量の出荷に対応するとしても，広域の積合せ出荷の手間は減らしたい．買い手はより早く製品を手元におくことができるし，また自社で抱える車両および運転手をより有効に利用できる．

d. 販売促進価格

　ロジスティクスオペレーションに影響を与える価格条件についての最後の問題は，買い手に短期的な販売促進のための奨励をすることである．積極的な販売促進を行う会社は，予算を組んで顧客（クーポンにより）あるいは卸売業者および小売業者（売上高割引により）に製品を購入してもらうようとする．P&Gは年間の宣伝および販売促進費は2億ドルをこえる．マーケティングマネジメントはこれらの資金を，消費者向けの宣伝メディアとクーポンと販売促進に割当てをしなければならない．販売促進に振り向けられた金は，P&Gの製品の購入を押し上げるが2つの結果をもたらす．第一にP&Gのロジスティクスシステムおよびその顧客は，販売促進期間の直前，期間中，そしてしばしば期間直後まで増加した製品を処理しなければならない．第二に販売促進に使われる費用は，ふつうに売られている効果的な製品の価格を引き下げることになる．ロジスティクス的観点からは，短期的な数量の増加は重要な関心事である．このようなことを続ければ究極的には，消費が周期的/季節的な特性を示さなくなるかもしれないが，ロジスティクスオペレーションは販売促進によって引き起こされた周期的な急激な増量に対処せざるを得ないのである．

　この広く行われている販売促進のやり方は，購買取引に対する奨励方法として従来から行われてきた．製造業者は故意に高いレベルで定価あるいは印刷物により価格を設定するが，販売促進，消費者クーポンおよび新製品特別値引という名目で実質的に価格を下げる．定期的な価格の変更は，通常顧客に対する事前通告によって行われ，顧客に先行購買の機会を促す．このようなやり方は急激な購買数量の増加の刺激となるが，過剰なコスト増加となり，しかも何の付加価値も創出しないやり方となる．先行購買は顧客のニーズ以上の商品を購入することである．ときどきこれらの購入者は余剰製品を代理人を通じてほかのチャネル参加者に再販売するが，横流しとして知ら

れたやり方である．結果としては，いくつかのチャネル参加は利用できるが，ほかの参加者には利用できない購買奨励方法によって，1社だけが得をしていることになる．

販売促進価格を安定化するために，いくつかの会社は調整プログラムを開発し始めている．製造業者と小売業者が共同して，特定の期間，正味価格を交渉して決め，管理する方法である．製造業と小売業はある製品および商品カテゴリーに対して販売促進および広告を共同して計画をする．取引の正味価格は，数量割引，早期支払い値引およびそのほか適用できる価格に対する奨励を考慮に入れて決定される．最終的に協定価格の期間についての合意に達する．これらの協定はまたその期間中の業績がいかに測定されるべきかを明記する．なぜならばそれが将来の協定に対するベースとなるからである．

いままで述べてきた価格交渉の仕組みは，結果としてエブリディ・ロープライシング（EDLP，毎日が安値）として知られるものとなる．Wal★Mart は EDLP をつくり出したと一般的に信じられているが，その戦略は顧客の忠誠心を築くのが目的である．ほかの会社は日用品に対しては販売促進価格方式を手本としながら，サプライヤーと EDLP 購買戦略を開発してきた．

EDLP かあるいは販売促進価格方式のどちらかの両極端を採用している会社はほとんどいない；しかしながら，もっとも創造的なマーチャンダイザー（製品計画販売促進担当者）は消費者の購買を刺激するための組合せのやり方を開発している．プライスリーダーあるいはロスリーダーを使って，顧客が店内を歩き回り衝動買いをするように仕向けているが，ロスリーダーとして一貫して売られているアイテムはほとんどないので，略奪的な価格という異議を受けるリスクを少なくしている．

より一般的な意味で，自由市場社会における企業は，幅広いいろいろな販売促進および宣伝活動を行うだろうし，またせざるを得ない．挑戦すべきことは，このような販売促進のやり方がどのようにロジスティクスに影響を与えているのかを理論的に究明することである．販売価格のタイミングと影響の大きさは，消費する能力と量の急激な増大を効率的に処理する能力という観点において評価する必要がある．このような取引の負荷の増大は，期末あるいは年度末の収益増加への圧力によって起こる．いわゆるウォール街の効果は，特定の期間に売上が記帳されるように，販売促進を使って製品の流れを刺激することと共同歩調をとり進められる．このようなやり方は短期的には収益に貢献するだろうが，あったとしても消費を刺激することはほとんどない．そのようなやり方は，半面でロジスティクスコストを増やすだけであることは間違いない．

4-4-3 メニュー価格

売り手の視点からは，価格プログラムは顧客が要求する製品およびサービスに対する費用を，顧客が正確に平等に負担するように設定しなければならない．メニュー価格はこの目的を達成するために多くの会社が採用しているテクニックである．効果的なメニュー価格は3つの構成要素からなっている：プラットフォームサービス価格，付加価値サービスサービス特定コストおよび効率奨励である．

表 4-4　メニュー価格

一般的付加価値サービス費用	一般的効率奨励値引
顧客仕様のパレット	CHEP パレット使用
複数か所配送	受取り時間の余裕
特別包装必要	トレーラーに直積み
仕分け/分類積込み	タイムリーな積込み
順序積込み	過剰/不足/荷痛みの許容
温度管理	電子注文/仕切り書作成/支払い
ドライバーチーム	ベンダー在庫管理
	顧客による積込み

a. プラットフォームサービス価格

　メニュー価格における第一段階は，すべての顧客に対して提供される基本的な価格とそのサービスレベルの提供に関連するコストを反映するよう適切な価格を設定することである．プラットフォームサービス価格は顧客が特定するサービスの組合せを必要としようがしまいが，すべての顧客によって支払われることが期待される．たとえば，基本的なプラットフォームサービス価格は，つぎのようなサービスレベルに対して設定されるだろう：「いろいろな製品をスリップシートでユニットロード化してトレーラー満載で配送センターから輸送し顧客が荷卸するという条件の場合」．デリバリーの特定，数量，形状，および荷卸不要という条件の組合せに対する見積価格は，どんな付加的な費用も割引も考慮しなくてもよいという基本的な形式である．たとえば，伝統的な数量割引および持帰り値引は一般的に基本的なプラットフォーム価格の一部とみなされる．

b. 付加価値サービスコスト

　メニュー価格の第二の点は，顧客の必要とする付加的活動に対応する特別の費用である．上に述べた例を引いて説明すると，製品をスリップシートの上に指示された順序で載せるよう顧客仕様のユニットロードに対しては追加費用が課される．いくつか場所に配送する場合には別に追加費用が課せられる．三番目の付加的費用は，スリップシートではなくパレットでの配送に対して発生するだろう．このやり方は，それぞれの顧客が自分の要求する特定のサービスの組合せに対して費用を払うということである．表 4-4 は，輸送会社が一般的な付加的サービスに対して，メニュー価格プログラムに追加費用をしばしば設定するリストである．もちろん輸送会社は基本的なサービスプラットフォームの一部としてこれらのサービスのいくつかを選んで提供するが，その場合かれらの基本的価格は適切な費用を含んでいなければならない．

c. 効率化奨励値引

　包括的メニュー価格における第三段階は，効率化に対する奨励値引の設定である．このような奨励値引は，買い手が特定の条件に応じてくれればロジスティクスコストが下がるように仕向けることである．このような奨励方法はコスト削減努力の利益を共有化するメカニズムである．たとえば，割引あるいは値引は EDI での注文を奨励するために与えられる．もう 1 つはトラックが 2 時間あるいはそれ以内に荷卸する受

取人に奨励値引が与えられる．第三は，CHEPパレット（バーコードがつけられ，つねにパレットがある特定の場所を監視したり追跡できるような特別のパレット）の使用に対して奨励値引が提供される．CHEPパレットは製造業者が購入するたびに1枚リースされる．メニュー価格プログラムによって，輸送会社がしばしば適用する効率的奨励値引は，表4-4に記載されている．

4-5 ま と め

いかなる会社も顧客の要求に対して自社だけでは対応できない．組織ごとに機能を専門化することによって，これらの組織間で効率的で効果的な交換の問題を解決するための必要なプロセスをつくりだす．

これらの問題は時間，場所，数量および品揃えの必要性に関してである．マーケット流通のメカニズムは，これらの問題を解決し顧客の需要に対応するために必要な取引を最小化することによって効率性をつくり出さなければならない．事実，マーケット流通は概念的には2つの別の構造として考えられる：1つは購買および販売活動であり，もう1つはロジスティクス活動の充足である．

マーケット流通戦略を開発することは複雑性プロセスである．どのような構造を選択するかは，製造業者と消費者の直接取引から，いろいろな卸売業および小売業の仲介を含む間接的な取引まである．適切な構造を決めるためには，最終消費者の必要条件が基礎となる．待ち時間，ロットの大きさ，場所的利便性および品揃えについての消費者のニーズを勘案して，製造業者はどこにそしていかに製品を配置するかの意思決定をする．これらの決定によって，流通プロセスにいかなる種類の仲介業者を，いくつ含めるべきかの構造に違いが出てくる．複雑化する要因は，ほとんどの会社が多くの最終消費者のセグメントに販売したいということから生じる．1つのセグメントに対する最良のチャネルが，すべてに最良であるということはありえないだろう．かくしてほとんどの会社が複数の流通チャネルに参入することになる．

チャネルマッピングは，流通チャネルをデザインする場合に組織が用いるツールである．チャネルマップは最終消費者へ到達するために選択すべき進路の概略を描き出す．そしてそれぞれの進路における参加者および果たすべき機能と進路のなかでの各ノードの経済的特性を詳細にする．マトリックスのやり方は，1つの機能が果たすべき特定の諸活動と，そしてそれぞれの活動が果たすべき代替的な方法を詳細にする．同時に特定の顧客の必要条件を満たすための適切な参加者を識別することに役立つ．

チャネル参加者のあいだには異なる種類の関係性があり得る．これらの関係性を識別する基となるのは，かれらがお互いに依存関係にあるということを認識しようとするメンバーの意欲である．その範囲は，1回の交換のために起こる単独取引チャネルに始まり，相互依存性にほとんど気がつかない従来の取引となり，最後は関係的，提携的な仕組みまでに進展する．最後の関係性，提携性においては，パートナーシップと連携，協力と参加者間での情報の共有化が増加し，関係性はより正式化される．サプライチェーンは先進的なパートナーシップと連携の行動的関係性を表している．

たぶんいかなる発展も，インターネットほど近年において流通チャネルに潜在的な

大きなインパクトを与えたものはないであろう．伝統的な小売店は，eテイラーによって取って代わられる可能性があるという大きなチャネル変化の予測がインターネットについての議論において支配的である．eテイラーは，小売施設をもたず消費者が製造業者と直接相互作用するのでチャネルの仲介を排除し，役割と責任の基本的な移行をもたらすということである．長期的なインパクトがどんなものであるかを実際に予測するにはあまりにも早すぎるが，インターネットを通じて消費者と直接相互作用する企業にとっては，ロジスティクスのオペレーションと注文充足は重要な関心事である．

価格決定はロジスティクス幹部の権限外であるが，価格条件とロジスティクスはおおいに相互関係し合っている．F.O.B.と仕向地価格間の連続性は，誰がロジスティクスを管理し，いかに輸送費用が価格のなかで取り扱われるかを決定するものである．ロジスティクスはまた価格差別化，割引，値引および販売促進のような問題に影響を与える．戦略としてのメニュー価格の開発によって，売り手は買い手に提供した実際のサービスに対する費用をもっとも効果的に買い手に配分できるようになる．

参考文献および注

1) Henry Ford, *Today and Tomorrow*（Portland, OR : Productivity Press, 1926, 1988）.
2) Bruce Mallen の研究による，機能の吸収やスピンオフに関する豊富な資料がある．たとえば，Bruce Mallen, "Functional Spin-off: A Key to Anticipatory Change in Distribution Structures," *Journal of Marketing* 37, no.3 （July 1973）, pp. 18-25.
3) Wroe Alderson, *Marketing Behavior and Executive Action*（Homewood, IL : Richard D. Irwin, Inc., 1957）, chapter 7.
4) 企業数と売上に関するすべての統計値はつぎの文献による．*1997 Census of Business*, U.S. Department of Commerce.
5) Robert Scally, "Gateway : The Crown Prince of Clicks-and-Mortar," *DSN Retailing Today*, May 8, 2000, pp. 75-6.
6) マトリックスデザインプロセスについての議論は，Rowland T. Moriarity and Ursala Moran, "Managing Hybrid Marketing Systems," *Harvard Business Review*, November/December 1990, pp. 146-55.
7) たとえば，Barry Janoff, "New Economy," *Progressive Grocer*, June 2000, pp. 18-28.
8) "Shopping Online Opens Strong in 2000," *USA Today*, March 1, 2000, p. B-1.
9) たとえば，Robert Benjamin and Rolf Wingand, "Electronic Markets and Virtual Value Chains on the Information Superhighway," *Sloan Management Review*, Winter 1995, pp.52-62 ; Debra Spar and Jeffrey Bussgang, "Ruling the Net," *Harvard Business Review*, May/June 1996, pp. 125-33.
10) Nicholas G. Carr, "Hypermediation : Commerce as Clickstream," *Harvard Business Review*, January/February 2000, pp. 46-7.
11) Fred R. Ricker and Ravi Kalakota, "Order Fulfillment: The Hidden Key to E-Commerce Success," *Supply Chain Management Review*, Fall 1999, pp. 60-6.
12) Gerard J. Tellis, "Beyond the Many Facets of Price : An Integration of Pricing Strategies," *Journal of Marketing* 50 （October 1986）, pp. 146-60.

第5章
調達製造戦略

　第2章では,統合されたサプライチェーン・ロジスティクスの土台として,パフォーマンスサイクルが論じられた.パフォーマンスサイクルは3種類あり,効率的なロジスティクスにおいて,それらは結びついていなければならない.1つ目は「調達サイクル」であり,事業者とサプライヤーが接する部分である.2つ目は「製造支援サイクル」であり,事業者内の製造ロジスティクス部分である.3つ目は「流通サイクル」であり,事業者と市場が接する部分である.本章で明らかになるが,異なる製造戦略をもつ製造業者では,それにあわせて異なる調達方法が導入されている.また当然のごとく,3種のパフォーマンスサイクル全体で顧客が要求する製品品質を実現していなければならない.本章は,顧客視点からの製品品質とTQMについて議論することから始め,つぎにこれらを実現するための調達と製造の各種戦略についてそれぞれ議論する.最後に,事業者が採用したこれら調達製造戦略を実現するために要求される事業者間のロジスティクス接点部分について議論する.

5-1 品質の絶対性

　近年,すべての企業が最優先で関心を寄せていることは,品質である.競争的市場において,顧客,消費者,最終ユーザーの求める品質をあえて無視する企業はどこにもない.品質は,もはや他社との差別化要因として提供されるものではなく,世界的な市場でビジネスを行うための前提条件であるといわれている.品質とは定義し難いものではある.しかし確実にいえることは,「品質とは顧客が認識するもの」ということである.企業,製品,サービスが顧客からどのように受け止められているか,考えなければならない.第3章では,サービス期待と顧客要求の視点から品質に関する多くの論点を紹介した.本章では,原料の調達と製造について論じるなかで,製品品質の重大な問題点を指摘する.顧客が要求する製品品質を実現することは,サプライチェーン・マネジメントにおける最大の関心事である.

5-1-1 製品品質の切口

　かたちのある製品について考える.品質とは単純なものではない.実は,顧客ごとに異なる「品質」が存在している.すべての顧客は品質の高い製品を欲しがるが,ある1つの製品やブランドがすべての人の要求する品質を満たすことはない.ここでは8つの切口から,製品品質について整理する[1]).

a. 性　　能

　顧客の視点から,もっとも明らかな品質の切口は性能(パフォーマンス)だろう.

もしくは，期待されている品質をその製品がどの程度実行できているか，ということであろう．たとえば，パソコンはその処理速度で判断されるだろうし，音響機器は音質で判断されるであろう．また皿洗い機はどの程度きれいに皿を洗えているかで判断される．優れた性能をもつことは，たいてい客観的なことであり，製品間やブランド間で簡単に比較することができる．もちろん，実際の製品は多様な性能の側面をもっており，このことが製品の比較を難しくしている．パソコンは処理速度だけで評価されるものではなく，メモリー，ハードディスク容量，そのほか多様な性能の側面から評価される．

b. 信　頼　性

製品が期待されている期間しっかり性能を発揮できるかどうか，それが**信頼性**である．顧客が購入後，何回壊れ，修理するかということも信頼性に含まれる．たとえば，Maytagのスローガンである「信頼できる人々」や，長期にわたって行われている広告「Maytagの修理担当者は街でいつも1人ぼっち（修理のためによばれることがない）」などは，Maytagの製品は壊れにくく，修理する必要が少ないことを表しており，信頼性をアピールしている．パフォーマンスと同様に，信頼性も客観的に製品品質をはかる切口である．

c. 耐　用　性

信頼性と関係あるが，**耐用性**はまた別の切口である．これは製品の耐久年数のことである．一般的に10年使用できる自動車は，5年使用できる自動車よりも高い品質であると認識されているだろう．耐久年数は整備や修理などにより延びることも多く，信頼性と耐用性は異なるが，関係の深い品質の切口である．

d. 規格一致性

実際の製品が，規格通りまたは説明された通りであることが**規格一致性**である．事業者の視点からは，スクラップ，再加工，欠陥品の率ではかられる．この品質の切口は，事業者内部でおもに注目されている．たとえば，95%の製品は予定されている規格に従っていたとすれば，残りの5%は欠陥品ということになる．欠陥品はスクラップにされるか，もしくは再加工され，規格に一致させられる．顧客の視点からは，規格一致性は欠陥車の数で判断される．たとえば，多くの車は規格に一致して販売されているとし，壊れることもなく，予定している耐久性をもつとしよう．しかし，少ないが欠陥車が存在するとすれば，この自動車の品質全体は低く評価されてしまうだろう．

e. 付帯機能

顧客はその製品のもっている**付帯機能**で品質を判断することが多い．信頼性や耐用性は別にして，機能や実行できる作業の数で判断する．たとえば，リモコンつきのテレビや，ピクチャーインピクチャー機能や画面上のプログラム操作などは，その機能がついてないものよりも一般的に高品質と評価される．しかし，付帯機能が多くなると一方で信頼性などのほかの品質が低下する可能性も高くなる．

f. 外　　観

デザイン，型，様式，使用されている素材といった製品の**外観**は顧客に品質として

評価される．衣服では，カシミアのセーターはポリエステルのものよりも高く評価される．自動車では，皮，木，金属の内装は布，プラスチックの内装よりも高く評価される．自動車の光沢仕上げ塗装や重なりのない継ぎ目のような，フィット感と仕上げなどは，この外観という品質に含まれる．ユニークさ，もしくは革新的なデザインも高い品質として顧客は評価する．

g. サービス性

商品の整備や修理の簡便性は，品質の切口として重要である．たとえば，ある機器が自己診断能力をもっているとし，それが顧客や修理担当者に対して，近いうちに故障する可能性があることを知らせるとする．顧客にとって理想的なアフターサービスは短時間，低コスト，もしくは無料で故障部分が修復されることである．顧客はより早く，安いコストで修理されることを望んでいる．

h. 認知品質

すでに述べたとおり，顧客が最終的な品質の判断者である．顧客の要求にどの程度応えることができているか．それを顧客がどのように認識しているか．**認知品質**は，顧客の購入前の経験，購入にあたっての情報収集，購入後のすべてを通して行われる．品質はいくつもの切口をもつ複合的なものであり，組合せ方，その組合せがどのように認知されるかが重要である．2人の別の顧客は，別のブランドをそれぞれ最高の品質と認知することもあるだろう．それは顧客が何をもっとも重要な品質の組合せとして考えているかによるのである．

5-1-2 総合的品質管理

総合的品質とは，単なる物理的に製品そのものに起因する品質よりも大きな概念である．ここで議論することは，サービス，満足，そして成功といった第3章で論じたものに関係している．顧客の視点からは，製品そのものが求める要素をもっているだけでなく，必要なときに，望ましいかたちで利用可能であることも重要である．それゆえ，品質は事業者の構成員全体で責任を負う事項なのである．

総合的品質管理（total quality management: TQM）は，組織全体（部署，機能）が参加し，すべての側面から顧客の要求を実現できるよう構築された品質管理の仕組みであり，またその経営哲学そのものを意味する．顧客は内部，外部，中間業者，最終消費者などすべてをさす．TQMで使用されるツールや方法論は本章で扱うには大きすぎるが，基本部分は以下のとおりである．(1) 経営上層部の関わり方と支援，(2) 顧客視点による製品，サービス，プロセス設計，(3) 事業者間の統合，(4) 継続的な改善への意思，である．

5-1-3 品質標準

世界標準の品質を築き上げることは，きわめて難しい．異なる場所には，異なる事情や手順が存在するからである．たとえば，ある国では設計時にミリメートルを単位として使用し，一方でインチで測る国がある．このような状況のなか，**国際標準化機構（ISO）**は標準を発表し，世界的に認められている．

1987年にISOは品質標準のシリーズをISO9000の名前で発表した．いくつかの種類（ISO9001，9002など）があるが，これらの品質ガイドラインは品質保証と品質管

> 1 リーダーシップ（120点）
>   期待される価値と成果に関する経営上層部の認識を評価する．同時に顧客，ステークホルダー，権限譲渡，革新性，教育，事業の方向についても注目する．社会への責任，貢献についても評価する．
> 2 戦略の構築（85点）
>   戦略構築の手順，戦略的な目標，実行計画，人的資源計画の開発方法について評価する．同時に，戦略の展開方法と成果の追跡方法についても評価する．
> 3 顧客と市場の重視（85点）
>   顧客や市場の要求，期待，選好を定義していく手順，顧客との関係構築方法，顧客満足の計測方法を評価する．
> 4 情報と分析（90点）
>   ビジネスの成果を計測する仕組みと，収集された成果のデータやその他情報を分析する方法について評価する．
> 5 人的資源（85点）
>   従業員がその能力を発揮し，事業の目的を達成させる仕組みについて評価する．同時に，従業員が仕事に深く従事し，事業者（企業）とともに成長し，よい結果を出せるような職場環境づくりや支援体制についても評価する．
> 6 プロセス管理（85点）
>   全部門で取組む顧客視点での開発方法，商品やサービスの提供方法，アフターサービス，サプライヤーやパートナーとの提携手順などのプロセス管理について評価する．
> 7 ビジネスの成果（450点）
>   主要なビジネス領域での成果や発展について評価する．顧客満足，商品とサービスの品質，財務面や市場での成果，人的資源面での成果，サプライヤーやパートナーとの提携の成果，事業運営の成果がおもに評価される．競合企業との相対評価も行う．

図 5-1 マルコム・ボールドリッジ国家品質賞の基準と配点
（出典：National Institute for Quality website at www.NIST.gov.）

理の基本定義を示している．たとえば，ISO9001は製品の設計，開発，製造，設置，サービスの各機能に関する品質システムを取り扱う．組織のなかには企業の体制，全体品質を実現する方法，実務を監査してもらい，認定されているところもある．ISOのガイドラインに適合している企業は認定を受けることができる．1998年には，新たなガイドラインとしてISO14000が発表された．ISO14000は企業の環境影響を管理するガイドラインとその管理方法を取り扱う．ISO9000とISO14000の認定は，その企業が世界標準の品質管理と環境管理の仕組みを導入していることを示している．

興味深いことは，ISO認定のプロセスでは，事業者の品質/環境を管理する方針，仕組み，方法を監査する．決して製品そのものや顧客の満足については監査しない．このような制限はあるにしても，ISO認定は企業のTQMに対する意識の重要な指標である．多くの企業，とくにEU地域の企業では，サプライチェーンのパートナーとしてISO認定を要求してくる企業が多く，その点からも重要である．

もう1つの重要な品質標準は，とくに米国企業において重要であるが，**マルコム・ボールドリッジ国家品質賞**（Malcolm Baldrige National Quality Award）である．1987年に設立され，品質管理だけではなく，達成した品質そのものもすばらしい企業を表彰している．図5-1は表彰の基準と配点である．注目したいのは，顧客重視の視点が3番目の判定部分だけではなく，そのほかいくつかの判定部分でも重視されてい

る．ほかの国にも，それぞれ品質表彰のプログラムがある．マルコム・ボールドリッジ賞には3つのカテゴリーがあり，それぞれ1年に1事業者だけが表彰される．表彰されるためには，TQM に対する視点が判定材料となると，多くの企業経営者が認識している．Motorola を始めいくつかの企業では，最高品質の原料とサービスの供給を保証するための仕組みとして，マルコム・ボールドリッジ賞などへの挑戦をサプライヤーに求めている．

5-2 調　　達

　製造業者，卸売業者，小売業者にかかわらず，組織には製品，サービス，備品を外部から購入するという業務が存在する．歴史的に，事業遂行に必要な何かを購入するという業務，つまり購買はほかの業務に比べると「厄介なもの」とされてきた．購買はほかの部門で発生した発注を処理し，確実に実行するというだけの低いレベルの管理業務であると位置づけられてきた．購買の役割は，サプライヤーから必要なものをもっとも安く仕入れることであった．しかし，この購買という伝統的なとらえ方は過去20年間で大きく変わった．購入者と販売者の関係を重視した現代のサプライチェーン・マネジメントにおいては，購買の位置づけはより高い戦略的な業務レベルと位置づけられている．多くの人は購買と調達という言葉を混用しているが，**調達**という語がもつ戦略的な役割は，伝統的な購買とは違いがある．

　増加する調達業務の重要性は，いくつかの指標からとらえることができる．もっとも基本的な指標は購入金額合計であり，また戦略的な調達業務からのアプローチによるその潜在的な削減金額である．購入する製品やサービスの金額は，その事業のコストの大半を占める．北米の製造業平均では，売上金額の55％は購入する商品やサービスのコストである[2]．一方で，製造工程中の人件費は約10％にすぎない．全体のコストに占める購入金額の割合は業界によって大きく違うが，戦略的な調達業務による削減可能な購入金額は無視できない．

　さまざまな業界において，この20年間盛んに行われてきたアウトソーシングの流れは，多くの事業者の購入金額を増大させた．今日，組織は単に原料を購入しているだけではなく，すでに高度な加工が施された半製品のような高付加価値商品も購入している．いくつかの機能をサプライヤーに任せることで，自身は競争力のあるコア業務へ資源集中できるようになる．そのために，組織はサプライヤーとの接し方や効率的な管理方法についてより深く考える必要があるだろう．たとえば，GM は第一段階目のサプライヤーと，3PL 業者に部品を途中まで組み立てさせ，半製品を JIT で本組立ラインに供給させている．これらの作業の多くは，過去に GM は自前で行っていた．サプライヤーとの関係を開発し，調整することは，効率的な調達戦略において非常に重要である．効果的な調達戦略を支えるロジスティクスについて，以下で述べていく．

5-2-1 調達の視点

　調達業務の重要性に注目すると，SCM における新たな視点の存在に気づく．ある1つの取引だけを重視した敵対的な交渉をする相手としてサプライヤーをみる視点か

ら，企業の製造戦略やマーケティング戦略を支えるという位置づけでサプライヤーをみる視点に移行する．とくに，供給の安定性，在庫の最小化，品質の向上，サプライヤーの開発，総所有コスト最小化の5つの視点でみることになる．

a. 継続的な供給

原料や部品の不足は，製造工場を止めることになり，多大なコストが発生する．製造の停止はオペレーティングコストを増大させるだけではなく，最終製品を顧客に届けることができなくなるという問題も発生させる．自動車の製造工場において，すべての部品は揃っているのに，タイヤだけないという状態を想像してみよう．自動車はほとんど完成しているにもかかわらず，タイヤが供給されるまで製造は停止せざるを得ない．調達の1つの大きな中心的目的として，継続的な原料，部品の供給，アベイラビリティ（利用可能性）を確保することがあげられる．

b. 在庫の最小化

以前は，大量の原料と部品の在庫をもつことで，それらの不足による製造の停止などを防いできた．しかし大量の在庫をもつには多大なコストがかかり，またそこに投入された資金は固定されてしまう．できればほかにその資金を使いたい．最低限の在庫で，継続的な原料と部品の供給を確保することが，現代の調達業務が目標としていることの1つである．余分な原料や部品をもつコストと，製造停止になる可能性とのバランスをみる必要がある[3]．理想的な状態はJITであり，その部品をまさに利用しようとしているときに到着するという状態である．

c. 品質の向上

調達業務は，組織が製造する最終製品の品質に大きな影響がある．最終製品（サービス）の品質は，その製造に使用される原料や部品の品質に大きく依存している．もし品質の悪い原料や部品を使用すれば，最終製品は顧客の要求に合わなくなるだろう．

購入するそれぞれの部品が十分に品質が高いとしても，まだ足りない．規格にあった部品を多くの異なったサプライヤーから購入している場合，それらがたとえ規格に合っていたとしても，最終製品の品質問題を起こす可能性は残る．掃除機の製造者であるTennantは，規格品である部品を使っていたのにもかかわらず，部品が原因の最終製品故障に直面した．故障箇所は，部品の接続部分であった．Tennantは，多数のサプライヤーと取引し，規格部品の価格低減と供給安定性を試みていた．しかし，他社製造部品どうしの接続は失敗することが多かった．最終製品の品質を向上させるために，Tennantはサプライヤーを絞り込み，密接な関係づくりに努め，また組立作業の一部を委託した．最終製品の品質は格段に上がった．

調達業務を通した品質向上には，組織全体のコストに対する影響も大きい．もし品質の悪い原料が最終製品の品質低下を引き起こした場合，最終製品の廃棄コストや再加工コストが発生する．顧客に届くまで品質の問題が発見されなかった場合，顧客に対する保証や修理，取替えなどによりコストは増大する．コストを考慮しながらも，顧客の求める最終製品とその品質を確保するために，調達担当者は品質の側面からもサプライヤーを管理する必要がある．

d. サプライヤーの開発

調達業務の成功はつぎの5点にかかっている．サプライヤーの位置づけ，サプライヤーの能力向上，サプライヤーの能力分析，サプライヤーの選択，サプライヤーとの協力である．これらによって，継続的な向上を実現する[4]．サプライヤーの開発には，製品購入の意思表明に基づくサプライヤーとの関係強化が重要である．つぎに情報と資源を共有することにより，サプライヤーとより密接な関係を築いていく．たとえば，ある製造業者はサプライヤーと自身の製造スケジュールを共有する．これにより，サプライヤーはより的確に求められるタイミングで部品を供給することができるようになる．ある小売業者はサプライヤーと自身の販売促進スケジュールを共有する．これにより，サプライヤーは一時的に増大する製品発注に備えることができる．この効果的な調達の考え方は，敵対的な関係になりやすい伝統的な購買の考え方とまったく対照的である．

e. 総所有コスト最小化

最終的な結論として，伝統的な購買の考え方と，現代的な調達の戦略の違いは，単なる購入価格の違いだけに注目するのではなく，総所有コスト（total cost of ownership：TCO）に注目するということである．調達のプロは，原料や部品の購入価格は重要であるとは認識しながらも，それはTCOの単なる一部分にすぎないことも認識している[5]．サービスのコスト，ライフサイクルのコストもまた考えなければならない．

購入価格と値引：競争的な入札を通して形成される価格，購入者と販売者の交渉による価格，単なる販売者の言い値など，いろいろな価格が存在するが，この購入価格が調達業務の重要な関心事であることは間違いない．誰も必要以上にお金を払いたくないだろう．価格の引合い時に，購入側はさまざまな値引の可能性を得ることができる．たとえば，購入者により多くの数量を購入させる動機づけとして数量割引が用意されているだろうし，また請求書に対する即時払いを促すために現金割引が用意されることもあるだろう．

サプライヤーによる割引の構造を考えるさい，購入者は単に購入価格だけを考えていてはいけない．購入価格に関係するそのほかのコストについても考えなければならない．たとえば，数量割引を受けた場合，それに伴い増加する保管費用も購入者は考えなければならない．購入する数量が増えることは，保管しなければならない原料や備品の在庫が増えることになる．購入数量の大きさは，その管理費用にも影響がある．**経済的発注量**（economic order quantity：EOQ）のようなロットサイズ決定の技術で，このトレードオフの問題を解決することができる．

決済条件と価格割引についても，購入価格と同時に考える必要がある．決済条件も購入価格に影響を与える．たとえば，あるサプライヤーからの請求即支払い条件による割引は，ほかのサプライヤーの決済条件と比較する必要がある．異なる支払い期間などが提示されているだろう．

一般的に従来の購買の考え方には，ロジスティクス面や支払条件を考慮した価格設定方法や割引の仕組みは含まれていなかった．伝統的EOQでは保管コストは考慮さ

れている一方で，配送コストや荷受，発注単位によるハンドリングコストの違いは考慮されてこなかった．多くのロジスティクス面のコストは無視され，購入担当者がより低い購入単価を引き出すために軽く扱われてきた．しかし，これらロジスティクス面のコストを考慮する重要性はしだいに高まってきている．

サービスの価格算入と切り離し：販売者はふつう，調達に付随するサービスも供給している．付随する付加価値サービスは，購入者にとっての最小 TCO を実現するために比較評価される．購入者，販売者，おのおののロジスティクスオペレーションや，両者の接点部分に，調達に付随するサービスが存在している．

サービスのなかでもっとも基本的なものは，**配送**である．配送がいつ，どこに向けて，どのように実行されるかは，コストを考えるうえで重要な視点である．前節で議論したように，多くの産業では，購入者の工場，倉庫，店舗までの配送を含んだ価格引合いが標準となっている．逆に，購入者が販売者の在庫位置に引取りにきて，自ら目的地に責任をもって配送する場合もある．自社配送車の利用率向上などによって，購入者はトータルコストを下げることができるかもしれない．持帰り値引の経済性がうまく働くならば，配送業者を利用して引取りに行ってもコスト削減になるかもしれない．

購入者が要求する届け先も価格に影響を与えるだろう．たとえば，小売店の配送センターに大きなロットサイズで荷物を運ぶことが 1 つのサービスレベルならば，一方で小分けした商品をそれぞれの店舗まで運ぶことは異なった別のサービスレベルである．異なるサービスでは，異なるコスト負担が購入者と販売者の両方で発生する．

第 3 章では，特別な包装から，販促展示品の用意まで，そのほか多くの付随サービスについて述べた．サプライヤーの工場や，3 PL の配送センターにおける半製品組立は，付随する付加価値サービスのさらなる展開にほかならない．注目すべき点は，すべてのサービスは販売者のコストとなっており，同時に購入価格に転嫁されているということである．サービスの付加価値とコスト（転嫁される価格）のトレードオフは，購入において TCO を決定する主要な要因である．そのために，製品自体の価格は付随するサービスの価格設定と切り離されている必要がある．つまり，すべてのサービスは別々に価格がつけられているべきであり，その結果 TCO の分析をすることができる．第 4 章では，これをメニュー価格設定として述べている．伝統的な購買では，低い購入価格に注目し，付加価値サービスの部分は見落とされてきた．一方で優秀な調達担当者は，これらのサービスは自社内部ですべきか，サプライヤーに行わせるべきか，もしくは必要ないものか考えてきた．付随するサービスの価格が切り離されると，購入者は調達における最適な選択をすることができる．

ライフサイクルコスト：TCO 最小化の考え方を進めると，最終的には多くの要素を含んだ**ライフサイクルコスト**の視点に行き着く．原料，部品，そのほか必要なもののトータルコストは，単なる購入価格や付加価値サービスをこえて，ライフサイクルコストにまで拡張される．これらのコストは製品を受け取る前に発生していたり，商品を使用しているときに発生していたり，製品の使用後しばらくたってから発生したりする．

```
                          ┌─────────────┐
                          │ 総所有コスト │
                          └──────┬──────┘
          ┌──────────────────────┼──────────────────────┐
```

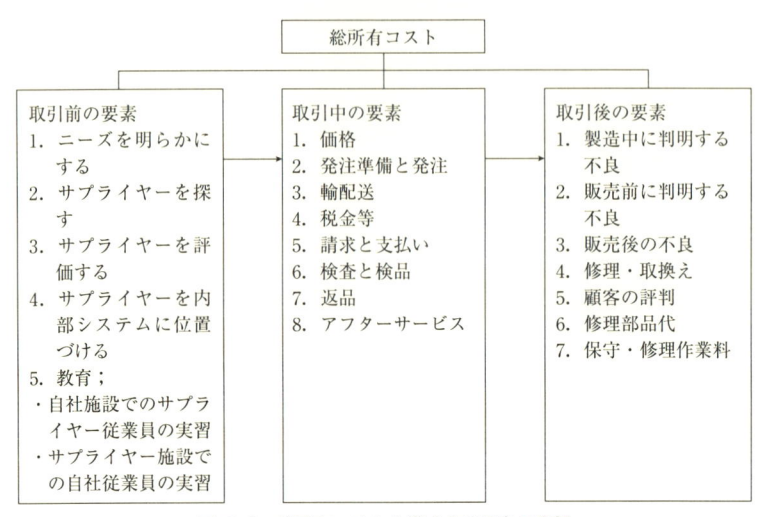

取引前の要素	取引中の要素	取引後の要素
1. ニーズを明らかにする 2. サプライヤーを探す 3. サプライヤーを評価する 4. サプライヤーを内部システムに位置づける 5. 教育； ・自社施設でのサプライヤー従業員の実習 ・サプライヤー施設での自社従業員の実習	1. 価格 2. 発注準備と発注 3. 輸配送 4. 税金等 5. 請求と支払い 6. 検査と検品 7. 返品 8. アフターサービス	1. 製造中に判明する不良 2. 販売前に判明する不良 3. 販売後の不良 4. 修理・取換え 5. 顧客の評判 6. 修理部品代 7. 保守・修理作業料

図 5-2 総所有コストを構成する要素の分類

(出典：Michel Leenders and Harold Fearon, Purchasing and Supply Management, 11ed. (Chicago, IL：Irwin, 1997), p.334. Reprinted with permission.)

ライフサイクルコストの1つとして，調達業務そのものの管理費用がある．潜在的なサプライヤーの探索，交渉，発注の準備，情報の伝達などは調達業務に関わる管理コストの一部にすぎない．荷受，検査，支払いなども重要である．最終製品の欠陥，廃棄，再加工に関するコストは，原料や部品の品質が原因であることも多く，購入した顧客への保証と修理に関するコストも同様に考慮しなければならない．使用後の製品回収やリサイクル，再資源化に関するコストもTCOに影響がある．

図5-2でTCOを構成するさまざまな要素を整理した．調達業務のなかでそれぞれの要素が考慮されるならば，多くの企業で数多くの改善がはかられることは間違いない．購入者と販売者が敵対的な価格交渉を行う状態ではなく，サプライヤーと密接な協働関係が実現している状態において，改善できる部分は大きくなる．サプライヤーとの協力体制のなか，購入者と販売者の双方のコストを削減するためにさまざまな戦略が採用されるだろう．その結果，サプライチェーンは効率的になり，サプライヤーは顧客の要求に効果的に応えられるようになる．戦略については，次項で詳しく述べる．

5-2-2 調達の戦略

サプライチェーン・マネジメントの考え方を支える効果的な調達の戦略は，購入者と販売者は伝統的な敵対関係ではなく，密接な協力関係を前提とする．とくに3つの戦略を考えたい．**数量的統合，サプライヤーとのオペレーション統合，価値管理**である．どの戦略も，サプライチェーン・パートナー間の相互作用の度合を増加させる．これらは別々に考えるものではなく，発展の進化の過程といったものである．

a. 数量的統合

　効果的な調達戦略が発展していくときの1つ目のステップは，サプライヤーの数を減らすことを伴う取引先の絞込み（数量的統合）である．1980年代の初め，企業の多くは大半の購買品目について多数のサプライヤーと取引していた．実際，当時の調達に関する書物には，多様なサプライヤーをもつことは最高の調達戦略であると書かれている．この方法には多くの利点がある．1つ目は，潜在的なサプライヤーが絶えず低い価格を提案してくるため，購入価格がもっとも低いレベルであることが保証されていることである．2つ目は，多くのサプライヤーを抱えることで，特定のサプライヤーへの依存を減らすことができた．サプライヤーに発生する可能性がある従業員のストライキ，火事，品質問題などによる供給のリスクを減らすことができる．たとえば，UPSの運転手たちが1998年にストライキに入ったさい，UPSだけに依存してきた多くの組織は顧客に商品を届けることができなかった．ほかにも配送業者はあったが，誰もUPSが扱っていた膨大な量の荷物を扱う能力がなかった．多様なサプライヤーをもつ理由はほかにも存在するが，以上の理由が基本原理である．

　サプライヤーの数を減らし，発注する数量をまとめると，サプライヤーのビジネスに占める割合が大きくなる．少なくとも，これは購入者のサプライヤーに対する交渉力を高める．また，サプライヤーの数を減らし発注数量をまとめることで，サプライヤーに多くの利点を与えることができる．これはより重要なことである．少数のサプライヤーとの協力的な関係が構築されると，サプライヤーはかれらが得る利点を購入者に返すことができる．もっとも明らかな利点は，1つのサプライヤーに購入数量を集中させると，サプライヤー側の業務で**規模の経済**が発生することである．多くの製品に固定費負担をさせることができ，製品1つ当たりの固定費負担を少なくすることができる．Tennantでは，部品のサプライヤーを16から1に減らした．残った1つのサプライヤーは，Tennantへの販売が増えたため，マーケティング，配送，製造において経済性を高めることができた．加えて，サプライヤーは大量の販売に確信がもてるとき，製造能力を高め，顧客サービスを向上させるよう製造工程に投資をするようになる．購入者が絶えずサプライヤーを変更していると，どのサプライヤーもこのような投資をする気にならない[6]．

　サプライヤーが1つだけの状態は，明らかに供給リスクを増大させる．このため，サプライヤーを減らすには，サプライヤーを厳密に評価し，選択し，監査するといった業務が求められる．多くの事例では，優秀な調達担当者はサプライヤーの組織に深く入り込み，より好ましい信頼できるサプライヤーを開発している．1つ注意したいのは，数量的統合はサプライヤーを1つにすることを意味しているわけではなく，従来の伝統的な購買の状態に比べサプライヤーの数を絞ることを意味している．もしサプライヤーを1つにする場合，緊急時の対策案などを作成しておくことが望ましい．

　数量的統合によって削減できるかもしれないコストは，無視できないほど大きい．あるコンサルティング会社が推定するには，5～15%の範囲で購入金額や付随するコストを削減することができるという[7]．典型的な製造業者は売上の55%が購入し

た製品のコストであるが，数量的統合を通して10%コスト削減ができるとすると，売上100億ドルの企業で5.5億ドルの税引前利益をあげることができる．

b. サプライヤーとのオペレーション統合

調達戦略のつぎの発展段階では，サプライチェーンのオペレーション効率向上を目指して，購入者と販売者がそれぞれの業務プロセスや作業を統合し始める．購入者と販売者間の業務改善やトータルコスト削減を目的に，企業間提携やパートナーシップの形態で統合が始まる．

統合はさまざまな方法で行われる．たとえば，購入者が販売者に販売/発注情報システムへのアクセス権を与えることで，より早く製品の販売状況を販売者に知らせ，また将来の購入の予定を知らせることができる．これらの情報によって，販売者はより効率的に低コストで原料を用意することができる．販売者が購入者からのより確実な購入情報を得ることで，見込生産や販売促進などの無駄を減らすことができ，コスト削減が可能となる．

購入者と販売者が協力して供給管理のプロセスを再構築することにより，さらなるオペレーションの統合が起きる．簡単な事例だが，**EDI**を構築することで，発注に要する時間や間違いを減らすことができる．両者が共通して行っている業務や作業を減らすことも，より進んだ取組みである．たとえば，サプライヤーの能力が信用に足るものならば，購入者は荷受けした製品の検数や検査をする必要はなく，より進んだ協力体制といえる．多くの企業は，ロジスティクスを調整しオペレーション統合を成功させている．たとえば，**連続補充方式（CRP）**や**ベンダー管理在庫（VMI）**などである．オペレーション統合によるTCO削減には，大きな可能性がある．

いくつかのオペレーション統合の取組みでは，双方向の教育，情報交換を通してトータルコスト削減を目指している．たとえば，Honda of Americaはサプライヤーに深く入り込み，かれらの品質管理能力を向上させている．Honda of Americaは自社の人材をサプライヤーの工場に送り込み，部品の品質向上や部品再加工などのコスト削減を手助けしている．サプライヤーのコスト削減を支援する一方で，この取組みによりホンダアメリカは高い品質の部品を調達することができ，最終的にHonda of Americaの利益となる．

オペレーション統合の基本目標は，無駄を省き，コストを減らし，購入者と販売者の両方がともに向上できる関係を構築することである．上記の例は，統合がこの基本目標を実現するのに役に立つこと示した一例にすぎない．事業者をこえた協働による創造性は一事業者だけでは成し遂げられないシナジー（相乗作用）を生み出す．サプライヤーとのオペレーション統合によるコスト削減効果は，数量的統合による削減効果に加え，さらに5〜25%あると推定されている[8]．

c. 価 値 管 理

サプライヤーとのオペレーション統合を実現すると，自然とつぎの調達戦略である価値管理に移行する．価値管理はより強いサプライヤーとの統合の側面をもっており，購入者と販売者のオペレーション統合をこえて，より包括的な関係となる．価値工学，簡略化，製品開発段階からのサプライヤーの参加は，TCOのより大きな削減

5-2 調　達

```
アイデア想起 → 評価 → コンセプト開発 → 設計 → 試作品
```

(縦軸：高い／低い、横軸：時間)

曲線：設計変更にかかるコスト／設計変更の自由度

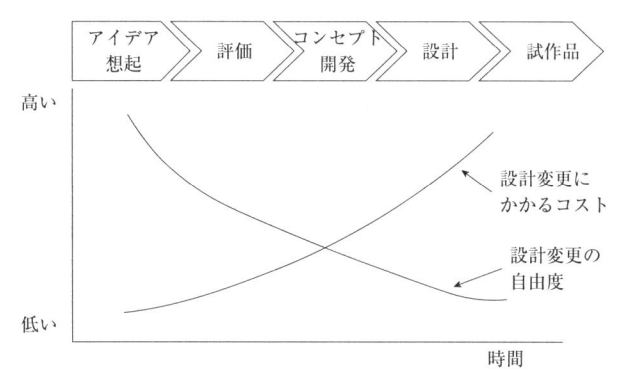

図 5-3　設計変更の自由度とコスト

(出典：Robert M. Monczka, et al. *New Product Development: Strategies for Supplier Integration* (Milwaukee, WI: ASQ Quality Press, 2000), p.6.)

を目指し，調達部門がサプライヤーと協同して行う取組みの代表例である．

価値工学は，製品開発の早い段階から原料や部品への必要条件を詳細に調査し，評価し，最小のトータルコストを実現する原料や部品の組合せで設計する，という考え方である．図5-3は，サプライヤーが早い段階から製品開発に関わることが，コスト削減に大きな効果があることを示している．企業の新製品開発はアイデアを出すところから，いくつかの段階を経て最終的に製品化する段階までであるが，開発段階が進むに連れて設計変更の自由度は減少する．設計の変更は初期段階では容易に受け入れられる．しかし，プロトタイプを作成するような段階では設計の変更はきわめて難しい．設計の変更にかかるコストは自由度の低下と反対に上昇し，プロトタイプを作成したあとではきわめて高いコストがかかる．製品開発の早い段階からサプライヤーを参加させれば，事業者はサプライヤーの知識や能力を利用することができる．

自動車製造業者の事例は，製品開発の早い段階からサプライヤーを参加させることで得られる可能性について示している．新型車に搭載されるフロントバンパーの設計で，設計担当者はその腕木部分の設計をほぼ完成させようとしていた．そのとき，組立業者（実際の製造は数年先だが，すでにこの業者に組立依頼することは決定していた）の技術者が腕木の場所を1/2インチ動かすように頼んだ．設計技術者は最終製品のデザインに影響しないことを確認し，動かすことを承諾した．設計技術者はなぜ組立業者の技術者がこのような提案をしたのか興味をもち尋ねると，「腕木をこの位置に動かすと，現在もっている設備で組み立てることができるから」と回答した．もとの設計では，新しい設備のために新たな投資が必要であった．この変更により，25～30%のコスト削減が実現できた．

価値管理は明らかに調達部門の業務範囲をこえており，内部にも外部にも多くの協力者が必要である．調達部門，設計部門，製造部門，マーケティング部門，販売部門，ロジスティクス部門の代表者が集まるのと同時に，サプライヤーもチームに参加

させ，最小のトータルコストを目指し，効率を上げ，より顧客の要求にあった製品を開発するために，購入部品のコストや機能性を評価する．価値管理によるコスト削減の可能性は事業者によって大きく違うが，数量的統合やサプライヤーとのオペレーション統合で得られる削減コストをこえる可能性があると，Mercer Management Consulting の調査は報告している[9]．

5-2-3 購買要求のセグメント化

パレートの法則は，ほかの業務で適用されるのとまったく同様に調達の業務にも適用できる．調達ではつぎのように考える．数ある購入品目のうち，一部の原料，部品，サービスが購入金額の大半を占める．つまり，すべての購入品が同じではないということである．しかし多くの事業体では，影響の小さな購入品にも，戦略的にもっとも重要な購入品と同様の調達方法を適用している場合も多い．10000ドルの原料と100ドルのコピー用紙の両方に同じ調達方法を適用していたりする．すべての購入品は同じではないという考えから，多くの企業では購買要求をセグメント化し，優先順位をつけ，資源や人材を割り振り始めている．

単純に購入金額の大小をセグメント化の指標にするのは間違いである．戦略的な原料もあれば，そうでないものもある．いくつかの部品はビジネスの成功に大きな影響があるだろうし，いくつかの部品は複雑であったり，リスクが高かったりするだろう．たとえば，自動車の組立ラインへの座席の供給を失敗した場合，それは大問題だろう．一方で掃除用備品の供給を失敗することはたいした問題ではない．発注処理システムの購入は事業体全体に大きな波及をもたらすが，新しく配属になった営業担当のためにノートパソコンを購入することは比較的単純な仕事である．大事なことは，適した調達方法を適用することである．数量的統合と供給者の削減は，ほとんどすべての原料やサービスに応用できる．そこからもたらされる利益は，本章で述べてきたように，原料の場合と同様に備品でも得ることができる．オペレーション統合は組織間の製品と情報のフローを改善する取組みであり，高いロジスティクスコストが発生している製品や，付加価値増加にロジスティクスオペレーションが貢献できる製品に適している．価値管理のアプローチは，もっとも重要な購入品のサプライヤーと取り組むのがよい[10]．

5-2-4 eコマースと調達

情報技術と情報システムの急激な広がりは，多くの事業者で調達業務に大きな影響を与えた．実際の日々の調達業務では，伝統的に手作業による膨大な量の事務処理であり，その結果遅く，また間違いが発生しやすかった．調達業務への情報技術の利用は，業務の迅速化と間違いの減少，そしてコスト削減を実現する．

a. 電子調達の基本

調達に関する電子的な商取引で，もっとも普及しているものは**電子データ交換**（EDI）であろう．言葉が示すとおり，EDIとは企業とサプライヤーの単純な電子データの交換である．この技術により，複数の企業が正確かつ迅速に情報を供給し獲得できるようになる．多様な種類の情報が，直接やり取りされている．たとえば，引合い，発注，受注，発注の処理状況，製品の追跡情報，製品の履歴情報などである．

1990年代にEDIの使用が拡大し，その利点が知られるようになった．データの標準化，正確な情報，迅速な情報，在庫削減に影響するリードタイムの短縮，TCO削減などが利点として認識されるようになった．

購入者と販売者が統合していくなかで，EDIはもっとも基礎的な段階で行われる．理論的には，購入者はサプライヤーと正確に，迅速に，双方向の引合い，スケジュール，発注，請求書などをやり取りできる．組織間の透明性を高める道具であり，サプライチェーンのプロセスを統合するために必要である．

調達業務で利用されているもう1つのeコマースは，**電子カタログ**である[11]．商品に関する情報とそのサプライヤーの情報を簡単に提供することができる．電子カタログは，購入担当者が製品の基本情報，規格，価格などの情報を得ることを迅速かつ容易にする．EDIシステムに接続する場合にも，電子カタログは購入担当者がすばやく必要な商品をみつけ，発注することを容易にする．多くの組織は自身の電子カタログを作成し，また多くのサプライヤーからの製品を掲載する電子カタログを作成することに力を注いでいる．購入担当者は製品の特徴，規格，価格を容易に比較することができる．とくに標準品や，価格がもっとも重要な評価指標である製品については価格の低下も起き得るため，大きな調達コスト削減が可能になる．

b． インターネットとB2B調達

インターネットを利用したB2Bシステムの開発は，非常に興味深い調達に関するeコマースである．インターネットとワールドワイドウェブは，B2Cの領域よりもB2Bの領域において，ビジネスコミュニケーションに大きな影響をもたらすと予測されている．1996年ごろ，インターネット経由でビジネスを行うことができないサプライヤーはビジネスの対象外とされるであろうと，GMやWal★Martを含むいくつかの大きな組織が発表した．B2Beコマースの未来は，さまざまな意見があるが，B2Cのそれよりも少なくとも1兆ドル以上がインターネット上で取引されるであろうと，ある信頼できる機関が予測している[12]．

伝統的なEDIと比較して，インターネットの利点はコンピュータシステムの互換性の技術的問題を解決した点にある．EDIではシステムの互換性を解決しなければならない．インターネット自体は購入者と販売者にファイルや情報交換を容易に行う機能を提供する．GEが開発したTPN（trade process network）は，いままで手作業で行ってきた特注品の部品調達プロセスを完全に電子化したシステムである．このシステムは，設計図，要求規格とともに見積り要求を世界中のサプライヤー候補に送る．このシステムにより購入コストを大きく削減し，サイクルタイムを50%程度削減したとGEは報告している[13]．

インターネットを使って構成されたB2B取引市場のもう1つのかたちは，e-Chemicalsの開発事例にみることができる．この企業は中間業者の立場で，インフォメーション・インターメディアリー（情報交換の仲介，information intermediary）を行っているため，インフォメディアリー（informediary）といわれる．小さな単位での化学物質の取引は，購入者と販売者の両方にとって難しい．化学品製造会社は多くの小さな量の注文を受けることを嫌がり，また販売，マーケティング，ロジスティクスの

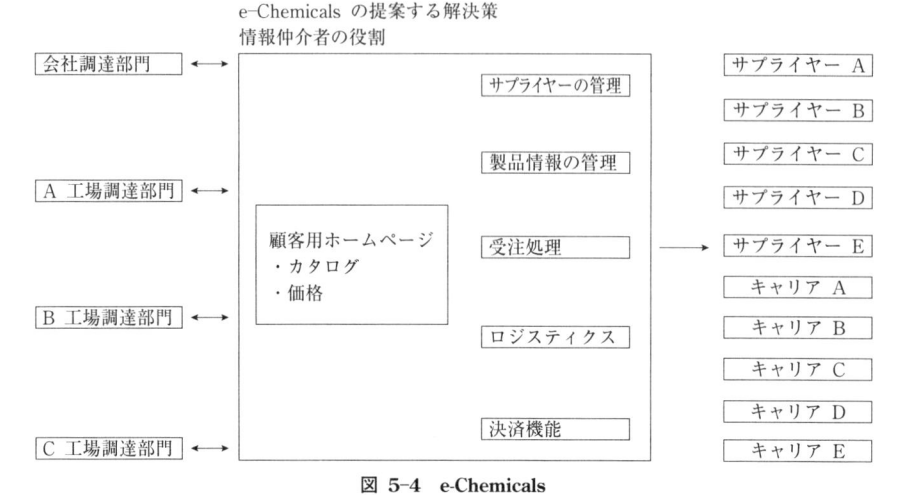

図 5-4 e-Chemicals

e-Chemicals の提案する解決策
情報仲介者の役割

会社調達部門 ⟷ ┃ サプライヤーの管理 ┃ → サプライヤー A, B, C, D, E

A 工場調達部門 ⟷ ┃ 製品情報の管理 / 顧客用ホームページ・カタログ・価格 / 受注処理 ┃

B 工場調達部門 ⟷ ┃ ロジスティクス ┃ → キャリア A, B, C, D, E

C 工場調達部門 ⟷ ┃ 決済機能 ┃

（出典：e-Chemicals, Inc. Reprinted with permission.）

視点から高コストであると考えていた．同様に，小さな量の注文をしたい購入者も大きな化学品製造会社と取引するのは難しいうえに高コストであると考えていた．業界には卸売業者が存在するが，かれらもいくつもの問題を抱えていた．たとえば，数多くの業者によって製造された多岐にわたる在庫を維持することなどである．e-Chemicals はインターネットを利用してこれらの問題を解決した．e-Chemicals は主要な化学品製造会社と関係を構築し，無数の購入者から小さな単位で注文を取った．図 5-4 にあるように，これらの小さな単位の注文を処理し，まとめ，大きな単位にして化学品製造会社に発注した．一方で 3 PL に引取りと配送を手配し，提携している金融機関を通して請求と回収を行った．化学品製造会社はもはや小さな注文を取る必要がなくなるという利点があった．購入者は，いくつもの化学品製造会社からの商品を 1 回の配送で受け取ることができ，請求書は 1 枚だけであり，支払いもそれに対して 1 回だけでよくなった．また伝統的な卸売会社より供給の信頼性が高く，これも利点である．e-Chemicals はサービス料金を取るが，この料金より費用削減の方がずっと大きい．e-Chemicals のようなシステムの開発は金属，機械，農業資材などの業界でも行われた．

buying exchange システムもインターネット関連の開発である．いくつかの企業はすでに自前でサプライヤーと取引ネットワークを構成していたが，場合によっては競争者にもなりうる企業が協力し，共通の原料，部品を扱うために構築されたのが buying exchange システムである．自動車産業では，GM，Ford，DaimlerChrysler はそれぞれ自前で別の取引ネットワークをつくっていたが，その後 buying exchange システムを共同で構築すると発表した[14]．サプライヤーが部品の引合いや要求規格，さらには生産スケジュールもインターネットを通してみることを可能にした．多くの

場合，自動車メーカーは共通のサプライヤーと取引している．よって，サプライヤーは1か所ですべてのメーカーの部品需要を確認することができ，より効率的な生産と配送の計画を立てることができる．数量的統合の効果が出る数量まで，購入者たちが標準品を発注せずに貯めておくことも可能である．

　buying exchange システムを通した調達業務の可能性ははかりしれない．同様のシステムは航空機の部品業界，化学品業界，鉄鋼製品，食品，小売業界などでも開発されている．たとえば，Sears と Carrefour は，どちらも世界的に大きな小売業者であるが，GlobalNetchange システムを共同で開発し，オンラインでサプライヤーと 800億ドルの調達を行っている[15]．サプライヤーは小売店の販売や在庫の推移をみることができ，最適な生産計画を立てることができる．引合いから発注，請求，支払いまでの調達業務の全体がウェブサイトを通して電子的に行われている．

　trading exchange システムや buying exchange システムは多くの利点をもっている一方で，潜在的には否定的な部分もある．これらのシステムにより，最終的に購入担当者が価格をより厳しくみるようになる可能性をサプライヤーはおそれている．サプライヤーがウェブサイトでいくつものサプライヤーに引合いを出し，入札のようなかたちを求めたり，もしくはサプライヤーにオークションに出すよう要請したりした場合，すでに行われているサプライヤーとの統合や価値管理の取組みがうまく働かなくなる可能性がある．よい方向に行くのかどうかは，いまの時点ではわからない．

　サプライチェーン・マネジメントにおいて，企業と外部サプライヤーの関係は重要である．この関係は，外部事業者から内部のオペレーションへの原料，資源の統合を可能にする．調達担当者は可能なかぎり効率的に，効果的に調達が行われるよう努力する責任がある．調達部門が担当する業務の大半は，組織とサプライヤーのロジスティクス接点部分に集中している．調達の最終目標は，製造部門の要求を考慮しつつ，モノの流れを統合していくことである．つぎの節では，いくつかの製造戦略について述べながら，ロジスティクスへの要求事項を明らかにしていく．

5-3 製　　　造

　サプライチェーンのなかで多くの企業が製造に従事している．ほとんどの企業には調達とマーケティングの業務が存在するが，製造者はさらに原料から消費財もしくは産業材をつくり出すことによって価値を付加している．製造者は製品とサービスを生産し，組み合わせ，マーケティングを行い，最終消費者や中間業者に供給することで価値を創造している．たとえば，小売店は幅広い製造者から製品を購入し，消費者に魅力的な品揃えを創造している．この節では製造者の視点からサプライチェーンの構造と戦略についてみていく．調達について議論した前節同様，本節の目的はサプライチェーン・オペレーションのなかで製造部門を支援し，統合するために必要なロジスティクス部門への要求事項と取組みについて明らかにすることである．

5-3-1 製造の視点[16]

　企業が製造する製品の種類は，技術力とマーケティング戦略に影響を受ける．販売の可能性と先進性のリスクをとるかどうかのみきわめが製造業の競争力となる．基礎

的な製造の部分から始まり,付加価値の高い状態になるまで,製造者は新しい製品の種類を創造し,発明する.新たな市場での先駆け的成功は,消費者やサプライヤーにその企業の競争力を印象づける.サプライチェーンのほかの業者にとって,自動車の部品製造業者は,衣料製造業者とは別のものである.製造している製品の違いもあるが,それよりも競争力に関係する知識,技術,工程,戦略の違いが企業の差別化要因となっている.製造者のイメージは,ビジネスの内容,新たな製品の研究開発,付加価値サービスにより継続的に変化していく.製造者が示す能力と競争力の組合せはさまざまである.製品,サービス,各種能力,競争力の組合せは,サプライチェーンにおける組織の価値提案力を表しており,つまりサプライチェーンにおけるチャンス(機会)の大きさ(広がり)を示しているのである.製造者の競争力は,**ブランド力**,**製造数量**,**製品のバラエティ**,**制約**,**要求リードタイム**によって決定する.

a. ブランド力

多くの製造者は多大な資金を投じ,ブランドを創造し,認知させ,潜在顧客に自らを印象づける.その結果,製造者はその製品ブランドをもって区別されるようになる.顧客の購買選好の測定は,製造者の評判,製品品質,サプライチェーンにおける能力に基づいており,これらはブランド力として認識されている.

サプライチェーンにおける購入者は,最終顧客から中間業者まで幅広い.製造者のブランドが顧客によく知られ,受け入れられており,また好まれているような市場の状況であれば,製造者はその市場で成功するだろう.一般的に,「購入者のあいだでそのブランドイメージが強いほど,その製造者はサプライチェーンの構造や戦略を決定する力が強い」.たとえば,芝地や庭で使用する製品,農業機械の販売方法,流通方法,整備の方法は,Deere & Company が決定している.

顧客のブランド認知にとって,ある製品ラインをブランド化し販売している企業が,実際に製造や組立,もしくはロジスティクスサービスに従事する必要はない.ある製品を販売するために,いくつか,もしくはすべての製造工程とロジスティクス業務を外注してしまうことも珍しくない.製造工程,コスト,サプライチェーンで次工程となる業者もしくは場所が,外注行為の優劣を決定する.工場とサプライヤーと顧客の地理的な位置関係によって,原料,部品の調達物流と最終製品の販売物流に関するロジスティクスへの要求事項は決まる.付加価値サービスの種類,製品の供給方法,供給時期,供給経路の特徴が,ブランド力に直接の影響を与える.このような場面で,サードパーティ・サプライヤーが強いブランドの開発に一役買う場合もある.

b. 製造数量

1個当たりの製造コストと製造数量の切口で製造工程を分類することができる.以前は,規模の経済という原理に基づいて製造数量は考えられていた.製造する数量が増えると,1個当たりの平均コストは減少するという仕組みが**規模の経済**である.つまり,1個当たりの製造コストが下がり続けるかぎり,製造数量は増やし続けるべきであるということになる.製造工程の特化,専門の人員,設備の固定化,調達の経済性,制限された製造工程の段取替えといった条件がそろったとき,規模の経済はその効果を発揮する.

製造に高価な設備,固定費が必要な場合,規模の経済はきわめて重要である.典型的な例としては,紙,鉄鋼,石油精製などがあげられる.実際,いくつかの石油加工会社は石油精製工場を内部のサプライチェーンから切り離し,独立した外部のサプライヤーと位置づけた.その結果,石油精製品をほかの潜在顧客にも販売できるようになり,規模の経済を最大限利用することができた.

製造数量が影響力をもつ産業,段取替えに大きなコストがかかる産業,大きな投資が求められる産業では,工場を大ロットで稼働する傾向がある.製造数量が影響力をもつ製品のサプライチェーンを設計するさい,ロジスティクスの点から2つ考えるべきことがある.1つ目は,**製造頻度**である.製造頻度は,調達ロジスティクスと出荷ロジスティクスの両方に影響がある.サプライチェーンのオペレーションは製品の単位期間当たりの「製造切り替え回数」に対応できていなければならない.2つ目は,単位製造期間中に製造される製品の数量もしく**ロットサイズ**である.製造後のサプライチェーンで扱う単位となり,また保管するさいの単位にもなる.

c. バラエティ

規模に支配される製造の状況とは反対に,柔軟性を特徴とした製造技術がある.このような製造工程では,比較的頻繁に製造する製品が変わり,小さなロットでくり返し製造される.規模の経済とは対照的に,効率性を保ちながらも,製造工程はある製品から別の製品へすばやく切替われることが特徴となっている.この状態を**範囲の経済**があるという.範囲とは,さまざまな製品を製造するにあたり,製造の工程がさまざまな原料,設備,人材の組合せにも対応できることを意味している.

種類とは,ある製造工程で生産することができる製品の幅を示している.種類の多さは,製造工場内の製品が動いていくルートや,特化した設備ではない通常の製造設備の使用と関係がある.範囲の経済の実現には,ある製品から別の製品への段取替えのスピードも求められる.種類が多いということは,多品種の原料が,小ロットのさまざまな製品となるということである.自由度の高い製造を支えるための輸送方法や保管方法がロジスティクスに求められる.

d. 制 約

すべての製造工程は,規模の経済と範囲の経済のバランスをとって成り立っている.製造数量と種類は,ロジスティクスへの要求項目を決定する.製造数量と種類のあいだには,製造計画をつくるさいに考慮すべき各種制約が存在する.「製造能力」,「設備」,「段取替え(製造工程切替え)」の3種類が基本的な制約となり,製造計画に影響を与える.理想的な製造オペレーションは制約によって修正を余儀なくされる.さらに販売の見込みと販売促進の計画に基づいて調整が行われ,最終的な製造計画となる.

製造能力は名前のとおり,単位時間のあいだに製造できる数量をはかったものである.重視すべきは十分な品質の製品を製造できる「実際」製造能力である.工場,工程,設備にはそれぞれ「規格」製造能力があるが,意味のある数値は実際製造能力である.実際製造能力は,予定されている時間内に予定されている単位当たり製造数量に達し,またその製造数量を維持する能力である.製造の競争力をはかる項目の1つ

は，予期しない変更を行ったさいに，製造工程が実際製造能力まで到達するスピードである[17]．製造の敏捷性，調達の敏捷性，ロジスティクスの敏捷性のすべてが，この測定項目に反映される．

設備という制約は，設備の並び方と使用方法の自由度に関係している．生産する製品の種類は使用可能な設備の種類と製造工程の順序に制約される．製造要求事項によっては比較的簡単に別の設備を使用したり，順番を変更したりできるものもある．多くの場合，ある設備もしくはある工程が全体の生産のボトルネックになり，生産の能力を制約している．ロジスティクスも同様であり，設備のさまざまな使用方法に合わせて変化する要求事項への対応能力は，製造工程の自由度を促進もし，また制約ともなる．優秀な製造担当者は，オペレーションを制約しているボトルネックの削減に多くの時間と資源を費やしている．この制約やボトルネックに注目した経営管理の理論は**制約理論**（theory of constraints：TOC）と名づけられている[18]．

段取替えは，もう1つの制約であるが，先に述べた種類と密接な関係がある．段取替えにかかる時間短縮と，実際製造能力に到達する時間短縮の両方ともが十分な発展を遂げている．過去には段取替えに十数時間，もしくは数日かかっていたものが，今日では数時間で行えるようになっている．たとえば，塗料スプレーのようなモジュラー生産ユニットでは，オフラインで切り替えられ，調整，較正され，組立工程に導入される．もちろんすべての段取替えスピードアップの努力は，ロジスティクスの支援を必要とする．

e．リードタイム

製造の**リードタイム**は，製造の指示が工場に伝えられてから，すべての作業を終え商品が出荷できる状態になるまでの経過時間を測定したものである．どのような製造工程にも，**稼働時間**と，**不稼働時間**の両方が存在する[19]．

稼働時間は，段取替えの時間と実際の製造に必要な時間の合計である．リードタイム全体のなかで実際の製造にかかる時間が占める割合が大きいほど，段取替えの効率性が高い場合が多い．稼働時間の効率性は，先に述べた製造数量や種類とトレードオフの関係にある．

製造工程では思わぬ時間のロスが発生する．工程全体や，あるライン，もしくはある機械での処理待ちや故障，ロジスティクスの失敗による製造停止などによって，全体の製造能力は低くなる．すべての予期せぬ遅れは，深刻なボトルネックの問題を招く．たとえば，75〜95％の非生産時間は製造工程中の予期せぬ処理待ちなどによって発生するとMelnykとChristensenは試算している[20]．いうまでもないが，製造管理者は重要な原料や部品の到着遅れや欠陥品による予期せぬ製造の遅れを決して許さない．部品や原料を供給するサプライヤーのロジスティクス遅延は，計画製造数量を達成できないというかたちで現れる．企業の戦略はリードタイムの善し悪しに影響を受ける．一般的に，製造リードタイム短縮と予期せぬ処理能力の波を管理もしくは削減した企業は，顧客の要求に応える自由度を増加させ，また同時に低コストの製造を実現している．

製造を支えるロジスティクスオペレーションはさまざまなかたちで製造オペレーシ

ョンの効率性に影響を与える．顧客の注文を確実に時間どおりに充足し，また注文の追跡能力をもつことは，ブランド力を潜在的に支える．製造頻度と関係があるロットサイズの効率性は，信頼できるロジスティクスの支援がなければ実現されない．大きな製造ロットで生産すると，大きな製造ロットを扱えるロジスティクスが求められる．規模の経済性は，最適な原料の調達とサプライチェーンを通した平均的な在庫投資に支えられる．種類を重視した製造の場合，頻繁な段取替えなどによりロジスティクスへの要求実行が複雑になる．ロジスティクスの善し悪しは各種制約の管理にも重要である．ロジスティクスの質と自由度によって，制約は発生し，また解決もされる．高いレベルのリードタイムを実現するにも，ロジスティクスが重要である．とくにロジスティクスの失敗は予期せぬ遅れを発生させ，製造リードタイムを長くしてしまう．

　製造能力に影響を与えるほかの原因同様に，ロジスティクスとの接点部分で発生するオペレーションの溝は在庫を保有することで解決する．顧客の要求が，製造者の，もしくはサプライヤーの適時適所に製品を届ける能力をこえている場合，在庫が必要となる．これらの原料や最終製品の在庫を管理することも，ロジスティクスの重要な担当業務である．

5-3-2 製造の戦略

　それぞれの製造工程や市場に特有の性質は，実際に取り得る戦略の幅に制限を与える．取り得る製造戦略の幅は，マーケティングと技術力の両方から制限される．マーケティング側面を明らかにすると，顧客が支持するかどうかという点から製造の戦略は方向づけられる．競争力のある製造モデルを戦略として取り得るかどうかは，技術力が決定する．たとえば，規模の経済性を期待して設計された製造工程をもつ製造者は，生産の自由度も高めたいと望んでいる．しかしながら，製造頻度と段取替え能力を高めるためには，多大な投資が求められるだろう．

　時間が経ち，市場の状況が変化し，利用できる技術が向上すると企業は戦略の方向性を変化させる．たとえば，鉄鋼産業について考える．長いあいだこの産業は規模の経済性獲得を目指してきた．しかし近年は，付加価値サービスと多品種の新しい鉄鋼商品を求める市場に対応できる製造工程を目指すようになってきた．Steel Service Centerの登場は，顧客の選択の幅を高める方法として，投機戦略が採用されたことを示している．基本的な鉄鋼商品の生産状況も大きく変化している．新しい工程の技術が，大規模生産への長期間の依存を減少させる手法として導入されている．市場と製造工程の変化が鉄鋼製造業者の戦略を方向転換させている．

a. 製造戦略と市場要求の合致

　第3章では，典型的なマーケティング戦略としてマスマーケティング，セグメントマーケティング，ワンツーワン・マーケティングの分類を紹介した[21]．これらの戦略は，対応すべき商品とサービスの幅によって分類される．マスマーケティングでは製品とサービスを多様にする必要はない．逆にワンツーワン・マーケティング戦略では，注文にしたがってつくるような特殊な商品やサービスを，1人1人の顧客に対して供給する．顧客の特殊な要求へ対応するために求められる自由度と迅速さの面か

図 5-5 製造のトータルコスト

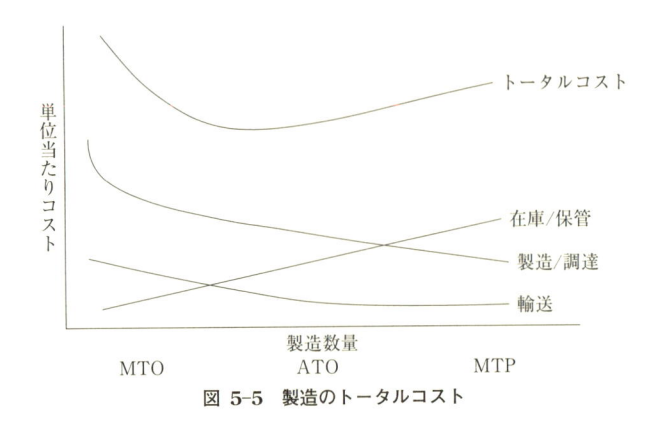

(縦軸: 単位当たりコスト、横軸: 製造数量)
曲線: トータルコスト、在庫/保管、製造/調達、輸送
MTO — ATO — MTP

ら，企業のマーケティング戦略の方向性は製造能力と直結する．多くの場合，企業の製造能力が実行可能で有効なマーケティング戦略を決定している．製造企業が競争力をもつには，製造能力を市場への効果的な価値提案と統合させなければならない．

b. 戦略の選択

もっとも一般的な製造の戦略は，**見越生産**（make-to-plan：MTP），**受注生産**（make-to-order：MTO），**受注組立生産**（assemble-to-order：ATO）である．MTPは見込生産（MTS: make-to-stock）としても知られている[22]．

通常，MTP戦略は規模の経済性を享受する産業で特徴的に用いられており，長期間にわたる製造が行われている．将来の顧客の需要予測に基づいて，最終製品の在庫を生産する．MTPを採用した場合のロジスティクスへの要求事項は，大量の最終製品を保管し，顧客ごとの製品品揃えを容易にする倉庫の能力である．自由度の高い製造方法が導入され，段取替えが短時間で行えるようになれば，在庫のロットは数量的に小さくなる．しかし倉庫は依然として一時的な保管と，効率的な製品品揃え能力を求められる．

逆にMTO製造戦略では，顧客の規格に合った製造を目標とする．MTOは伝統的なジョブショップ方式をさすのではなく，比較的小さな数量を正確かつ規格に一致させて製造することをさす．ロジスティクスには一時的な保管能力と，出荷するさいに荷物をまとめる能力が求められる．MTOで生産された製品の大半は，直接顧客に届けられる．

ATOでは，将来の顧客の需要を見込んで製品の基本部分や部品などは製造される．しかし，この時点で製品を完全には組み立てず，顧客の注文が入ってからカスタマイズして組み立てる．出荷直前まで最終組立を行わないかたちは，完成の**延期**という製造原理の導入といえる[23]．ロジスティクスの能力はATOオペレーションの成否を左右する．ATOで生産する商品の最終組立を流通倉庫で行うことも多くなってきている．ATO製造原理の魅力は，MTPで典型的にみられる規模の経済性とMTOがもつ自由度の側面を組み合わせることができる点である．ATO戦略を完全に導入するには，

倉庫作業とカスタマイズ，最終組立のプロセスを統合する必要がある．

c. 製造のトータルコスト

マーケティングと製造の戦略によって，ロジスティクスへの要求事項は異なる．たとえば，MTO 製造戦略では，MTP や ATO の場合と比べ，最終製品の在庫は少ない．しかし MTO 戦略では原料や部品の在庫は多く，最終的にはコストの高い流通形態となりやすい．このようにコストのトレードオフが存在するため，ロジスティクス支援システムは**製造のトータルコスト**（TCM）を考慮して設計される必要がある．

製造のトータルコストは，製造/調達，在庫/保管，輸送の3つから構成される．3つのコストは製造の戦略に左右される．製造のトータルコストは市場流通戦略を構築するさいの基礎情報となる．図5-5は MTO，ATO，MTP といった異なる戦略において，製造のトータルコストを一般化したモデルである．もちろん，実際のコストの相互関係はそれぞれのビジネスの状況，特徴によって異なる．直面している市場にもっとも合った製造戦略を明確にすることが目的である．

図5-5によると，製造/調達のコストは数量が増えると下がる．MTP でよくみられる規模の経済性が発揮されている．一方で在庫/保管のコストは増えていくが，これは製造ロットが大きくなったからである．1個あたり輸送コストは配送単位が大きくなるにつれて小さくなる．MTO 戦略では逆に，1個当たりの製造/調達のコストは高いが，一方で在庫/保管のコストが低く一部が相殺されている．1個当たりの輸送コストは小さな単位の出荷，もしくは特別な輸送が増えるため高くなる．図5-5は，トレードオフを図に表し，その関係を一般化できる点で有用である．製造，調達，ロジスティクスの機能統合は，製造のトータルコストに影響を与える．全プロセスをとおしてもっとも低い製造トータルコストを実現するサプライチェーン戦略を構築することが，製造業者にとって統合マネジメントの視点から重要である．

5-4 ロジスティクスとの接点

製造戦略と原料や部品の調達を効率的かつ効果的に調和させるには，ロジスティクスがきわめて重要である．製造オペレーションが必要としたときに，原料や部品が調達，供給され，利用可能になっている必要がある．製造戦略が MTO，ATO，MTP のどれであろうと，製造プロセスとサプライヤーはロジスティクスによって結びついている．明らかに，接点部分の継ぎ目が滑らかであるほど，総所有コストの最小化を実現できる可能性は高まるし，製造のトータルコストも最小化に向かう．オペレーションとプロセス設計の両方が高いレベルでサプライヤーと統合されている必要がある．JIT，MRP，そしてロジスティクスの設計が理想的な調和を実現する代表的なアプローチである．

5-4-1 ジャストインタイム

近年，ジャストインタイム（JIT）技術はサプライチェーンマネジメントに関係するすべての機能分野で注目され，議論されている．JIT 製造といったり，JIT 調達，JIT 配送なども頻繁にいわれている．JIT の目標は作業の時間管理であり，組立ラインや製造ラインに購入した部品や原料を，正にそれが必要なときに到着させる取組み

である．理想的には，原料や仕掛り品の在庫は最小限にしたい．JIT オペレーションの鍵は，最終製品の製造スケジュールが原料や部品の必要量と必要時期を決定しているということである．最終製品の製造の状況が，原料など製造に必要なものを決定していく．一度製造スケジュールがつくられると，部品や原料の JIT 納品が計画され，製造に正に必要な数量がまかなわれる．その結果，ハンドリングは減り，在庫は最小化される．

JIT の導入はたいへんである．安定して高品質を供給できるサプライヤーと取引することが必要であり，その結果，部品は最終製品に直接組み込むことができる．完全に信頼のおけるロジスティクスが求められ，原料などのバッファー在庫は消滅もしくは減少する．JIT では，通常より頻繁で，小さな単位の部品配送が要求される．そのため，調達物流の再構築が必要になる．JIT を実行するには，製造者の調達部門とサプライヤーのあいだに密接な意思疎通と協力関係が求められる．JIT オペレーションでは，企業は川上に向けた縦の統合から利益を得ようとするが，そのために川上を所有することは避ける．サプライヤーとの調整とプロセス統合によって，かれらはほぼ同様の結果を実現する．

JIT はもともと MTP のような製造プロセスに適用されていた．なぜなら，JIT システムの機能は，製造スケジュールに依存していたからである．しかし，製造の戦略が製造の自由度，小さな製造ロットサイズ，すばやい段取替えに注目をおき始めたため，JIT コンセプトは ATO や MTO にも対応できるように進化した．多くの場合，リーダー的なサプライヤーが原料や部品を揃え，分け，並べ，最終組立オペレーションに供給している．目的はハンドリングの削減と，切れ目のない JIT を容易にすることである．

JIT システムによる利益と，サプライヤーとのオペレーション統合による利益を期待し，サプライヤーの担当者を製造工場のなかに常駐させている場合もある．サプライヤーの担当者は発注情報を入手し，製造スケジュールに関する情報を利用し，そのうえで原料の供給スケジュールを作成する．Bose Corporation で最初に導入された取組みであり，JIT II と名づけられた．リードタイムとコストを削減する取組みである．

5-4-2 所要量計画

複雑な製品を扱う組織では，購入者とサプライヤーとのあいだで資材所要量計画（material requirements planning：MRP）とよばれる方法が頻繁に利用されている．MRP の仕組みは JIT と似通った利益をもたらし，在庫を最小化し，製造設備の稼働率を高め，調達物流と販売物流を調整する．MRP の導入には高い情報技術が必要となる．製造場所ごとに，数千種類の部品のリードタイム，現在庫，発注済数量，製造能力などの複雑な必要情報を扱うため，先進的計画スケジューリングシステムなどの応用ソフトウェアが開発されている．

5-4-3 ロジスティクス向け設計

技術部門とマーケティング部門の関係同様，調達と製造とロジスティクスの関係は，ロジスティクス設計というコンセプトを製品開発の早い時期に導入することによって大きく発展する．JIT と MRP の目的は，原料と部品を組立時に供給しつつ，在

表 5-1 戦略統合の枠組み

駆動要因	製造能力	調達	ロジスティクス
個別的： 　ワンツーワン戦略 　個別的な製品/サービス提供 　レスポンスベース	受注生産： 　品種最大化 　個別の構成 　柔軟な製造 　多品種	B2B 都度調達 サプライヤーVMI	直接対応： 　時間の延期 　少量出荷
セグメント的： 　数量限定 　顧客層別 　差別化製品 　レスポンス型と予測型の混合	受注組立： 　中品種 　迅速な段取り替え 　製品のカスタマイズ 　多品種多量	B2B JIT	形態と時間の延期： 　倉庫受注組立 　直接対応と倉庫対応の混合 　積合せ出荷
マスマーケティング的： 　見越し 　品種しぼり込み	見込生産： 　長期的生産 　低コスト志向 　少品種多量	B2B 一般品 入札 電子調達	倉庫対応： 　全品目在庫戦略 　品揃え混成 　大量出荷

庫とハンドリングを最小化することであった．製品そのものの設計や，部品や原料の設計は，この業務に大きな影響を与える．とくに**包装**と調達物流，販売物流は，製品の設計業務に組み込まれている必要がある．たとえば，調達した部品が50個入りのコンテナで輸送されていたとする．一方，製造では30しか必要でない場合，無駄となる可能性がある．加えて，効率的で事故のないロジスティクス業務を実現するために，製品や部品の輸送，ハンドリング方法も製品や部品の設計に組み込まれるべきである．同様のことは最終製品にも当てはまる．表5-1は，流通，製造/調達とロジスティクスに求められる重要な関係についてまとめたものである．マーケティング戦略と製造戦略から求められるロジスティクスの位置づけを考えるうえで有効な枠組みである．

5-5 ま と め

サプライチェーン・ロジスティクスを管理するには，調達業務，製造戦略との関係に注目する必要がある．

調達部門と製造部門の基本的な関心事は，製品の品質であり，世界的に展開しようと考えている企業においては前提条件である．品質は複数の異なる側面をもつ．信頼性，耐久性，製品の能力，規格一致性である．さらに顧客の視点からは，商品の特徴，外観，サービス性があげられる．世界的な企業は，顧客の視点を重視した要求品質を実現するために全業務でTQCプログラムを導入している．

調達部門には，製造やオペレーションを支える部品/原料/備品を調達する責任がある．複合的な視点をもちながら，継続的な供給を確保し，サプライヤーからのリードタイムと原料や部品の在庫を最小化し，組織の目的達成に必要なサプライヤーの開発

を行う．先端を行く優秀な調達担当者は，購入品の価格だけに注目せず，TCO に注目している．調達担当者が検討すべきことは，購入価格とサプライヤーのサービス，ロジスティクスの能力，原料の品質のトレードオフである．そして，当該の部品が組み込まれる製品のライフサイクルコストへの影響について考える．

今日の調達戦略では，より少ない数の信頼できるサプライヤーに調達先を絞ることで取引先の統合を実現する．サプライヤーと購入者のオペレーションを統合し，より高いサービスでかつ低コストのロジスティクスを実現する．新製品の設計段階でサプライヤーも参加させ，総所有コストをさらに削減する戦略も存在する．

第4章と第5章では，流通と調達，製造戦略を統合したさいの，ロジスティクスへの要求事項を整理した．その結果，多くのトレードオフが明らかになった．機能間の影響を考慮せずに，それぞれの機能分野の部分最適を目指しても，必ずしも全体最適にはつながらない．第6章ではオペレーションの統合について焦点を当てる．

参考文献および注

1) David A. Garvin, "Competing on the Eight Dimensions of Quality," *Harvard Business Review*, November/December 1987, pp.101‑9.
2) Shawn Tulley, "Purchasing: New Muscle," *Fortune*, February 20, 1995, p.75.
3) James Carbone, "Suppliers as Strategic Business Partners," *Purchasing*, November 21, 1996, p.23.
4) Daniel Krause, "Suppliers Development: Current Practices and Outcomes," *Journal of Supply Chain Management*, Spring 1997, pp.12‑20.
5) Zeger Degraeve and Filip Roodhooft, "Effectively Selecting Suppliers Using Total Cost of Ownership," *Journal of Supply Chain Management*, Winter 1999, pp.5‑10. また，つぎの Lisa M. Ellram, "Total Cost of Ownership," *International Journal of Physical Distribution and Logistics*, August 1995, pp.4‑23 も参照．
6) Matthew G. Anderson, "Strategic Sourcing," *International Journal of Logistics*, January 1998, p.1‑13.
7) Matthew Anderson, Les Artman, and Paul B. Katz, "Procurement Pathways," *Logistics*, Spring/Summer 1997, p.10.
8) 7) と同書．
9) 7) と同書．
10) An interesting approach to segmentation of supplier relationships is described in Rasmus Friis Olsen and Lisa M. Ellram, "A Portfolio Approach to Supplier Relationships," *Industrial Marketing Management*, March 26, 1997, pp.101‑13.
11) Doris Kilbane, "E-Catalogs Becoming Standard," *Automatic I.D. News*, August 1999, pp.19‑20.
12) Reported in *USA Today*, May 10, 2000, p.B‑1.
13) Richard Wough and Scott Eliff, "Using the Internet to Achieve Purchasing Improvements at General Electric," *Hospital Material Management Quarterly*, November 1998, pp.81‑83.
14) Robert Simson, Farn Werner, and Gregory White, "Big Three Carmakers Plan Net Exchange," *The Wall Street Journal*, February 28, 2000, p.A‑3.
15) Calmetta Coleman, "Sears, Carrefour Plan Web Supply Exchange," *The Wall Street Jour-*

nal, February 29, 2000, p.A‑4.
16) この項はつぎの文献から引用した：Steven A. Melnyk and David R. Denzler, *Operations Management: A Value Driven Approach*（Chicago, IL: Richard D. Irwin, 1996）.
17) Thomas G. Gunn, *21st Century Manufacturing*（Essex Junction, VT: OM NEO, 1992）, Chapter 8.
18) このロジックの元は，Eliyahu M. Glodratt and J. Cox, *The Goal*（Croton on Hudson, NY: North River Press, 1984）［邦訳：ザ・ゴール―企業の究極の目的とは何か，三本木 亮：訳，ダイヤモンド社］．Eliyahu M. Goldratt and Robert E. Fox, *The Race*（Croton on Hudson, NY : North River Press, 1986）．
19) Steven A. Melnyk and R. T. Christensen, *Back to Basics : Your Guide to Manufacturing Excellence*（Boca Raton, FL : St. Lucie Press, 2000）, pp.15‑17.
20) Steven A. Melnyk and R. T. Chiristensen, 19）と同掲書, p.17.
21) 第3章，3‑1‑1項参照．
22) この一般的な分類は次の文献による．Robert H. Hayes and Gary P. Pisano, "Beyond World Class : The New Manufacturing Strategy," *Harvard Business Review*, January/February, 1994, pp.77‑86.
23) 第1章1‑4‑3項a参照．

第6章
オペレーション統合

　サプライチェーン・コラボレーションにおける主要なテーマは統合の推進である．コラボレーションによって手にできる利益は，国内ないしは多国間のサプライチェーンを構成する企業のなかだけでなく，一企業をこえたところで機能間の効率性を獲得することに直接関連している．この章では，統合が価値を生む理由について説明し，企業レベル，国内レベル，グローバルレベルにおけるサプライチェーン業務に関したコラボレーションの課題について詳述し，そして統合マネジメントの問題に焦点を当てることとする．

6-1 なぜ統合が価値を生むのか

　統合マネジメントの基本的な利点と課題については第1章で述べた．統合マネジメントの重要性についてさらに踏み込んだ説明をするために，顧客は価値について少なくとも3つの視点を有していることを理解することが有用である．
　価値についての従来の視点として**経済価値**がある．業務における規模の経済性の追求が効率化につながるが，経済価値はその規模の経済性に基づくものである．規模の経済性を得るために，固定間接費の完全活用をはかり，総費用を最小化する．製品・サービスの生産を効率化することが経済価値の焦点となる．経済価値という点で顧客を引きつけるものは「低価格で高品質」である．
　価値についての第二の視点は，**市場価値**である．市場価値は，ふさわしい時間と場所に，魅力的な品揃えを提供して，目的を達成できるかどうかについて言及するものである．市場価値は，製品・サービスの提供における範囲の経済性の獲得に関係がある．複合型ショッピングモール，大規模量販店，および複数ベンダーによるeコマースフルフィルメント業務の開発はすべて市場価値の獲得を狙いとした取組みである．市場価値という点で顧客を引きつけるものは，「都合よく取り揃えられ，選び抜かれた製品・サービス」である．
　経済価値と市場価値の実現は顧客にとって重要である．しかしながら，ビジネスの成功において，価値についての第3の視点，**適合性**も重要であると気づき始めている企業が増えている．適合性には製品や顧客の差別化を行うポジショニングだけでなく，付加価サービスのカスタマイズも含まれる．適合性の価値は，製品・サービスが顧客にとって望ましいものであるかどうかによって決まる．すなわち，市場価値が正しく反映された適切な価格を有し，経済価値が考慮され，価値をもつ差別化を実現するように変更され，品揃えされ，需要の変動と同期化し，ポジショニングされた製

表 6-1 統合マネジメントの価値提案

経済価値	市場価値	適合性
・総費用の低減 ・規模の経済性による効率化 ・製品／サービスの開発	・魅力的な品揃え ・範囲の経済性による効果性 ・製品／サービスの提示	・カスタマイズ ・セグメント化による多様性 ・製品／サービスのポジショニング
調達・製造の戦略	市場・流通の戦略	サプライチェーン戦略

品・サービスを意味するのである．たとえば，消費者の立場によっては適合性は，材料をインスタント食品に加工することを意味する．総合スーパーにおいては，製品を流行の衣料品に変身させることによって適合性が得られる．製造業者においては，限定された構成部品を組み合わせる製品製造によって，顧客がデザインできる機能性を増やすことにより，適合性は実現される．適合性という点で，顧客を引きつけるものは，「顧客にとって唯一の製品・サービスのセット」である．

経済価値，市場価値，および適合性価値を同時に獲得するためには，ビジネスプロセス全体の包括的な統合が必要である．そしてこれは，表6-1で示されているように，統合マネジメントの価値提供として知られているのである．

6-2　システム概念とシステム分析

システム概念は，規定の目的を達成するために欠かせない構成部品の全体統合を追求する分析フレームワークである．ロジスティクスシステムの構成部品は一般に機能とよばれるものである．第2章で述べたように，ロジスティクス機能を，注文処理，在庫，輸送，倉庫業務・マテリアルハンドリング・包装，施設ネットワーク設計と捉えた．ロジスティクスに適用される**システム分析**とは，この5つの機能のあいだにあるトレードオフをはかる試みである．システム分析法の目標は，全体の成果あるいは成果の統合をもたらすことである．そして，その成果は，個々の機能を合計したものをこえるものでなくてはならない．このような統合化は，機能間の相互関係に相乗効果を生み出して，全体の成果をよりよいものとする．システム分析では，機能が秀でているか否かは特定の領域に隔てられたパフォーマンスではなく，プロセス全体に対する貢献によって決定する．20世紀末の数十年間においては，一般にマネジャーは機能の水準を引き上げることを教え込まれ，プロセスの統合を怠ってきた．情報技術の急速な進歩によって，拡大するトレードオフを識別して，それを理解する能力が高まった．その結果，これまで以上に，ロジスティクスとサプライチェーンについての判断が進歩するようになったのである．

プロセスの視点から分析するとき，企業内とサプライチェーンにおける機能領域間のパフォーマンスのバランスをとることが目標となる．たとえば，製造活動における生産性は，一般的に長期の製造ランと低生産コストによって最大化される．対照的に統合プロセス管理の場合，トータルコストと顧客に対する影響が問題として考慮される．従来型の財務志向の考え方では，在庫の最小化を追求するのが一般的である．在庫はつねにできるかぎり低い水準で維持されるべきであるが，業務の統合を円滑に進

めるために必要な水準よりも少ない身勝手な在庫削減は，逆にトータルコストを引き上げてしまう．マーケティングは，市場において完成品在庫が利用可能な状態にあることが最低限求められる．地理的に顧客の近いところに配置された在庫は，売上を伸ばすものと信じられている．そのような先行的な配置はリスクが高く，トータルコストを最小化するプロセスとは相容れない．実際に，eコマースによる相互接続性とフルフィルメント戦略を理由に，以前とはまったく異なる在庫配置とフルフィルメント戦略が求められている．

システム分析では，企業間における相互作用が焦点となる．各構成部品は，システムの目的の達成に欠かせない特定の機能性に貢献する．これを例証するために，ハイファイのステレオシステムを考えてみよう．音声の再生というたった1つの目的のために，多くの構成部品が統合される．スピーカー，トランジスター，アンプなどの構成部品が有する目的は，良質の音声を再生することへの貢献だけなのである．しかしながら，どこかの構成部品に欠陥があれば，ステレオシステムの出力が不調になるであろう．

一般システム理論に関連して言及されるいくつかの原則がある．第一に，トータルシステムのパフォーマンスあるいは全体目的だけが重要であることである．トータルシステムのパフォーマンスに貢献する構成部品だけが重要なのである．たとえば，ステレオシステムが2つのスピーカーで高品質の音を実現できたとしよう．その場合，スピーカーをこれ以上追加することは不必要である．第二に，個々の構成部品に対して最高水準あるいは最適な設計を行う必要はない．大切なことは，システムを構成する部品間の関係が一体となっているかということである．たとえば，トランジスターはシステムを統合するという点では不必要なものである．このように，美学的な満足は必要ないのである．魅力的なトランジスターに金と時間をかけることは，システム統合という点から無意味なことなのである．第三に，トータルシステムのパフォーマンスを促進し，ときにはそれを妨害する「トレードオフ」とよばれる機能間の関係が，構成部品とのあいだに存在することである．新たなトランジスターがシステムに追加されるとき，トレードオフの関係によって，使用されるアンプが低品質なもので済むことを考えればよいだろう．追加されたトランジスターのコストは，アンプ全体のコストの節約で埋め合わされねばならない．最後に，統合システムに組み込まれたコンポーネントは，最終的に個々のパフォーマンスから得られるものよりも多くの成果を残さなくてはならないだろう．実際，このようなパフォーマンスの統合化なくしては，望まれる結果を得ることはできないかもしれない．ステレオシステムは，技術的にはスピーカーがなくても動くが，耳に聞こえる音を出すことはできない．

システム分析の原則は基本的で，論理的に一貫している．機能間統合でプロセスを一体にすることによって，パフォーマンスの調和という点から，不完全な統合よりも多くの成果を得ることができる．ロジスティクスシステムのパフォーマンスの目指すべきところは，目標の顧客サービスを最小のコストで実現することである．概念においては論理的で議論の余地がない．しかしながらシステム統合を適用して効果を出すことは難しい．最終的な分析において，全体のパフォーマンスが最小のトータルコス

トで実現されているかぎりは，企業が輸送のような特定の役割にどのくらい資金を費やすかということはほとんど問題とならない．

6-3 ロジスティクス統合の目的

ロジスティクス統合を実現するためには，6つの業務目的が同時に達成されなくてはならない．すなわち，(1) 応答性，(2) 不安定性の除去，(3) 在庫削減，(4) 出荷積合せ，(5) 品質，(6) ライフサイクル・サポートである．各目的の重要度の順位は，企業のロジスティクス戦略によって異なる．

6-3-1 応答性

応答性は，顧客の要求をタイムリーに満たす企業能力に関するものである．くり返し言及するが，情報技術によって，レスポンスベース戦略が推進される．この戦略によって，配送前の業務の実行をできるだけ直前まで引き延ばすことができるようになり，あらかじめ顧客からの要求を想定して拘束あるいは配置されている在庫の量を減らすことができる．第1章で述べたように，応答性によって，将来の所要量を予測する方法よりも，受注から発送までの時間の短縮に基づいて顧客に対応する方法が重視されるようになる．レスポンスベース戦略においては，顧客が注文（コミット）するまで在庫は展開されないのである．このようなコミットメントを支えるために，企業は顧客から注文を受けたら，在庫をアベイラブルな状態にして適時配送を行う必要がある．

6-3-2 不安定性の除去

ロジスティクスシステムのすべての作業領域において，不安定な状況が生じることが多い．どのようなロジスティクス業務の実行においても失敗は起こるが，不安定性は失敗の結果として生じる．たとえば，顧客注文の処理の遅れ，製造活動の予定外の中断，顧客の住所により遅れる商品到着時間，指定された時刻と場所の配送の失敗．これらすべてが，注文から配送までのサイクルに予定外の不安定性を生み出すのである．この有害な不安定性を防ぐための一般的な方法は，バッファーとなる安全在庫を利用することである．計画的な配送を困難にさせるこの予想外の不安定性を克服するために，特別料金での配送を利用する手もある．しかし，関連コストが高くつくことを考えると，情報技術を活用してロジスティクスのコントロールを積極的に行い，このような実務をできるかぎり抑えるべきである．不安定性を抑えた分，ロジスティクスの生産性が改善されるだろう．**不安定性の除去**，すなわちシステムの混乱の除去は，統合ロジスティクス管理のベースとなる目的の1つである．

6-3-3 在庫削減

在庫削減の目的を実現するには，統合ロジスティクス管理によって資産の投下額と在庫の回転を統制にしなくてはならない．資産投下額とは，展開された在庫の資産価値のことである．在庫回転速度は，一定時間内の在庫補充の速度である．在庫回転速度が高く，かつ在庫アベイラビリティが望ましい状態にあることは，在庫に向けられている資産が，効率的かつ効果的に活用されていることを意味する．すなわち，業務統合を支えることに投じられた資産が減ずる．

在庫が利する場合もあることを覚えておかなくてはならない．在庫は製造活動や調達活動において規模の経済性を達成するために欠かせない．パフォーマンス目標を達成すると同時に，在庫を最小管理水準にまで削減して管理することが目的なのである．

6-3-4 出荷積合せ

ロジスティクスコストのなかでもっとも重要なものの1つが輸送費である．ロジスティクスに関する支出のうち約60％が，輸送に関わるものである．輸送費は，製品の種類，荷物のサイズ，輸送距離によって変わる．直接輸送を特色とするロジスティクスシステムの多くが，高速度の小口輸送に基づくものであるが，この方法はコストが高くつく．そこで，輸送費を削減するために，**出荷積合せ**を行うことが，ロジスティクスシステムにおいて求められる．一般的にいえば，出荷が大きくなればなるほど，または輸送距離が長くなればなるほど，単位当たりのコストは低くなる．積合せには，小口の出荷をまとめて荷動きを集約する画期的なプログラムが必要である．このようなプログラムはサプライチェーンに関わるので，複数の企業の協力が必要となる．eコマースのフルフィルメント業務において消費者直送を成功させるには，効果的な積合せを実現する画期的な方法が必要となる．

6-3-5 品　　質

継続的な**品質**の改善が，基本的な業務目的の1つとなる．総合的品質管理（TQM）は，ほとんどの業界において大きな取組みとなっている．かりに，製品に欠陥があるか，あるいは約束されたサービスが遵守されなかった場合，ロジスティクスのプロセスにおいて付加される価値がほとんどなくなる．ロジスティクスコストはいったん消費されると，取り消すことや取り戻すことはできない．実際，顧客への配送や交換の後に製品の品質が損なわれた場合に，ロジスティクスコストが急激に増加する．もともとの流通コストに加えて，製品を返品し，交換するコストがかかる．一般的に，このような突発的な荷動きが流通コストを高いものにする．このような理由のため，注文から配送におけるプロセスにおいて問題をなくすために全力を尽くすことが，先端的なロジスティクスの大きな目標となるのである．

ロジスティクスそれ自体は，困難な状況下で実行される．一般的なロジスティクス業務は，直接の監視もなく，一昼夜で巨大な地域をカバーできるように実行されている．そのような事実が無欠点のロジスティクスの実現を困難なものにしているのである．

6-3-6 ライフサイクル・サポート

最後の統合設計の目的は，**ライフサイクル・サポート**である．製品は，ほとんどの場合において，広告で示されたものと同じように使用できるという保証の下で売買される．顧客側に向いている製品の付加価値フローを逆向きにしなくてはならないときもある．製品の返品は，厳しい品質基準，製品の有効期限，危険に対する責任から一般的になっている．リバース（還流）ロジスティクスもまた飲料用容器や包装資材のリサイクリングを奨励する法律が増えていることから生まれたのである．リバースロジスティクスに関する重要なポイントは，汚染物質に関するような，健康に対する責

任が発生する可能性のあるかぎり，最大限のコントロールを続けていく必要があるということである．リバースロジスティクスの業務において必要なことは，リサイクルのためにビンを回収してトータルコストを最小化させることから，問題の多い状況をできるだけコントロールすることにまで及ぶ．効率的なリバースロジスティクスを構築している企業は，廃棄あるいは割引販売の製品を減らすことによって，価値の再生を実現している場合も少なくない．リバースロジスティクスに必要な条件を詳細に検討しなくては，適切な統合戦略を構築することはできない．

コピー機のようなある種の製品においては，おもな収益源が補充品の販売や製品メンテナンスのアフターサービスにおかれる場合がある．ライフサイクル・サポートの重要性は，販売後に獲得される利益が大きい場合，大きく趣を異にする．耐久消費財や産業財を販売する企業の場合，ライフサイクル・サポートに力を注ぐことは，ロジスティクス業務においてもっとも大きなコストになるだけでなく，多様で大きなマーケティング機会となるのである．ライフサイクル・サポートは，「ゆりかごからゆりかごまで」のロジスティクスを必要とするのである．「ゆりかごからゆりかごまで」のロジスティクスは，リバースロジスティクスやリサイクルだけでなく，アフターサービス，製品のリコール，製品の処分の可能性をも含めたものである．

6-4 企業統合

統合の基本となるものは，個々の企業内の業務統合である．経験豊かなマネジャーにとって，一企業内の管理の下での機能の統合は，容易に実現できると考えられている．しかし，実際には，統合に関してもっとも困難な問題が企業内における機能間のトレードオフに関係する場合がある．先にシステム分析の議論で言及したように，機能の管理は，ほとんどの企業のなかでベストプラクティスとして浸透している．

6-4-1 内部統合の障害

管理者は，何も問題のないところで業務の統合を試みるわけでない．プロセスの統合を妨げている障害を把握することが重要である．内部統合の障害は，組織，業績測定・報償システム，在庫レバレッジ，情報技術，知識の囲い込みといった，機能に関する従来の慣習に基づくものと思われる．

a. 組　　織

企業の組織構造は，機能を横切るプロセスを阻害する可能性がある．ほとんどの企業組織では，機能に基づいて権限と責任を整理するように求められる．基本的には，構造と財務予算が業務の責任に密接に関連している．従来からの慣習では，特定の作業に従事する人たちすべてが，在庫管理，保管，輸送のような機能別部門にまとめられている．このような組織は，おのおのの機能別目標に基づいた業務責任をもっている．

例を示すために，昔から輸送と在庫が個々の組織単位によって管理されている状況を考えてみよう．このような輸送管理の目標と在庫管理の目標は別々に設定され，互いに矛盾した関係にある．運賃の削減を意図とする輸送の意思決定は貨物の積合せを必要とするが，積合せ輸送は一般的に在庫の増加を伴う．

このような狭い視点で捉えた機能を，通称で「サンドボックス」とか「サイロ」とかよぶ．従来の経営思想では，機能の水準がそのままパフォーマンスの水準につながると，疑いもなく考えられてきた．統合プロセス管理では，プロセスのパフォーマンス目標が最小のトータルコストで実現されるかぎり，特定の機能を実行するために費やされるコストはほとんど問題にならない．ロジスティクスのようなプロセスの統合を成功させるには，マネジャーは組織構造をこえて機能間の調整を実現する必要がある．これには組織の変革が必要なのかもしれない．いずれにせよ，プロセス統合の成功には従来からの経営行動に大きな修正が必要である．

b．業績測定・報償システム

従来の業績測定・報償システムが機能間の調整を難しくさせている．たいていの場合，業績測定システムは組織構造を映し出す．内部のプロセス統合を円滑にするために，「バランスドスコアカード」とよばれる新しい測定指標を導入しなくてはならない．個々の独立したパフォーマンスよりも，プロセスに貢献する機能にマネジャーの目を向かせるようにしなくてはならない．トータルプロセス・コストの低減を達成するために，機能の1つがコストの増加を受け入れなくてはならないときもあるだろう．コスト負担を引き受けるマネジャーを罰することのない，適切な業績測定・報償システムでなければ，統合は実現化することなく，机上の空論となるだろう．

c．在庫レバレッジ

機能のパフォーマンスを向上させるために在庫が利用できることは所定の事実である．需要と業務に関する不確実性からの影響を防ぐために，十分な在庫を維持することが従来の考え方である．原材料と完成品在庫を積上げることが，規模の経済性を最大限に引き出すことに寄与する．このような規模の経済性は，単位当たりの製造原価の低減に寄与する．地方市場に在庫を展開することによって，売上を向上させることができる．このような方法は機能にとって利益になるが，その実現にかかるコストは機能に割り当てられないのかもしれない．統合に関しての課題は，コストと利益の観点から，このような在庫レバレッジと陳腐化の可能性に関連したリスクのバランスをとることである．

d．企業情報構造

情報技術はプロセス統合の鍵となる要因である．従来から，情報の構造と情報の入手可能性が職能別組織の必要条件に基づいてきたことが，大きな問題を引き起こしている．その結果，情報は，機能の説明責任という点から構成されるのが一般的になっている．従来からのこのような情報構成の決定に関する慣習から，「企業情報構造」とよばれるものが誕生した．入手可能な情報の内容とフローは，長年の機能別組織構造によって左右される．マネジャーが機能を横断するプロセスを構築するために組織を再構築しようとするとき，情報主義構造は従来の機能重視の慣習を維持する，目にみえない力を発揮する．統合基幹業務パッケージ（企業資源計画，enterprise resource systems: ERP）が経営者にとって大きな魅力をもつ理由の1つは，この企業情報構造のはたらきにある．企業情報構造はERPの導入を困難とする理由にもなっている[1]．

e. 知識の囲い込み

ほとんどの企業環境において，知識はパワーであり，その共有に反発を受ける．そして，一般的に，知識共有のための最良の方法についての理解が足りない．しかし，機能の専門化を強化し，従業員を専門家にすることを推進すれば，本質的に，組織におけるプロセス統合は破綻するようになっている．たとえば，経験豊かな従業員がリタイアする，あるいは何らかの理由で会社を離れる場合を考えてみよう．後任の従業員の学習には，十分な時間が準備されなくてはならない．しかし，かれに情報が渡らないとすれば，短期間でこの新しい従業員を育てることは難しいかもしれない．

マネジャーが機能間の知識移転に失敗する，あるいは不可能である場合，より深刻な状況が生まれる．ほとんどのプロセス業務が複数の仕事のなかで分担され，ある特定の機能領域にかぎられたものではない．その結果，知識や経験の移転が生命線となっている．

6-4-2 大分断

明らかに多くの障害が，機能統合を困難なものにしている．以上の5つの障害が，大分断とよばれる状況の原因となっているが，この重大な分断は産業界でよくみられる．大分断とは，図6-1に示されているように統合が部分的であり，プロセスが初めから最後まで完結するように統合されていない組織状況を意味している．企業の外向きの側面である流通・マーケティングと，企業の内向きの側面である調達・製造を別々に統合する企業が，ほとんどの場合一般的である．逆説的ではあるが，企業は，原材料と構成部品を購入しているサプライヤーとのほうが，うまく業務を統合化できるように思える．企業は，最終消費者にサービスを提供するために，市場流通の業務にも関わる．このような企業行動は，実際には，単一企業をこえる機能間の統合を意味している．このような統合を達成できるかどうかにかかわらず，この2種類の外部企業とのコラボレーションを全社的な統合プロセスに結びつけることは，マネジャーにとって相当の難しい仕事であると報告されている．要するに，マネジャーにとっては，自社内におけるマネジャーや部門よりも，外部企業のビジネスパートナーとの統合のほうが，成功しやすいようである[2]．

この大分断という現象は，興味深く，困難な問題である．このような企業間における業務の分断が多様な業界においてみられるという現実が，一般的になりつつある．第一に，サプライヤーや販売代理店のような企業外グループとの統合の方が容易である．それは，少なくとも部分的にはパワーバランスが概して明瞭であり，売上やコストのような統合目的を定量化できるという理由からである．第二に，ほとんどの組織

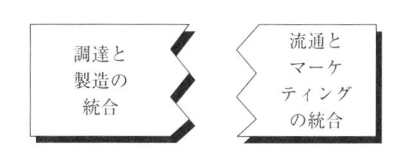

図 6-1 大分断：機能の境界線をこえた管理の問題

の上級マネジャーは，内部プロセスの必要条件や企業間の統合を促進する関連指標について，十分に明確なビジョンを有していない．最後に，統合が可能であるとしても，伝統的組織においては先に概説した統合の障害が完全な統合の達成を困難にさせる．

統合プロセスの実現についての課題を論じる人のなかに，典型的な伝統的組織は機能からプロセス志向の移行に必要な変革を受け入れられない，と結論づけている者もいる[3]．かれらは，統合プロセス管理の実行を成功させるには，従来の指揮統制に関する慣行に大きな構造改革と思想的な変革が必要であると主張している．伝統的な組織構造を完全破壊させる必要があると主張する論者さえいる．

現在のロジスティクスに関する慣習を知っている人のほとんどが，機能上の能力を修正して，再配置すれば，プロセスのパフォーマンスが改善すると強く感じている．鍵は，プロセスへの貢献という視点から，企業のパフォーマンスを整理，検討，評価するということにある．よく洗練されたプロセス，適切な評価指標，共同の需要予測と計画設定，それを支える報償システムによってバックアップされた統一戦略に力を注ぐことが，大分断の克服につながる．

6-4-3 どの程度の統合で十分か

サプライチェーン・コラボレーションに関する企業能力に関して大きな疑問がある．すなわち，「サプライチェーンを横断するコラボレーション（協働）を成功させるには，参加企業内において，どの程度の統合が必要であり，望ましいのか」という疑問である．これに答えるのは難しい．どのように考えても，以下の2つの事実を認めなくてはならない．

第一に，現実的にいって，現在のサプライチェーン・アレンジメント（取決めによる編成）がサプライチェーンの端から端までの統合であることは，かりにあるとしてもごくまれなケースである．一般的な例が，調達・製造活動あるいはマーケティング・流通活動に関連した組織のあいだにおける統合である．いい換えれば，このような組織を横断するプロセスが分断されていることが，企業の継続的なサプライチェーン業務を混乱させているのである．しかしながら，たとえ限定的な統合であっても，参加組織に価値がもたらされるものと考えられる．それゆえ，限定的なコラボレーションでも，サプライチェーンについての意思決定を正当化するに足りる利益が生まれると主張する論者もいる．

第二に，エグゼクティブは，このようなサプライチェーン・コラボレーションの範囲が狭く，失敗する可能性が高い最大の理由を，参加しているパートナーが約束どおりの力を発揮しないからと考えている．たとえば，パートナー企業の製造部門が，顧客の期待する製品を生産できなければ，コラボレーションは失敗する．同様に，マーケティング部門が，流通パートナーの詳細な販売促進計画を製造業者に適時に提供しない場合も，コラボレーションは失敗する．もちろん，ロジスティクス部門が製造部門やマーケティング部門の期待に応えることができない場合も，コラボレーションは失敗する．このような考え方から，参加企業が確かな内部統合をうまく達成できないところでは，サプライチェーンにおける広範囲のコラボレーションは実現しないとい

うことが理解できる．要するに，サプライチェーンの成功を長く維持するには，参加企業が社内にある大分断を解消する必要があるということである．

6-5 国内におけるサプライチェーン統合

サプライチェーンを横断して企業の活動範囲を拡張するためには，コラボレーションに参加する企業は業務の一体化や業務の共同化をどのように形成して管理すべきか，という点についてのビジョンが必要である．以下での議論では組織間における行動の指針を示す．

6-5-1 サプライチェーンの競争力

サプライチェーンの考え方が，あるべきビジネスモデルを変えている．独立企業が緩やかに連結した集団ではなく，チャネルの効率性改善と競争力強化に向けて行動を調整する企業集団であることが望ましい．すべてのサプライチェーン・コラボレーションに，ロジスティクスが含まれるとはかぎらない．しかし，ほとんどの場合においてロジスティクスは含まれる．そのようなサプライチェーン・アレンジメントにおいては，一企業ベースのロジスティクス管理ではなく，サプライチェーンのパフォーマンスについての調整が焦点となる．以下の2つの考え方によって，効率化と競争力の強化が推し進められる．

第一に，協調行動が，リスクを軽減し，ロジスティクスプロセス全体の効率性を大きく改善するという基本的な考え方である．協調行動を高い水準で達成するには，サプライチェーンパートナーが戦略的な情報を共有することが大切である．このような情報共有は取引データに限定してはならない．それよりも今後の計画に関する情報を共有化することが望ましい．その結果として，参加企業は，顧客の要求を満たす方法を共同で考え出すことができる．参加企業の役割分担と調整を行い，迅速かつ効率的に適切な共同行動を行うために，コラボレーション情報が不可欠なのである．

第二の考え方は，無駄や重複作業を除去する機会であるということである．コラボレーションの結果，従来型のチャネルで展開されるはずの在庫の多くを削減することができる．サプライチェーン・コラボレーションによって，在庫の投機に関連したリスクも軽減され得る．ある食料雑貨業界に関する研究では，平均的なドライ食品製品は，食品メーカーによって包装されてからスーパーマーケットのレジに到達するまでに，104日要すると報告されている[4]．ヘルスケア業界の平均在庫日数は12か月から18か月である[5]．サプライチェーンの合理化につながる考え方は，「在庫は悪である」ではなく，在庫を完全に除去すべきであるという考え方でもない．在庫配置は，慣行や予測に基づく実務ではなく，経済的な必要性とサービスの必要性によって決められるべきであるという考え方である．

大規模スーパーの業界において，Wal★Mart，K-Mart，J. C. Penny，Target，Walgreenのような小売業者は，競争力の改善を目的としたサプライチェーン・アレンジメントを推進している．これらの企業は，ベンダーとのコラボレーションと内部資源をうまく融合し，それを利用して，ロジスティクスコンピテンシー（ロジスティクス競争能力）をコアビジネス戦略と位置づけている．それはこれらの小売業者の成長と

収益に関する業績をみれば明らかである.

化学製品,繊維,建設資材,家庭用品のような多様な業界において,サプライチェーン・コラボレーションを推進している製造業者が存在する.DuPon, Levi-Strauss and Company, Owens-Corning, Fiberglass, Black & Decker のような企業が,革新的な戦略を実行して,それぞれのサプライチェーンにおける価値プロセスを改善している.

卸売業界では,かつて倒産寸前であった McKesson や Bergen Brunswig のような医薬品卸が,いまやこの業界のサプライチェーンを支配するまでになった.Sysco, Spartan Store, Fleming, SuperValu のような食品卸や協同組合は,業界のロジスティクス慣行を改革しているところである.同様の発展が,Unisource や ResourceNet International のような企業が存在する製紙業界にも見受けられる.同じく,機械設備業界の Ace,工業製品業界の W. W. Grainger が,それぞれの業界で伝統的なロジスティクス慣行に革命を起こしている.

以上のような,サプライチェーンの競争力を強化してきた一連の企業には,共通点がある.第一に,コラボレーションが技術主導である.第二に,ビジネスソリューションによって競争優位を実現している.最後に,ほとんどの取組みにおいて,おもなサプライチェーンメンバーのもつ経験と能力と,サードパーティのサービスプロバイダーのもつ経験および能力との融合が行われている.紹介したいくつかの企業において,独自のサプライチェーン文化の形成と維持に努めていくことにその核心がある.このような文化は,リスク,パワー,およびリーダーシップに対する基本的な理解に基づいて形成される.

6-5-2 リスク,パワー,リーダーシップ

依存関係は,サプライチェーンにおける結束を推進する大きな要因である.参加企業が相互依存関係をどの程度認めるかによって,協働関係が発展する可能性が異なる.依存関係があれば,機能統合を計画し,鍵となる情報を共有し,共同オペレーションに参加することにためらいがなくなる.「リスク」,「パワー」,および「リーダーシップ」の概念は,依存関係の受入れについて理解し,サプライチェーンの統合作業の方法を理解するために必要不可欠である.

a. リ　　ス　　ク

サプライチェーン・アレンジメントに参加する企業には,何らかの特定の役割を果たす責任があることを,認識してもらう必要がある.また,コラボレーションの結果によって,事業にプラスの影響が出るのに時間がかかることも念頭に入れておかなくてはならない.各企業は,独自のコアコンピテンシー(中核的能力)に基づいて,ある業務分野や機能に特化するように自分の立場を考えなくてはならない.このようなコアコンピテンシーをうまく活用することが,サプライチェーン統合の背後にある原動力なのである.

一般的には,高度に専門的なコンピテンシーをもつサプライチェーン・メンバーは,全体のパフォーマンスの割には,比較的低いリスクを負担することになる.逆に,多くのコンピテンシーを有する企業は,まとめ役となり,サプライチェーンの整

理においてもっとも大きなリスクを背負うことになるだろう．独自の専門領域を有する企業は，たいていの場合，複数のサプライチェーンに関与することになるだろう．たとえば，卸売業者は，特定の製造業者の製品を在庫することによってリスクを背負う．卸売業者における伝統的な慣行では，多様な製造業者の製品をほどよく取り揃えて，顧客に提供することにより，このようなリスクを回避する．その結果として，サプライヤーに対する依存を減らすのである．

それとは対照的に，限定された製品を取り扱う製造業者は，少数のサプライチェーン・アレンジメントに集中するかもしれない．基本的に製造業者はコラボレーションが成功すると信じて，社運を賭けているかもしれない．製造業者にとって，サプライチェーン・アレンジメントに対して力を注ぐことは，リスクの高いビジネスなのである．チャネルメンバー間におけるリスクが不均衡であることは，基本的に重要である．そのようなリスクが依存関係を形成し，コラボレーションの管理方法を決定するからである．他社よりもサプライチェーンの成功に大きく依存する企業も存在する．それゆえに，もっとも大きなリスクを背負う参加企業は，積極的な役割を引き受け，コラボレーションの推進により大きな責任を背負うことが期待され得るのである．

b．パ　ワ　ー

現実的な感覚からいうと，コラボレーションを先導する特権と義務は，関係においてもっとも大きなパワーを有するサプライチェーン・メンバーにある．多くの場合，このような参加企業は，もっとも大きなリスクを有する企業でもあるだろう．ここ10年間のあいだに，産業界において重大なパワーシフトが起こった．もっとも重要なことは，小売業者のパワーが強くなったことである．それは，以下のような4つの要因に依拠する．

第一に，一般的な傾向として小売の合併が進んでいることである．その結果，小売業者の数は少なくなったが，より広範な市場のカバーが可能となり，市場の支配力が高まった．第二に，POSデータ，フリクエントショッパー・プログラム，およびクレジットカードの利用が増加したことである．このことによって，小売業者がきわめて重要な市場情報を容易に入手できるようになった．その結果，消費者の動向を迅速に把握して，対応することができるようになった．商品仕入担当者が市場トレンドの発見に十分に関われるように，多くの大型小売業者は店内コンピュータと衛星回線を有している．小売業者が優位になった第三の要因は，多くの問題をもつ高コスト体質の製造業者と対峙して，新ブランドの開発を行っているという点である．小売業者が所有する多くのプライベートブランド商品が，いわゆるナショナルブランドよりも商品市場に浸透しているのは事実である．たとえば，GapやThe Limitedはもっぱらプライベートブランド商品だけを販売している．最後に，前述したように，ロジスティクスの補充プロセスは，よりレスポンスベースの方向に変化している．市場のペースに合わせた高速処理を可能にするロジスティクスシステムによって正確なスケジューリングと精巧な編成が消費者の購買時を基点にして変化するのが理想的である．消費者が製品を購買するとき，サプライチェーンの最終的な価値が実現するのである．

以上で示したようなパワーの存在が今日の現実ではあるが，すべてのパワーがサプ

ライチェーンの下流に移行したわけではない．インターネットにおける購買が急速に普及したため，消費者が製造業者と直接接触できるようになった．このことが小売に対抗するための大きな力の1つとなっている．マーケティングチャネルが製品ラインに対応して構築されたのは，そう昔のことではない．ウェブベースの小売業者や従来からの現実世界の小売業者を含めた新しい小売業態がチャネルの構造をあいまいにしている．その結果，製造業者は，製品流通のために新しいサプライチェーン・アレンジメントに取り組むようになった．

過去のブランド力にすべて頼よらず，優秀な製造業者は業務をリエンジニアリングして，優れた製品や商品カテゴリーを提供する支配的なベンダーになっている．このように，商品カテゴリーを支配することによって，製造業者はより大きな価値を将来のサプライチェーン・パートナーに提供できるようになる．カテゴリーポジションの支配によって，競争力のある価格を有する優れたブランドだけでなく，サプライチェーン・メンバーとしての企業の魅力を向上させるのに大切な能力を手にすることができる．

商品カテゴリーにおける支配的な地位の確立を推進する要因として，以下の能力がある．(1) コラボレーションアレンジメントの開発に力を惜しまない，(2) 広範囲にわたるサプライチェーンの要求に対応できるよう，製造活動やロジスティクス活動に柔軟性をもたせる，(3) 頻繁なスケジュールの変更に対応するための合理化とサプライヤー統合，(4) セグメント化されたか，あるいはカスタマイズされたマーチャンダイジング計画，(5) 組織間の業務に対応するために，情報の相互接続性が実現されている，(6) 顧客からの要求の満足化を推進するために，注文サイクルが短く，対応が早く，柔軟性をもち，信頼性が高い．もちろん，理想的なサプライヤーは，業界の平均的なロジスティクスコストを下回るように行動することはいうまでもない．

c. リーダーシップ

個々の企業がリーダーを必要とするように，サプライチェーンにおいてもリーダーが必要である．これまでのサプライチェーンの発展において，企業による指導的責任のとり方について，明確な一般化がなされていない．多くの場合，純粋に，企業の規模，経済力，顧客の支持，あるいは製品ラインの充実度から，特定の企業がリーダーシップの地位に収まっている．一方，明確な理由はほとんどないが，ある一企業にはっきりとしたリーダーシップが存在する場合もある．参加しているほかのサプライチェーンメンバー側が相互依存と尊敬を感じているから，このようなリーダーシップが認められるのである．また，関係をリードする企業がリーダーシップをとることもある．

チャネルリーダーシップにおいてもっとも大切なことは，参加企業のコアコンピテンシーを調整して，1つにまとめることである．コラボレーション行動を誘引し，それに対して報酬を与えることが，よいリーダーシップには欠かせない．サプライチェーン全体の業績を維持することはとくに重要である．リーダーシップの役割には，サプライチェーンの整理に参加する企業間での，機能の分離や統合に対する同意を形成することも含まれる．参加企業間におけるこのような融合は，サプライチェーン統合

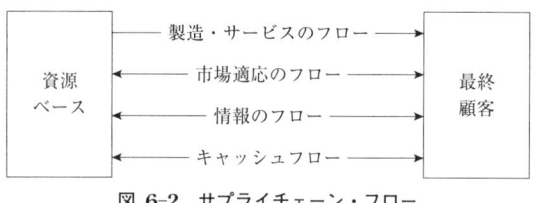

図 6-2 サプライチェーン・フロー

のフレームワークによって円滑なものとなる．

6-5-3 サプライチェーン統合のフレームワーク[6]

　サプライチェーン統合フレームワークは，包括的なコラボレーションの範囲とその連続性を明らかにするのに必要である．このフレームワークは，サプライチェーン・ロジスティクスの統合に不可欠な機能やコンピテンシーを明らかにし，それらを実現するために必要である．サプライチェーン統合による価値創造を実現するには，図6-2で示されている重要な4つのフロー，すなわち製品・サービスの価値フロー，市場適応のフロー，情報フロー，キャッシュフローを，同時に調整することがもっとも望ましい．

　製品・サービスの価値フローは，原材料の調達地点から最終顧客までの製品・サービスに関する価値の流れを表している．物理的な変更を施し，包装し，市場との距離の縮め，カスタマイズし，サービスサポートやそのほかの関連活動を実施し，最終顧客に対する製品の魅力を高める．その結果として，製品の価値は，サプライチェーンを進むにしたがって増加する．

　製品サービスフローは，一般的に，原材料の調達地から最終顧客までであるが，先に述べたように，サプライチェーン・アレンジメントは，製品のリコールやリサイクルのようなきわめて重要な逆のフローを考慮しておかなくてはならない．市場適応フローは，アフターサービスを実施するシステムを支える．市場適応フローには，サプライチェーン・プランニングに欠かせない販売傾向や製品の使用についての情報交換も含まれる．たとえば，製品のカスタマイズに対する要求，POSデータ，最終購買者の消費動向，倉庫の出荷量などがある．このような情報によって，サプライチェーン・メンバーは，チャネル上で製品が消費されるタイミングと場所を知ることができる．すべての参加者が，需要と消費の傾向に関して共通の理解を共有したとき，計画と業務は同期化される．

　情報のフローは，トランザクションデータ，在庫状況，および戦略計画に関して，双方向の情報交換をサプライチェーン・メンバー間で行うフローである．この種のコラボレーションの一般的な例は，予測，販促データ，発注，受注，出荷および在庫に関する情報，送り状，支払い，補充要求である．情報交換によって，製品・サービスの価値フローが動き，統制され，記録される．従来，紙によって行われていた大量の情報フローは，いまではEDIとウェブ接続を経由して交換されている．

　一般的に，現金は付加価値活動とは逆の方向へ流れている．しかしながら，販促やリベートの用意によって，製品・サービスフローの動きを円滑にするために現金が流

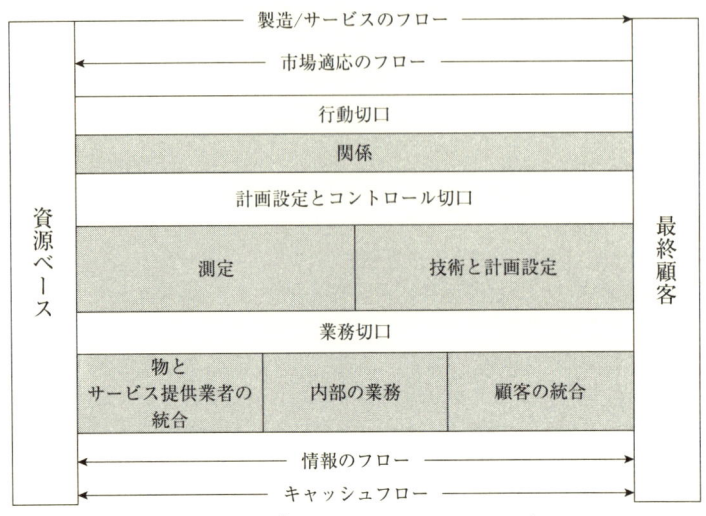

図 6-3 サプライチェーン・フレームワーク

（図の構成要素）
- 製造/サービスのフロー
- 市場適応のフロー
- 行動切口
- 関係
- 計画設定とコントロール切口
- 測定
- 技術と計画設定
- 業務切口
- 物とサービス提供業者の統合
- 内部の業務
- 顧客の統合
- 情報のフロー
- キャッシュフロー
- 資源ベース
- 最終顧客

れる．キャッシュフローの回転速度と資産の回転率は，優れたサプライチェーン・パフォーマンスにとって重要である．

当然に，4つのフローは，サプライチェーンが統合されていないときも，チャネルパートナー間を流れている．しかしながら，サプライチェーンパートナー間において調整や統合の程度が低い場合，遅れ，無駄，非効率が生じる．サプライチェーンフローの効果性と効率性を推進するために，コンピテンシーとそれを支援する能力を必ず統合しなくてはならない．

a. フレームワークの構築

図 6-3 に示した，サプライチェーン統合フレームワークには，幅広い範囲の能力とコンピテンシーが存在する．基本作業，機能，能力，およびコンピテンシーを統合して，業務をサプライチェーンの事実関係に適合させるために，このフレームワークは役立つ．

オーダーピッキングやトラックの運転のような仕事あるいは「基本作業」が，ロジスティクスで一番目にふれる機会の多い業務である．仕事の内容が業界特有あるいは企業特有の性格をもつことはよくあるが，通常はコントロールを円滑にするために組織単位にまとめられる．たとえば，保管に関する一連の仕事は，たいていの場合，グループ化される．いま1つのよくみられるまとめ方は，輸送に関連した仕事を編成して，輸送部門に統合する方法である．保管や輸送は組織において非常に可視的なものであるので，このような機能別のグループ化は大きな意義がある．従来から，部門は財務予算の設定，業績の測定，および業務のコントロールのための中心点となる．機能作業の配置によって，ロジスティクスにおけるベストプラクティスのドライバーが構成される．機能あるいはドライバーが結集されて，価値が創造される．プロセスの

表 6-2 サプライチェーンの切口，コンピテンシー，および支援能力

コンピテンシー	業務切口			計画設定とコントロール切口		行動切口
	顧客統合	内部統合	物とサービスの提供業者の統合	技術と計画設定	測定の統合	関係の統合
支援能力 セグメント化		機能間統合	戦略的提携	情報管理	機能評価	役割の明確化
適合性		標準化	業務の融合	社内コミュニケーション	活動基準およびトータルコストによる方法論	ガイドライン
応答性		単純化	財務上のつながり	相互接続性	包括的な測定指標	情報共有
柔軟性		規則の遵守	サプライヤー管理	協働による予測作成と計画設定	財務的な影響	利益/リスクの共有
		構造適応能力				

パフォーマンスの点から機能の優劣をみることが，サプライチェーン統合を完全なものにする．これは業務の考え方における大きな変化である．

統合を達成するために，機能の価値は能力の普遍性という点から評価されるべきである．**能力**とは，パフォーマンスの統合を推し進めるのに欠かせない知識とその達成水準を意味する．作業が「どのように」実行されるのかを考える機能の視点とは対照的に，能力は作業が「なぜ」実行されるのか，ということに関係がある．能力は，価値に対する作業の貢献である．統合原理の適用によって，複数の機能を同期化し，価値を創造するコンピテンシーが生み出されるが，その活用が能力の前提となっている．仕事や機能は特定の業界や作業環境に大きく関係するが，能力は普遍的なものである．能力はサプライチェーン全体に関連し，サプライヤー，製造業者，卸売業者，小売業者といったすべての業態に分け隔てなく，適用できる．能力は，業界，国，文化の境界をも超越する．さらに，どのような規模の企業のなかでも観察可能であるが，何よりも重要なことは，測定も可能であることである．ロジスティクスに関するベストプラクティスをもたらす能力がサプライチェーン内のすべての企業において，ある一定程度観察できることは調査によって確証が得られている．

能力の例として，(1) 特定の顧客が有するニーズを特定して対応する，(2) サプライチェーン・パートナーと協働し，業務の統合を実現する，(3) サプライチェーン・パートナー間で業務や計画情報を効果的に共有する，(4) サプライチェーン全体の業績を測定して理解する，そして (5) 利益とリスクを共有すること，がある．

諸能力の融合によって，普遍的な**コンピテンシー**が生まれる．表 6-2 ではサプライチェーンという観点から分類された 6 つの総合的なコンピテンシーに関連づけて，能力について詳細な説明を加えている．業務関連には，調達，生産，市場流通に関連し

た従来のプロセスがある．計画とコントロール関連には，測定に関するコンピテンシーだけでなく，情報技術と計画設定システムも含まれる．行動関連では，サプライチェーンにおける企業が社内および社外の関係を管理する方法が含まれる．

b. 業務の切口

業務のなかには，サプライチェーンにおける注文充足と補充作業を円滑に行うプロセスがある．優れた業務パフォーマンスを実現するためには，企業は顧客を中心に考え，組織間の調整を行い，そして機能とプロセスのパフォーマンスを優れたものにしなくてはならない．

顧客統合は，顧客との親密な関係を醸成していくための理念や活動に基づいて形成されるものであり，継続的な競争優位を確立するコンピテンシーでもある．企業は，つねに，顧客のニーズに注意を払ってきた．しかし，最近では，業務細分化の可能性という点から顧客を差別化して，検討しているだけである．サプライチェーンの統合を目指すすべての企業は，適合性，責任，および柔軟性を支える能力にも，大きく関与していかなくてはならない．

組織内部の統合では，調達，生産，および市場流通に関連した機能を調整するために，内部の活動やプロセスの共同化に焦点が当てられる．多くの企業が内部機能の統合を試みた．だが，先に述べたように，理想とは大きくかけ離れたものであることをケーススタディや数字が証明している．マネジャーが，自社の製造，ロジスティクス，ないしはマーケティングといった業務の調整よりも，顧客の調整で成功している，ということが多い．内部の統合を助ける能力は，機能間統合，標準化，単純化，規則の遵守，および構造適応能力である．

サプライヤー統合では，サプライチェーン・パートナーに対する物とサービスの提供を介して，業務上の関係を形成する能力に焦点が当てられる．顧客はなによりも大切な焦点ないしはサプライチェーン・ドライバーであるが，戦略的提携，業務の融合，財務的なつながり，およびサプライヤー管理によっても全体の成功が決まるだろう．サプライヤー統合に関するコンピテンシーの実現は，内部の作業プロセスを統合する能力にかかっている．競争に勝ちたいと願う企業は，サプライチェーン・パートナーの業務プロセスに自分の業務プロセスを融合して，顧客からの広範囲で厳しい期待に応えなくてはならない．

顧客統合，社内の統合，サプライヤー統合を支える13の能力を明らかにし，数量化し，組織的に学習することが可能であるということは重要である．

c. 計画設定とコントロールの切口

業務の水準を高めるために，計画設定能力と測定能力を連動しなくてはならない．これには，サプライチェーン全体のパフォーマンスを監視し，コントロールして，改善するための，サプライチェーンを横断した技術的な接続も含まれる．

計画設定とコントロールの統合は，設計，購買，製造，顧客の注文充足，および資源計画の設定に関連している．このようなコンピテンシーには，サプライチェーン・パートナーのなかでの適切な情報共有を実現するデータベースを利用できることも含まれる．顧客注文とその補充を処理するトランザクションシステムにも関連する．情

報管理に加えて，社内コミュニケーション，相互接続性，コラボレーションに関連した能力を開発することも欠かせない．

測定の統合とは，企業内とサプライチェーンにおいて，機能とプロセスのパフォーマンスを監視し，ベンチマークができることである．各企業はそれぞれ特徴があるので，コラボレーションによって標準あるいは共通の指標を設定し，活用し，監視しなくてはならない．測定におけるコンピテンシーにおいて，機能評価や活動ベースの方法論に関する能力が必要となる．総合的な指標と財務面への影響が，評価の対象となる．

d. 行動切口

効果的な関係管理は，サプライチェーンの取り組みにおいて欠かせない最後のコンピテンシーである．サプライチェーン戦略を成功裏に実行するには，パートナー間における基本的な企業関係の質にかかっている．一般的には，協調するよりも，敵対することに，マネジャーは慣れている．

サプライチェーン関係を実りある優れたものにするにはガイドラインがいる．しかし，理想的な状況は2つとない．細かいコミットメントが良好な長期的関係の形成と発展のために必要であるが，そのための近道はなく，方法は1つしかない．顧客，サプライヤー，サービス提供業者の関係において，企業は役割を明らかにし，ガイドラインを示し，情報を共有し，リスクと利益を分担し，コンフリクトを解消し，そして必要があれば，非生産的な努力を解消する必要がある．これは間違いない事実である．企業の競争環境の変動は激しいので，このような関係が有効であると確認するために，条件，プロセス，および評価指標に対する定期的な検討が必要であるからである．表6-3と表6-4は，サプライチェーンの統合についての成功要因と共通問題を要約したものである．

最後に，マネジャーはサプライチェーンの根本的な破壊と再生を考えなくてはならない，ということは多くの証拠によって示されている．失速してうまくいかない改革もあるかもしれないが，陳腐化するまで維持できる実務もあるだろう．このように，ほとんどの経営管理に関する問題と同様に，サプライチェーン統合もまた，継続的な再評価に曝される運命を有する，不安定な立場にある．

6-5-4 統合とロジスティクスコンピテンシー

サプライチェーン・ロジスティクスコンピテンシーについて，3つの重大なポイン

表6-3 サプライチェーン関係を成功に導く要因

小売業者	製造業者
高水準の協調	情報共有
目標・目的の統一	相互利益への理解
明確なコミュニケーション	履行のコントロール
経営上層部の支援	合同のタスクフォース
在庫コントロール	コミットメント/資源の提供
	利益の実現

(出典：Reprinted by permission of Accenture Consulting.)

表 6-4 サプライチェーン関係の構築において直面する一般的な障害

小売業者	製造業者
少ない在庫保管単位（SKU）	コミュニケーション不足
変化に対する製造業者の抵抗	信頼の水準
情報システム	互換性のないシステム
互換性のないデータフォーマット	技術的な問題への理解欠如
	変化に対する顧客の抵抗
	小売業者のスピード

（出典：Reprinted by permission of Accenture Consulting.）

トがある．第一に，完全に統合化されたプロセスが，ほかのサプライチェーンと比較して際立った高度な水準に達したとき，戦略の基礎となる可能性を秘めたものとなる．ロジスティクスのコアコンピテンシーは今日の競争環境においても同じである．

第二に，サプライチェーンを背景にした，学術的な視点では機能からコンピテンシーにいたる能力へとロジスティクスを抽象化することによって，今後，発展し得る理論構造が形成される．能力を特定することが，一般化の第一段階となる．能力を普遍的なコンピテンシーに統合することは，特定のロジスティクスに関する原理を，企業に適用させることに役に立つ．ロジスティクスをコアコンピテンシーとして位置づけることは，サプライチェーン統合からもたらされる価値を大きくする．

第三に，ロジスティクスは，サプライチェーンを横断する業務を基礎とするプロセスである．そしてこのプロセスは，サプライチェーンが全顧客価値を生み出すために，統合化される必要があるのである．

6-6　グローバルなサプライチェーン統合

効果的なロジスティクスシステムは，国内のサプライチェーン統合にとっても重要であるが，グローバルに展開する製造活動やマーケティングの成功にとっては絶対的に必要不可欠なものである．国内ロジスティクスではある程度環境をコントロールすることができ，サプライチェーン統合を助ける付加価値サービスの実行が焦点となる．国際貿易においては，距離，需要，多様性，文書作成に関する不確実性が多くなる．そのような不確実性に対処する一方で，グローバルロジスティクスは，国，政治，経済の異なる多様な条件のなかで，業務を順応させなくてはならない．

グローバルロジスティクス・システムにおける業務上の課題は，世界のさまざまな活動地域によって著しく異なる．北米におけるロジスティクスの課題は，陸上輸送が支配的で，書類を書き換える必要は少ないが，地理的に広く開けていることである．対照的に，ヨーロッパのロジスティクス担当者は，地理的には比較的密接しているが，政治，文化，規制，言語についての多数の条件があるという問題に直面する．環太平洋地帯におけるロジスティクスの課題は，島が多いため輸送距離が非常に長く，水上輸送や空輸を多く利用する必要があるということである．このようにそれぞれ事情が異なるので，グローバルに業務を展開する企業は，幅広い多様な能力と専門知識

表 6-5　1997年におけるロジスティクスコスト各国比較（単位：10億米ド

地域	国名	GDP	ロジスティクスコスト（$）	対GDP比（%）
北米	カナダ	658	80	12.1
	メキシコ	695	106	15.3
	アメリカ	8083	849	10.5
	小計	9436	1035	11.0
ヨーロッパ	ベルギー	240	27	11.4
	デンマーク	123	16	12.9
	フランス	1320	158	12.0
	ドイツ	1740	228	13.1
	ギリシャ	137	17	12.6
	アイルランド	60	8	14.0
	イタリア	1240	149	12.0
	オランダ	344	41	11.9
	ポルトガル	150	19	12.9
	スペイン	642	94	14.7
	イギリス	1242	125	10.1
	小計	7238	884	12.2
環太平洋	中国	4250	718	16.9
	インド	1534	236	15.4
	香港	175	24	13.7
	日本	3080	351	11.4
	韓国	631	78	12.3
	シンガポール	85	12	13.9
	台湾	308	40	13.1
	小計	10063	1459	14.5
南米	ブラジル	1040	156	15.0
	ベネズエラ	185	24	12.8
	アルゼンチン	348	45	13.0
	小計	1573	225	14.3
その他の国々		9690	1492	15.4
合計		38000	$ 5095	13.4%

（出典：Donald J. Bowersox, David J. Closs, Theodore P. Stank, *21st Century Logistics: Making Supply Chain Integration a Reality* (Oak Brook, IL: The Council of Logistics Management, 1999); and Donald J. Bowersox and Roger J. Calantone, "Executive Insights: Global Logistics," *Journal of International Marketing* 6, no. 4 (1998), pp. 83-93.）

を開発し，維持する必要がある．

　以前は，北米，ヨーロッパ，あるいは環太平洋においてそれぞれ異なる戦略で活動することによって，企業は何とかやってきた．企業によっては，地域化が選択肢として残っているが，成長・繁栄を望む企業のなかには，こうしたグローバル化の問題に正面からぶつかっていく企業もある．企業とそのサプライチェーンがグローバル化し

て行くのにつれて，戦略的な企業行動を変えなくてはならない．

6-6-1 グローバル経済におけるロジスティクス

　業務のグローバル化に伴い，ロジスティクスのコストと複雑性は大きくなる．1997年におけるロジスティクスコストの推定額は，5兆ドルであり，世界の国内総生産（GDP）の推定額の13.4％に達する．表6-5では，国別のGDPとロジスティクスコストの推定額が示されている．国内の業務とは対照的に，グローバルな業務においてはその複雑性から不確実性が大きく，コントロールできる範囲が狭い．コントロールできる範囲が狭まるのは，海外のサービス企業を多用するだけでなく，税関の要求や貿易規制といった政府の干渉が潜在するからである．

　このような地域によって異なる課題が，効果的で効率的なサプライチェーン戦略の策定を困難にする．幸運にも，グローバル化を推進し，かつロジスティクス業務のボーダレス化を余儀なくさせる力が働いている．

6-6-2 国際展開の段階

　世界貿易の段階は，輸出入から，現地化，無国籍企業まである．以下の議論は，戦略の展開における考え方と管理についての比較である．

a. 輸出入：国内の視点

　国際貿易の最初の段階は，輸出入活動である．この段階における組織の焦点は国内業務にあり，国内の事業をどうするかという視点から国際取引をみている．通常，企業がこの輸出入戦略を選択したとき，他国における業務の実行・管理は貿易サービス業者を利用する．

　国内に焦点をおいた輸出入事業を志向することによって，以下の3つの点でロジスティクスに関する意思決定に影響を与える．第一に，調達や資源の選択は，人為的な制約から影響を受ける．制約は，使用が制限される，現地調達を法律によって義務づけられる，あるいは価格に課徴金が課せられるというかたちで現れる．**使用制限**は一種の制約であり，通常政府によって課され，輸入量あるいは調達量が制限される．たとえば，企業はたとえその価格と品質が競争力をもたないものとしても，その原材料の調達先として，当国への割当てを要求されるかもしれない．**ローカルコンテンツの法律**は，地域経済内において調達すべき生産物の割合を決めている．**価格課徴金**は，地域内のサプライヤーの自立を支えるために，国外から調達された製品に対して政府が課した割高な課税金である．使用制限と価格課徴金の2つが，経営者が別の優れたサプライヤーの選択を難しくさせている．

　第二に，こうした輸出入業務を支援するロジスティクスにおいて，計画の策定がますます複雑化している．ロジスティクスの基本目的は，効率的なキャパシティの利用を促進するために，製品フローを円滑にすることである．このような目的の達成が政府の干渉によって妨害され，実現を困難にする．

　第三に，このような輸出入の段階では，世界中の発送地と目的地に合わせて，国内におけるロジスティクスシステムと実務方法の拡大が試みられる．国内志向の考え方が，経営方針レベルでの問題を簡略化するが，数多くの例外のために業務の煩雑さが高まる．現地のマネジャーは，いままでの会社の方針や手続きのなかで，そのような

6-6 グローバルなサプライチェーン統合

例外を処理しなくてはならない．その結果，現地のマネジャーは，本社の十分な支援と理解を受けずに，文化，言語，雇用，政治の環境に対応しなくてはならない．

b. 業務の国際化：現地化

海外進出の第二段階は，外国における業務体制の確立である．業務の国際化はマーケティング，営業，生産，そしてロジスティクスを含む．現地で施設を建設して業務を行うことによって，現地市場の認知度と印象がよくなる．**現地化**の実現とはこのことを意味するものと考えられることがよくある．現地化戦略の初期段階では，海外業務に親会社の管理と人員を活用し，本国の価値観，仕事手順，業務を用いることが一般的である．しかしながら，海外市場で業務を行う事業組織は，時間の経過に伴い現地のビジネス慣行を採用するようになる．

現地のビジネス慣行の採用とは，現地国における管理手法，マーケティング手法，販売組織を利用することを意味する．現地での業務が拡大するにつれて，現地での考え方がわかるようになって行くだろうが，企業の本部が考える戦略的ビジョンに依然として支配される．この段階ではまだ，各国の業務が本国の期待や標準と比較検討されるのである．

c. グローバル化：無国籍企業

無国籍企業という考え方は，先の輸出入志向の考え方や国際業務の考え方に基づく業務とはまったく異なる．無国籍企業という考え方はもともと *Business Week* 誌の記事によって一般に示された．その記事が，国境ではなく，成果を意識して意思決定を行う企業を取り上げている[7]．

無国籍企業では，現地の業務を整備し，各地域の調整を行えるように本部体制が構築される．したがって，そのような企業は，本国や母国が経営方針を牛耳ることがないという意味で無国籍である．経営上層部は，多様な国籍の人間によって構成されるだろう．業務の分権化が機能するには，基礎として，現地にマーケティング組織と営業組織が必要である．そして，ワールドクラスの製造業務とロジスティクス業務によって支援されるのが一般的である．調達やマーケティングに関する立地の意思決定は，幅広い選択肢のなかから行われる．体制や仕事の手順は，個々の国の要件を満たすように設計され，知識共有や財務報告に応じて整備される．

昔からドイツ，日本，英国に拠点があるが，中国のほうが，維持・管理している売上・資本・資産が大きい企業がある．中国は，世界で3番目に大きい経済を有していると考えられている．しかし，中国は，ロジスティクスやチャネルのインフラに関する点で，第三世界の国々との共通点が非常に多い．通信に関する中国のインフラは脆弱である．複合一貫輸送システムがなく，貨車やコンテナの位置を追跡する能力もなく，貨物航空もなく，主要都市から離れればほとんど道なき道である．このような理由から，中国で業務を行う無国籍企業は，ロジスティクス活動を行うために，発展途上のビジネスシステム，変化のスピードが速いこと，そして貿易量が爆発的に増加していることを十分に理解した現地人の経営者に頼るのである．

無国籍企業の条件に適合する企業には，ABB（スイス），Dow Chemical（米国），ICI（英国），Hoechst（ドイツ），Nestlé（スイス），Philips（オランダ）がある．

海外事業を行うほとんどの企業が，第一段階と第二段階で活動しているが，真の国際企業になるには業務のグローバル化に挑戦していかなくてはならない．このようなグローバル化には，国籍や文化を超越した，経営に対する大きな信頼が必要である．このような信頼は，管理者が文化の壁をこえた生活と仕事を経験した分だけ大きくなる．表6-6は，グローバルなサプライチェーン統合の各段階において活動する企業の特徴を比較したものである．

6-6-3　グローバル・サプライチェーンの管理

以上で示した課題に対応するために，ロジスティクス担当の管理者は，グローバル・サプライチェーンの複雑さを評価し，以下のような国内活動とグローバル活動のあいだにある5つの違いについて考慮しなくてはならない．すなわち，(1) パフォーマンスサイクルの構造，(2) 輸送，(3) 業務上の留意点，(4) システム統合，(5) 提携である．

a. パフォーマンスサイクルの構造

パフォーマンスサイクルの長さは，国内業務とグローバルな業務とで大きな差がある．国内における輸送時間は3日から4日，総パフォーマンスサイクルは4日から10日である．しかし，グローバル業務おいては，サイクルが週単位か月単位になる．たとえば，環太平洋から輸入される自動車部品は，発注してから米国の工場に納品されるまで60日かかるのが一般的である．

表6-6　グローバル展開の特徴

3つの発展段階	典型的な特徴						
	製品関連	マーケット戦略	サプライチェーン戦略	経営管理	情報と意思決定支援	人的資源の開発
輸出入	国内における生産と流通	特定の顧客	代理業者とサードパーティロジスティクス業者	統合予算によって推進される輸送活動	限定的なEDIによる本国中心主義	本国中心の考え方とかぎられた国際経験しかもたない管理者
業務の国際化；現地化	延期化あるいは現地生産によって支援された現地市場への適応	複数の国をまたがる市場圏	一定の事業権と現地で明確な存在感を有する子会社と現地流通業者	現地従業員に対する管理の分権化と現地に収益責任においてもたせた戦略的提携	独立性を有するデータベースと意思決定支援	国際経験もつトップマネジメントと偏った「本国」志向の判断を行う少数のトップマネジメント
グローバル化；無国籍企業	世界ブランド	すべての経済地域	グローバルな調達とマーケティングの優位性を活用した世界規模の資源フロー	現地の流通に柔軟性をもたせた，共通システムの支援による中央集権的な計画設定	統合されたデータベースと意思決定支援	国際研修と国際経験は，すべての経営上層部において必要で，中間管理職においてもある程度必要

パフォーマンスサイクルが長くなる理由は，コミュニケーションの遅れ，与信に関する条件，特別な梱包の必要性，海上輸送のスケジュール，長い輸送時間，そして通関手続きによるものである．コミュニケーションの遅れは，時差と言語の違いによる．国際取引において与信を遅らせる原因は，信用状が国際貿易において必要とされる場合がほとんどだからである．コンテナは悪天候や高温多湿の状況に曝されるのがふつうなので，損壊を防ぐために特殊な梱包が必要となる．貨物をコンテナによって運ぶのであれば，適切な荷役設備を有する港のあいだで荷物が移動するように計画しなくてはならない．出発港と目的港の道路に多くの車線がない，あるいは目的港に向かう船に適切な荷役設備がなければ，このような荷動きの予定期間は最大30日までかかってしまうかもしれない．いったん船が出港すると，輸送時間は10日から12日かかる．さらに通関手続きによって期間は長くなる．電子メッセージ通信を利用して，国際港に到着する以前に，通関を通る貨物の安全を事前に証明するのが一般的になりつつある．しかし，それでもなおパフォーマンスサイクルは長い．

このような要因が組み合わさって複雑化し，国内の業務と比較して海外におけるロジスティクスのパフォーマンスサイクルが長くなったり，安定性が欠如したり，柔軟性が損なわれたりする．とくに安定性が欠如していることが計画策定をますます難しくする．パフォーマンスサイクルの長期化が，高水準の在庫形成にもつながっている．けっきょく，移動在庫がいかなるところでも大きくなるからである．

b. 輸　　送

米国は，1980年代の初頭に，輸送に関する規制緩和に取り組んだ．以下のような3種類の世界的な変化が起こっている．すなわち，(1) 複数の輸送手段の所有，(2) 民営化，(3) カボタージュ（国外業者による国内輸送）と二国間協定である．

従来は，国家間の輸送手段の所有と営業権に関して規制が存在していた．輸送キャリア（実運送事業者）は単一の輸送形態内の業務に制限され，通し運賃の設定や共同運航に関する協定はほとんどなかった．とくに，船会社は，昔から自動車キャリアや鉄道キャリアのような総合的な陸上業務を所有し，運営することができなかった．共同所有，共同経営，共同の価格設定に関する協定が不可能であったので，国際輸送は煩雑であった．一般に国際輸送には，貨物を動かすために複数のキャリアを必要とする．市場ではなく政府が，外資のキャリアが行えるサービスの範囲を決定していた．所有と経営に関わる規制が依然として多少残っているが，マーケティングと提携に関する国家間の協定によって著しく輸送活動の柔軟性が改善した．米国やほかのほとんどの先進国において，多数の輸送手段を所有することを制限する規制は撤廃され，輸送の統合化が推進された．

輸送業界のグローバルな業務に与えた第二のインパクトは，キャリアの民営化である．歴史的には，貿易を促進し，国家の安全保障に備えるために，多くの国際的キャリアが自国の政府によって所有され，運営されていた．国有のキャリアは，自国の企業活動には補助金を出し，他国の企業には追加料金を設定する．このような国有キャリアを経由した輸送は，価格が人為的に高く，サービスの品質が貧弱なので，コストが高くつき，信頼がないこともしばしばであった．非効率の原因は，強力な労働組合

と就業規則にあった．コストの高さと非効率さが重なり，多くの国有キャリアの赤字原因となった．このようなキャリアのうちの大多数が民営化された[8]．

　カボタージュや二国間協定の変化が，国際貿易に影響を与える輸送関連の第三の要因である．カボタージュ法は，国内港のあいだの旅客輸送と貨物輸送には，国外のキャリアを利用することを禁止するものである．たとえば，ロスアンゼルスからニューヨークへの海上輸送は，米国のキャリアの利用が求められる．同様のカボタージュ法によって，カナダから発送された貨物がいったんテキサスで降ろされると，カナダ人ドライバーがデトロイトに帰り荷を輸送することが制限されていた．輸送設備全体の稼働率を減らし，それによって効率性を悪化させることになっても，カボタージュ法は国内の輸送業界を保護するために存在する．ヨーロッパ共同体では，カボタージュ法が緩和され，貿易業務の効率性が向上した．このようなカボタージュに関する規制が緩和されれば，米国企業はヨーロッパ内の輸送コストを 10% から 15% 節約できるだろう．

c. 業務において考慮すべき点

　グローバルな環境においては，業務において考慮すべき点が多く存在する．まず，国際業務には，製品と書類作成に複数の言語が要求される．コンピュータや計算機のような技術的な製品には，キーボードの文字，製品，説明書に記載される言葉のように，地域的な特性が必ず存在する．ロジスティクスにおいて，言語の違いが業務の複雑さに大きく影響する．それは，特定の言語に合わせた製品を製造すれば，その製品は特定の国でしか販売できなくなる．たとえば，西ヨーロッパは，たとえ米国よりもはるかに小さな商圏であっても，各言語に対応する別々の製品が必要であるかもしれない．したがって，マーケティング努力を支援するために多くの在庫を必要とする．言語に対する要求から製品種が増加する．これを汎用パッケージと延期化戦略によって減らすことができるが，このような戦略がいつ何時でも適用できるとはかぎらない．製品に関する言語の問題に加えて，荷物が通過する国々に対応した，複数の言語で書かれた書類が必要とされる．英語は商取引上において一般的な言語とされるけれども，言語で書かれた輸送と関税に関する提出書類が，現地言語で書かれていることを要求する国も存在する．複雑な書類が荷物よりも先に届いていなくてはならない．よって，このような問題が，国際的なロジスティクス活動に対する時間と手間を増加させているのである．この書類のやりとりに関する問題は，EDI 取引の標準化によってある程度克服できる．

　国際取引における業務についての第二の相違は，製品の能力，電源，あるいは安全要求事項のような，その国だけの対応に基づくものである．これらは重要なものではないかもしれないが，各国間の小さな違いが必要な SKU（在庫保管単位）の数の増加につながり，在庫水準を増加させるのである．

　第三の業務の違いは，莫大な量の書類作成に関するものである．国内のロジスティクス活動においては，送り状と船荷証券で十分であることが一般的である．しかし，国際的な活動においては，注文品の内容，輸送機関，与信，政府規制に関した多くの書類が要求される．表 6-7 は一般的な書類様式をあげている．

表6-7 一般的な国際ロジスティクスに関する書類の種類

- **解約不可能な輸出取引の信用状**：輸出業者に対する支払いの義務を銀行に移転する輸入業者と銀行間の契約．
- **銀行手形**（あるいは為替手形）：国外取引における支払い手段の1つ．適切な書類を確認次第支払われる方法（一覧払為替手形）と適切な書類を受領してから一定期間後に支払われる方法（一覧後定期払為替手形）の2つの種類がある．指図が伴う手形あるいはそのほかの書類は荷為替手形である．
- **船荷証券**：船会社あるいはその代理人によって発行され，商品の輸送契約の証拠となり，荷物の所有権に対する請求権が付随する．
- **複合輸送に関する書類**：荷物が空輸によって，あるいは複数の輸送機関形態によって輸送された場合，船荷証券に取って代わるもの．
- **仕切状**（商業送り状）：荷物とその売却時期を正確に明らかにするために，輸出業者によって作成される書類．
- **保険証明書**：付保範囲の種類（火災，盗難，海上），保険会社の名前，保証される財産を所有する輸出業者が書かれている．
- **原産地証明書**：関税や貿易に関する政府規制を査定するために原産国を示す．

　第四の業務の相違は，見返り貿易の発生する可能性と，海外においてしばしばみられる関税の払戻しである．ほとんどの既存企業は，現金取引を好むが，見返り貿易もまた重要である．見返り貿易は，基本的に，売り手が売買約束の一部として買い手からの製品の引取りないしは買取りに同意することである．このような同意は，財務的に意味があるが，支払いとして受け取った製品の処分に関連して，ロジスティクスやマーケティングにとってもまた大きな意味をもつのである．

　たとえば，Pepsiは，ソビエト連邦政府にシロップを供給し，ソビエト連邦政府は，事実上ペプシからのコントロールを受けずに，清涼飲料水を瓶詰めして販売していた．その代わり，Pepsiはロシアのウォッカ Stolichnaya を独占的に販売する権利を与えられ，シロップの供給に対する見返りを受けたのである．このような独占権には，マーケティングやロジスティクスの支援が必要である．

d. システム統合

　現在において，ほとんどの企業が，グローバルにシステム統合を行っていない．一般的に，企業は，買収と合併によりグローバル化を進めるので，システム統合が遅れるのがふつうである．これには，世界中の注文と在庫所要量を電子的に処理・管理する能力が必要となる．支援技術の統合を推進するには十分な設備投資を必要とする．2000年問題に対応したグローバルな取組みが，プロセス全体を大きく円滑なものにした．しかし，グローバル統合システムを有している企業は依然として少ない．

e. 提　携

　国際業務に関する最後の相違は，サードパーティとの提携がもつ役割が大きくなっていることである．キャリアや専門のサービス業者との提携が，国内業務において重要であるが，国際業務においては必要不可欠なものになる．提携を行わなければ，世界中の小売業者，卸売業者，製造業者，サプライヤー，サービス提供業者との契約を維持しなくてはならない．国際的な提携によって，市場へ接近したり，専門能力を獲得したりすることができ，グローバルな活動に伴うリスクを軽減することができる．

グローバル化について数多くの選択肢があり，大きな複雑さが伴うが，そのことが提携の必要性を大きくするのである．

グローバル化は発展途上のフロンティアである．グローバル化によって，サプライチェーンの統合がますます求められるようになっている．海外事業が成長するにつれて，サプライチェーンが長くなり，確実性がなくなり，多くの書類を作成しなくてはならない．そのため，ロジスティクスコンピテンシーに対する要求は大きくなる．変化への圧力によって，国境をこえた業務が要求されるが，サプライチェーン・マネジメントは，いまだ，市場，金融，およびチャネルに関する問題に直面している．このような問題は，距離，需要，多様性，および書類作成のかたちで現れる．問題は，世界を相手にできるロジスティクスコンピテンシーを開発して，グローバルなマーケティングと製造活動の優位性をうまく活用できるように，会社を変えることである．

6-7 ま　と　め

　個別企業のレベル，国内のサプライチェーン，そして国際的な事業の展開において，業務の統合は1つの経営課題である．機能間の調整による効率化の結果として，業務統合は価値をもつ．システム分析とトータルコストの評価を活かすことによって，機能を統合して，生産的なプロセスを生み出す方法論が確立されるのである．プロセスの統合化によって，コスト面とサービス面においてはっきりとした恩恵がもたらされる．

　個別企業のレベルにおける業務統合は難しい．内部の企業統合を阻む問題が存在する．統合に関するこのような障害は，長期にわたって実践されてきた機能別管理と，それに関連した情報システムと報償システムに見受けられる．従来実践されてきた測定方法と指標が，機能主義を強化する．プロセス統合に対する障害はかなり強力で，いたるところで観察される．「大分断」とよばれるこの現象は一般によく見受けられるが，たいていの場合，企業の完全な統合の実現を難しくする．

　多く企業が顧客ないしはサプライヤーの統合に成功するということは，矛盾をはらんでいる．先に述べたように，企業は内部を統合するよりも，外部の特定企業と統合することのほうがよくある．このことは，サプライチェーンを横断するかのごとく企業を拡大しようとする多くの試みが，よくても部分的な解決法にすぎないことを意味する．しかしながら，このような限定的なサプライチェーンの関与でも，多くの場合で関係者に価値をもたらすようである．企業がサプライチェーンのなかで生き残っていくために，ずばりどれくらいの内部統合が必要なのかは不明である．もちろん，内部の業務統合に失敗して，サプライチェーンに積極的に関わっていくことを不可能にしてしまうリスクはある．

　部分的なサプライチェーンの統合に価値があるのは，浪費，重複，および業務の無駄を削減する大きな可能性があるからである．とくに，コラボレーションによって，参加企業の在庫投資やそれに関連したリスクを軽減する方法を見出すことができる．サプライチェーン統合の成功には，業務，技術と計画設定，および関係管理のコラボレーションを促進する，組織的なプログラムが必要である．今日，サプライチェーン

を横断するコラボレーションは，あるにしても数少ないだろう．しかし，そのような全体の統合がもつ潜在的な利益は驚くほど大きいのである．

サプライチェーン戦略が国家間に及ぶとき，新たな複雑性に遭遇する．このような複雑性は，距離の長さ，需要の違い，文化の相違，書類の複雑化によるものである．企業は世界に向けてさらなる業務拡大を進行させていかなくてはならないだろう．世界市場でシェアの拡大を実現する戦略には，輸出入業務から，現地化，そして真のグローバル化がある．どの戦略を採用しても，その成否は企業が有するロジスティクスの能力によって決まるところが大きくなるであろう．

参考文献および注

1) ERP についての詳細な議論は第 8 章を参照されたい．
2) Donald J. Bowersox, David J. Cross, and Theodore P. Stank, *21st Century Logistics: Making Supply Chain Integration a Reality* (Oak Brook, IL: Coucil of logistics Management, 1999).
3) Christopher Meyer and David Power, "Enterprise Disintegration: The Storm Before the Calm," *Commentary* (Lexington, MA: Barker and Sloane, 1999).
4) "Efficient Consumer Response : Enhancing Value in the Grocery Industry," Kurt Salmon Associates, Inc., New York, NY, January 1993.［邦訳，ECR：流通再編のリエンジニアリング，村越稔弘監訳，NEC 総研，1994］
5) "Efficient Healthcare Consumer Response," CSC Consulting, Inc., Cleveland, Ohio, November 1996.
6) Donald J. Bowersox, David J. Closs, and Theodore P. Stank, 6) と同書掲載．
7) "Stateless Corporation," *Business Week*, May 14, 1990, p.98.
8) 訳注：原著の前版 *Logistical Management*（第 4 版, McGraw-Hill, 1996）には，国有キャリアの例として，戦時中の輸送機関国有化やエールフランスがあげられている．また，民営化された例としては，英国，カナダの航空会社や鉄道があげられている．なお，現在，エールフランスについても民営化の議論がある．

第7章
情報ネットワーク

　サプライチェーン情報システムは，そのアクティビティ（活動）を開始させ，その全プロセスに関する情報を追跡するものである．そして，その企業内およびサプライチェーンパートナー間の両方に対して情報を共有することができる．さらに，経営の意思決定を支援するものである．本章では，通信ネットワーク，トランザクションシステム，意思決定支援システムの組合せとしての包括的な情報システムについて述べる．これらすべてのシステム要素は，サプライチェーンの仕事を分析し，実行指示し，モニターするための包括的な機能を提供すべく統合化される必要がある．

7-1　情報システムの機能

　そもそもロジスティクスとは，流通チャネルを通した製品の在庫と流れについて焦点をあてたものである．情報の流れと正確性については，顧客にとってそれほど決定的なものでないと考えられていたため，ときとして見落とされてきた．さらに，情報の伝達速度は，紙を送る速さによって制約を受けてきたのである．しかしながら，効果的なロジスティクスシステムを設計し運営するために，なぜタイムリーかつ正確な情報が，ますます決定的なものになってきたのか，4つの理由をあげることができる．第一に，オーダー状況，製品の在庫状況，出荷スケジュール，出荷追跡，送り状などの情報を提供することが，顧客サービスの一環として必要な要素であると顧客が理解するようになったこと．顧客自身がリアルタイムに情報にアクセスできるようになったのである．第二に，サプライチェーン全体での資産を低減する目標をもって，情報を活用することによって，在庫と人的資源の所要量を低減することができると経営者が気づいたこと．とくに，最新の情報を使った所要量計画は，需要の不確定性を最小にすることによって，在庫を減らすことができる．第三に，戦略的な優位性を得るために，資源をどのように，いつ，どこで使うのかについてのフレキシビリティを情報によって増すことができること．第四に，インターネットを利用することによって，情報の伝達と交換の能力が飛躍的に発展したため，購入者と販売者とのあいだの関係を変えるとともに，チャネルの再構築を行うようになってきたこと，である．

　サプライチェーン情報システム（supply chain information systems: SCIS）は，ロジスティクスのアクティビティを1つの統合化されたプロセスへとリンクする糸のようなものである．この統合化によって，つぎの4つのレベルの機能が構築される．(1) トランザクションシステム，(2) マネジメントコントロール，(3) 意思決定分析，(4) 戦略プランニング．図7-1は，情報機能の4つのレベルごとにロジスティ

7-1 情報システムの機能

```
                          戦略プランニング
                     ・戦略的同盟の形成
                     ・能力と機会の開発
                     ・改善
                     ・重点的/プロフィットベースの顧客サービス分析

                  意思決定分析
              ・トラックのルート計画と配送スケジューリング
              ・在庫レベルとマネジメント
              ・ネットワーク/施設のロケーションと統合化
              ・垂直的統合 vs サードパーティ/アウトソーシング

         マネジメント      ・財務的測定：         ・顧客サービス測定
         コントロール       コスト              ・生産性測定
                         資産マネジメント        ・品質測定

         トランザクション   ・オーダーマネジメント  ・オーダー品選別  ・見積りと送り状作成
         システム          ・在庫引当て          ・出荷         ・顧客問合せ
```

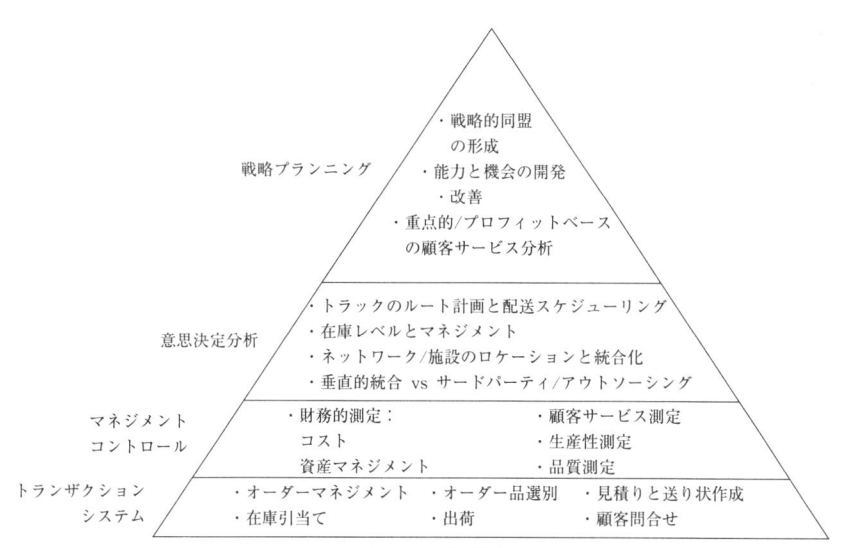

図 7-1 情報機能

クスのアクティビティと意思決定を表したものである．ピラミッドの形が示唆するように，マネジメントコントロール，意思決定分析，戦略プランニングを向上するためには，強力なトランザクションシステムの基盤が必要である．

トランザクションシステムは，定型化されたルールと手順，標準化された通信，大量の処理量，日々のレベルでのオペレーションという特徴をもっている．構造化されたプロセスと大量の処理の組合せということは，いかに効率的な情報システムにするかという問題が重視されるのである．もっとも基盤となるレベルであり，トランザクションシステムは，個々のロジスティクスのアクティビティや機能を実行指示し，実績記録を取るものである．

トランザクションのアクティビティには，オーダーエントリー，在庫引当て，オーダーのピッキング，出荷，価格計算，送り状作成，顧客からの問合せに対する回答などが含まれる．たとえば，顧客オーダーエントリーは，顧客の製品要求を情報システムに入力するトランザクションである．オーダーエントリーの処理は，つぎに在庫をそのオーダーに割り当てる業務に引き継がれる．そして，三番目の処理は，在庫場所からそのオーダーの分を探してピッキングを行うように指示を出すこと．四番目の処理は，そのオーダー分の顧客への輸送を指示すること．最後の処理は，送り状を作成し，受取勘定を記録することである．これらのプロセスを通して，その企業と顧客は，オーダー状況についてのリアルタイム情報をみたいと思っている．このように，顧客オーダーの実施サイクルは，一連の情報システム処理によって完了するものである[1]．

第二の SCIS レベル，**マネジメントコントロール**とは，「パフォーマンス測定とその報告」に焦点を当てたものである．パフォーマンス測定は，サプライチェーン・パ

フォーマンスと資源稼働率に関して，マネジメントフィードバックを行うために必要である．一般に，パフォーマンス基準には，コスト，顧客サービス，生産性，品質，資産マネジメントなどの基準がある．一例をあげると，単位重量当たりの輸送・倉庫コスト，在庫回転率，ケース積載率，単位時間当たりのケース数，顧客評価などである．

SCIS によってシステムパフォーマンスの実績が報告されることが必要である一方，システムにとって業務遂行上の例外対応事項を明らかにすることも必要である．マネジメント上の例外対応の情報は，潜在的な顧客オーダーや業務遂行上の問題点を明確化するのに役立つ．たとえば，SCIS は，予測所要量と計画在庫量をベースにして，今後の在庫不足量を算出できるものでなければならない．そして，マネジメント上の例外対応の報告される情報としては，能力の限界をこえて予想される輸送，出荷倉庫，所要人員を明らかにするものでなければならない．

コストなどのコントロール基準は，明快に定義されたものであるが，一方，顧客サービスや品質といった基準は，あまり特定されていない．たとえば，顧客サービスは，自分の企業からの内部的な観点から測定もできるし，顧客の観点からの外部的な測定もできる．内部的な測定は比較的追跡しやすい一方，外部的な測定は，特定の顧客に関するパフォーマンスのモニタリングが必要であるため，より難しい．

第三の SCIS レベル，**意思決定分析**とは，サプライチェーンとロジスティクス戦略・戦術をより効果的に改善することを目的に，問題点を明らかにして，評価して，その代替案を比較するためにマネジャーを支援するソフトウェアツールである．典型的な分析内容としては，サプライチェーン設計，在庫管理，資源割付け，ルート設定，部門別収益などが含まれる．また，意思決定分析の SCIS では，幅広いロジスティクスの状況についてのデータベース・メンテナンス，モデリング，分析，そして報告ができることが必要である．マネジメントコントロールと同様に，意思決定分析においては，トラックによる輸送ルートの設定や倉庫計画などのようないくつかの戦術的な分析も含んでいる．意思決定分析のアプリケーションは，第3章において述べたように，満足し成功した顧客を得るために関わるトレードオフを決定することによって，顧客との関係をマネジメントするために使われるものである．すなわち，意思決定分析は，これからの業務遂行を導き，幅広い代替案の検討ができるように，硬直的に組織化されておらずフレキシブルでなければならないので，システムのユーザーがそのシステムの能力から利益を得るためには，より専門的な経験と訓練を必要とするものである．

最終的な SCIS のレベルである**戦略プランニング**は，トランザクションデータを幅広いビジネスプランニングや意思決定モデルのなかに組み込んだり，合成したりすることである．これによって，さまざまな戦略の可能性や採算性を評価するのに役立つ．本質的には，戦略プランニングは，サプライチェーンやロジスティクス戦略を開発したり，改良したりするのに役立つ情報に焦点を当てている．これらの意思決定は，多くの場合，意思決定分析の延長線上にあるものだが，一般に，より概略的であり，あまり構造化されておらず，長期的な視点に立つものである．戦略プランニング

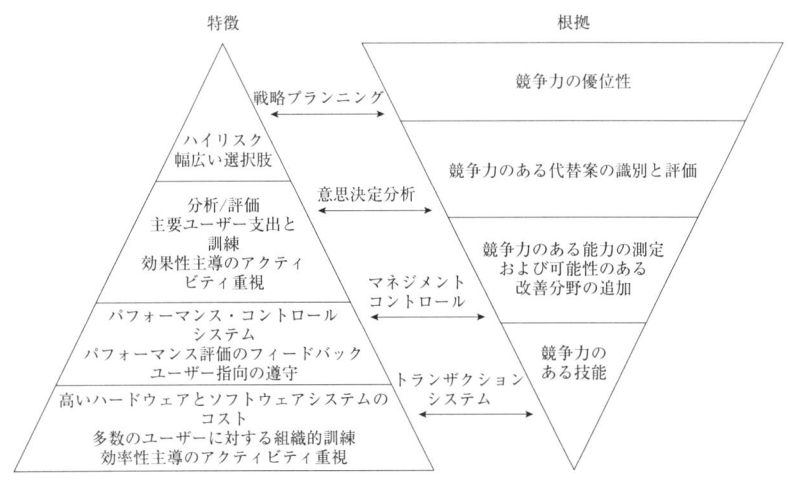

図 7-2 SCIS の使用・意思決定の特徴・使用の根拠

の意思決定の例としては，戦略的な提携の有効性，製造能力の開発や改良，顧客の敏感な反応に対するマーケットの機会などをあげることができる．

図7-2は，SCIS の開発コストと得られる利益とを対応させている．左側の図が開発とメンテナンスの特徴を表しており，右側の図が得られる利益を表している．開発とメンテナンスのコストには，ハードウェア，ソフトウェア，通信，訓練，人件費などが含まれている．

一般に，実質的な基盤として，トランザクションシステムへの大きな SCIS 投資を必要とする．トランザクションシステムは，システムユーザーが多いこと，大量のデータ通信量を必要とすること，処理量も多いこと，独特なソフトウェアの複雑性などの理由によって，高いコストを要するものである．また，トランザクションシステムは，利益や投資回収について，より確からしさと限界採算性を明らかにしやすい．今日，包括的なトランザクションシステムが実質的な競争優位性を与えるものではなく，それは競争のための必要条件といってよい．実際，現在活動しているすべての企業は，すでに効率的なトランザクションシステムを達成するための実質的な投資をしている．すなわち，その投資は相当なものであるが，それに対する投資回収は，かなり小さな場合が多い．より高度なレベルのシステムであるマネジメントコントロール，意思決定分析，戦略プランニングでは，それほどハードウェアやソフトウェアの資源を必要としない．しかしながら，システムによって得られる利益の可能性に対して，不確実性やリスクが大きい場合がある．

一方，マネジメントコントロールや意思決定分析システムは，問題のプロセスとその代替案について洞察を与えることに焦点を当てている．たとえば，ベンチマーキング・マネジメントコントロールによって，競合他社と比較してどのプロセスに遅れをとっているのかを明らかにすることができる．また，外部顧客サービス監査によっ

て，顧客指向プログラムの選択にあたって，その可能性を明らかにすることができる．最後に，サプライチェーン設計，顧客/製品収益性，セグメント貢献度，競争力を評価できる能力をもった戦略プランニングシステムによって，企業の収益性と競争力に大きなインパクトを与えることができる．なお，これらのシステムは，特定のハードウェアやソフトウェアにこだわるものではない．

　従来，多くのシステム開発は，トランザクションシステムの効率を上げることに焦点をあてたものであった．これらの開発投資によって，トランザクション速度の向上やオペレーティングコストの低減という意味での回収ができることを提示してきたのであるが，予想されたコストダウンがあいまいであった場合も多い．いま，SCIS開発と実施によって，高度なサプライチェーン・システムの統合とより効果的な意思決定に注目しているのである．

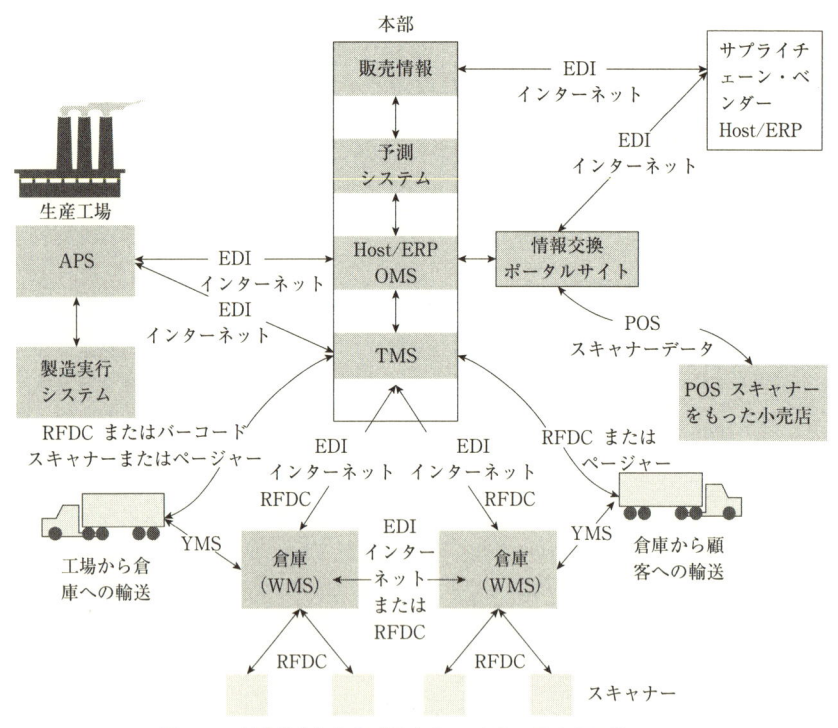

図 7-3　統合化されたサプライチェーンシステムのモジュール
［訳注：RFDC（無線周波データ通信，7-4-5参照．）］

（出典：Adapted from *Cahner's Publishing*, "The Information Flow Across an Integrated Supply Chain," *Logistics Online*（www.manufacturing.net/scl/yearbook/）. Used with permission.）

7-2 包括的な情報システム統合

包括的な情報システムとは，意思決定を実行し，モニターし，支援すること，そして，ロジスティクスの実施と計画を完遂するために必要なアクティビティに関する報告を行うものである．統合化した情報システムを構成するためには，多くのシステム構成要素を結合する必要がある．そして，結合した構成要素を組織化し説明するのにも，いろいろなやり方がある．

主要なシステム構成要素としては，以下のものが含まれる．(1) ERP (enterprise resource planning：統合基幹業務パッケージ) またはレガシーシステム，(2) コミュニケーションシステム，(3) 実行システム，(4) プランニングシステムである．図7-3は，これらの構成要素とそれらの典型的なつなぎ方を例示するものである．

7-2-1 ERP またはレガシーシステム

図7-4で示された **ERP またはレガシーシステム**は，多くの企業におけるサプライチェーン情報システムのバックボーンとなるものである．このバックボーンは，最新データおよび過去の実績データを維持し，トランザクションの指示を与え，パフォ

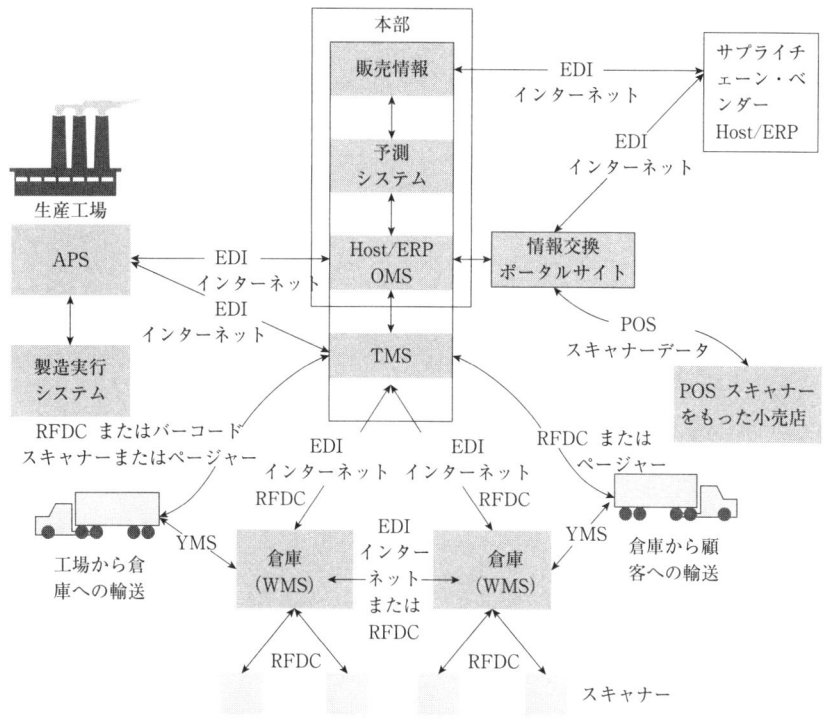

図 7-4 企業資源計画（ERP）

(出典：Adapted from *Cahner's Publishing, "The Information Flow Across an Integrated Supply Chain," Logistics Online* (www.manufacturing.net/scl/yearbook/). Used with permission.)

表7-1 ERPシステムの能力

ERPで何が得られるか？
ERPというと一枚岩のように聞こえるが，実際はこのソフトウェアは，その会社の財務システムにつながった数多くの（60以上もの）モジュールで構成されている．この収集されたデータは，その企業の鍵となる財務のパフォーマンスを計画するために使われる．ERPのこの企業中心モデルは，その会社とともにサプライヤーや顧客によるプランニングプロセスを担う部分としてERPの新しいモジュールが含められ，拡張されてきている．

従来の能力	新しく出現する能力
・BOM（部品表）	・企業アプリケーション統合
・支払い勘定と受取り勘定	・透明性
・総元帳	・コラボレーティブなプランニング，予測，補充
・在庫管理	
・オーダーエントリー	・CRM（顧客関係管理）
・購買	・ウェブ活用アプリケーション
・PRP（プロジェクト所要量計画）	・ホスティング（サーバーの記憶スペースのレンタル）
・ルート設定	
・CRP（能力所要量計画）	

（出典：Gary Forger, "ERP Goes Mid-Market," *Modern Materials Handling*, January 2000, p. 71. Reprinted with permission.）

ーマンスを追跡するものである．レガシーシステムとは，1990年以前に開発されたメインフレームでのアプリケーションのことをさしており，オーダーエントリー，オーダー処理，倉庫指示，在庫管理，輸送，そして関連する財務処理などのトランザクションを自動化するためのものである．たとえば，顧客オーダーに関するシステムは，OMS（order management system：オーダー管理システム）とよばれることが多い．これは，オーダー処理が完了するまでの処理を行うためである．オーダー情報に加えて，レガシーシステムでは，顧客，製品，在庫状況，施設稼働に関する情報を扱っている．多くの場合，これらのレガシーシステムは，それぞれ独立して開発されたソフトウェアモジュールによって構成されており，統合化や一致性に欠けるところがある．その結果として，データの信頼性や統合についての問題が数多く発生する．多くの部門をもつ企業や国際的な企業では，それぞれの部門や国によって，異なったレガシーシステムを使っているために，この問題がさらに複雑化している．

1990年代において，多くの企業で，レガシーシステムをERPにおき換え始めるようになった．ERPシステムは，共通の一貫したデータベースによる統合化したトランザクションモジュールとして設計されたものである．また，ERPシステムは，統合化されたオペレーションを行いやすくすること，オーダーの充足や在庫補充処理など，創造的なアクティビティの指示を行い，モニターし，追跡するための出力をする．データの統合化と一致性に加えて，ERPシステムは，2000年問題のバグ発生の可能性を最小にするための方法として，急速に注目をあびるようになった．さらに，ERPシステムは，ロジスティクスとサプライチェーンのオペレーションを実行しやすくするトランザクションシステムであると同時に，データウェアハウスとよばれて

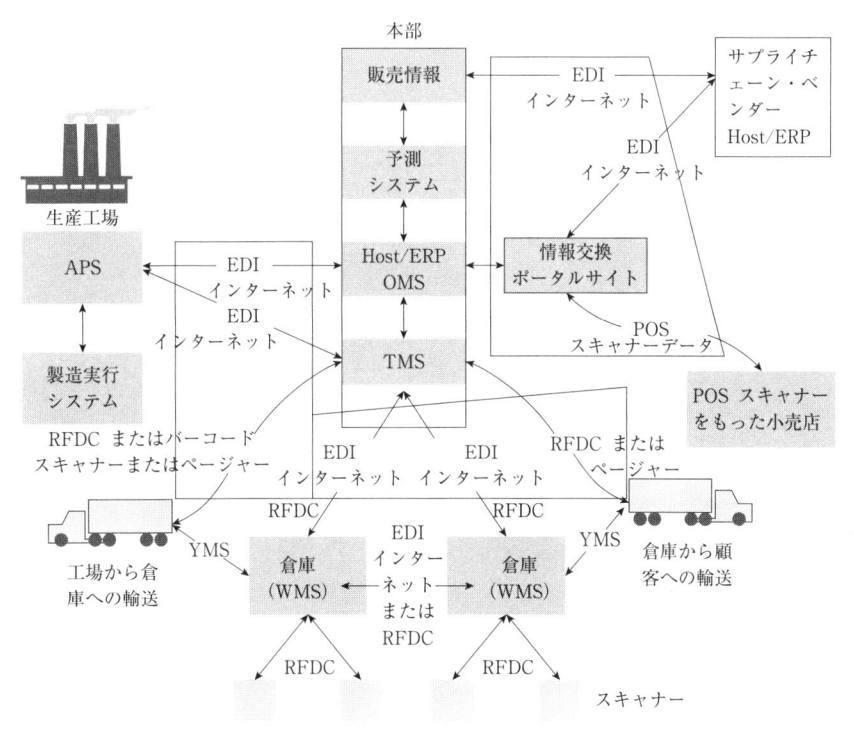

図 7-5 コミュニケーションモジュール

(出典：Adapted from Cahner's Publishing, "The Information Flow Across an Integrated Supply Chain," *Logistics Online*（www.manufacturing.net/scl/yearbook/）. Used with permission.)

いるように，統合化された企業全体のデータベースともなっている．典型的なトランザクションとしては，オーダーエントリーとその充足としての出荷，調達，生産指示を行うことができるものである．このようなオペレーショナルなアプリケーション以上に，ERPシステムは，概して財務，会計，人的資源の能力を含んでいる．表7-1は，ERPシステムの特徴として，従来からの能力と新しく開発されている能力とをリストしたものである．

統合化の利点を現実化するために，本社機能のシステムとして，ほかの2つのシステム構成要素を導入し始めている．図7-3に示したように，予測とCRM（customer relationship management：顧客関係管理）である．CRM，すなわち販売マネジメントシステムは，販売部門の人員とオペレーショナルなマネジメントとのあいだで情報を共有するために設計された新しいアプリケーションの1つである．CRMは，ERPシステムで得た過去の販売実績，過去の出荷実績，オーダー状況，販促情報，出荷情報などに関する現状の最新情報を販売スタッフや顧客に提供することができる．CRMは，過去の実績，最新状況の情報を製品開発，価格見積り，販促などの情報と結びつ

図 7-6 実行モジュール

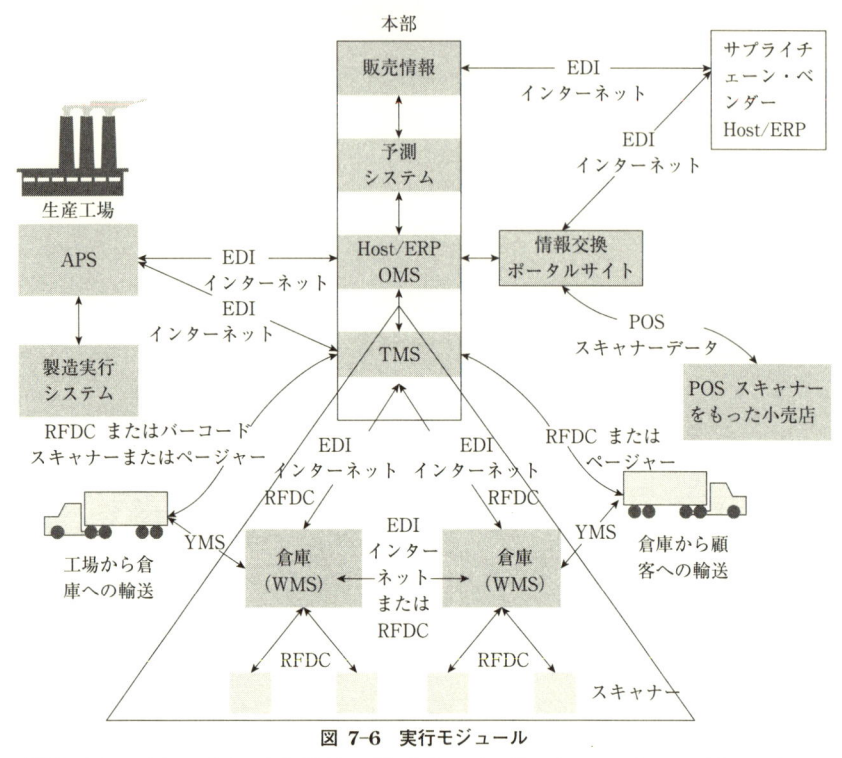

（出典：Adapted from Cahner's Publishing, "The Information Flow Across an Integrated Supply Chain," *Logistics Online*（www.manufacturing.net/scl/yearbook/）. Used with permission.）

けることによって，顧客オーダーの予測を行うことができるようになる．このことは，第3章において述べたように顧客の成功を最大限にする可能性がある．このようにタイムリーかつ正確な情報を企業と顧客とのあいだで交換することにより，販売可能な製品について，製品販売および販促計画を支援することがさらに可能となるのである．

7-2-2　コミュニケーションシステム

　コミュニケーションシステムのモジュールとは，企業内における機能分野間，そしてサプライチェーンのパートナーどうしのあいだにおいて，情報の流れの疎通をはかるためのものである．図7-5は，サプライチェーンのオペレーションにおいて必要な主なコミュニケーションシステムの構成要素を示したものである．ロジスティクス情報は，企業のオペレーションについてのリアルタイムのデータ，すなわち，入荷する資材の流れ，生産状況，製品在庫，顧客への出荷，入ってくるオーダーなどのデータで構成されている．企業の外部からの観点に立つと，企業は，サプライヤー，取引金融機関，輸送業者，顧客に対して，オーダー，出荷，支払い・請求などの情報を提

7-2 包括的な情報システム統合

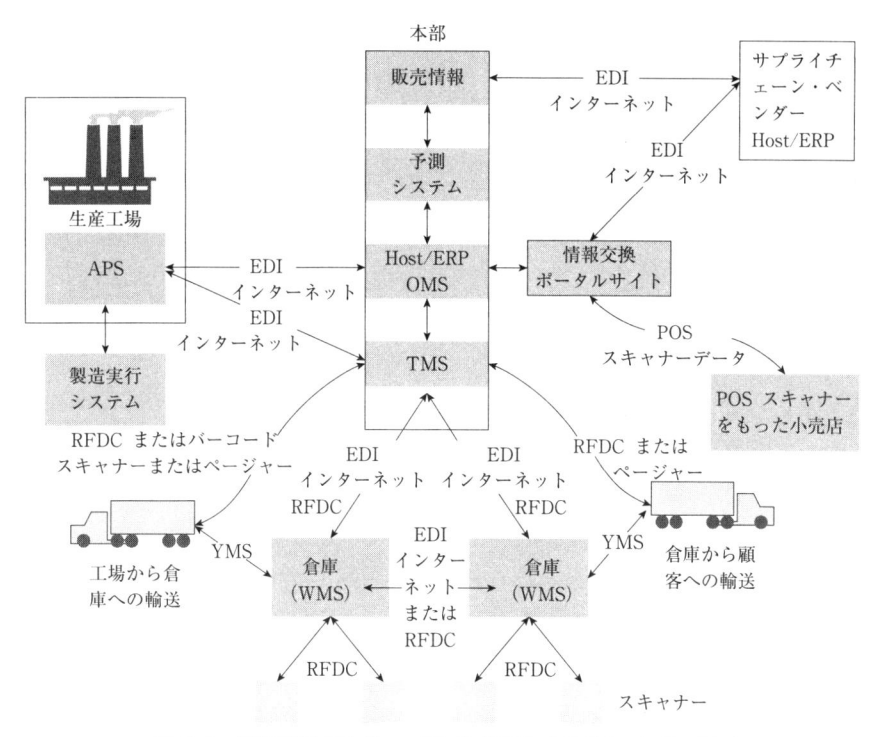

図 7-7 先進的計画スケジューリング（APS）システムコンポーネント
(出典：Adapted from *Cahner's Publishing*, "The Information Flow Across an Integrated Supply Chain," *Logistics Online* (www.manufacturing.net/scl/yearbook/). Used with permission.)

供できるようにする必要がある．企業の内部的な必要事項としては，生産スケジュールと最新状況についての情報を共有し交換できるものでなければならない．一般に，サプライチェーン通信のテクノロジーとしては，バーコード，スキャニング，EDI，衛星通信，無線，インターネットなどが含まれる．交換するデータの標準化とフォーマットについては，本章において後述する．

7-2-3 実行システム

企業の実行システムとは，ロジスティクスのオペレーションを支援するために，その企業の ERP システムと結びつけて，特別な機能を提供するものである．いくつかの ERP システムは，それなりのロジスティクス機能を備えているが，多くのシステムの場合，最新の倉庫や輸配送のオペレーションを支援する能力には欠けるところがある．図 7-6 は，いくつかの実行システムを選んで示したものである．多くのシステムは，データ交換を容易にするために，ERP システムに組み込まれているか，統合されている．入荷，保管，出荷，倉庫オートメーションなどの標準的な倉庫マネジメントを行うことに加えて，WMS（warehouse management system：倉庫管理システ

ム) では，マネジメント報告出力，付加価値サービスへの支援，意思決定に対する支援などの能力を備えている場合が多い．TMS (transportation management system：輸送管理システム) には，輸送ルート設定，積込み計算，方面別の積合せ，リバースロジスティクスのマネジメント，さらにスケジューリングや各種ドキュメンテーション作成などを含んでいる場合が多い．YMS (yard management system：ヤード(作業場)管理システム) は，作業場において車両に積込まれている在庫を追跡することができる．第8章において，ロジスティクスの実行システムについてより詳細な議論を行う．

7-2-4 プランニングシステム

　情報システムの最後の構成要素は，図7-7に示したプランニングシステムである．ERPシステムは，特定のロジスティクスのアクティビティを実行するための業務プロセス処理を行うのであるが，トランザクションシステムは，一般に，戦略の代替案を評価したり，意思決定を支援することはできない．サプライチェーン・プランニングシステムは，現在，APS (advanced planning and scheduling：先進的計画スケジューリング) システムとよばれており，サプライチェーンの代替案を評価したり，サプライチェーンの意思決定に対する助言をしたりすることができるように設計されている．高度に洗練されたサプライチェーン・プランニングシステムでは，意思決定のためのタイトな時間制約のなかで，複雑な代替案が検討できるようなシステムが急速に一般化しつつある．サプライチェーン・プランニングシステムでは，生産スケジューリング，在庫資源プランニング，輸配送プランニングなどを含むことが多い．データウェアハウスにおいてメンテナンスしている過去の実績データと現在の最新データを使って，APSソフトウェアは，システマティックにとるべき方策を明確化し評価する．そして，課せられた制約のなかで，最適解に近いやり方を提案する．ここでの代表的な制約としては，生産，施設，輸送，在庫，資材などの制約である．

　プランニングシステムは，一般に，2つのカテゴリーにグループ分けすることができる．戦略と戦術である．戦略プランニングシステムは，どこに数多くの代替案が存在し，どこに最新過去の範囲をこえるデータが必要であるのかを分析することができるように設計されたものである．たとえば，戦略プランニングのアプリケーションには，サプライチェーン・ネットワークの設計，サプライヤーと生産および流通施設をどのように組み合わせて使うべきか，どのように既存または今後可能な施設のあいだで製品を流すべきかといった構造的な分析を含む．

　戦術プランニングシステムは，短期的な資源の制約，すなわち生産，施設，車両の能力によって制約されたなかでオペレーショナルな指示を発行することに焦点を当てたものである．戦術プランニングのための情報支援は，主として，企業のデータウェアハウスから得ることができる．戦術プランニングのプロセスは，顧客の要求を評価し，生産，在庫，施設のオペレーショナルな結びつけ，そして能力の制約のなかで適用できる設備の稼働率を明らかにするものである．アクションプランの結果は，短期的なオペレーションを導くものである．

7-3 サプライチェーン・アプリケーションの利用

　包括的な情報システム技術のメンテナンスは，きわめて高価になる可能性がある．ハードウエアは広範囲にわたり，ソフトウェアは複雑化している．ハードウェアは，一般にサーバーとパソコンのネットワークを含み，多数の顧客，製品，在庫，オーダー処理を追跡するための計算能力とデータ貯蔵の能力を提供するものである．ソフトウェアは，ユーザーに対して幅広いオプションを提供できるものでなければならない．また，ユーザーは，世界中にまたがることも多い．さらに，もし，ハードウェアかソフトウェアのどちらかが故障したときに，最小限の必要な能力と情報を失うことがないように実質的なセキュリティと冗長性を組み込んでおかなければならない．また，ハードウェアとソフトウェアは，設置段階および継続的なメンテナンスの段階において，人の技能をかなり必要とするものである．小規模な企業の場合は，それほどシステムの規模や冗長性，グローバル化などのレベルを必要としないかもしれないが，必要とするオペレーショナルな機能は基本的に同じである．企業が，必要とするハードウェアとソフトウェア，そしてサポートを利用するためには，以下の3つの方法がある．

　第一の方法は，「直接所有するやり方」である．自社の施設内に，そのハードウェアとソフトウェアを設置すべく自ら購入する．初期コストはかなりの額になるが，直接所有することによって，高いセキュリティを得ることができ，変動費を低く抑えることができる．設備やソフトウェアをベンダーやサードパーティの金融会社からリースすることによって，設備投資を減らすことも可能である．ただし，リースをしても，直接所有の場合に発生するリスクは，同じように残る．そのハードウェアとソフトウェアを設置し，修正し，メンテナンスするための技能をもつ要員を雇用するか契約しなければならないからである．情報技術資源をマネジメントし，資金的にサポートするためには，資本と才能が必要となる．それが，その企業のコアコンピタンスを開発するために必須なものである．さらに，情報技術資源を直接所有する場合，冗長性の必要度合について注意深く評価しなければならない．SCISでは，24時間，週7日，そのグローバルオペレーションをサポートしなければならないからである．

　第二のやり方は，情報マネジメントをサードパーティに「アウトソース」するものである．サードパーティは，このような技術を設置し，メンテナンスし，マネジメントする能力と経験的技能を有していなければならない．IBM，EDS (Electronic Data Systems)，Accentureなどの企業は，包括的な情報技術のアウトソーシングやコンサルティングを提供している．ハードウェアやソフトウェアは，特定のクライアント企業のために提供するか，あるいは，そのサービスプロバイダーが契約する複数のクライアント企業で分け合うかたちに提供する．どちらの場合でも，そのハードウェアとデータは，ともに相応のセキュリティを確保している．アウトソーシングの利点は，オペレーションの責任を専門家に任せるということである．専門家という意味は，ハードウェアとソフトウェアの両方の設置とオペレーションについて，広範囲な資源を有していることである．さらに，このようなマネジメント会社では，多数のクライアント企業にまたがって，多数の資源を分け合うことによって，バックアップサービス

表7-2　ASPの利点とリスク

利点	リスク
コスト節約：ソフトウェアの購入やアップグレードをする必要がない． 時間節約：企業はコアビジネスに専念できる． 人員：ASPが設置やメンテナンスのサポートのための技術スタッフを提供してくれる． フレキシビリティ：ウェブブラウザーを使ってクライアントが遠隔からソフトウェアにアクセスできる．	セキュリティ：ASPの問題により企業情報が危険にさらされる可能性がある． インフラストラクチャー：ASPは高速のインターネットが必要となる． 歴史：まだ，明確なビジネスモデルがない．

(出典：ASPNews.com. Cherry Tree & Co. Reprinted with permission.)

を提供することができる．サードパーティのサービスプロバイダーを利用することのおもな欠点は，変動コストが増大することである．サービスを提供するためには，設備とソフトウェアのコストに加えて，利益率を加味しなければならない．しかしながら，サービスプロバイダーは，複数のクライアント企業にまたがって，資源と要員を分け合うことによって，規模の経済を達成するやり方をとっているので，そのコスト差は，十分に採算がとれるものである．

　第三のやり方は，**ASP**（application service provider：アプリケーション・サービスプロバイダー）の利用である．ASPは，インターネット経由によって浮上した比較的新しいタイプのサービスプロバイダーである．ASPは，サードパーティのサービス会社であり，コンピュータハードウェアとソフトウェアを所有しメンテナンスを行い，それをクライアント企業に対して，使用量，すなわち処理量をベースにしてレンタルする方法である．ASPを利用することにより，ハードウェアとソフトウェアは，パソコンとウェブブラウザー，そしてインターネット接続だけで済んでしまうことになる．ASP会社は，ウェブサイトをもち，そこから数多くの種類のソフトウェアとクライアントのコンピュータファイルを提供する．「いつでも使えるアプリケーション」とよばれるようになったことからわかるように，ASPでは，コンピュータソフトウェアとデータベースをメンテナンスし，アップグレードすることによって，クライアント企業がそれをいつでも使えるようにできる．ASPは，そのセキュリティ，冗長性，ウェブサイトを無傷な状態にする責任をもっている．表7-2は，ASPのおもな利点とリスクをリストしたものである．

　今後，多くの場合，企業は，これら3つのやり方を組み合わせることによって，情報技術の必要性をまかなうかたちになるかもしれない．基本的なオーダーエントリーとマネジメントソフトウェアは，コストを最小にし，セキュリティを確保するために，自社で購入し，社内のコンピュータを使って運用するかもしれない．プランニングシステムなど，より複雑なソフトウェアはASPからレンタルすることができよう．いずれにしても，自社所有と外部業者利用を組み合わせることによって，自社での技能に広範囲に頼ることなく，過大な初期投資をすることなく，包括的な情報システムを構築できるようにする．

7-4 コミュニケーションシステム

　情報技術は，ロジスティクス，サプライチェーン・プランニングとオペレーションを推進していくための情報共有化にとって重要な要素である．ロジスティクスのアクティビティは，情報技術のハードウエアから遠く離れた場所で行われることが多いため，従来，ロジスティクスの調整が困難であった．その結果，仕事が行われているその現場で，タイミング的にも内容的にも，情報を得ることができなかった．この過去10年，ロジスティクスにおけるコミュニケーションシステムの能力に目覚しい進歩があった．EDI，インターネット，XML，衛星技術など，企業とその施設間の通信を発展させることができる．無線技術は，倉庫などの施設内での短い距離での通信を可能とさせる．イメージ，バーコード，スキャナーの技術は，サプライチェーンでの情報システムや物理的環境間での通信を可能とするものである．

7-4-1 EDI

　過去，電話やファックス，コンピュータの直結によって情報の交換を可能としてきたのであるが，効果的，高精度，ローコストな情報の交換において，EDIとインターネットが，急速にそのスタンダードとなりつつある．EDI（電子データ交換）とは，大量の業務取引処理を行いやすくするために，企業間のコンピュータとコンピュータとのあいだのビジネスドキュメントの交換を標準のフォーマットで行うものであると定義されている．従来の郵便やクーリエ，あるいはファックスなどの方法の代わりに，2つの組織のあいだで電子的に情報通信する能力と実際手段の両方をさしている．

　直接的なEDIの利点とは，内部的な生産性を向上すること，チャネル間の関係を改善すること，外部的な生産性を向上すること，国際的な競争力を高めること，オペレーティングコストを低減することである．EDIは，情報伝達を速くし，冗長性を低減することによって生産性を改善することができる．データエントリーや対応変換のくり返しを減らすことによって正確性を高めることができる．EDIは，以下のことによって，ロジスティクスのオペレーティングコストにインパクトを与えることができる．(1) 紙をベースにしたトランザクションの場合の印刷出力と郵送などの処理に関連した人件費や材料費を低減する．(2) 電話やファックス，テレックスの使用を少なくする．(3) 事務コストを低減する．グラフィック業界では，EDIの導入によって，紙をベースとしたシステムの90%まで削減することができ，領収書処理の時間を50%に低減することでき，請求書の書類あたり8ドルの節約ができたという[2]．そのほかの例としては，Texas Instrumentsでは，EDIによって，誤出荷の95%，現場での問合せを60%，データエントリーに要する人手を70%，グローバル購買のサイクルタイムを57%減らしたという報告がある[3]．

　EDIがロジスティクスの通信に顕著な食い込みをみせたのであるが，その浸透ぶりは，トランザクションの50%程度で横ばい状態となってきた．大手のメーカー，流通業者，小売業者が主要取引パートナーとの情報交換の手段としてEDIの導入を実施してきたのであるが，その設置コストが高くつくこと，相当の技能を要することか

ら，中小企業での採用にはかぎりがあったためである．オハイオ州立大学によるロジスティクス企業に対する例年の調査によると，おもな EDI の活用は，ベンダーと主要取引先という結果が示されている[4]．

通信と情報の標準ということが，EDI の本質である．通信の標準とは，コンピュータ・ハードウェアが交換を正確に行うことができるように，技術的な特性を定義することである．通信の標準とは，キャラクターセット，送信のプライオリティ，速度に関するものである．情報の標準は，メッセージの送信構造と内容を指示するものである．標準設定のための組織が，2つの一般的な標準とともに，数多くの業界特定の標準を開発し，改良してきた．これによって，通信と情報の交換の両方とも標準化する努力が行われてきたのである．

a. 通 信 標 準

もっとも一般的に採用されている通信の標準は，ANS X.12（American National Standards Committee X.12）と UN/EDIFACT（United Nations/Electronic Data Interchange for Administration, Commerce, and Transport）である．X.12 が米国標準として推進されている一方，EDIFACT は国連によって，よりグローバルな標準として推進されている[5]．それぞれの組織は，サプライチェーン・パートナー間での共通データ交換のための構造を定義してきた．もっとも有力な方式は EDIFACT であると専門家筋は示唆している[6]．表 7-3 は，紙による通信と電子的な通信との違いを示している．表の左側で，4 行の注文を通信するために必要な品目別の詳細を示している．そのデータとしては，数量，単位，品番，品名，単価である．表の右側に，フィールドごとに分けて記述しているコード化された情報を示している．ただし，このアプローチのしかたは，一般的に受入れられ，理解されているシーケンスでデータフィールドが送信される場合にかぎられてしまう．すなわち，X.12 フォーマットは，変

表 7-3 通信トランザクションフォーマットの比較

数量	単位	No.	紙のフォーマットでの記述	価格	ANS X.12 フォーマット
3	Cse	6900	セルローススポンジ	12.75	IT1・3・CA・127500・VC・6900 N/L
12	Ea	P450	プラスチック容器	.475	IT1・12・EA・4750・VC・P450 N/L
4	Ea	1640Y	黄色皿水切り	.94	IT1・4・EA・9400・VC・1640Y N/L
1	Dz	1507	6インチのプラスチック・フラワーポット	3.40	IT1・1・DZ・34000・VC・1507 N/L

（出典：Mercer Management, Inc. Reprinted with permission.）

表 7-4 おもなロジスティクス業界における EDI 標準

UCS（Uniform Communication Standards）：食品
VICS（Voluntary Interindustry Communication Standards Committee）：大手小売業
WINS（Warehouse Information Network Standards）：倉庫業
TDCC（Transportation Data Coordinating Committee）：輸送業
AIAG（Automotive Industry Action Group）：自動車業界

数の定義がないからある．変数の定義と対応変換の一致性に欠けるために，EDI 導入のペースが落ちてきた．そして，XML 発展の動機づけが進んでいる．XML は，本章で後述するように，フレキシブルなコンピュータ言語である．

NIST（National Institute of Standards and Technology）および自動車産業のエキスパートによって，ビジネスサイクル全体にわたってデータを交換するアプローチを実験的に始めており，これによって情報の統合化をさらに推進しようとしている．このプログラムは，STEP（standard for the exchange of product model data）とよばれ，サプライチェーンのパートナー間での設計データや技術データを交換するために設計されている．STEP によって，ビジネスサイクルのすべての要素，すなわち，設計，

表 7-5 トランザクションセットの使用マトリックス

TS ID	トランザクションセット名	UCS	VICS EDI	TS ID	トランザクションセット名	UCS	VICS EDI
102	関連データ		√	867	製品移動および再販売報告	√	
180	返品確認および通知	√	√	869	オーダー状況の問合せ		√
204	運送引受人		√	870	オーダー状況報告		√
210	車両積載貨物の詳細と送り状		√	875	食品購買オーダー	√	
214	輸送出荷状況メッセージ		√	876	食品購買オーダー変更	√	
753	ルーティング指示要求		√	877	メーカークーポンファミリーコード構成	√	
754	ルーティング指示		√	878	製品認証/取消し	√	
810	送り状	√	√	879	価格情報	√	
812	クレジット/デビット照合		√	880	食品送り状	√	
816	組織関係		√	881	メーカークーポン買い戻し詳細	√	
818	コミッション販売報告		√	882	小売店直送サマリー情報	√	√
820	支払いオーダー/送金通知		√	883	市場開発ファンドの割当て	√	
824	アプリケーション通知	√	√	884	市場開発ファンドの決済	√	
830	発売予定を含む計画スケジュール	√	√	885	店舗の特徴	√	
831	アプリケーションコントロール		√	886	顧客コール報告	√	
832	価格/販売カタログ		√	887	クーポン通知	√	
846	在庫問合せ/通知	√	√	888	品目メンテナンス	√	
850	購買オーダー	√	√	889	販促のお知らせ	√	√
852	製品アクティビティデータ	√	√	891	税金控除リサーチ報告	√	
				893	品目情報要求	√	√
853	ルートおよび輸送指示		√	894	出荷/返品報告	√	
855	購買オーダー承認	√	√	895	出荷/返品承認・調整	√	
856	出荷通知/積荷目録	√	√	896	製品寸法メンテナンス	√	
857	出荷および請求通知		√	940	倉庫出荷オーダー	√	√
860	購買オーダー変更要求—バイヤーによる		√	944	倉庫在庫移動受領通知	√	
				945	倉庫出荷通知	√	
861	受領通知/承認証明		√	947	倉庫在庫調整通知	√	√
864	テキストメッセージ	√	√	997	機能承認	√	√

（出典：Deborah Faraqher, Uniform Code Council, Inc., 1995.）

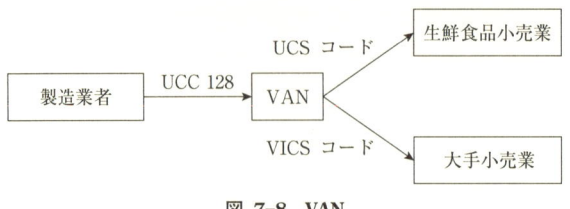

図 7-8 VAN

VANは，製造業者からトランザクションメッセージを収集し，それらのメッセージと情報を業界での特定の通信標準に適切に翻訳する．

分析，製造，販売，サービスを含んだビジネスと技術システムのデータを統合化することが可能となる[7]．

b. EDI トランザクションセット

通信の標準は，トランザクションセットによって推進されるものである．トランザクションセットとは，どのような業種や国のパートナー間であっても，情報交換を容易にするための共通的な標準を与えるものである．表7-4は，共通的なロジスティクス関連業界におけるトランザクション標準のリストである．各業界において，トランザクションセットによって，送信可能なドキュメントのタイプを定義している．ドキュメントは，受発注，倉庫作業，輸送など，一般的なロジスティクスのアクティビティをカバーしている．表7-5は，トランザクションセットの使用マトリックスをリストしたものである．トランザクションセットは，トランザクションコード（またはID）によって構成され，その後に必要なデータがついている．トランザクションコードは，たとえば，その電子的な通信が倉庫からの出荷オーダー（code 940）なのか，倉庫内の在庫への入庫（code 944）なのかを示すものである．トランザクションコードに加えて，倉庫におけるトランザクションとしては，倉庫番号，品番，数量などが含まれる．

共通の標準へとアプリケーションが進んでいく一方，最終目標とのあいだに対立も生まれてくる．1つの共通の標準は，いかなる国のいかなる業種におけるパートナーのあいだであっても情報交換を進めていくことになるのであるが，多くの企業は，その企業独自のEDIによってのみ，戦略的な優位性が可能となると考えている．その企業独自の能力によって，情報の要求に対して効率的に対応できるカスタマイズしたトランザクションを提供することができるからである．

さらに，標準トランザクションセットは，あらゆるタイプのユーザーに対しても，その必要性に対応できなければならないと考えるため，結果として，より複雑なものとなってしまう．たとえば，食料品業界では，12桁のUPCコード（universal product code）を必要とするが，電気部品業界では，20桁の品目コードが必要である．標準化されたロジスティクスEDIでは，この両方の要求を満たさなければならないのである．

多くの企業では，このジレンマを解決するために，VAN（value-added network：付

7-4 コミュニケーションシステム

（ベン図：調達、ロジスティクス、生産）

情報交換ポータルサイト
├ サプライヤー　サービスプロバイダー　顧客

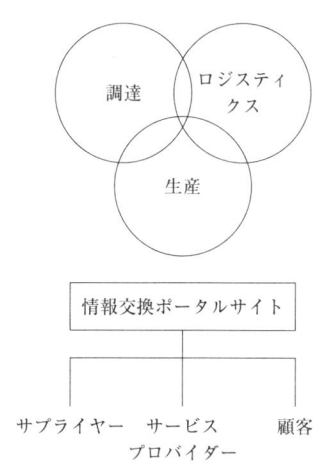

図 7-9　1つの企業内での情報交換ポータルサイト

加価値通信網）を利用することになる．図7-8で，VANの一例を示している．これは，送信システムと受信システム間の共通的なインターフェースである．VANは，トランザクションをマネジメントし，通信の標準を翻訳し，通信のリンケージの数を減らすことによって，「価値」を付加するというものである．トランザクションマネジメントには，サプライヤー，輸送業者，顧客の各部門に対してメッセージを配信したり，顧客からのメッセージをいろいろな異なった通信の標準で受け取ることを含んでいる．

UCC（Uniform Code Council：統一コード委員会）は，EAN International（欧州統一商品コード国際機関）と提携した組織であり，国際的な付番の標準に関与している．そして，製品およびトランザクションのための共通的なグローバルスタンダードの開発に携わっている．ここでの現在の開発状況については，ウェブサイト www.uc-council.org でみることができる．進化する商業向け標準についての情報としては，VICS（Voluntary Interindustry Commerce Standards：自主的な産業間通信標準）のサイト www.vics.org がある．

7-4-2　インターネット

インターネットと標準化されたインターフェースが広く普及したため，Netscape や Internet Explorer などのインターネットブラウザーによって，中小企業を含めたすべての規模の企業間での情報交換の機会と能力が実質的に拡大してきた．インターネットは，急速に，需要予測，オーダー，在庫状況，商品のアップデート，出荷情報などのサプライチェーン情報の送信手段として利用されるようになった．パソコンとインターネットブラウザーとが結びつくことにより，インターネットが，オーダーエントリー，オーダー状況の問合せ，出荷追跡に対する標準的アプローチを提供することになった．オハイオ州立大学の調査によると，2010年までに，全顧客オーダーの20%がインターネットによって行われるものと予測している[8]．

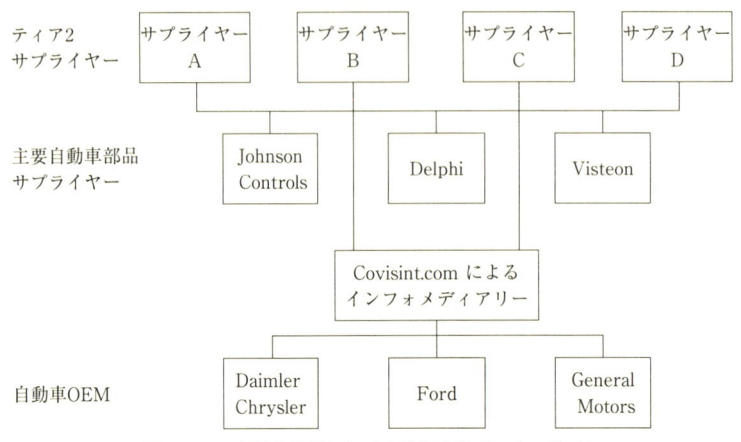

```
ティア2           ┌─────────┐  ┌─────────┐  ┌─────────┐  ┌─────────┐
サプライヤー      │サプライヤー│  │サプライヤー│  │サプライヤー│  │サプライヤー│
                 │    A    │  │    B    │  │    C    │  │    D    │
                 └─────────┘  └─────────┘  └─────────┘  └─────────┘

主要自動車部品       ┌─────────┐    ┌─────────┐    ┌─────────┐
サプライヤー         │ Johnson │    │  Delphi │    │ Visteon │
                    │Controls │    │         │    │         │
                    └─────────┘    └─────────┘    └─────────┘

                         ┌──────────────────────┐
                         │ Covisint.com による  │
                         │  インフォメディアリー  │
                         └──────────────────────┘

自動車OEM           ┌─────────┐    ┌─────────┐    ┌─────────┐
                   │ Daimler │    │  Ford   │    │ General │
                   │Chrysler │    │         │    │ Motors  │
                   └─────────┘    └─────────┘    └─────────┘
```

図 7-10 自動車業界における情報交換ポータルサイト

　また，増え続けつつあるインターネット利用は，その情報交換ポータル，すなわち，サプライチェーンにとって重要な意味をもつ通信メディアの開発が可能となった．情報交換ポータルは，サプライチェーンのパートナー間での水平的・垂直的情報交換をやりやすくするためのインフォメディアリーである．図7-9は，企業の顧客とサプライヤーのあいだの通信を容易にするために設計された情報交換ポータルの一例を示している．この企業の例では，原材料の所要量，製品のアベイラビリティ（利用可能性），価格変更に関する情報を提供することができ，もっともタイムリーな情報に基づいて価格見積りやオーダーを行うことによって市場への対応を可能にする．フォーチュン500社の60%が2003年までに，主要顧客とサプライヤーとのあいだの通信を容易にするための情報交換ポータルをもつようになると予測されている[9]．単一の企業によるサイトは，インターネット広告としては，よいかもしれないが，複雑性を増すことになる．すなわち，すべてのパートナーが，複数のユニークなインターフェースと戦うことになり，その結果，トランザクションコストが高くなるからである．

　情報交換ポータルの第二のタイプとしては，業界をベースにしたものである．これは，ある一つの業界のなかでのすべてのサプライチェーン・パートナーのあいだの通信を容易にするものであり，トランザクションコストを大幅に低減することができる．図7-10は，自動車業界において開発した情報交換ポータルを表したものであり，これは，OEMと多階層のサプライヤーのあいだの通信を容易にするものである．このポータルでは，設計情報，プロポーザル要求，製品のアベイラビリティ，入札，納期などを含む情報交換のための共通のフレームワークを提供することができる．ここでの情報は，すべての関係する人達に提供することもできるし，情報提供を制限することも可能である．ポータルによる業界でのコラボレーションは，独占化と取引制限のおそれがあるという心配をする人が増えている．ポータル交換，とくに

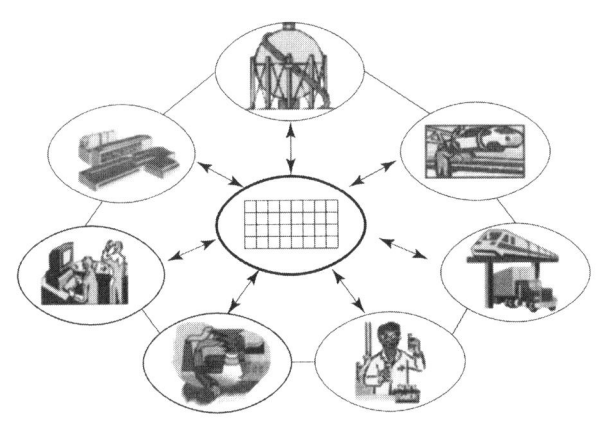

図 7-11　業界をまたがった情報交換ポータル

B2B 活動の発展に従い，FTC（Federal Trade Commission：米連邦通商委員会）が，重要な役割をますます果たすよう期待されている[10]．

　第三のタイプの情報交換ポータルが，業界をまたがって，製品やサービスの提供に関係する企業間での通信を容易にするものである．図 7-11 が，製造業，サプライヤー，サービスプロバイダー，顧客に対する業界をまたがった情報交換ポータルを示している．メンバー企業の1社が，資材や製品，サービスを必要となった場合，アベイラビリティや予想される価格を決めるための情報交換ポータルにアクセスすることができる．同様に，もしメンバー企業の1社で，製品やサービスの能力が余剰となった場合，交換するメンバーに対して，興味や入札の可能性を促すために，そのポータルにアベイラビリティを掲示することができる．

　インターネットと情報交換ポータルは，サプライチェーンの通信を1対1というかぎられた能力から，1対多数の環境，そして多数対多数の能力にまで拡張することができるまで発展してきた．このように拡張されたインターネット通信により，幅広いアベイラビリティの情報を開発するという意味で，大きなチャレンジの機会を提供することが現実となったのである．

　情報交換ポータルを幅広く導入するにあたっての重要なチャレンジの1つは，オンラインカタログのフォーマットをいかに定義して普及せしめるかにある．紙で作成したカタログと違って，オンラインカタログには，提供する製品やサービスのリストとともに，内容の記述や仕様についても含めることができる．カタログの内容は，参加する企業にわたって一致したものであることが重要で，全企業を通して，製品やサービスの効果的な比較を容易にできるようにすることが必要である．たとえば，ポータルからシンプルなTシャツを購入したいという企業があったとしよう．この場合，そのポータルのうえで，すべてのTシャツのサプライヤーが，同じようなフォーマットで入力されたTシャツの情報，その色や内容，あるいはそのほかの詳細な情報が掲載されていることが大切である．それによって，顧客は，効果的な比較ができる

ようになるからである．顧客にとっては一致した内容が好ましいと思う一方，サプライヤーにとって，他社との差別化としてのカタログを好ましいと考えることもあり，自社のフォーマットから逸脱することへの抵抗もまた存在する．情報の共有と交換を促進するために，VICSおよびCPFR（collaborative planning, forecasting and replenishment）が，共通の一致したカタログの定義と標準化を積極的に推進している．

7-4-3 XML

XML（extensible markup language：拡張マークアップ言語）は，幅広いアプリケーション間の情報移転を容易にし，人にわかりやすいフレキシブルなコンピュータ言語である．この言語は，1998年にWWWC（World Wide Web Consortium）によって発表され，システム間，データベース間，ウェブブラウザー間の情報の移転を容易にする目的をもったものである．EDIがきわめて構造的であったために，その設置コストと必要となる専門技術が比較的高くついた．したがって，大量のトランザクションを含む場合というようにかぎられたアプリケーションへの適用にとどまった経緯がある．XMLは，EDIでは採算がとれないような量のトランザクションしか行っていないような企業間やサービスプロバイダー間での情報移転メディアとして浮上してきた．XMLは，従来EDI導入の制約となっていた多くの情報技術バリアを破壊することにより，通信を容易にすることができるようになったのである．

XMLの基本的なメッセージは，つぎの3つの要素から成り立っている．送信する実際の情報，データタグ，DTD（document type definition：文書型定義）すなわちスキーマの3つである．データタグは，送信するデータを定義するための鍵となるものである．たとえば，出荷におけるXMLで，アドレスのためのタグは，まさに"address"であり，<address>123 Main St.</address> を例としよう．タグによって，括弧のあいだのデータが何であるのか，そして，そのデータがデータベースやウェブページのどこに行くべきものかをコンピュータに教えている．共通の言葉を用いること，並べる順番を決める必要がないことが，EDIよりもXMLトランザクションをたいへん使いやすくしているのである．XML DTD，すなわちスキーマは，メッセージをデコードするときに，どのドキュメントフォーマットを参照すればよいのかをコンピュータに教えるものである．DTDは，基本的に1つの標準フォーマットとそのタグ，そしてデータベースとの関係を正確に描き出すためのテンプレートである．たとえば，顧客オーダー，出荷指示，輸送書類など，別個にスキーマをもつことになる．

処理量が少ない状況の下では，つぎの3つの理由によって，EDIよりもXMLのほうが優っている．第一に，インストールが安くできる．アプリケーションの設計が容易であり，設置のためにあまり時間を要しない．第二に，XMLはメンテナンスが簡単である．ウェブブラウザーの言語であるHTML（hypertext markup language：ハイパーテキストマークアップ言語）に簡単に変換できるからである．このため，修正作業を行ったり，アプリケーション間でデータを共有することが，たいへん容易になる．第三に，XMLは，幅広いアプリケーションやすぐに定義できること，標準の拡張が可能となり，よりフレキシブルである[11]．XMLの成長にとっての重要なチャレンジの1つは，業界標準の定義を決めることである．1998年から始まった60社以上

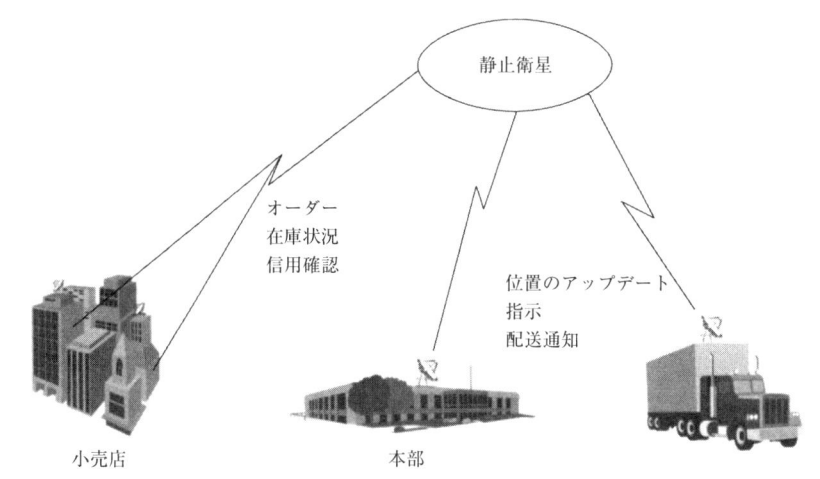

図7-12 ロジスティクスにおける衛星通信アプリケーション

で構成されているコンソーシアムのRosettanetでは，サプライチェーンを通しての情報送信にXMLを使うための標準化とともに，取引の実際や製品についての共通の定義を開発してきている[12]．このような共通の言葉を決めることは，サプライチェーンに参加している各社が，お互いに通信し合い，その情報交換が確実であると信頼できるようになる．

7-4-4 衛星技術

衛星技術によって，広範囲の地域，あるいは世界中にまたがった地理的なエリアをカバーする通信が可能となる．この技術は，ケーブルテレビが届かない地域での家庭用テレビのためのマイクロウェーブのパラボラと同じようなものである．図7-12は，企業の本部と車両や遠隔地にある店舗などの場所とのあいだの双方向通信を示している．

衛星通信は，地球全体での高速大容量の情報移動を可能とする．全米規模のトラック運送業Schneider Nationalは，ドライバーとディスパッチャーを結ぶ双方向通信が可能な通信アンテナをトラックに搭載している．このようなリアルタイムのインタラクションによって，位置と輸配送に関して最新の情報を提供することができ，必要に応じて，あるいは道路の混雑状況に応じて，ディスパッチャーは再指示を行うことができる．小売店チェーンでも，販売情報をすばやく本部に伝えるために衛星通信を用いている．Wal★Martでは，日々の販売実績値を店舗補充の指示や地域別販売パターンに関するマーケティングへの入力のために使っている．

7-4-5 無線周波による情報交換

RFDC（radio frequency data communication：無線周波データ通信）技術は，比較的狭いエリア内で使用されるものである．たとえば，流通センター内での双方向情報交換などの分野である．おもな用途の1つとして，フォークリフトのドライバーやピッキング作業員など，移動する作業員とのリアルタイム通信である．RFDCによって，

何時間か前に印刷された指示書というハードコピーではなく，リアルタイムをベースにした最新の指示と優先順をドライバーに示すことができる．業務フローをガイドするリアルタイムの指示をすることによって，フレキシビリティと応答性を向上することができ，少ない資源を使ってよりよいサービスを提供する改善が可能となる．ロジスティクスでのRFDCのアプリケーションとしては，倉庫における検品作業やラベル印刷などの双方向通信もあげることができる．

双方向音声通信といった先進的なRFDCも，ロジスティクスにおける倉庫でのアプリケーションが開発されている．モバイルやハンドヘルドのコンピュータを介して倉庫作業の指示を得る代わりに，音声RFDCが作業員に対して，音声指示によってタスクを行うことを促し，音声の言葉による返答や要求に従うものである．UPS（United Parcel Service）では，音声ベースのRFDCを用いて，入荷されてくる荷物のZipコードを声で読み，新しく設置された仕分け施設へと導くためのルーティング・チケットを印刷している．そこでの音声認識システムは，キーボードと各作業員の音声パターンをベースにしたものである．音声ベースのRFDCの第一の利点は，作業員のインターフェースが簡単になることである．この場合，キーボードによるデータ入力が不要となり，両手がオーダーピッキングのために使えるようになる[13]．

RFID（radio frequency identification：無線周波非接触自動認識）は，RF技術の第二のかたちである．RFIDは，容器またはその中身を識別し，物流施設や輸送手段とともに移動していくものである．RFIDでは，コードを付加された電子チップを容器や箱に入れる．その容器や箱がサプライチェーンのなかを移動するとき，その認識コードをスキャンしたり，その中身のリストをスキャンしたりすることができる．小売店では，カートのなかの商品全部を同時にスキャンすることができるため，この技術の利用を始めている．米国国防省でも，RFIDを使ってパレットの中身を読み，輸送手段に積み込んだり，施設内での移動を追跡することができるようにしている．

7-4-6 イメージ処理

イメージ処理のアプリケーションは，ファクスや光スキャニング技術に依存しており，送り状，受領証，船荷証券（bill of lading: B/L）などの書類を送信するためのものである．このような新しいサービスの理論的根拠がどこにあるかといえば，タイムリーな出荷情報というものは，顧客にとって荷物が時間どおりに届くのと同じように重要ということである．貨物が顧客に向けて出荷されると，関係する書類がイメージ処理を行う場所に送られ，電子的にスキャンされてシステムにログオンされる．

そして，書類の電子イメージは，メインデータセンターに送信される．そこで，光レーザーディスクに保存される．翌日まで，顧客は，コンピュータをリンクしたり，サービスセンターに電話で問い合わせることによって，その書類にアクセスすることができる．顧客が，その書類のハードコピーを必要とする場合は，ファックス送信を利用することによって，数分内でその要求に応えることができる．顧客にとっての利点は，より正確な請求書発行，輸送業者からのすばやい反応，書類への簡単なアクセスをあげることができる．輸送業者にとって，このシステムの利点は，紙の書類をファイルしておく必要がなくなること，紛失する機会が減ること，顧客との信頼関係を

向上することができることである．

　衛星技術，RF，イメージ処理とも，採算をとる前に，かなりの投資が必要である．しかしながら，これらの通信技術の第一の利点が，コストダウンよりも，むしろ顧客との関係を改善することにあると経験的に示されている．サービスを改善するということは，タスクがよりタイムリーに定義でき，すばやく出荷の追跡ができ，販売や在庫の情報がより早く転送されるようなかたちで実現する．リアルタイムの情報通信が競争力を決める利点であると顧客が考えるようになったことから，ますます通信技術のアプリケーションに対する要求が強まっているのである．

7-4-7　バーコードとスキャニング

　バーコーディングやスキャニングなどのID（auto identification：自動認識）システムの開発は，ロジスティクス情報の収集や交換を促進するのにおおいに役立つ．典型的なアプリケーションとしては，倉庫や小売店での認識である．このようなIDシステムは，ユーザーにとって相当の投資を必要とするが，エラーを起こしがちで時間を浪費する紙をベースにした従来の情報収集・交換プロセスをおき換える必要があるだろう．事実，国内および国際競争の激化が，荷主，輸送業者，倉庫，卸売，小売のすべてに対して，今日の市場での生き残りをかけて自動IDの開発と使用に拍車をかけている．

　自動IDによって，サプライチェーンのメンバーが，低いエラーの確率で物の動きの詳細をすばやく追跡し通信することができる．そのため，輸送業者にとって，基本的なサービスとして貨物追跡が急速に必要条件となってきた．消費者やB2B顧客とも，UPSやFedExのような輸送業者が提供しているウェブベースのシステムを使って出荷進捗の追跡ができるようなることを期待している．

　バーコーディングとは，コンピュータが読めるコードを商品やダンボールケース，容器，パレット，あるいは鉄道貨車にまでつけるやり方のことである．多くの消費者は，UPCに気づいているだろう．事実上，すべての消費者製品につけられているからである．UPCバーコードは，1972年に最初に使われ始めたものであり，各メーカーと製品に対して，個別の12桁の番号を割り当てている．標準化されたバーコードによって，製品の入荷，運搬，出荷のさいにエラーを少なくすることができる．たとえば，バーコードによって，パッケージのサイズや味の違いなどを分けることができる．EAN（European article numbering：欧州統一商品コード）は，品目につけるバーコードのヨーロッパおよび国連の標準である．UPCとEANのシステムは，グローバル貿易の圧力に対応すべく，さらに調整が進んでいくと思われる．

　UPC/EANのシンボル化は，コンピュータ製品の業界で適したものであるが，サプライチェーンのメンバーのなかには，もっと包括的な情報を含めるべきであるという要求もある．たとえば，荷主と輸送業者は，パレットやコンテナの中身に関与している．したがって，個々の小売品目よりも，むしろダンボールケース，パレット，コンテナを識別するバーコードの必要がある．パレットの中身をリストした紙の書類をもつことも可能であるが，紙の書類だと輸送途中で紛失したり，破損したりするおそれがある．荷主と届け先，ケースの中身，そのほかの特別な指示に関する情報を含んだ

コンピュータが読めるコード，そして，それを出荷時につけることができることが必要である．しかしながら，これだけの情報をバーコードに組み入れようとすると，12桁の UPC/EAN コードの能力をこえてしまう．また，基本的な問題として，商品担当者はパッケージの貴重なスペースをバーコードに占領されたくないと思っている．製品の情報や広告デザインのスペースが少なくなってしまうからである．一方，現在のスペースにより多くの情報を含ませようとすると，小さすぎるコードとなり，スキャニングのエラーが増加する．

これらの問題を解決するためには，いろいろな方向でバーコードの研究開発が進められてきた．現在，とくにロジスティクス関連で，Code 39，Code128，Interleaved 2 of 5，PDF417 など，そのほかの表記法がある．

Code 39 は，いくつかの業界において，バーコードに数字データだけでなく，アルファベットもエンコードしたいということから開発されたものである．Code 39 は，主として非食品分野での標準バーコードであり，メーカーなどのさまざまな業界で識別，在庫，追跡の目的で使われている．Code 39 は，比較的長いバーコードとなるので，ラベルの長さを考慮しなければならない場合には適さない．

Code 128 は，荷主の業界でラベルサイズが問題となり，なおかつ Code39 よりも幅広い文字の選択のニーズによってつくり出された．Code 128 は，コンテナコードの国際標準として広く受け入れられつつある．これは，出荷において各コンテナをユニークに識別するとともに，ルーティングとトレーサビリティを改善することができる．Code 128 は，生産から販売の場まで，メーカーと流通業者に対して，コンテナの識別ができる．UCC 128 は，EDI ASN（advance ship notice）と接続して使用することにより，正確に中身を識別することができる．

医薬品小売，アパレル，ドラッグ卸売業界における全出荷の 90% 以上で，使用期限，ロット番号，生産日を追跡するために Code128 の表記法が使われるであろうと予測されている[14]．

Interleaved 2 of 5 は，出荷側で多く使われているもう 1 つ別の表記法である．小売業者への出荷で，ダンボールケースで多く用いられているたいへんコンパクトな表記法である．Interleaved 2 of 5 は，10 桁の数字を表す一次元コードである．

PDF 417 は，二次元，高密度，非線形表記法であり，大きなデータをもつことができる．PDF とは，まさにポータブルデータファイルであり，単純に参照番号を記録するものではない．PDF 417 は，1 インチあたり 1800 字を記録することができ，マトリックスのかたちをしているものである．

表 7-6 は，一般的なバーコードを概括したものであり，それぞれ比較的強い点と弱い点をあげている．バーコードの開発とアプリケーションは，たいへん急速に進んでいる．表 7-7 は，自動 ID 技術によって可能となる利点と機会についてまとめたものである．それらの利点は明らかではあるが，どの表記法が業界での標準になるのかは明らかではない．幅広い業界での必要性に合わせるためには標準化とフレキシビリティが望まれるのであるが，コスト増につながり，それによって，中小規模の荷主，輸送業者，届先にとっては，標準化された技術を設置するのが困難になってしまう．

表 7-6 一般的バーコードの比較

背景	強い点	弱い点
データマトリックス（データコード）		
・小さな品目のマーキングのために開発	・比較的低いコントラストでも読取り可能 ・少ない字数に適った密度	・かぎられたエラーコレクション能力 ・各企業独自のコード ・レーザー読取り不可 ・高価なエリアスキャナーでのみ読取り可能
Codablock 39/128		
・ヨーロッパで開発	・一次元表記法をベースとした直接的なデコード ・パブリックドメイン	・誤り訂正不可 ・低い密度 ・ASCII をフルにサポートしていない
Code 1		
・もっとも新しいマトリックスコード	・マトリックスコードでもっとも高いエラーコレクション能力 ・パブリックドメイン	・かぎられた業界のみ ・レーザー読取り不可 ・高価なエリアスキャナーでのみ読取り可能
Code 49		
・小さな品目のマーキングのために開発	・従来のレーザースキャナーで読取り可能 ・パブリックドメイン	・誤り訂正不可 ・キャパシティが小さい
Code 16K		
・小さな品目のマーキングのために開発	・従来のレーザースキャナーで読取り可能	・誤り訂正不可 ・キャパシティが小さい
PDF 417		
・小さな物理的範囲において大量のデータを表すために開発 ・EDI への依存を減少（知識が人とともに移動）	・能力のドラマチックな向上 ・エラーコレクションの能力 ・情報の垂直・水平読取り ・パブリックドメイン	・スキャニングコストを低減するためには技術開発が必要 ・高度なアプリケーションのためにはテストが必要

注：キャパシティとは，特定の範囲内でコード化できる字数のことをいう．パブリックドメインとは，ロイヤリティを支払うことなく，自由にそのコードを使用することができることをいう．誤り訂正とは，コーディングエラーが識別され訂正されることを意味する．

そして，共通の標準化への収斂が続けられていくと思われるが，特定の業界や大手の荷主のなかには，自らの競争力の優位性を最大化するために，自らのコードを使用し続けるという調査結果もある．

自動 ID 技術のもう1つの鍵となる要素が，**スキャニングプロセス**である．これは，バーコードシステムの目に相当するものである．スキャナーが，バーコードデータを光学的に収集し，それを使用可能な情報に変換する．スキャナーには2つのタイプがある．ハンドヘルドスキャナーは，レーザーガン（非接触）またはワンド（接

表7-7 自動ID技術の利点

荷主	倉庫
オーダー準備と処理の改善	オーダー準備,処理,出荷の改善
出荷エラーの排除	正確な在庫管理
作業時間の低減	リアルタイム情報への顧客からのアクセス
レコードキーピングの改善	情報セキュリティに対するアクセス検討
物的在庫時間の低減	作業コストの低減
輸送業者	**卸売/小売**
運賃情報の統合	品目ごとの在庫の正確性
リアルタイム情報への顧客からのアクセス	POSでの価格の正確性
顧客出荷のレコードキーピングの改善	レジでのチェックアウトの生産性向上
出荷のトレーサビリティ	物的在庫時間の低減
コンテナー処理の簡素化	システムのフレキシビリティの増加
トラックへの混載できない製品のモニター	
情報伝達時間の低減	

触）である．固定スキャナーは，自動スキャナー（非接触）またはカードリーダー（接触）である．接触型の技術では，実際にバーコードに接触する読取り装置が必要である．接触型のほうがスキャニングエラーを少なくすることができるが，フレキシビリティに欠ける．レーザーガン技術は，ワンドをしのいでもっとも広く実施されている技術として，現在使われている一般的なスキャナーである[15]．

スキャナー技術は，ロジスティクスにおいて，2つの主要なアプリケーションがある．1つは，小売店でのPOSである．消費者の受領をレジに記録するということだけでなく，小売におけるPOSアプリケーションは店舗レベルでの正確な在庫管理を行うことができる．POSによって，SKU（stock keeping unit：在庫保管単位）ごとに売上を追跡することができるようになり，在庫補充をやりやすくすることができる．そして，正確な製品の再供給を行い，マーケティングリサーチデータを得ることができるとともに，POSによって，すべてのチャネルのメンバーに対して，よりタイムリーな戦略的ベネフィットを提供することが可能となる．

もう1つのロジスティクスでのスキャナーアプリケーションは，マテリアルハンドリングと追跡のためである．スキャナーガンを使うことによって，マテリアルハンドリング担当者は，製品の動き，保管場所，出荷，入荷を追跡することができる．この情報は，人手でも追跡できるかもしれないが，これではたいへんな手間がかかり，エラーの原因にもなる．ロジスティクスのアプリケーションにおいて，幅広くスキャナーを利用することによって，生産性を向上し，エラーを低減することができるのである．より高速でエラー発生が少ないスキャニング技術を追求することによって，このアプリケーションと技術における市場で急速な変革が進んでいる[16]．

7-5 まとめ

サプライチェーン情報システムは，4つの機能レベルをベースにした統合化された

プロセスでのロジスティクス諸活動をリンクするものである．トランザクションシステムは，電子的にオーダーをとり，ピッキングと出荷を行い，金銭的なトランザクションを完了させる．マネジメントコントロール・システムは，機能別に企業のパフォーマンスを記録し，適切なマネジメント報告を提供するものである．意思決定分析システムは，マネジメントが，ロジスティクスにおける代替案を見出し，評価するときの支援を行うものである．戦略プランニングシステムは，合併や買収，競合的なアクションなど，戦略的な変化のインパクトに関して，トップマネジメントに見解を与えるものである．トランザクションシステムが，基盤を提供するものとするならば，マネジメントコントロール，意思決定分析，戦略プランニングのシステムは，サプライチェーン・マネジメントの高度なパフォーマンスを実現するための決め手となる．

　ERPあるいはレガシーシステムは，多くのSCISのバックボーンとなるものである．それはこれらの統合化されたデータベースの能力とモジュールごとのトランザクションを備えているからである．コミュニケーションシステムは，企業内での機能において内部的な情報交換を行うとともに，グローバルなサイトをまたがったり，ほかのサプライチェーンのパートナーなど外部的な情報交換を行うものである．実行システムは，倉庫や輸送のオペレーションをコントロールするために，ますます重要なものになっている．サプライチェーン・プランニングシステムは，将来，各企業が在庫や物的資産の削減によって資産の生産性向上努力を進めていくことから，重要な競争力の差としての役割を果たすようになるだろう．

　サプライチェーンのハードウェア，ソフトウェア，サポートを得るために，3つの可能なアプローチがある．直接所有が現在まだ一般的であるが，一方ではアウトソーシングやASPの利用も普及してきている．アウトソーシングは，すべての情報技術の責任を外部のサービスプロバイダーに引き渡すやり方である．また，ASPは，通信やプランニングのためのキーソフトウェア・アプリケーションにインターネットを使ってアクセスするやり方である．

　ロジスティクスのコミュニケーションにおいて，ある企業内でも，サプライチェーンのパートナー間でもめざましい発展が行われてきた．EDI，衛星通信，さらに最近ではXMLが，サプライチェーンのパートナー間の通信をますます高速で一貫したものとしている．バーコード，スキャニング，RFなど，そのほかの技術も，ロジスティクス情報システムとオペレーションを行っている物理的な環境とのあいだの通信の効果性を大きく向上している．

　これらの情報および通信システムの向上しつつあるアクセシビリティと能力によって，サプライチェーン情報のアベイラビリティと正確性が大きく向上している．通信技術の発展は，大企業間での不確定性をドラマチックに低減したが，サプライチェーンに参加する大多数の構成者としての小企業間での通信の改善については，大きく取り残されてきた．さらなる通信システムの改善によって，不確定性が低減し続けていく一方，これからのパフォーマンス向上を担う大きな機会は，サプライチェーン分析と戦略プランニングシステムによって実現するであろうと思われる．

参考文献および注

1) パフォーマンスサイクルの構成とダイナミックスについては，第2章2-6を参照．
2) 著者不明, "EDI Benefits Are Seen in the Dealer Channel," *Graphic Arts Monthly*, March 1999, p.20.
3) Clay Youngblood, "EDI Trial and Error," *Transportation and Distribution*, April 1993, p.46.
4) The Ohio State University, "Careers Patterns Survey," 1998, Council of Logistics Management のウェブサイト www.clm1.org の中にある"careers"に掲載．
5) Gregory B. Harter, "What Can We Expect," *Transportation and Distribution* 34, no.4 (April 1993), p.42.
6) 5) と同掲書．
7) Amy Zukerman, "Standards, Technology, and the Supply Chain," *Transportation and Distribution*, May 2000, p.44.
8) The Ohio State University, "Careers Patterns Survey," 1998. Council of Logistics Management のウェブサイト www.clm1.org の中にある"careers"に掲載．
9) Sanjiv Sidhu, "Harvesting Value in the Eye of the Hurricane," Planet 2000 Conference, San Diego, CA: October 9, 2000 において報告．
10) Kim S. Nash, "Really Check," *Computerworld*, June 5, 2000, pp.58-9.
11) 詳細について参照．Gordon Forsyth, "XML : Breaking Down IT Barriers in Logistics," *American Shipper*, June 2000, pp.20-6.
12) James Aaron Cooke, "*New Wave*," Logistics, January 2000, pp.67-70.
13) Patti Satterfied, "Voice-Directed Systems Boost Warehouse Picking," *Parcel Shipping & Distribution*, September 1999, pp.22-4.
14) バーコードとスキャニングの動向に関する議論についての参照．Rick Gurin, "Scanning Technologies Adapt to Changing Times," *Automatic I.D. News*, December 1999, p.28.
15) バーコーディング・プロセス，ハードウェア，事例に関して，さらに詳細な情報については，Symbol Technology ウェブサイト www.symbol.com を参照．
16) Rick Gurin, 前掲書と同じ, pp.28-9.

第8章
企業資源計画と実行システム

　企業資源計画（enterprise resource planning: ERP，統合基幹業務パッケージ）と企業実行システムは，ロジスティクス情報システムで中心的な役割を果たすソフトウェア・コンポーネントである．ERPは顧客オーダーや補充オーダーを生成し，追跡し，監査し，報告するなどのトランザクション機能とデータベースを提供してくれる．ERPシステムはサプライチェーン管理，財務管理，人的資源管理に向けた中央データベースとアプリケーションモジュールからなる．サプライチェーン・システムは計画/調整，オペレーション，および在庫展開のコンポーネントからなる．計画/調整コンポーネントは，生産，保管および輸送資源などの企業およびサプライチェーンの資源を管理する．オペレーションコンポーネントは，顧客オーダーや補充オーダーを生成し，管理し，充足し，出荷するといったトランザクション処理を制御する．在庫展開は，企業および重要度が高まっているサプライチェーンの在庫資源を管理する．

　企業実行システムは，ERPと顧客，輸送，倉庫といった日々のオペレーション間のインターフェースを提供する．顧客関係管理システムは，おもな顧客に関わる企業の活動状況について深く検討するのに役立つ．出荷を支え，企業の輸送パフォーマンスとコストをモニターする記録活動を始めるのは輸送管理システムである．倉庫管理システムは倉庫活動を支援し，マテリアルハンドリング機器を制御するとともに，作業者の実績をモニターし，倉庫の実績とコストを報告する．

8-1　なぜERPの導入か

　1970年代の初頭，業務および財務をコントロールしモニターする目的でコンピュータが広く導入され始めたころ，その展開の多くは統一性を欠いたものであった．まず財務会計システムが導入され，その後に販売およびオーダー管理システムが続くのがよくあるパターンであった．新たな機能が必要になるたびに，アプリケーションを開発したり，購入したりするのがふつうだった．このように逐次的に追加されたモジュールの処理方式は相互に一貫性を欠いていたり，前提条件が互いに矛盾していたり，データが重複していたりすることが珍しくなかった．内部作業プロセスに合わせて社内で開発されることもあった．結果として，企業のプロセスと情報に関する歴史の多くが染み込んだ「レガシー」システムが生まれることになった．プロセス，能力，特徴などともその企業独特なものとなった．このようなレガシーシステムが導入されたころ，処理装置および記憶装置が非常に高いものだったため，記憶装置と処理時間を最小化しようと，プログラマーたちは高級かつ複雑なプログラミングテクニッ

クを使った．たとえば，「2000年問題」(Y2K) を伴うプログラムがこのようなレガシーシステムの多くに運用上のロジックとして埋め込まれていた．暦年の表示を下2桁だけにすることによってディスク記憶容量を節約し，コストを削減した．1990年代には，比較的安価な記憶装置が利用できるようになったが，レガシーシステムにまつわるこのような不都合さから，企業は企業システムに再投資するようになった．また，企業の関心は，内部的な統合化を推し進めることに向かった．新しい技術の可能性は，当初のレガシーシステムによる可能性を凌駕するものではあったが，導入費用は大きい．場合によっては，数百万ドルから数千万ドルをこえることもある．この点から，フォーチューン1000企業の大部分がERPシステムを導入中かあるいはすでに導入していたとしても，中小企業向けのERPシステム市場の成長可能性は大きい．企業の大小にかかわらず，このような投資がなぜ必要かについて，一貫性，規模の経済，統合化の三側面から説明するのが通例となっている．

8-1-1 一　貫　性

すでに述べたとおり，自社独自の仕様やプロセスに合わせてレガシーシステムを開発した企業もしくは企業部門は数多い．市場や業務を海外展開する企業としての国際部門にしても，このことは事実であった．互いに互換性のないレガシーシステムをもった企業どうしを1つにするといった吸収合併が，1980年代と90年代に数多くあった．もたらされたのは，異なった処理，多くの場合，一貫性のない処理を行う数多くの異なったシステムであった．ある消費財多国籍企業のマネジャーによれば，南アメリカ支店の販売在庫状況を照会するために15の個別なコンピュータシステムを参照しなければならなかった[1]．表8-1では，各部門ごと地域ごとに別々の財務 (FS)，人的資源 (HR)，注文管理 (OM)，倉庫管理 (WM)，資材計画 (MP) システムを使っていることがわかる．いかに各地域，各部門がさまざまなサプライチェーンや用途に応じて別々のソフトウェアやハードウェアのプラットフォームをもっているかが理解できるであろう．地域Aは財務システム1を導入しているのに対して，地域Bは利用通貨の観点から財務システム2を導入している．似たようなバラバラなシステム決定が，ほかの地域でも，ほかの部門でも行われる．また，同表によればオーダー管理のように部門ごとに独特なものがあるのに対して，いくつかのシステム・コンポーネントが複数の部門で共通であるという多くの企業での状況も併せ示している．

タイミングもプロセスもが互いに異なるために，維持が難しく，解釈が複雑であって，一貫性を欠き，情報が矛盾した複数のシステムが結果として生まれた．

表8-1　レガシーシステムの典型的状況

	地域/部門A	地域/部門B	地域/部門C	地域/部門D
財務 (financial)	FS1	FS2	FS3	FS4
人的資源 (human resource)	HR1	HR2	HR3	HR4
注文管理 (order management)	OM1	OM2	OM2	OM3
倉庫管理 (warehouse management)	WM1	WM1	WM2	WM3
資材計画 (materials planning)	MP1	MP1	MP2	MP2

このように，ERP の目的の第一は，グローバルな地域や部門のために，一貫したデータとプロセスを使うシステムをつくり出すことにある．アプリケーションでは，グローバルにアクセスできる共通データウェアハウス内にデータがおかれるのがふつうである．さらに，データの変更は，複数言語で利用可能なトランザクションを使って，適切なセキュリティと管理の下で行われる．例をあげれば，一貫したプロセスによって，グローバルな顧客がオーダー入力の場所のいかんにかかわらず同じオーダーエントリーのプロセスを使えるのである．このような一貫した見通しによって，経営管理層には企業とその業務管理に一貫して統合化した視点がもたらされ，顧客には使い勝手のよさがもたらされる．

8-1-2 規模の経済

合併が進んだり，グローバル展開するようになると，資源の合理化を通じてグローバルな規模の経済による強みを活かす必要性に企業は迫られる．同じように，顧客も，規模の強みを活かすために，一貫したシステム能力とインターフェースをもって製品をグローバルに展開するサプライヤーを物色するようになる．ERP は，いくつかの面から企業に規模の経済の可能性を与えてくれる．第一に，共通のハードウェア編成による単一の集中的な処理機能，あるいは分散的な処理機能のネットワークによる，調達および保守面での規模の経済の可能性である．

第二は，集中的な ERP アプローチによると，部門および地域で同一のアプリケーションを使うのであれば，必要なソフトウェアライセンス数はかぎられてくる．この結果，ソフトウェア面での大きな規模の経済が得られることである．初期に要するソフトウェアライセンスによるコストは相当のものになるであろうが，単一の ERP アプリケーションに要するライセンスおよび保守費用は，部門ごと地域ごとの複数のコピーに要する費用より少ないはずである．けれども，本当の規模の経済によるメリットは，共通の ERP システムを導入し維持することによる人員の削減にある．部門ごと地域ごとの複数のシステムによれば，アプリケーションごとの導入，保守，変更のためにハードウェア，ソフトウェア両面から多様な専門をもつ多数の要員が必要となる．ハードウェアとソフトウェアのプラットフォームに強く依存する専門的知識も必要であるために，個人の専門能力を効率よく使うことはできないのが一般的である．ERP 技術による潜在的な規模の経済は現に存在するのであるが，今日では明らかになっていない．幅広いスキルをもった人員が不足しており，社員として引っ張りだこの状態にあるためである．

最後に，集中的な ERP アプローチを採用すれば，複数事業部の企業において，部門間にとどまらず地域間においても資源やサービスの共有化実現可能性が増す．システムを共通とする複数部門の生産，保管，輸送各資源の必要量を常に把握できるため，重要資源の共有の可能性が高まる．情報面での統合化によって，サプライヤー，生産設備，保管施設，輸送機器の共通化が進み，交渉による経済や業務による経済の十分な可能性を生む．

現行の ERP の導入がこのような規模の経済をもたらすことを十分に証明した訳ではない．しかしながら，今後さらに安定的導入が進むにつれて，ERP 導入の利点が

実証されてゆくだろう．

8-1-3 統　合　化

ERP による利点として最後にあげられるのは，社内およびサプライヤーと顧客を通じた強力なシステムの統合化である．社内統合化によって，部門間および地域間にわたる共通統合化データベースと共通プロセスの導入が実現する．ERP に含まれる共通プロセスの典型は，オーダーエントリー，オーダー処理，倉庫管理，仕切り，会計処理などである．このような共通性が，プロセスを併合する能力をもたらし，主要顧客に対して企業との共通し一貫したインターフェースを提供する．統合化によって，ビジネス・ユニット間の財務慣行の標準化も進む．数多くの ERP システムが提供する標準化したインターフェースによれば，サプライチェーン内の提携者との外部的コミュニケーションも促進できる．たとえば，自動車および化学産業の多くの企業は，SAP（訳注：代表的な統合基幹業務パッケージの1つ）による ERP システム上で標準化されている．大手の製造業者は，SAP データベースに入り所要量データを取り，納入スケジュールをおくように，サプライヤーに要請する．このような情報とプロセスの統合化が，サプライチェーンの情報の共有化を強力に推進し，企業内とサプライチェーン内の提携者の不確実性を減らすのである．

大部分の業界アナリストが，ERP システムはビジネスを行うための必要コストだと信じている．ある ERP サプライヤーは，つぎのようにいう．

> 50万ドル企業に成長を望むのならば，ERP が必要です．秘訣は，成長に応じて大きくできるシステムを購入することです[2]．

大企業の多くはこれまで導入したものを使いこなす段階にあり，ERP の導入の勢いはおさまってきている．これに対して，小規模企業が投資と導入を始めている．

新世代の ERP システムは，とくに顧客との統合化をさらに進めるように進化している．このようなシステムは ERP II とよばれ，企業のサプライチェーン計画と主要顧客の所要量を結びつける顧客関係管理（CRM）システムを，従来の ERP と統合したものである．サプライチェーン・コラボレーションにおいて死活的な外部接続性が，ERP II による貢献である．このような統合化アプリケーションにインターネット経由でアクセスすることが一般的になってきており，グローバルな共通インターフェースを提供している[3]．

8-2　ERP システムの構成

図 8-1 に ERP システムのおもなモジュールを示す．システムの中心は，中央データベースもしくは情報ウェアハウスである．すべてのモジュールから共通の一貫したデータに楽にアクセスできる．データベースのまわりに，ビジネスの諸活動を支援し，互いに連携する機能モジュールを示す．ERP 総体による利点がもっとも活かされるのは，すべての機能が共通のアプリケーションに統合されるときである．しかしながら，資源の必要量が一時に集中することを避けるためにシステム移行中にある機能数を抑えることによって，リスクを最小化するモジュラーアプローチによるシステム導入を決める企業も多い．

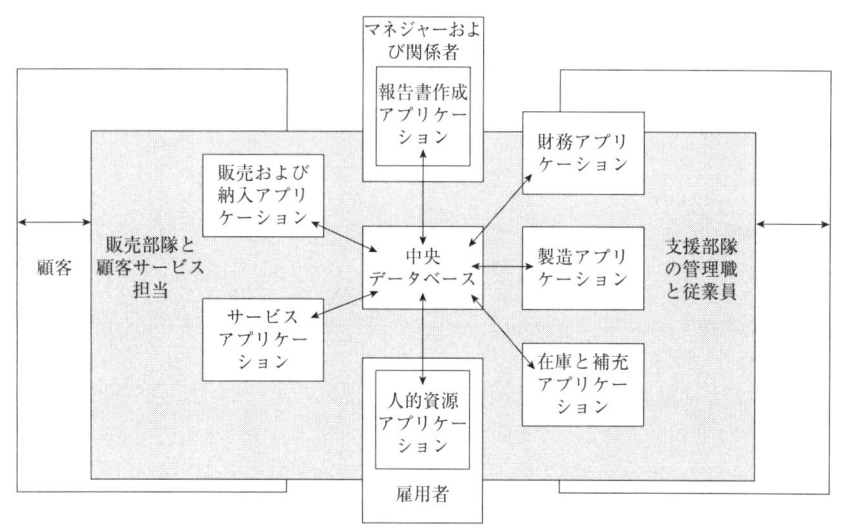

図 8-1　ERP アーキテクチャー

（出典：Thomas H. Davenport, "Putting the Enterprise into the Enterprise System," *Harvard Business Review*, July/August 1998, p.124. Reprinted with permission.）

8-2-1　中央データベース

中央データベースは，全 ERP システムの関係情報の集積所である．中央データベースは，オペレーショナルなエンティティに関する情報を関係づけたり，結びつけたりするので，関係として記述される．その結果，データベース中の冗長度は最小である．情報の冗長性は，長いあいだに情報の不正確性に転化して行くのが通例である．なぜなら，一方のデータ項目への参照が行われ変更があったとしても，同じ記述であるはずの他方のデータ項目も変更されるとはかぎらないからである．たとえば，顧客の住所がデータベース中の別々な 2 か所に保存されている場合，顧客が引っ越したときに 1 か所について変更がなされても，もう 1 か所については放置されたままのこともあるだろう．この時点で，データベースの一貫性は失われ，もう 1 か所にある住所は間違った情報となる．

アクセスを制限する占有データ構造をもつ ERP アプリケーションもある．このようなケースでは，データベースに関わるやり取りすべてが ERP 経由である必要がある．ERP システムをインターフェースとして使うことに問題はない．しかしながら，柔軟性とデータの一貫性の低下を招く可能性がある．たいていの場合，データベース構造として，ほかのシステムからアクセスできるようないくつかのオープン・データベース・アーキテクチャーのうちの 1 つを使うことが多い．「オープン・データベース・アーキテクチャー」とは，インターフェースの定義および関連文書が公開され，インターフェースをさまざまなアプリケーションで利用できることを意味する．公開された定義とは，ソフトウェアの開発者がデータベースの構造と内容を文書公開する

ことを意味する．その結果，ほかのソフトウェアプロバイダーが中央データベース内のデータにアクセスし，変更し，報告できる．中央データベースは大規模であって，多くのファイル中に数百万のデータ項目を含むが，ロジスティクス・オペレーションに重要なのは，つぎの8ファイルである：(1) 顧客ファイル，(2) 製品ファイル，(3) サプライヤーファイル，(4) 注文ファイル，(5) 部品表ファイル，(6) 購買注文ファイル，(7) 在庫ファイル，(8) 履歴ファイル．

a. 顧客ファイル

顧客ファイルは，当該企業の顧客情報を記述する．エントリーごとに，1人の顧客を定義し，顧客名，住所，請求情報，出荷場所，会社窓口，価格表，売買条件，特記事項などを含む．複数の事業部が同じ顧客と取引している場合には，共通の顧客ファイルがとくに望ましい．

b. 製品ファイル

製品ファイルは，当該企業が提供する製品とサービスの情報を記述する．個々のエントリーごとに，製品番号，製品概要，性能，購入先や製造元，同等の製品および設計変更へのリファレンス，標準原価データなどを含む．価格ファイルと関連ファイルには，損益分岐情報もある．製品ライフサイクルの短縮と価格変更の頻繁化によって製品ファイルのメンテナンスの重要性が年々増している．

c. サプライヤーファイル

サプライヤーファイルは，当該企業のための原材料とサービスの提供者のリストである．個々のエントリーごとに，サプライヤー番号，サプライヤー名，住所，輸送および受入れ情報，支払い条件などを含む．サプライヤーの合理化，少数精鋭化による購買の経済の実現のためには，サプライヤーファイルの共通化が重要である．

d. 注文ファイル

注文ファイルは，当該企業によって処理あるいは充足途上のすべてのオープンオーダーに関する情報からなる．個々のオーダーは，顧客による見込みを含む製品出荷要求に対応している．顧客番号および顧客名，指定納期，オーダーを受けた製品と数量リストを含む．個々の顧客向けの特定の出荷および包装の要請を取り込むことが必要になってきている．内部的なオーダーエントリーに加えて，EDIやインターネットのような多様な窓口からのオーダーを受けることが必須となってきている．

e. 部品表ファイル

どのように原材料が最終製品へと結合されていくかを記述するのが**部品表ファイル**である．たとえば，自動車の部品表をみれば，1台の車が，車体1，シャシー1，座席4，エンジン1，トランスアクスル1，タイヤ4から構成されることがわかる．このような製品の関係性は製造の局面において使われるのがふつうであるが，ロジスティクスにおいても徐々に重要さを増してきている．ロジスティクス・オペレーションにおいても，流通センターにおける包装，カスタマイゼーション，キッティングを円滑化するために部品表を使う動きが始まっている．

f. 購買注文ファイル

購買注文（purchase order: PO）ファイルは，サプライヤーに発令された購買オ

ーダーを扱う点を除いて，注文ファイルとおおむね同じである．購買オーダーは，製品を支える原材料，作業や管理に必要となるMRO（保守用品，修理用品，消耗品）サプライ用品が対象である．MRO品目は，企業の販売する最終製品に直接に組込まれるものではない．購買注文ファイルは，購買オーダー番号，サプライヤー番号と名称，指定納期，納入場所，輸送モードと輸送業者，購買オーダーを出した品目と数量リストなどの情報を含んでいる．POファイルの重要項目としてはこのほかに，製品仕様，納入上の要件，契約価格がある．

g. 在庫ファイル

現在利用可能あるいは現行の生産スケジュールに基づいて将来的に利用可能な在庫もしくは製品数量を記録するのが，**在庫ファイル**である．資材置き場や倉庫内での当該製品の置き場所，出荷可能・破損・品質状況・重要顧客向け取りおき中などの製品の状態，追跡のために必須なロット番号も含まれる．特定品目の在庫ファイル情報には，製品番号，在庫地点，在庫場所，製品状態ごとの在庫数量が含まれる．

h. 履歴ファイル

報告書作成，予算および決定分析，予測などを支援するためにオーダーおよび購買オーダーの履歴を文書化するのが**履歴ファイル**である．要するに，充足してきた顧客オーダーおよび納入を受けた購買オーダーのサマリーからなる．

8-2-2 サプライチェーン・アプリケーション

ERPのサプライチェーン・アプリケーションは，図8-1中の「在庫と供給アプリケーション」，「製造アプリケーション」，「販売と納入アプリケーション」との名称のモジュールを含んでいる．これらの3つのモジュールが原材料の取得，生産，顧客オーダーの充足といったサプライチェーン活動を支援する．サプライチェーン活動全般を起動するトランザクションとプロセスがこれらのモジュールに組み込まれている．特定のプロセスと活動については，以下にモジュールの概観を述べた後に検討しよう．

8-2-3 財務アプリケーション

財務モジュールには，企業の財務および会計記録を維持するために必要なトランザクションが組み込んである．とくに，財務モジュールは，総勘定元帳の内容と参照を維持し，支払い勘定，受取り勘定を追跡する．さらに，部門，地域，あるいはグローバルオペレーション全体の損益計算書と貸借対照表の標準化を促進する．トランザクションとして，典型的な支払い勘定および受取り勘定，仕切り，財務会計，経営報告書の作成を含む．

8-2-4 サービスアプリケーション

サービスモジュールは，販売後の製品サービスと保証をサポートする．製造用，医療用，通信用，輸送用機器類のような高額資本設備の顧客は，購入後の保全および修理サービスを強く必要としている．システムが，正しい補修用部品が入手でき，必要な場所にすばやく届けることを保証するために，装置の型式やバージョンを追跡する．サービスモジュールは，予防保全や機器の調整に備えて潜在的な問題を予知するために使用および修理の記録を追跡する．

8-2-5 人的資源アプリケーション

人的資源モジュールでは，従業員記録，配属，成績を追跡する．給料支払い，課税，職務履歴書をサポートする．典型的な人的資源への応用に加えて，従業員が，オーダー，活動，プロセスごとに費やした時間を追跡することによって，サプライチェーン活動のコスティングを行うことがこのモジュールのねらいである．詳細な活動を抑さえておくことによって，サプライチェーン管理者が製造およびサービスのカスタマイズされた特別なコストによる関連支出を割り出すことができる．

8-2-6 報告書作成アプリケーション

報告書作成モジュールは，監査，業績測定，決定支援のための標準もしくはカスタマイズされた経営報告書を生成する．中央データウェアハウスを使って，報告アプリケーションが活動水準をモニターして管理し，業務上の非効率項目や問題点をみつけ出す能力を提供する．

8-2-7 代表的な ERP システム

製造業と同様にソフトウェア業界も，ことに ERP ソフトウェア業界は，吸収合併の動きの只中にある．その結果，ERP ソフトウェアのプロバイダーの数は減り，会社規模は大きくなってきている．特定の業界に特化しようとするプロバイダー数はかぎられているが，大手システムの大部分が広範な機能を備えて，多様な業界に販路を求めている．図8-2に企業ソフトウェア・アプリケーション[4]の主要コンポーネントをまとめてある（図8-2は図7-3に示したすべての主要モジュールを含んでい

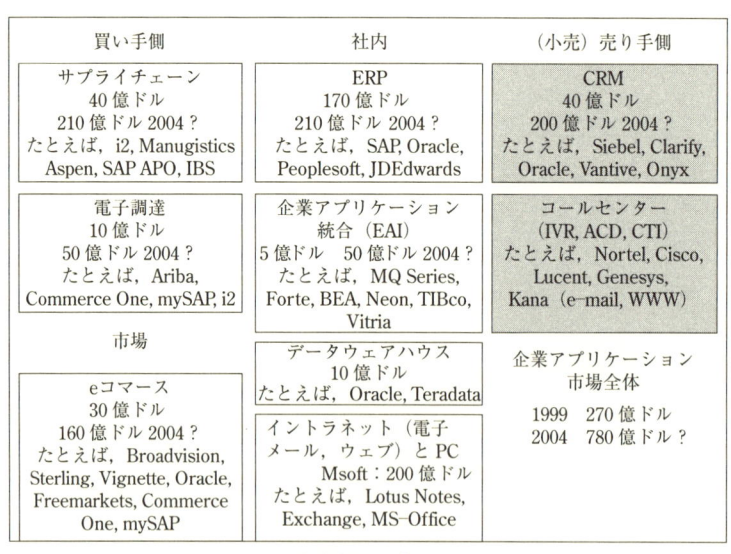

買い手側	社内	(小売) 売り手側
サプライチェーン 40億ドル 210億ドル 2004？ たとえば，i2, Manugistics Aspen, SAP APO, IBS	ERP 170億ドル 210億ドル 2004？ たとえば，SAP, Oracle, Peoplesoft, JDedwards	CRM 40億ドル 200億ドル 2004？ たとえば，Siebel, Clarify, Oracle, Vantive, Onyx
電子調達 10億ドル 50億ドル 2004？ たとえば，Ariba, Commerce One, mySAP, i2	企業アプリケーション 統合 (EAI) 5億ドル　50億ドル 2004？ たとえば，MQ Series, Forte, BEA, Neon, TIBco, Vitria	コールセンター (IVR, ACD, CTI) たとえば，Nortel, Cisco, Lucent, Genesys, Kana (e-mail, WWW)
市場	データウェアハウス 10億ドル たとえば，Oracle, Teradata	企業アプリケーション 市場全体
eコマース 30億ドル 160億ドル 2004？ たとえば，Broadvision, Sterling, Vignette, Oracle, Freemarkets, Commerce One, mySAP	イントラネット（電子 メール，ウェブ）と PC Msoft：200億ドル たとえば，Lotus Notes, Exchange, MS-Office	1999　270億ドル 2004　780億ドル？

図8-2　2000年度企業アプリケーション市場

(出典：Peter Stedden at http://www.dis.unimeld.edu.au/staff/peter/enterprise%20applications/enterprise application market summary 2000.ppt.)

る).企業アプリケーション・モジュールごとに,執筆時点および2004年時点での推定市場規模を主要ソフトウェア・プロバイダー名とともに図8-2に示す.この推定によれば,CRM,サプライチェーン,eコマースがおもな成長モジュールであることがわかる.このことは,今後の数年で企業がサプライチェーン分析,コラボレーション,コーディネーションの能力を強化しようとしていることを示唆する.企業にとって,ERPパッケージの評価,選定,導入は,要求が多く,時間がかかり,費用がかかるのがふつうのプロセスである.評価においては,ERPが自社の企業戦略,業務内容やしくみ,継続的に提供されるサポート,もちろんコストなどが自社に適したものかを検討しなければならない.ERPシステムの選定評価を包括的に取り扱うことは本書の範囲をこえている.AMR社やGardner Groupのようなソフトウェア評価企業では,顧客向けに包括的な評価を用意してくれている.

8-3　サプライチェーン・システム構成

　サプライチェーン情報システムは現代ロジスティクスオペレーションの基幹である.これまで,このような情報システムでは,企業が顧客オーダーを受け,処理し,出荷するさいに必要な諸活動の支援と管理に重点をおいていた.今日の企業が競争力を保つためには,情報基盤の役割を,所要量計画,経営管理,決定分析,サプライチェーンの構成員との統合にまで広げることが必要である.
　サプライチェーン・モジュールとほかのERPモジュールとのあいだの関係を図8-1に示した.しかしながら同図では,サプライチェーン情報と製品のプロセス・モジュール間での詳細な情報のフローは述べていない.情報のフローと主要なプロセス・モジュール間の関係,すなわちサプライチェーンのオペレーションシステム・アーキテクチャーは第2章の図2-3を参照してほしい.主要プロセスが顧客オーダーや補充オーダーを充足するに必要な諸活動を,支援し,モニターし,測定する.このようなプロセスは2つの形態をとる.第一は,在庫を生産し,展開する計画と調整のプロセスである.第二は,顧客オーダーを受け入れ,処理し,出荷し,請求する業務プロセスである.
　計画と調整プロセスは,調達,生産,ロジスティクス資源を企業全体を通じて割り当てるスケジュールと調整に必要なプロセスを含む.戦略目標の定義,能力制約の把握と調整,市場/流通,生産,調達所要量の決定などの特定コンポーネントがある.
　業務プロセスとしては,顧客オーダーの充足を管理するために必要な諸プロセスからなる.オーダー処理,在庫の割当て,流通オペレーション,輸送オペレーション,調達などの調整が含まれる.顧客オーダーおよび補充オーダー両方に対応する.顧客オーダーは,顧客の需要に対応するオーダーである.これに対して,補充オーダーは生産拠点と流通拠点間の最終製品を移動させるオーダーである.
　在庫の展開と管理は,受注生産(MTO)や受注組立生産(ATO)戦略(訳注：5-3-2参照)がとれない場合に,サイクル在庫と安全在庫を管理する計画/調整プロセスと業務プロセスのあいだのインターフェースである.企業がMTO生産戦略を使える場合,計画/調整プロセスと業務プロセスは互いに鏡の関係にある.たとえば,

MTO戦略が可能であるならば，原材料および生産をあらかじめ予定する必要も，緩衝在庫を維持する必要もないであろう．

8-3-1 計画／調整

サプライチェーン・システムの**計画/調整コンポーネント**は，製造業者および小売業者の情報システムの土台となる．このようなコンポーネントが，調達から製品の納入までの企業資源の割当てと働きをガイドするところの中心的な諸活動を定義するからだ．

図8-2に示したとおり，計画/調整には，企業内とサプライチェーン提携者間の両方の資材計画プロセスを含む．特定コンポーネントとして，(1) 戦略目標 (2) 条件制約，(3) ロジスティクス所要量，(4) 製造所要量，(5) 調達所要量がある．

a. 戦略目標

多くの企業にとって，最上位の指針情報は，マーケティングおよび財務上の目標を定義する戦略目標である．このような戦略目標は複数年の計画ホライズン（見通し期間）にわたり展開されるのが典型で，四半期ごとに更新されることも多い．マーケティング上の戦略目標では，目標市場，製品開発，マーケティングミクス計画，サービス水準やサービス能力のようなロジスティクス付加価値活動の水準が記述される．顧客の範囲，製品およびサービスの広がり，販売促進計画，目標売上水準なども含む．マーケティング目標は，ロジスティクスとサプライチェーン活動の実施目標値を定める顧客サービス政策および達成目標である．実施目標値としては，サービスのアベイラビリティ，能力，先に検討した品質要因などがある．財務的な戦略目標は，資本と人的資源の制約に加えて，総収入，財務レベルと活動レベルに応じた支出を定める．

マーケティング目標および財務目標が組み合わされて，ロジスティクスおよびサプライチェーン・マネジャーが計画ホライズン内で対応すべき市場，製品，サービス，活動レベルの範囲が決まる．具体的な目標として，総収入，出荷，ケース数量などの年間あるいは四半期の予想活動レベルがある．考慮されねばならない出来事として，製品販売促進，新製品の導入，市場発表会，企業買収などがある．マーケティング計画と財務計画は統合され一貫していることが望ましい．一貫性のなさが，低いサービス，過剰在庫を生み，財務目標を達成できなくする．

マーケティング目標および財務目標の双方が，ほかの企業計画に方向性を与える．戦略目標を定立する過程は，その性格上，非構造的で広範にわたる．実施できるように計画を十分に詳細化して立案し，伝えねばならない．

b. 能力制約

ロジスティクスおよび生産の能力の制限は，社内外の生産，倉庫，輸送資源制約から生じる．戦略目標によって定められた活動レベルに基づいて，このような制約が資材ボトルネックを決めて，市場の需要に見合うように資源の配置をガイドする．能力制約は，各製品を，いつ，どこで，どれだけ生産，保管，移動すればよいかについて影響を及ぼす．制約は，周期的な生産，移動，保管といった集和的な制限にも及ぶ．

能力上の問題は，資源の獲得/能力と負荷の調整や生産や納入の先送りによって解決できる．能力負荷の調整は，委託生産や設備リースのような獲得や提携によっても

行われる．能力と負荷の調整によれば，生産能力所要量を予想し，前倒しスケジュールや委託加工によってボトルネックへの負荷を軽減できる．先送りは，具体的所要量が認められて，能力を割り当てることができるまで生産と出荷を遅らせる．顧客への納入を繰り延べてもらうインセンティブとして，値引や手当てが必要だろう．能力制約というものが，企業の戦略目標を，設備，財務，人的資源の制限を考慮に入れた時間軸上で区切りの入った（以下時分割）計画へと展開させる．このような制約が，ロジスティクス，製造，調達スケジュールに強く影響することになる．

　能力の制限にしたがって，企業の集和的な操業計画が週別もしくは日別のロジスティクス所要量に落とされ，製造拠点ごとの月別もしくは週別の生産水準を決める．能力のフレキシビリティは製品とリードタイムの性格によって決まる．長期的には，先送り，能力と負荷の調整，獲得などの戦略がとられるので，かなりのフレキシビリティがあるのがふつうとなっている．しかしながら，今週中といったような短期的には，諸資源が割当て済みであるため，フレキシビリティはかぎられてくる．企業の所要量と制約を考え合わせる能力が効果的なサプライチェーン計画/調整コンポーネントにとってたいへん重要である．もっとも先進的な企業では，すべての計画/調整コンポーネントが高い水準で統合されている．第9章で詳細に扱うAPSシステムでは，能力制約を効果的に検討する情報面でのサポートが行われる．

c. ロジスティクス所要量

　ロジスティクス所要量の計画では，ロジスティクスミッションを達成するために必要となる時分割された施設，設備，在庫資源が示される．たとえば，ロジスティクス所要量計画コンポーネントでは，製造工場から流通センターと小売店への最終製品の出荷スケジュールを組む．出荷量は，顧客の所要量計画と在庫水準の差として算出される．ロジスティクス所要量計画を，在庫の管理とプロセスの管理ツールである流通所要量計画（DRP）によって具体化することも多い．見込所要量は，予測，顧客オーダー，販売促進情報が基本となる．予測は，履歴的な市場の状況を考慮した販売・マーケティングの見積りに基づく．顧客オーダーは，発令済みのオーダー，発令見込オーダー，契約を含む．ロジスティクス所要量を計画するさいに，販売促進活動を考慮することがたいへん重要である．販売促進による需要が全体の大きな割合を占め，能力を大きく支配することが珍しくないからである．時点在庫状況とは，出荷可能な製品数を示す．図8-3に，期間ごとのロジスティクス所要量を決める計算式を示す．

```
　　＋　予測値（販売・マーケティング部門の見積り，履歴的事情）
　　＋　顧客オーダー量（発令済みのオーダー，発令見込オーダー，契約）
　　＋　販売促進量（販売促進・広告計画）
　　＝　期間需要量
　　－　手持在庫量
　　－　受け取り予定量
　　─────────────────────
　　期間ロジスティクス所要量
```

図8-3　ロジスティクス所要量計画

計画期間ごとの，予測値，顧客オーダー量，販売促進量の和が，計画期間ごとの需要量である．ここに計画期間とは，日別，週別あるいは月などである．既知の予測数値の中に顧客オーダーが占める割合を決めることは，困難であり，何らかの判断が必要である．現実には，予測値のなかにも発令見込オーダーと販売促進量の一部含まれるのが典型であるため，期間需要量は予測値，顧客オーダー量，販売促進量の組合せ量になっている．期間需要量を決定するさいには，予測値，発令見込オーダー，販売促進量のあいだの重複を考慮することが大切である．期間ロジスティクス所要量は，期間需要量から手持在庫量と受取り予定量を減じたものとして決定される．この計算方式に従えば，概念的には各期末の利用可能在庫量はゼロとなり，受取り予定量が期間需要量にぴったり等しくなる．需要と供給を完全に一致させることは在庫管理の観点から理想であるが，可能でないかあるいは企業戦略面から最善ではない可能性がある．

最適なシステムパフォーマンスを実現するために，ロジスティクス所要量が能力制約および製造能力と同期化される必要がある．さもなければ，生産ラインの終端に最終製品在庫が積み上がることになる．

d. 製造所要量

製造所要量の計画は，生産資源をスケジュールし，資材管理システム内の日々の能力ボトルネックを解消しようとする．ボトルネックは，まず，原材料の不足や日別の能力制限から発生する．製造所要量計画は，基本生産計画（master production schedule: MPS）および資材所要量計画（MRP）を確定する．MPS は週別もしくは日別の生産ひいては設備のスケジュール定める．MRP では，MPS を所与のものとして，所定の製造計画をサポートするための材料とコンポーネントの購買，受入れの時分割スケジュールを生成する．ここでは，ロジスティクス所要量ができ上がって後，製造所要量計画への道筋で説明しているが，実際には並行して作成される必要がある．デマンドフロー型すなわち市場駆動型の製造戦略をとる企業では，並行作成がとりわけ重要である．このような戦略では，生産スケジュールを市場の需要あるいはオーダーと直接に連動させて，予測や計画の必要性を減らそうとする．この意味で，デマンドフロー型すなわち市場駆動型の製造戦略では，生産全体を受注型に組織し，ロジスティクスと製造所要量計画を全体として統合するのである．

コンピュータを受注生産（MTO）する「Dell 社のモデル」が，制約の範囲内で製造を需要に合わせるプロセスをみせてくれる．Dell モデルでさえも，有限な計画先行期間内での能力制約つきの運用が必要である．図 8-4 に，ある企業での MRP と DRP との関係を示す．

e. 調達所要量

調達所要量の計画は資材購買オーダーの発令，出荷，受取りをスケジューリングする．調達所要量計画は，能力制約，ロジスティクス所要量計画，製造所要量計画に基づいて作成される．長期的な資材所要量と発令スケジュールの確定が目的である．資材所要量と発令スケジュールを使って，購買交渉，契約，輸送機器のスケジュール調整，到着スケジューリングなどを行う．

8-3 サプライチェーン・システム構成

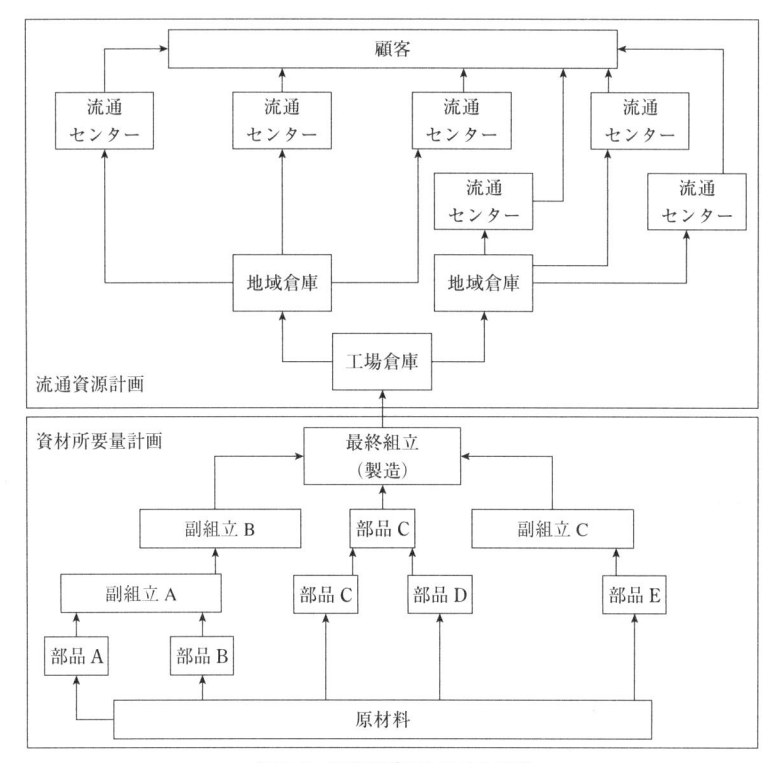

図8-4 所要量計画システム概略

(出典:"How DRP Helps Warehouses Smooth Distribution,"*Modern Materials Handling* 39, no.6(April 1984), p.53.)

f. 計画/調整の統合

おのおのの計画/調整コンポーネントが独立して頻繁に稼働するあいだに,その独立性が原因となって一貫性が崩れていくことが多い.業務上での不効率さによるものと同じようにこのことが,製造およびロジスティクス在庫を生むことになる.従来,機能モジュールごとに別々の予測値を使っていることが珍しくなかった.おのおのの機能モジュールは,別々の機能組織が管理していたからである.たとえば,戦略目的からは販売部隊を督励するために大きめの予測を立てるのに対して,ロジスティクスはこれよりも控えめの予測に基づいて計画するであろう.同じように,ロジスティクス,製造,調達の予測水準の差が,製品取得,生産スケジューリング,ロジスティクス展開の一貫性を欠く状況を招き,一貫性のないオペレーションを緩衝するために必要な安全在庫を増やす結果をもたらすのである.これが,第6章(6-4-2項)で論じた「重大な分断」の一つの性格である.

歴史的には,それぞれが孤立した計画/調整プロセスであったために,能力制約内

で計画することが十分にうまくはいかなかった．それぞれの計画プロセスは，基本的にあたかも「能力が無限」であるかのように行われた．原材料供給，生産，流通，輸送の資源について何らかの能力制約で抑えることをしていなかった．能力制約を考えない処理が終わってから，所定のサプライチェーン制約内に要求量を収める努力がヒューリスティックなプロセスによって行われた．計画/調整プロセスごとに，より洗練された計画ツールが開発され，能力制約をもう少し直接的に扱うようにはなったが，個々の機能プロセスをこえて能力への考慮が払われることはほとんどない状況にあった．たとえば，資源制約内でおおむね収まる計画を製造が立案し，ロジスティクスも資源制約内でおおむね収まる計画を立案した．けれども，でき上がった統合計画は，製造およびロジスティクス機能間のトレードオフを考え合わせたものではなかったのである．

　企業は，部門共通の予測を使うことと全体的な能力のやりくりを強化して，所要量計画と能力調整を改善しつつある．この結果，在庫は低減され，資源の稼働率は上がっている．調整効果の増大は，共通のデータベースと予測，頻繁な情報のやり取り，洗練された分析ツールの賜物である．ロジスティクス先進企業では，計画/調整の統合化が有効性改善のための第一の源なのである．

8-3-2　オペレーション

　全体をうまく調整する統合化**オペレーション情報システム**がサプライチェーンの競争力にとって重要である．調整と統合は顧客オーダーおよび補充オーダーの情報の流れを滑らかにし，一貫性をもったものにする．また，オーダーの処理状況を目にみえるようにする．統合化された情報を共有することによって，遅れ，誤り，資源の必要量を減らすことができる．顧客オーダーの充足に必要であり購買オーダーの入荷との調整を行うオペレーションプロセスとしては，(1) オーダー処理，(2) オーダー引当て，(3) 流通オペレーション，(4) 輸送，および (5) 調達，がある．

a. オーダー処理

　オーダー処理は，顧客のオーダーや引合いの入り口である．メール，電話，ファックス，EDI やインターネットといった通信手段を通じて，顧客オーダーのエントリーと更新が行われる．オーダーや引合いが到着すると，必要な情報を入力処理したり，検索したりする．さらに，しかるべき数値類を編集する．割当てに備えて，受入れオーダーとして登録する．オーダー処理では，在庫の有無，納期などの，顧客の要望に応えたり，確認したりするための情報も提供できる．オーダー処理は，顧客サービス部員と併せて，ERP や従来型のシステムと顧客のあいだの主要なインターフェースを形成する．

　表8-2に，おもなオーダー処理機能を示す．表中に，ブランケット，電子，マニュアルの各オーダーのエントリーが上がっている．ブランケットオーダーとは，四半期あるいは1年のように広い期間にわたる需要を考慮する大きなオーダーである．ブランケットオーダーとは対照的に，予定出荷量は，個々のオーダーリリースによって，引金が引かれる．オーダー処理は，ほかのオペレーションコンポーネントを起動する顧客および補充オーダーベースを生成し，更新する．

表 8-2　オペレーションシステム機能

オーダー処理	オーダー引当て	在庫管理	流通オペレーション	輸送と出荷	調達
オーダーエントリー（手入力，電子的，ブランケット）	ブランケットオーダーの生成	予測分析とモデリング	貯蔵拠点の割当てと追跡	運送手段の選定	照合と支払い
信用チェック	送り状の作成	予測データの保守と更新	在庫循環棚卸	運送手段のスケジューリング	オープンオーダーの見直し
在庫利用可能性	オーダーセレクション文書の作成	予測パラメータの選定	人員のスケジューリング	ディスパッチング	購買オーダーの見直し
オーダー請書	在庫の引当て	予測手法の選択	装置スケジューリング	文書準備	購買オーダーのエントリー
オーダー変更	ブランケットオーダーの処理	在庫パラメータの選定	ロット管理	運賃支払い	購買オーダーの保守
オーダー価格決定	予約在庫のリリース	在庫シミュレーションとテスティング	オーダーセレクション，場所，補充	実績測定	購買オーダーの受け取り
進行状況問合せ	オーダー品の再引当て	在庫所要量計画	受入れ	出荷積合せと配車計画	購買オーダー状況
価格と値引の延長	ブランケットオーダーのリリース	販売促進データの統合化	格納	運賃算定	条件提示
販売促進面からの調整	出荷の確認	補充オーダーの作成，リリース，スケジューリング	保管	出荷スケジューリング	所要量の通知
返品処理		サービス目標の定義	実績測定	出荷追跡と督促	納入日の確定
サービス管理				車両積付け	サプライヤー履歴

b. オーダー引当て

　オーダー引当ては，利用可能な在庫を顧客オーダーおよび補充オーダーに割り当てる行為である．引当ては，オーダーの到着のつどリアルタイムで行われるか，あるいはバッチモードで行われる．バッチモードでは，日あるいはシフトの区切りでオーダ

ーを溜めて定期的に処理する．リアルタイムによる割当ては応答性が高いのに対して，バッチ処理には，在庫が少ない状況への対応力がある．たとえば，バッチ処理では，オーダー引当てを手持在庫だけから割り当てるように設計できるし，あるいはスケジュール済みの生産能力から割り当てるようにもできる．スケジュール済みの生産数量あるいは能力からの在庫割当てが可能なのであれば，オペレーションシステムの応答性はより高まる．生産数量からの引当ては，「予約可能在庫」(available to promise: ATP) を使うといわれる．これに対して，生産能力の引当ては，「予約能力在庫」(capable to promise: CTP) を使うといわれる．しかしながら，トレードオフが存在するのも事実である．なぜなら，生産能力を引き当てることが，企業が生産を再スケジュールする能力を削ぐことになるからである．最善のオーダー引当てアプリケーションは，企業資源の制約内で顧客の要望を満たすオーダーソリューションを生成するオーダー処理と連動するかたちで，くり返し的に機能するものだ．このようなオペレーション環境の下では，顧客サービス部員と顧客が，合意できる製品，数量，リードタイムの組合せを決めるために交渉する．オーダーの引当てに問題が残る場合には，納期の調整，製品の代替，代替拠点からの出荷などが選択肢である．

表8-2には，オーダー引当ての機能の典型をあげてある．機能には，在庫割当て，受注残の生成と処理，注文品選択文書の作成，オーダー確認などがある．注文品選択文書は，電子媒体のこともあるが，流通センターや倉庫からのオーダーを選び，出荷へ向けてパックすることを指図する．顧客オーダーおよび補充オーダーにおいて，在庫の割当てと対応する注文品選択資料が，流通センターでの実際のオペレーションとオーダー引当てを結びつけるのである．

c. 流通オペレーション

流通オペレーションは，流通センターでの実際のオペレーションをガイドするプロセスを担っている．製品の受け入れ，マテリアルの移動と保管，注文品選択などである．このため，「在庫管理」や「倉庫管理システム」(WMS) とよばれることも多く，場合によっては「倉庫置き場所表示システム」ともよばれる．バッチおよびリアルタイム引当てを駆使して，流通センター内の全活動を，流通オペレーションが采配する．バッチ処理環境では，流通オペレーションシステムが，倉庫内の荷役担当者ごとに指示，すなわちなすべき課業のリストを作成する．荷役担当者とは，フォークリフトやパレットジャッキといった機器を運転する要員である．リアルタイム環境では，バーコード，無線通信，自動ハンドリング機器のような情報指向技術によるやり取りを通じて，決定と実行にわたる総所要時間を短縮するように流通オペレーションプロセスが働く．マテリアルハンドリング技術向けのリアルタイム情報は，流通オペレーションプロセスとも直接やりとりし，オペレーション上の柔軟性をもたらし，部内で必要なリードタイムを短縮する．

表8-2に流通オペレーション機能の典型を示す．倉庫のオペレーションと活動を指令することのほか，オペレーション所要量の計画と実績の把握も流通オペレーションの役割である．オペレーション計画では，スタッフ，機器，設備を含めた人員および資源のスケジューリングを行う．実績把握には，人員，機器の生産性報告書の作成

を含む．

d. 輸送と出荷

輸送と出荷プロセスは，「輸送管理システム」(TMS) とよばれることもあるが，輸送と移動機能を計画，実行，管理する．TMS では，出荷計画とスケジューリング，出荷積合せ，出荷通知，運送人管理を行う．TMS プロセスは，効果的な運送人管理とともに，効率のよい輸送資源利用を促進する．

TMS の独特な特徴は，TMS が，出荷人，運送人，荷受人，三者に関わるところにある．このプロセスを効果的に運用するには，基礎レベルで情報を統合せねばならない．情報の共有化には，輸送文書類のデータフォーマットの標準化が必要である．米国においては，輸送データ調整委員会 (TDCC) と VICS が輸送文書類のフォーマット標準化を先導し，改良してきている．オーダー，インボイス，出荷通知のようなほかの商業文書類と輸送文書類を統合しようとするこのような努力については，第7章で論じた．

表 8-2 に輸送と出荷に関する機能を示す．TMS は，出荷指示文書を生成し，オーダーを満足いくかたちで充足する企業能力を測定する．伝統的には，TMS が重点をおくのは，出荷命令文書の生成と運賃の追跡であった．輸送文書とは，指示票，積載票などである．運賃とは，製品移動に関わる運送料金である．多くの企業で出荷件数は膨大である．したがって，手違いを少なくし，状況把握の手数を減らすために，自動化した例外処理指向の TMS が求められている．よりよい輸送管理によって業績を向上させる期待が膨らむに伴って，現代の TMS の機能として，実績把握，運賃監査，配車計画とスケジューリング，インボイス，報告，決定分析が重視されている．先進的な TMS アプリケーションは，さらなる計画機能，実績測定機能が組み込まれ，企業実行システムとよばれる．これについては，次節で取り扱う．

e. 調　達

調達では，PO の作成，変更，発令を管理するとともに，ベンダーの実績と契約遵守度を追跡する．調達システムは，従来，ロジスティクスシステムの一部とは考えられていなかったのであるが，ロジスティクススケジュールと調達を統合することが，マテリアルの受取り，施設能力，帰り荷の調整に深く寄与するようになっている．

統合化サプライチェーン・マネジメントにおいて，調達が，施設，輸送，人員のスケジューリングを最適化するように，入出荷諸活動を追跡し，調整せねばならない．たとえば，積込みおよび積下ろしドックは能力にゆとりの乏しい設備資源であるために，効果的な調達システムでは，同一の運送人が納入と出荷の両方を行うように調整されるべきである．このことは，企業システムが納入と出荷を明瞭に把握できる能力を，企業システムに備えておく必要がある．サプライヤーとの電子的な統合を通じて，サプライチェーン・システムの統合は将来的に促進されるはずだ．表 8-2 に調達の機能を示す．最新の調達システムは，諸活動を計画，指図し，実績を測定し，インバウンドおよびアウトバウンド間の活動を調整するのである．

オペレーショナルシステムというものは，一般によく統合化されている．けれども，継続的にシステムを見直し，ボトルネックを除去し，柔軟性を向上させる必要が

ある.効果的かつ効率のよい業務 ERP システムは,高水準の企業業績に必須である.しかし,ERP システムだけで,企業が高業績企業の仲間入りできるわけではないのである.

8-3-3 在庫の展開と管理

生産から顧客への出荷にいたる所要量の計画と完成品在庫の管理を行って,計画/調整とオペレーション間の主要なインターフェースとして働くのが,**在庫の展開と管理**である.とくに,完成品在庫をサプライチェーン内のどこにもっていくか.補充オーダーをいつ出すのか.発注量をどうするか.MTO 資材システムに従う企業では,計画/調整とオペレーションが基本的に統合されている.したがって,在庫展開と管理の必要性は大きくない.

在庫の展開と管理の第一のコンポーネントは,予測プロセスである.予測プロセスは,顧客と流通センターからの製品所要量を予測し,企業計画を支える.

在庫の展開と管理の第二のモジュールは,在庫の配置についての,単純な応答モデルから複雑な計画ツールにいたる広範な意思決定支援である.決定エイドは,在庫計画者がいつ,どれだけオーダーするかを決定するさいに必要である.応答モデルでは,発注点と発注量をパラメータとして,その時どきの需要と在庫状況に応答する.いい換えれば,時点の在庫水準に応じて補充の決定がなされる.未来の所要量は,予測とリードタイム分の先行計算に基づいて,計画ツールが予想する.計画ツールによって,マネジャーは潜在的な問題を,手の打てるうちにみつけ出すことができるのである.

在庫の展開と管理システムには,人との必要なやりとりの量によっても違いがある.補充オーダー全部を在庫計画者が確認して,発令や承認するアプリケーションもある.このようなシステムは,例外処理指向ではない.補充オーダーすべてに計画者のはっきりとした承認を必要とするからである.人の承認を基本とするシステムでは,多くの人的資源が必要となるわけであるが,よい判断を期待できる.機能性のより高いアプリケーションでは,補充オーダーが自動的に発令され,補充リードタイムを通じて進度のモニターを受ける.計画者が介入を求められるのは,例外的な補充オーダーだけであるので,このような機能性のより高いアプリケーションは,例外処理指向概念をより反映したものとなっている.

在庫の展開と管理の駆動要因は,マネジメントが打ち出す顧客サービス目標である.サービス目標から,顧客と製品に関して満たすべき諸指標が定まる.サービス目標,需要の性格,補充の性格,そして運用政策によって,これまで述べてきた,いつ,どこに,どのように,についてが決まる.定められたサービス目標を達成するために必要な在庫資産水準は,効果的な在庫展開管理システムによって大幅に引き下げ得るのである.

在庫に関する基本的な決定に加えて,在庫展開管理システムによって,在庫水準,回転率,生産性を監視し,実績を評価する必要がある.表8-2には,比較的先進的なロジスティクス・アプリケーションにおける在庫展開管理機能を列挙してある.予測の関連した活動が多いことは,注目に値する.予測というものが暗黙のうちか,は

っきりと行われるかを問わず，在庫展開管理には将来の需要の推定値が必要なのである．予測というものが暗黙に含まれるとは，次月の販売量が今月の販売量と同じであろうと前もって想定されているということである．予測がはっきりと行われる場合は，企業，顧客，同業他社の動きなどの情報に基づいてより客観的に求められる．根本的にいえることは，予測情報の統合性が高いほど，在庫の展開と管理は効果的であり，必要な在庫が少なくて済むということである．

情報技術は，輸送やマテリアルハンドリングといった手段よりもはるかに日進月歩の状態にある．ロジスティクスアプリケーションの潜在力をみきわめるために，新技術に注目し続ける必要がある．ロジスティクスアプリケーションが具備する情報技術をタイムリーに書籍のかたちで網羅することはとてもできないことである．しかしながら，市場で主流となっているロジスティクスアプリケーションで実証されている技術のいくつかを次節で紹介しよう．

8-4 企業実行システム

ERPシステムは，本質的にプロセスと情報の一貫性，サプライチェーン・オペレーションの統合を促進するシステムである．けれども，統合化されたプロセスには，システムの機能性と使い勝手を悪化させる側面があることも事実だ．これは，オペレーショナル性が高い，たとえば，倉庫や輸送管理で顕著である．何らかの倉庫や輸送

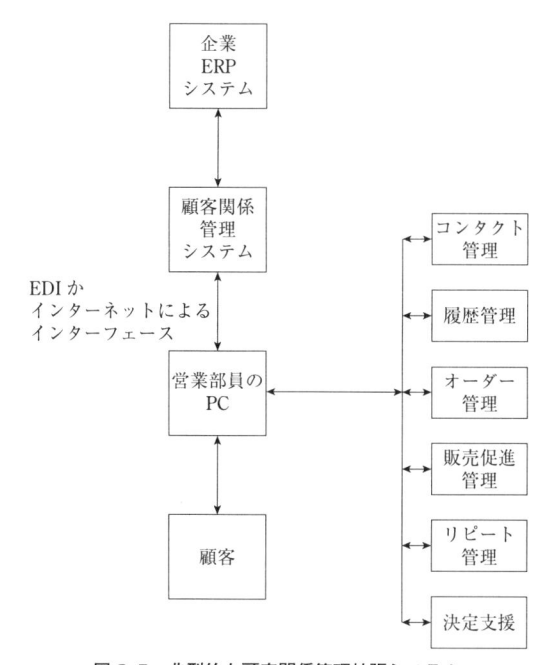

図 8-5　典型的な顧客関係管理拡張システム

表 8-3　典型的な輸送管理実行システムの機能

- 注文集約
- 配車の最適化
- 運送人賃率管理
- 運送人との EDI 接続
- インターネットに基づく出荷追跡
- クレーム統合管理
- 経済性の一番高い輸送手段の把握：小荷物，小口トラック，トラック，共同配送，中継
- 最良経路の計算
- コストとサービスに基づく運送手段の選択

管理機能を備えた ERP システムは多いが，それらはこなれておらず，「選択肢が広く」(feature rich) なく使いやすいとはいえない．この結果，ERP モジュール群に重要な活動のいくつかについての遂行能力に漏れがある状況にある．とりわけ，サプライチェーン・オペレーションの支援に必要な，価値を強化する機能においてである．CRM，TMS，WMS などの企業実行システムが，このような個々の必要性を満たすために発展中である．

8-4-1　顧客関係管理

CRM は，図 8-5 に示すとおり，ERP の販売と納入アプリケーションの機能性を拡張するように設計されている[5]．企業は，顧客を現金収入源としてではなく，大切に育ててゆく資産として扱う方向に移行するために ERP を使っている．従来型の販売と納入アプリケーションは，幅広いフォーマットで顧客オーダーを受け，注文充足プロセスを通じて管理するように設計されている．しかしながら，顧客関係を管理するためには，さらに広範な機能が必要になる．今日の CRM は，基本的な機能をこえて，販売追跡，販売履歴分析，価格管理，販売促進管理，製品ミクス管理，カテゴリー管理などを必要としている．サプライヤーに自社施設内での製品カテゴリー全般を管理してもらうことを望んでいる顧客もいる．たとえば，食料雑貨店では，ミクス混成と棚数量の両方を管理してもらうことが当り前になってきている．「カテゴリーマネジメント」とよばれるこのようなやり方では，製造業者からの情報面でのしっかりとした支援が必要であり，情報の共有化を促進するのである．

8-4-2　輸送管理システム

一般的に先進 TMS では，既存の制約内で製品を移動する最善手段を決める輸送戦略と戦術の選択肢を明らかにし，評価することが能動的に行われなければならない．表 8-3 に示すとおり，輸送手段の選択，輸送貨物計画，ほかの荷送人との負荷の一本化，すいている輸送路の把握と活用，車両の経路計画，輸送機器の最適活用などである．TMS からもたらされるおもなものは，コストの節約と ATP・CTP 日程（8-3-3 項参照）を確保できる機能性が高まることである．

8-4-3　倉庫管理システム

これまでの倉庫システムは，補充出荷を受け入れ，在庫の格納，オーダーピッキングなどの機能に重点をおいていた．図 8-6 の「中核 WMS 機能」との見出しの下に，

8-4 企業実行システム

```
先進 WMS 機能            中核 WMS 機能              先進 WMS 機能

[作業場管理]        [受入れ]    [タスク管理]   [状況便方的          [VAS]
                                            クロスドック]

                   [格納]     [品質保証]    [在庫管理]          [計画された
[作業員管理]                                                   クロスドック]

                   [循環棚卸]  [補充]       [作業オーダー
                                            管理]

[倉庫最適化]        [ピッキング] [パッキング]  [出荷]             [リバースロジ
                                                              スティクス]

              ───────────[変換通信用基幹バス]───────────

       [ERP]      [TMS]       [OMS]      [SCP]      [マテリアル
                                                     ハンドリング
                                                     機器]
```

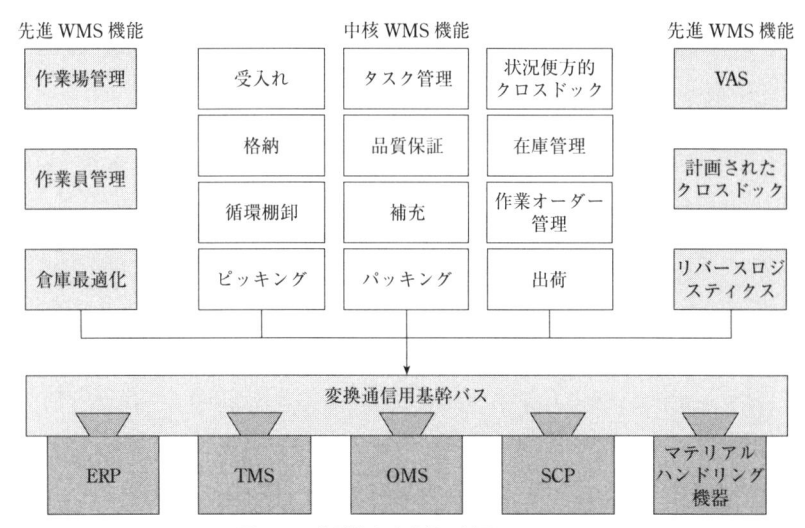

図 8-6　典型的な倉庫管理拡張システム

従来からのこのほかの標準的な活動を示す．今日の倉庫は，簡単な加工を施すようなさらに広範なサービスを提供する必要に迫られている．ジャストインタイムを基本とした在庫管理がさらに求められている．図 8-6 に，「先進 WMS 機能」としてこれらを列挙している．作業場管理とは，倉庫内の車両および車両内在庫を管理するプロセスをいう．在庫回転率を高めれば高めるほど，在庫の視認性を高める必要があり，車両内の在庫も例外にはならない．作業員管理は，倉庫作業員の最大活用がねらいである．これまで倉庫作業員は完全に専門化していたため，作業計画立案は比較的容易であった．ところが，今日では，その時点で必要な従業員数を最小に抑えるためにより広い範囲の仕事を受けもつことが求められている．倉庫最適化とは，保管と検索にさいして移動の時間と距離を最小化するような倉庫内の最善の保管場所を選ぶことをいう．「付加価値サービス」(VAS) とは，包装，ラベル貼り，キッティング，展示の準備などの，製品をカスタマイズするための倉庫による協力活動のことをいう．計画クロスドッキングおよびマージングとは，1 つのオーダーが複数の供給元からの納品からなる場合に，複数からの供給元からの納入品を在庫としないで 1 つに統合することである．この戦略は，処理装置とディスプレイを倉庫内で最終顧客への出荷前に組み合わせるパソコン業界で使われている．倉庫内にはどちらの在庫もおかないので，組合せ活動にはタイミングと協力が必要である．実行機能の最後は，返品，修理，リサイクルなどのリバースロジスティクス活動の管理である．顧客および環境上の関心が高まりとともに，サプライチェーンがリバースロジスティクスに対応できることの要求が強くなっている．

8-5 まとめ

　どのような企業でもサプライチェーン情報システムの基盤は，サプライチェーン諸活動を起動し追跡するデータベースおよびトランザクションシステムを提供するERPおよび実行システムである．情報の一貫性，規模の経済，そして統合化を達成するために，企業はERPシステムの導入に力を入れている．この点が，グローバルコマースの基本要件になりつつある．広域型ERPシステムの設計は，サプライチェーン，サービス，財務オペレーションを支援するモジュール群，また人的資源管理用モジュールとともに，統合化されたデータベースからなる．

　サプライチェーン・システムは，計画/調整，オペレーション，在庫展開などのコンポーネントからなる．企業の戦略とマーケティング計画に基づいて，計画/調整コンポーネントが企業の生産，保管，移動の能力を管理する．オペレーションコンポーネントは，オーダーを起動し，在庫を引当て，倉庫内でオーダー品を取揃え，輸送し，顧客および補充オーダーへ請求するための情報トランザクションを受けもつ．販売および予測水準に従って，在庫展開コンポーネントが在庫を最小化しつつ所定のサービス水準を保つようにサプライチェーン内の在庫を管理する．

　企業実行システムは，ERPシステムと顧客サービス，輸送，倉庫機能のあいだをとりもつ．CRMは，顧客履歴の詳細と進行中の活動情報を販売客担当者に提供し，顧客からくる不確実要因を減らし，担当者の成功を促進する．TMSはモノの動きを追跡し，輸送資源の活用をガイドする．WMSは，倉庫の諸活動とマテリアルハンドリング機器類を起動し，コントロールする．企業実行システムには顧客の個々の要件に柔軟性を有するので，使い方によってサプライチェーンの実績が変わってくる傾向が強まっている．

　ERPシステムは，通信，プロセス，そしてデータの基盤を提供してくれる．けれどもサプライチェーン・オペレーション遂行に当たっては，サプライチェーン決定にいたる洞察と知恵が必要である．第9章では，サプライチェーン決定に関わる範囲と複雑さの増大とあいまって，意思決定支援がいかに重要であるかについて述べる．

参考文献および注

1) Johnson & Johnsonのロジスティクスマネジャーとの議論による．
2) "Who's Using ERP," *Modern Materials Handling* 54, no. 13（November 1999）pp. 14-18.
3) Michel Roberto, "ERP Gets Redefined," *Information Technology for Manufacturing*, February 2001, pp. 36-44.
4) ERPソフトの詳細な能力比較についてはつぎの文献をみよ．Eryn Brown, "The Best Software Business That Bill Gates Doesn't Own," *Fortune*, 136, no. 12 （December 1997I), pp.242-50.
5) 詳細な検討はつぎを参照せよ．Charles Trepper, "Customer Care Goes End-to-End," *Information Week.com*, May 15, 2000, pp. 55-73.

第9章
先進的計画スケジューリング

　サプライチェーンの意思決定が複雑で将来を見通すことが難しくなるにつれ，その意思決定はますます重要になってきている．意思決定支援システム（decision support system：DSS）が複雑なサプライチェーン選択肢を理解し評価するためのガイドをマネジャーや計画策定者に提供してくれる．DSS のなかでも，とくに，先進的計画スケジューリング（APS）はマテリアル，生産，労働力，施設，輸送といったサプライチェーンの要素を効果的かつ効率的に設計するさいに非常に役に立つ．

9-1　先進的計画スケジューリングの必要性

　歴史的にロジスティクス計画やサプライチェーン計画はバラバラに作成されてきた．サプライチェーンの各プロセスでは，短期的・長期的な計画がそれぞれ独立した仮定や条件を考慮して作成されてきた．そのために，生産や在庫，保管，輸送の計画が首尾一貫して行われなかった．計画がうまく作成されないために，在庫が過剰になったり，余分な能力が必要だったり，資源が有効的に活用されてこなかった．したがって，能力や在庫のバッファーが必要であった．以前は，このような無駄は見過ごされてきたが，今日ではそのようなわけにはいかない．すべてのサプライチェーンにおけるロジスティクスの統合された計画がますます必要とされている．

　APS システムは情報の統合化とロジスティクス全体を調整することを目的としている．この APS の開発と導入の推進必要性には4つの要素がある．それは，(1) 計画先行期間の認識，(2) サプライチェーンの透明化，(3) 資源を同時に考慮すること，(4) 資源の有効活用である．

9-1-1　計画先行期間の認知

　まず，考えなければならないことはオペレーションに関する**計画先行期間**がますます短縮化へ向かっていることである．以前，サプライチェーンの活動は月次で計画されたために，月内の変更はある程度は可能であったが，実行週内の変更は難しかった．このような計画の固定期間のことを，生産計画およびサプライチェーン・プランニングのための「計画凍結期間」とよんでいた．この融通性のなさは，顧客サービスの低下につながった．というのも，生産と出荷が顧客の要望に適切に対応できないし，そのことは結果的に在庫の増加をもたらした．

　このために経営者は，在庫圧縮や JIT へ関心を向け，計画の凍結期間を見直し始めた．つまり，計画を短期レンジで作成し，週次あるいは日別で作成するようにする．計画サイクルの短縮化ニーズとサプライチェーン各プロセス間の複雑な動きに対応す

る必要性から，使いやすく効果的な計画ツールが必要となるにいたった．

9-1-2 サプライチェーンの透明化

つぎに，必要とされる要素は，サプライチェーン内の在庫，資源の場所と量の**透明化**である．透明化とは，単に在庫や資源を把握することではなく，それらを評価し管理することを含む．たとえば，ある時点でメーカーは出荷のために数百の出荷センターに数千の出荷物や在庫をもつ．サプライチェーンを透明化するということは，これらの出荷物や在庫を把握するだけではなく，潜在的な問題を事前に解決するために必要な資源や計画を作成することである．

1990年代初頭の湾岸戦争では米軍の計画と技術は優れたものであったと多くの関係者が評価したが，国防省は，ロジスティクスとサプライチェーンは首尾一貫していなかったと反省している．ロジスティクスがうまく機能しなかった主たる理由はサプライチェーンの透明化が不十分であったからである．保安上，あるいはそのほかの理由から国防省やそのほかの協力機関が在庫情報や位置情報を統合化していなかった．陸軍，海軍，空軍および国防ロジスティクス機関のあいだで最低の情報の共有化しか行われておらず，高度な情報共有は行われなかった．このようなロジスティクスの統合が中心的な課題となることはそれまでなかった．これに加えてトラッキングシステムに侵入を受け移動が筒抜けとなって敵を有利にすることへの恐怖から，統合化不足を招いた．この結果，本来あるべきパフォーマンスが1991年には発揮できなかった．

在庫と到着時間が明確にならなかったために製品の入手時期がわからない．どこに製品があるかを明確にすることは，在庫の補充や欠品を避けたりするさいにたいへん重要である．どのような軍隊も欠品を容認できないことは自明であるが，過剰な在庫もまた高くつき，貴重な資源の浪費である．湾岸戦争から得られた教訓はサプライチェーンを透明化することによって，在庫や輸送の無駄の削減ができるということである[1]．

ERPシステムによって社内の資源の透明化を実践できるのに対して，社外の透明性とマネジメントの効果性を高めるにはより工夫が必要となる．効果的なAPSシステムは，ほかのサプライチェーンのパートナーの情報を統合化しながら透明化する．

9-1-3 資源の同時計画

透明化によって在庫などの資源の配分と入手状況（アベイラビリティ）が計画システムによって把握されるとしたときに，つぎにAPSが必要な理由は，サプライチェーンの需要，能力，マテリアルの所要量計画，諸制約を結びつける計画を作成する必要があることである．サプライチェーンでの所要量計画とは，顧客の需要に基づいて，配送の時期と場所を決定することである．顧客の所要量については，交渉の余地があるものも一部あるが，合意した計画および基準に基づいて対応すべきものである．

顧客の所要量を満足させるさいに，マテリアル供給能力，生産能力，保管能力，輸送能力が課題となる．これらの課題は，プロセスおよび施設の物理的制約からなる．従来の計画手法では，これらの課題を順番に解決してきた．たとえば，最初の計画は，生産計画の課題に取り組み，つぎの計画は，生産計画を修正し，保管や輸送の計

画に取り組む．ステップは異なるであろうが，このように逐次的な意思決定をくり返すというのが従来の大部分の計画システムのしくみであった．このような方法は，計画の立案および能力の活用の点から最適ではなく劣っている．

統合化されたサプライチェーンを実施するためには，生産や保管の機能のコストの増加とシステム全体のコストの低減といったトレードオフを解決できるようにサプライチェーンで発生する条件を同時に考慮する必要がある．トレードオフを定量的に評価し，全体のパフォーマンスを最適化できる計画を提示するためにAPSシステムが必要なのである．

9-1-4 資源活用

ロジスティクスとサプライチェーン・マネジメントの意思決定は生産，流通施設や機器，輸送機器および在庫などの資源をどのように活用するかということである．このような資源が，典型的な企業の固定資産と流動資産のかなりの部分を消費している．先の計画システムの例にみるように，従来のマネジメントは個別機能ごとの資源の活用に重点を置いていた．たとえば，生産を最小限の工場と機器でまかなうことに集中した．これは，大きなロットサイズと段取り替えや生産切り換え回数の最小化をもたらした．しかし，ロットサイズを大きくとれば，多くの完成品在庫をもつことになる．需要量の予測に基づいて，前もって相当な量の生産を行うからである．在庫が多くなれば多くの資本が必要となり，追加のスペースも必要となる．過剰在庫は，予測が長期的になればなるほどさらに増加する．

APSシステムの開発と導入の最後の推進要因は，資源間のトレードオフを念頭において，結びつきあったサプライチェーンの各資源を最小化する統合的計画アプローチの必要性である．サプライチェーンと企業が資産全体の活用を，パフォーマンスの最重点とするときに，このような能力が必須となる．

9-2 サプライチェーンにおけるAPSの応用

APSのアプリケーションが増加中である．サプライチェーン・プランニングの受けもち範囲内の活動と資源を幅広く取り扱う必要性から，新しいアプリケーションが発展している．多くのサプライチェーン・プランニング環境に対応する標準的なアプリケーションもいくつかある．このようなAPSのアプリケーションには，需要計画，生産計画，在庫および所要量計画，輸送計画が組み込まれている．

9-2-1 需要計画

製品のライフサイクルの短命化に伴い，製品提供もマーケティング戦術も複雑になる傾向にあるので，在庫所要量計画の正確性，柔軟性，一貫性が以前にもまして重要になってきている．**需要計画のAPSシステム**はこれらの課題を解決する．

需要計画では，サプライチェーン・プロセスを先行して動かすための需要予測を作成する．予測とは，生産および在庫所要量計画を決める月別，週別，あるいは日別の需要の推測である．推測値のある部分は，見込みの顧客需要に対応する予定オーダーであり，またある部分は，過去の履歴に基づいた推定値である．そもそも，需要予測は過去の需要の変動と，需要に影響しそうな要因（販売促進，価格変化，新製品導

入）を加味して行われる.

　需要計画プロセスにおいて重要なもう1つの点は，複数の製品や流通施設にわたって予測を一貫させることである．効果的で統合的な管理のためには，品目および流通施設ごとに正確な単一の予測が必要である．部門別および全社の売上および財務予測と矛盾しない連結された集和所要量計画である必要がある．たとえば，個々の流通施設の売上の合計と全体の売上の予測は一致しなければならない．同じように単品レベルの所要量は，関連品目の動きを反映させて調整する必要がある．たとえば，既存製品の所要量を新製品の導入に対する市場反応を加味して減らしたり，ある製品の所要量に補完製品の販売促進活動を考慮する必要があったりする.

9-2-2 生産計画

生産計画のAPSシステムでは，需要計画から得られる所要量情報と製造資源とその制約を結びつけて実行可能な製造計画を作成する．所要量情報には，各品目の生産必要量とその時期が定義されている．受注生産（MTO）や受注組立生産（ATO）への移行傾向がはっきりとしているが，MTOやATOがいつも可能であるとはかぎらない．これらの受注対応の方法は，生産能力，いい換えれば資源の制約に依存するからである.

　生産計画のAPSシステムの役割は，需要計画から得られた所要量計画と生産上の諸制約をすり合わせることにある．その目標は，制約条件を満たした上で最小の生産コストによって必要な量の製品を生産することである．このプロセスが効果的であると，与えられた設備，機器，労働力の条件の下で適切な製品をタイムリーに生産できる時分割（期間ごとに区切った）計画を生成できる．この生産計画プロセスで，生産上の制約内でなおかつ在庫を最小とするために，早めに生産する必要がある所要量も明らかになる．また，アベイラビリティの不足によって遅れる可能性がある顧客注文も明らかにしてくれる.

9-2-3 所要量計画

所要量計画APSシステムは工場設備の垣根をこえる計画プロセスである．工場の経済性を高めることは大切であるが，生産上の決定が下流に及ぼす影響を考えないサプライチェーン・マネジメントは効果的でない．生産は大ロットのほうが効率的である．しかし，そうすると多くの完成品の在庫と輸送のキャパシティが必要である．生産は長期に生産したほうが，コスト効率がいいが，サプライチェーン・システム全体では，小ロット生産のほうが在庫の減少や輸送コストの減少をもたらす．生産コスト，在庫コスト，輸送コストを最小にするような評価方法が所要量計画プロセスで使われる．分析は顧客の需要を満たし，全体のコストの最小化，そのほかの条件を最適化するために行われる.

9-2-4 輸送計画

輸送計画を重視するAPSアプリケーションもある．このようなシステムの目的は，サプライチェーン全体の輸送所要量計画の作成にある．これまで，仕掛り品や完成品の輸送はフレートコストを最小にするように計画されてきた．輸送計画には原材料の調達をサプライヤーと共同で低コストで実現しようとする領域と，顧客と協力してフ

レートのコストを最小化しようとするロジスティクスの領域と，さらには海外への輸送の領域がある．これらの領域を個々に行おうとすると，規模の経済，かぎられた情報共有，高い輸送コストが必要となる．

輸送のAPSは輸送所要量，輸送資源，そのほかのコストを一体のオペレーション決定支援システムへ統合し，全体的運賃支出を最小化しようとする．APSによる分析の結果，規模の経済性を考慮して，輸送業者の変更や混載が推奨されることもある．また，資産の有効利用のために輸送業者との情報共有をはかっている．

このように，ロジスティクスおよびサプライチェーン・プランニングは，効果的な資源活用のために必要不可欠である．不正確なわかりにくいロジスティクスおよびサプライチェーン・プランニングのツールでは，生産，貯蔵，また輸送能力をうまく活用できない．効果的な資源活用と情報管理，意思決定分析や技術が適切に組み合わされ実施されるならAPSはより有効なものとなる．つぎに，APSの各要素について説明していく．

9-3 APSシステム構成の概観

効果的なロジスティクスやサプライチェーンを行うためにAPSではいくつか考慮しなければならない点がある．それは，原材料のプロバイダー，メーカーの工場，配送センター，小売業，顧客とのあいだの商品の動きを監視し，適切な計画を策定することである．もちろん，商品の配送のタイミングやスケジュールを調整する作業も含まれる．

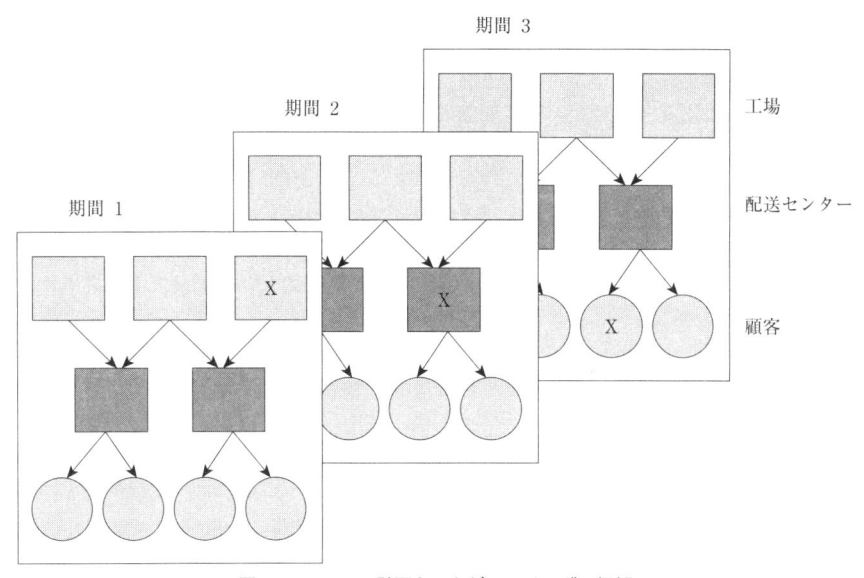

図 9-1　APSの計画とスケジューリングの概観

表 9-1 APS 計画の例

	期間				
	1	2	3	4	5
要求量	200	200	200	600	200
生産能力	300	300	300	300	300
代替案 1（超過時間）：					
生産量	200	200	200	600	200
在庫繰越し	—	—	—	—	—
代替案 2（先行生産）：					
生産量	300	300	300	300	200
在庫繰越し	100	200	300	—	—

　図9-1はAPSの工場，配送センター，顧客間の輸送フローのネットワークを示したものである．このネットワークは第1章に示したものの簡略版であるが，ある月始めの日の資源の割当てを示したものである．効果的な計画立案のためには，資源所要量と制約条件を時間軸上で期間に区切って展開（タイムフェーズ）し，かつ調整するプロセスが必要である．もし，製品Xが期間3までに顧客に必要とされているのなら，サプライチェーンは期間3に到着するように所要量をタイムフェーズする必要がある．サプライチェーン各ステージのパフォーマンス・サイクルを1期間と仮定すれば，APSは，製品Xを工場から期間1中に出荷し，期間2中に流通センターから出荷するように計画せねばならない．

　もっと具体的にいうなら，表9-1にあるように顧客が5期間にわたり200ユニット（期間4だけ販売促進活動があり600ユニット必要とされている）の製品を必要としているとする．企業の生産能力は1期間当たり300ユニットとする．このとき，企業は生産の制約を考慮しながら顧客の満足を満たそうとするなら両極端の2つのアプローチの方法がある．代替案1は各期間に200ユニットを生産し，期間4だけ600ユニットを生産する方法である．この案は生産コストはかかるが，在庫コストはかからない案である．一方，代替案2は期間4まで生産能力ぎりぎりの300ユニットまで生産する案である．この案では各期間にそれぞれ100ユニットの過剰在庫が発生し，在庫コストや保管コストがかかる．しかし，生産は平準化され生産コストは減少する．もちろん，この中間の代替案もある．ようするに生産コストと在庫コストが最小化されることが重要である[2]．線形計画法を使って，APSはコストが最小化されるような計画を作成する．従来，2つや3つの制約条件のなかでの最適化は行ってきたが，APSは複雑なより多くの制約条件を考慮した計画が策定可能である．

9-3-1 APSシステムのコンポーネント

　APS設計には多くの概念アプローチの方法があるが，基本的な要素は同じであり，以下のものである．つまり，需要管理，資源管理，所要量の最適化，資源割当てである．図9-2はこれらのコンポーネントがどのように関係し，さらにERPなどに関係しているかを示したものである．

9-3 APSシステム構成の概観

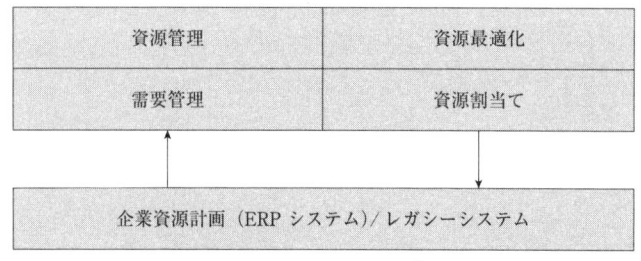

```
┌─────────────────────┬─────────────────────┐
│      資源管理        │      資源最適化       │
├─────────────────────┼─────────────────────┤
│      需要管理        │      資源割当て       │
└─────────────────────┴─────────────────────┘
           ↑↓                    ↓
┌───────────────────────────────────────────┐
│  企業資源計画（ERP システム）/レガシーシステム  │
└───────────────────────────────────────────┘
```

図 9-2 APS システムのモジュール

a. 需 要 管 理

需要管理モジュールは，計画先行期間内の所要量予測を作成する．具体的には，過去の売上の推移や現在の注文，今後のマーケティング活動，顧客の情報に基づいて行われる．需要管理は，内部的には企業の機能単位を横断的に，外部的にはサプライチェーンに参加している企業が，お互いにある製品についてある期間，各エリアごとに予測を行い情報を交換することによって行われるのが理想である．予測には広告や販売促進活動による顧客の反応も考慮されなければならない．需要管理と需要予測は互いに関係が深く，需要予測単独の課題も広範であるので，予測の詳細については後述する．

b. 資 源 管 理

資源管理モジュールは，サプライチェーンシステムの資源と制約を調整し，記録する働きをする．APS システムは，サプライチェーン決定に伴うトレードオフの評価を資源と制約の情報に基づいて行うので，正確かつ一元化された情報があってこそ，正しい決定と計画システムへの信頼感が生まれる．間違った計画によれば，サプライチェーンのパフォーマンスを最適化できないばかりか，計画システム自体の機能へ重大な不信感が生まれかねない．

APS は，需要管理モジュールによって生成された所要量の定義に加えて，4 つの情報を必要とする．製品および顧客に関するデータベース，資源の定義とコストの情報，システムの制約に関する情報と計画目標に関する機能情報である．

製品および顧客に関するデータベースは，計画を作成するさいの製品および顧客の制約条件を明らかにする．たとえば，製品情報は製品の特性や重さやサイズ，コスト，部品表などのデータがあり，顧客情報には出荷および輸送のための住所データ，流通経路，個別のサービス項目などのデータがある．これら 2 つのデータベースはどの製品を生産し，どこに保管し，誰に配送すべきかを明らかにしてくれる．

資源の定義とは生産，保管，輸送といったサプライチェーンを実施するための具体的な施設や機器のことであり，たとえば，製造機器，生産速度，保管施設，輸送機器とアベイラビリティなどである．そして，資源データベースにはコストや性能などの情報がインプットされている．

システムの制約情報とは，サプライチェーンの活動を制限するおもな制約を記述し

ている．制約とは，生産，保管，輸送に伴う能力上の制限などである．生産能力とは，特定の期間内にどれだけの製品を生産できるか，また多様な品種の製品をつくるときのトレードオフである．保管能力とは特定の施設内に格納できる製品数量のことである．輸送能力とは，所定の時間内に施設間あるいは顧客へと輸送が可能な製品数量のことである．

目的関数は，計画立案のさいの計画の善し悪しの評価尺度を定義する．目的関数の代表的なものは，トータルコストあるいはサブコンポーネントのコストの最小化，顧客の所要量をすべて満足させること，能力の超過期間の最小化などである．

これらの情報の組合せがAPS分析の基礎をなす．モジュールには，以上の諸定義，諸資源，諸制約，目的関数などを格納するデータベースとともに，モジュールを検査しメンテナンスするプロセスも含まれる．APSが成功するためにはこれらの情報が正確に首尾一貫して維持されていくことが何よりも重要である．

c. 資源最適化

資源最適化モジュールはAPSシステムの計算エンジン部分すなわち"ブラックボックス"に相当する．需要管理モジュールから所要量情報が提供され，資源管理のモジュールから各資源の情報，制約条件，目的情報が提供されると，この資源最適化モジュールによって資源を最大限活用し，顧客の所要量をもっともよく満たす方法が，数理計画法とヒューリスティクスの組合せを使って決定される．数理計画法は，線形計画法と混合整数計画法の組合せであり，指定した目的関数を最小化するために使われる．ヒューリスティクスとは，統合計画の作成に必要な計算資源および時間を減らす経験的な計算ルール，すなわち近道である．実際，資源最適化のモジュールは複数の代替案を評価し，システマティックにトレードオフを計算し，そのなかから最適な代替案を抽出する．また，このモジュールは代替案が顧客の要望に適さないとき，どの制約条件が邪魔をしているかを明らかにする．資源最適化のモジュールから抽出される代替案は将来のサプライチェーンの総コストを主要な資源制約を満たしつつ最小化するような計画である．そこでは，どの製品が生産され，いつ出荷され，どこで保管されるかに関する計画が抽出される．

資源の最適化モジュールは，感度分析やWhat‐If分析によって，市場の条件が変更されたときのシミュレーションを実施することもできる．これによって，APSを利用する計画策定者は需要の変更やパフォーマンスの不確実さがサプライチェーンの能力やオペレーションに及ぼす影響を抽出できる．トレードオフと不確実さが及ぼす影響への洞察に基づいて，APS資源最適化モジュールは，計画策定者による効果的な発注，生産，輸送，保管の戦略の決定を誘導するのである．

d. 資源割当て

資源最適化モジュールによる結果を計画策定者が検討を加えて承認すると，**資源割当てモジュール**が資源の割り振りを精緻化し，適切な処理を始めるためにERPシステムに渡す．受け渡し情報は，調達，生産，保管，輸送に関わる所要量などである．特定の活動を完了するためのトランザクションあるいはインストラクションのかたちで，ERPシステムに特定の要求を渡すこともできる．各トランザクションには，該

当製品の数量リストに加えて，サプライチェーン活動の型，サプライヤー，顧客，製品名，必要な時期などの詳細情報が含まれる．資源最適化モジュールは，製品がいつ予約可能在庫（ATP）あるいは予約能力在庫（CTP）になるのかに関する情報を提供してくれる．ATPは，現時点で現実の在庫が利用可能でないけれども将来の特定時点で出荷可能になることを表す．要するに，ATP指定によって，企業が顧客へ出荷時点を約束できることになる．CTPは，要求された製品の出荷時点をいつ回答できるかを表す．現状および将来のサプライチェーン需要を所与として未来の能力を扱うので，CTPはずっと広い範囲の分析を要する．ATPとCTPによれば，将来の生産と能力に責任をもつことになり，サプライチェーンのパフォーマンスと有効性を劇的に高めることができる．これによって顧客へのより迅速な回答，顧客の安心感，資源の有効活用が得られる．

9-4 予　　測

ロジスティクスが計画され在庫をもつときは，必ず予測が必要となる．予測とは，何が，いつ，どこでどれだけ購買されるかを予測することである．その予測に基づいて，サプライチェーンは在庫や資源配分を決定する．それ以外にも，予測に基づいて多くのサプライチェーンの作業が計画され実施される．

9-4-1 予測の要因

一般に予測は月別，週別に単品（stook keeping uni: SKU，在庫保管単位）レベルで行われる．需要予測は数量を予測するが，それは以下の6つの要因から構成される．つまり，売上は，(1) ベースの売上，(2) 季節要因による売上，(3) トレンド要因による売上，(4) サイクル要因（景気変動など）による売上，(5) プロモーション要因による売上，(6) そのほかの要因による売上に分解される．定式化すると，

$$F_t = (B_t \times S_t \times T \times C_t \times P_t) + I,$$

ただし，

F_t = 時点 t における予測数量
B_t = 時点 t におけるベースの売上数量
S_t = 季節要因の要素
T = トレンド要因の要素
C_t = サイクル要因の要素
P_t = プロモーション要因の要素
I = 不規則あるいはランダム（イレギュラーな）要因

である．

ここで，ベースの売上数量とは，6つの要因を取り除いた後の売上数量である．よいベース売上の予測とは長期の平均的な売上数量に近くなる．**ベースの売上数量**は季節要因がなく，トレンドもなく，製品サイクルの影響もなくプロモーションによる影響もないときの売上数量である．

季節要因は年間で上下する．たとえば，おもちゃの需要はクリスマス前にピークを迎え，年初は減少する．すなわちおもちゃの需要は，第一四半期が減少し，第四四半

期にピークを迎える．ここでいう，季節要因とは主として消費者の購買を念頭においている．おもちゃの卸売業のレベルでは消費者需要の変動を四半期分先行する．

トレンドは長期の売上の傾向を示すものである．長期的に増加傾向の商品，低下傾向の商品，上がったり下がったりせず安定した傾向の商品がある．たとえば，1990年代のパーソナルコンピュータのトレンドは上昇傾向であった．あるいは，消費者の飲料に対するトレンドは1980年代は上昇傾向であったが，今日では安定傾向にある．トレンドが上昇傾向か低下傾向かは人口動態や消費者の消費パターンに大きく依存している．どのような要因が売上に影響するかは，トレンド分析によってわかる．たとえば，出生率の低下は紙オムツの需要を減少させる．しかし，全体的なオムツの需要は減少していても，ある商品カテゴリー，たとえば布のオムツ市場は増加しているかもしれない．短期的にはトレンドの影響は大きくないかもしれないが考慮に入れておくことは必要である．また，トレンドはほかの要因とは異なり，ベースの売上に影響を与える．つまり，

$$B_{t+1} = B_t \times T,$$

ただし，

$B_{t+1} = t+1$ 期のベースの売上数量
$B_t = t$ 期のベースの売上数量
$T = $ トレンドの指標

トレンドの指標は1.0を中心として，1.0以上であれば上昇傾向，1.0未満であれば減少傾向である．

サイクル要因とは，1年以上続く需要変動のパターンである．たとえば，景気の波があげられ，景気が上向きのときもあれば下向きのときもあり，3年〜5年周期で変動する．家の需要や家電製品の需要はこの景気循環と密接な関係がある．

プロモーション要因は企業のマーケティング活動である広告，特売，そのほかのプロモーションのことで，この要素によって売上は変動する．通常，プロモーションが実施されていると売上は増加するが，プロモーション後は買いだめなどが発生するために売上は減少する．プロモーションは消費者だけではなく，小売業や卸売業にも提供される．需要予測の視点からは，定期的に実施されるプロモーションと不定期なプロモーションを区別したほうがよい．プロモーション要因は売上に大きく影響する．とくに，消費財の場合，50%から80%がプロモーションによる売上となる場合がある．このためにプロモーションをトラッキングしておくことはたいへん重要である．プロモーション要因がほかの要素と異なるのは，プロモーションは実施時期や実施規模をコントロールすることができる点である．企業の内部資料としてこれらのデータは存在するので，それらのデータを利用することによって需要予測をさらに正確にすることができる．

イレギュラーな要因はランダムで予測不能な売上数量である．予測を行うことは，この予測不能なイレギュラーな売上数量を極力減らすことである．多くの需要予測のモデルがあり，それらのモデルについて述べることは，本書の目的ではないので割愛する．需要予測手法の例とプロセスについての詳しい議論は多くの文献で述べられて

いる[3]．重要なことは予測を行うさいには多くの潜在的な要素が存在することであり，それらの要素を的確に扱うことである．

9-4-2 予測管理のアプローチ

図9-3は2つの側面から予測管理を説明したものである．各配送センターごとに単品（SKU）の予測管理を行い，それらを集計して全体の予測とする．このような**ボトムアップの方式**は各単品が配送センターごとに独立している場合は適切な方法である．

図9-3にあるように**トップダウン方式**の方法はまず，全国の単品の予測を行い，その後，各配送センターの過去の売上の状況を考慮して配送センターごとに予測された売上を分けていく方法である．たとえば，全国で月間10000ユニットの売上が予測されたとすると，4つの配送センターに過去の売上の実績が40％，30％，20％，10％であれば4000，3000，2000，1000に按分する．

予測のマネジメントはそれぞれの状況で最良のアプローチをとったほうがよい．需要が安定している状況下や市場全体で需要の変化が定期的に発生する場合はトップダウン方式が適切である．たとえば，製造業が全国的なプロモーションを実施し，すべての市場で需要が10％増加するような状況ではトップダウン方式がよい．

一方，各配送センターが独自に予測を行う方式がボトムアップ方式である．この場合，特定の市場での予測が正確にトラッキングされる．しかし，ボトムアップ方式は詳細のデータが記録される必要があると同時に全国的なプロモーションや新製品の導入などの予測管理に影響する要因をシステマティックにとらえることが困難である．

いずれにしろ，予測管理のマネジメントは1つの選択肢を提供するものではなくて，トップダウン方式やボトムアップ方式が組み合わされた複数の代替案が選択されるべきである．正しい組合せによってボトムアップ方式とトップダウン方式の短所をカバーすることができるのである．

9-4-3 予測管理プロセス

ロジスティクスの計画とその調整を行うためには単品の各場所における予測管理が必要である．予測管理は厳密な定義では科学ではないかもしれないが，複数の情報源

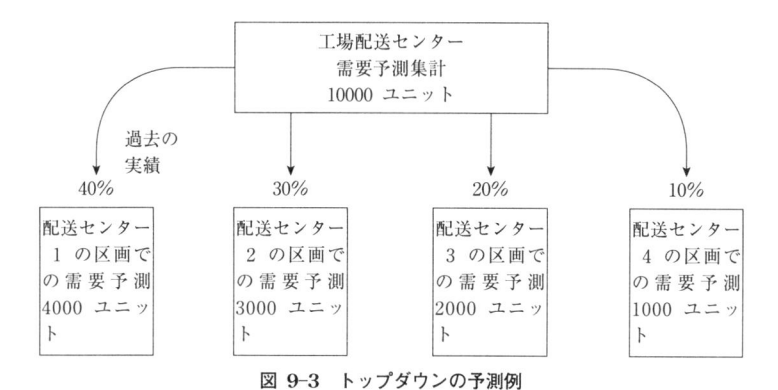

図9-3 トップダウンの予測例

図 9-4 需要予測の過程

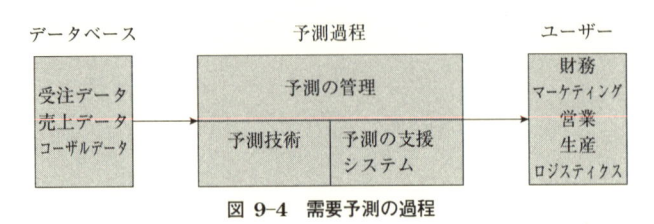

データベース	予測過程	ユーザー
受注データ 売上データ コーザルデータ	予測の管理 予測技術／予測の支援システム	財務 マーケティング 営業 生産 ロジスティクス

を利用して数学的な技術を使い意思決定の支援を行う．そして，そのための教育も必要である．

通常，サプライチェーンの予測の先行期間は1年以内である．その1年を四半期別，月別，週別，日別に分けて予測を行う．最近は週別に予測する傾向があるが，一般的には月別が多い．大切なことは，予測の先行期間をサプライチェーン・オペレーションに適合させることである．

効果的な予測管理のマネジメントは図9-4にあるようにいくつかの要素に分解される．この予測管理のマネジメントの過程には，まずデータベースの構築がある．データベースには受注データ，売上データ，プロモーションや特売などのコーザルデータが含まれる．このデータベースには過去の売上データ，予測のデータ，価格変更のデータ，プロモーションの実施状況のデータが含まれる．このほかに経済状況のデータや競合製品の活動データなどが含まれる．予測をサポートするためにこのデータベースは操作性，集計の容易性，レポーティングの機能に優れている必要がある．このほかに，柔軟性，正確性，メンテナンスの容易性およびタイムリー性が必要である．

つぎに予測の過程では財務担当，マーケティング担当，営業担当，生産担当，ロジスティクス担当らのユーザーの使いやすさを考慮した予測システムでなければならない．とくに，ユーザーは正確で首尾一貫した詳細でタイムリーな予測を必要としている．

最後に，効果的な需要予測システムを開発するためには需要予測の技術，支援システム，予測の管理システムが統合されている必要がある．

a. 需要予測の技術

需要予測の技術には過去の売上データを利用して，パラメータを算出しながら予測する統計数理的な手法が使われる．つまり，過去の売上データを利用する時系列分析や売上と売上に影響を与える要因の関係を分析する相関分析などが利用される．ただし，予測技術だけでは今日のビジネス環境では正確な予測はできない．正確な予測を行うためには，最適な支援体制と管理システムが必要である．

b. 予測の支援システム

予測の支援システムにはデータ収集および分析，予測モデルの開発，予測をほかの部門に伝え，計画させるコミュニケーションに関する支援が含まれる．このなかにはプロモーションの影響や価格変化，製品ラインの変更，競争製品の動向，経済状況のデータなどの収集やメンテナンスが含まれる．これらのデータが予測のさいに利用されるが，その予測は自由度をもつ必要がある．たとえば，来月プロモーションが実施

されるとした場合，マーケティングマネジャーは予測値より15%売上が増加すると予想し，予測値をシステムによって変更することが難しい場合，その予測値をわざわざ変更しないし，データを知らせることも渋る可能性がある．同様に，パッケージの大きさが変更された場合，予測はそのパッケージの大きさの変更を考慮して予測の修正を行わなければならない．このように，予測の支援システムではデータのメンテナンス，更新，過去のデータと予測の操作性が柔軟であることがたいへん重要である．というのも，多くの単品の予測を異なるロケーション別に行うことは現実として非常に難しいからである．したがって，予測システムの支援システムは自動化され，しかも，例外手続きが可能なシステムである必要がある．

c. 予測の管理

予測の管理には組織，手続き，人的要素，そしてほかの部署との連携も含まれる．組織の視点では，(1) 誰が予測の責任をもつのか，(2) どのように予測の精度や成果を測定するか，(3) 予測の成果を人事評価や給与にどのように反映させるかが考慮される．手続きの視点では，(1) 予測の分析者たちは自分たちの予測がロジスティクスやサプライチェーンの連携へどのように影響するのかを知っているか，(2) 予測の分析者たちは予測システムの能力や予測の効果について十分に認識しているか，(3) 予測の分析者たちは予測技術の違いについて十分な知識をもっているかが考慮される．

予測の管理を十分に行うためには，これらの質問に対して詳細に答えることができなければならない．質問に適切に答えることができなければ，予測の責任や効果測定も不十分になってくる．たとえば，マーケティングや営業，生産，ロジスティクスの部署でそれぞれ予測を行ったとすると，予測が統合されることなく全体的に機能しなくなる．

サプライチェーンに参加しているメンバーに予需要予測が正確に伝わらないと，まちがったメッセージのコミュニケーションによってコストがかかる．多くのサプライチェーンの仕事が，将来の楽観的な予測によって行われるなら無駄な仕事が多く発生することになる．各メンバーのあいだの取引量に少しの誤差が発生すると全体では多くの誤差が発生する．Forresterは各チャネルの段階で需要が上下するとチャネル全体では大きな需要の変動となることをシミュレーションしている[4]．図9-5は小売店で10%の需要の変動が発生したときに，チャネルのほかのメンバーにその情報が伝わらないときの，各チャネルの段階における在庫の変動を示している．

図は小売店で10%の需要の変動が発生したときに，そのことがチャネルのほかのメンバーに知らされないと，卸売業で16%，工場の倉庫で28%，生産段階で40%の在庫の変動が起きることを示している．このことは，サプライチェーンの在庫の変動をもたらし，コストを増加させ，資産の有効活用がなされなくなる．

このように，システムでは各流通チャネルのメンバーのコミュニケーションが円滑に行われないと無駄が発生する．このために，チャネルメンバー間のコミュニケーションにはとくに注意が払われる必要があり，そのコミュニケーションシステムは柔軟で変化に適応できるものでなければならない．

重要なことは，図9-4にある各要素が統合されていることである．以前は，予測

の精度が高ければそれでよいという考え方があったが，今日では3つの各要素が統合され補完しながら機能することが重要であると考えられている．
　MentzerとBienstockは予測に対する米国企業の状況を以下のように観察している[5]．
- 企業はより洗練されたシステムを採用し，企業のさまざまな情報をインプットして予測している
- 予測の成果が向上しているとはいえない．これは，予測を上げようとする熱意やモチベーションがない企業が多いからである
- 予測の向上は主としてパーソナルコンピュータの進歩とそのソフトウェアの利用によって達成されている

かれらは将来2つのことが重要であると指摘している．まず，企業は予測のプロセスに責任をもつべきである．これは，部署を横断したチームが結成され，予測にあたることを意味している．第二に需要予測システムはマーケティング，営業，計画，プロダクトマネジメント，ロジスティクスの領域で重要性が増加している．需要予測は予測システムのサポートや予測の管理のみならずサプライチェーンに参加している企業も参加して行う必要がある．

9-4-4 需要予測技術

どのような需要予測のモデルがいいかは，状況の特性に応じて選択する必要がある．Makridakisらは，予測モデルの選択基準として（1）正確性，（2）どの時点まで予測できるか，（3）予測の価値，（4）データの入手容易性，（5）データのパターン，

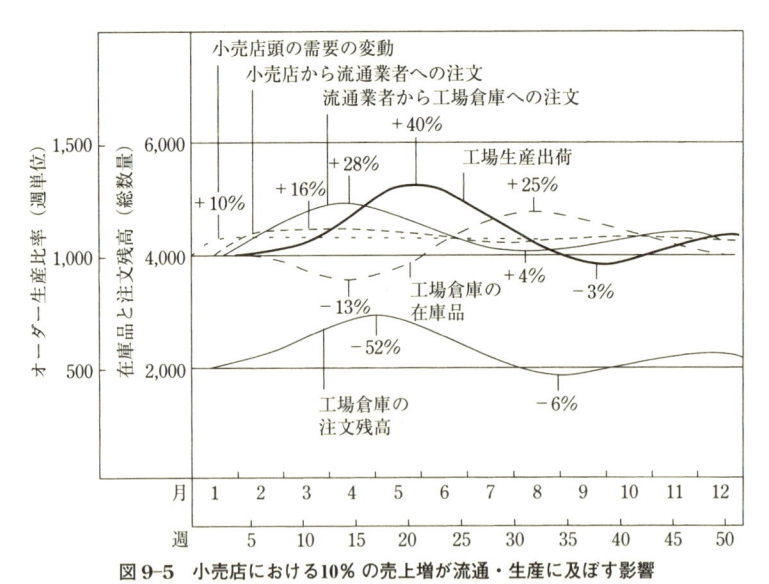

図9-5　小売店における10%の売上増が流通・生産に及ぼす影響

（出典：Jay W. Forrester, *Industrial Dynamics* (Cambridge, MA: The MIT Press, 1961); and "Industrial Dynamics," *Harvard Business Review* 36 (July/August 1958), p. 43.）

(6) 予測の経験の6つの基準をあげている[6]．

予測モデルを比較しそれらの妥当性を検討することは多くの論文で取り上げられている．過去40年のあいだに予測モデルは複雑になり，その精度は飛躍的に進歩した．しかし，予測モデルは複雑であるほどよいというわけではない．というのも単純な予測モデルのほうが複雑な予測モデルよりよい結果を生むことがあるからである[7]．

しかし，複雑であろうが単純であろうが，予測モデルの評価はそれほど正確ではないので，特定の予測モデルを取り上げ，そのモデルを理解したほうが賢明である．たくさんある予測モデルのなかから適切な予測モデルを選択することは科学というより芸術である．そのなかでも**複合予測**モデルの考え方は結果重視のモデルとして注目に値する[8]．複合予測モデルはシンプルなモデルから複雑な予測モデルまで取り込んだモデルである．予測期間について複数の予測モデルで単品の売上を予測し，それらの結果の平均値を用いたり，重みをつけて売上予測を行う方法である．たとえば，6月の売上を予測するとしよう．5月の売上を5月のデータをもとに複数の予測モデルを組み合わせながら予測する．このとき，5月の予測をもっともうまく当てた予測モデルの組合せを6月の売上予測に利用するのである．フォーカス・フォアキャスティング（focus forecasting）は複合予測モデルの1つである[9]．

つぎに各予測モデルについて検討してみよう．今日ではパーソナルコンピュータを利用した多くの予測モデルがある．一般に，これらの予測モデルは多くの予測手法で予測ができるようになっており，また，データの操作や分析をやりやすくする需要予測のマネジメントもできるようになっている．Yukiewiczはこれらの予測モデルの特徴をわかりやすくまとめている[10]．

a. 予測モデルのタイプ

予測モデルは大きく以下の（1）質的モデル，（2）時系列モデル，（3）コーザルモデルの3つのタイプがある．質的モデルは，専門家の意見を聞きながら予測する方法である．時系列モデルは，過去の売上の推移から予測を行う方法である．コーザルモデルは，重回帰モデルなどを利用して売上に及ぼすプロモーションの影響などを考慮したモデルである．

質的予測モデル：このモデルは専門家の意見を聞きながら予測する手法であるが，コストと時間がかかる手法である．過去の売上データが多くない場合や経営者の判断がかなり必要とされる場合に利用される．したがって，新製品の売上予測や新しい地域へ販売される場合の売上予測などが該当する．しかし，サプライチェーンの立場からは，時間がかかりすぎることなどを考慮するとあまりいい手法とはいえない．

時系列予測モデル：時系列分析は過去の売上データが正確にかつ安定して得られる場合に利用され，季節要因，サイクル要因，トレンド要因が抽出される．これらの要因が抽出されると，このパターンから将来を予測することができる．ここでは，現在までの状況が将来も続くという認識の下で予測が行われる．この仮定は短期的には問題がないので，通常，時系列予測モデルは短期的な予測に利用されることが多い．

しかし，成長性やトレンドが大きく変化したときは需要のパターンが大きく変化したときであるからほかの手法をこのとき系列の予測モデルに取り込んだほうがよい．

時系列分析には多くの手法があるが，ここでは，(1) 移動平均，(2) 指数平滑法，(3) 拡張平滑法，(4) 適応平滑法，について紹介しておこう．

移動平均法は，最近の売上の平均を計算したもので，通常，1期，3期，4期，12期の期間の平均を計算し，移動させたものである．1期の移動平均とは前期の売上が次期の売上になることを意味する．12期の移動平均は12期間の平均である．

移動平均の計算は簡単であるが，いくつか限界もある．需要の大きな変化対応できないことや大量のデータを必要とする．また，売上の変動が大きいと，平均値そのものが意味をなさない場合がある．

移動平均の計算方法は以下のとおりである．

$$F_t = \frac{\sum_{i=1}^{n} S_{t-i}}{n}$$

ただし，
　F_t ＝期間 t の移動平均値
　S_{t-i} ＝期間 i の売上
　n ＝期間の数

たとえば，4月の予測は過去3期の売上が 120, 150, 90 であれば，

$$F_{4月} = \frac{120+150+90}{3} = 120$$

である．

指数平滑法は重みつけ移動平均法の一種である．この手法は過去の実績に対して重みをつけて計算する手法である．重みに α というパラメータを導入し，以下のようにして計算される．

$$F_t = \alpha D_{t-1} + (1-\alpha) F_{t-1}$$

ただし，
　F_t ＝期間 t における売上予測
　F_{t-1} ＝ $t-1$ 期の売上予測
　D_{t-1}＋ ＝ $t-1$ 期の売上実績
　α ＝指数平滑定数（$0 < \alpha < 1.0$）

もし，$t-1$ 期までの指数平滑の売上が 100 であり，$t-1$ 期の売上実績が 110 であり，指数平滑定数が 0.2 であれば，

$$F_t = \alpha D_{t-1} + (1-\alpha) F_{t-1}$$
$$= (0.2)(110) + (1-0.2)(100) = 22 + 80 = 102$$

となり，t 期の売上予測は 102 となる．

指数平滑法の利点は過去の長期のデータがなくても予測が迅速に計算できるために，コンピュータを利用した予測にうまく適合している．売上予測は指数平滑定数の値に依存することになるが，この値は状況に応じて更新すればよい．

指数平滑定数の値が 1.0 であれば，$t-1$ 期の売上が t 期の売上になるし，0.0 であれば，$t-1$ 期までの移動平均の値が t 期の売上になる．つまり，指数平滑定数の値が小さければ前期の売上が今期の売上に大きく影響することになるし，逆に大きけれ

ば，前期の売上の影響が今期に及ぼす影響は小さくなるのである．指数平滑定数の大きさによってモデルの性格が決まるのであるが，このとき，指数平滑法は季節要因やランダムな売上の変動の相違をモデルに取り込むことができない．したがって，予測者は指数平滑定数の値を決めるさい，ランダムな売上の変動を排除するか，それとも売上実績の影響を強くモデルに反映するように設定するかについて悩むことになる．

　拡張平滑法は指数平滑法に季節要因やトレンド要因の影響を取り込んだモデルである．このモデルの計算法は指数平滑法と同じであり，変数に季節要因とトレンド要因が追加され，指数平滑定数（α）のパラメータのほかに2つの新しい平滑定数が追加される．平滑化定数を大きくとると，応答性は増すが，修正過剰と予測誤差が問題となる．

　一方，**適応平滑法**は指数平滑定数がそれぞれの期間ごとに変化するモデルである．一度，平滑定数が決定されても，その後のデータによって刻々と変化させるモデルで，この平滑定数の変更は，予測管理者の判断によるのではなく，一貫したルールでシステマティックに行われる．弱点は，ランダム誤差をトレンド要因や季節要因と判定する危険性にある．

　コーザルモデル：重回帰分析による予測は単品の売上を従属変数として，価格などのマーケティング要因などの独立変数で説明しようとする予測モデルである．たとえば，売上に対して価格が大きく影響し，売上の変動の大部分を価格によって説明することができれば，価格の変数によって売上の予測を行うことができる．しかし，売上を価格の変数だけで説明することは難しい．もし，売上を1つの変数で説明することができれば，そのような回帰モデルを「単回帰モデル」という．複数の変数によって売上を説明する回帰モデルを「重回帰モデル」という．回帰モデルは単品の売上を従属変数とし，売上に影響を及ぼす変数を独立変数として予測を行う．このとき，売上である従属変数と対象商品の価格や競合商品の価格である独立変数とのあいだには因果関係があることを前提としている．このような回帰モデルによる売上の予測は長期的な予測や集計レベルの予測に適している．したがって，回帰モデルによる予測は年間の予測や全国の売上の予測などに利用される．

9-4-5 予 測 誤 差

　予測が正確であるということは，予測値と実績値との誤差が小さいことである．予測の正確性はこの誤差の分析を行うことによって得られる．まず，適切な誤差の指標（絶対誤差など）が決められ，つぎにその誤差の指標がどの程度まで許容できるかが決められる．最後に予測の結果をフィードバックし，再度，予測が行われる．

a. 誤差の指標

　予測誤差は予測値と実績値の差であるが，誤差の程度を表す予測誤差の指標は絶対値か相対的な値がある．表9-2は月別の売上と予測値の表であり指標として，誤差，絶対誤差，平方誤差を載せている．

　もっとも簡単な方法は4列目にあるように，月別の実績値から予測値を差し引きした値を月別の誤差とし，最後に各月の値の平均を算出する方法である．表からわかるように，単純な平均値であるから，月の誤差が大きくてもその影響が小さくなること

がある．なぜなら，正の値と負の値があるためにお互いに打ち消しあうからである．
　このような欠点をなくすためには，誤差を絶対値にすればよい．5列目の絶対誤差がそれである．月別に絶対誤差を算出し，その平均値が平均絶対誤差（MAD）である．また，もう1つの方法は誤差を2乗し，その平均値を計算する方法で平均平方誤差（MSE）という．6列目の値がそれに該当する．MSEの利点は，誤差の大きい値が強調される点である．たとえば，MADでは誤差の値の2は誤差の値1の2倍であるが，MSEでは誤差の値の2は誤差の値の1の4倍となる．
　平均誤差，平均絶対誤差，平均平方誤差は単品の各ロケーション別の予測誤差を測定する際は有効であるが，全国レベルなどの集計された場合の予測誤差の測定には向いていない．このような絶対尺度は月の需要が40と4000と異なるが，平均誤差が40と同じである2種の単品の予測誤差を同列にみなすからである．

b. 測定レベル

　予測の誤差は，単品ロケーション別，単品のグループ別，ロケーションのグループ別，あるいは全国といったようにさまざまなレベルで測定される．一般的に，集計の度合いが高くなると，予測誤差は減少する傾向にある．たとえば，図9-6は全国レベル，ブランドレベル，単品別ロケーションレベルで予測の誤差を平均平方誤差によって測定したもので，最大値，最小値，平均を表示している．図からわかるように単

表 9-2　月別売上と売上予測および誤差

(1) 月	(2) 需要	(3) 需要予測	(4) 誤差	(5) 絶対誤差	(6) 平方誤差
1	100	110	-10	10	100
2	110	90	20	20	400
3	90	90	0	0	0
4	130	120	10	10	100
5	70	90	-20	20	400
6	110	120	-10	10	100
7	120	120	0	0	0
8	90	110	-20	20	400
9	120	70	50	50	2500
10	90	130	-40	40	1600
11	80	90	-10	10	100
12	90	100	-10	10	100
合計	1200	1240	-40	200	5800
平均	100	103.3	-3.3	16.7[a]	483.3[b]
パーセント（誤差/平均）		3.3%[c]		16.7%[d]	22.0%[e]

a＝平均絶対誤差（mean absolute deviation: MAD）
b＝平均平方誤差（mean squared error: MSE）
c＝平均誤差/平均需要
d＝平均予測誤差の絶対値/平均需要
e＝誤差の2乗和の平方根/平均需要

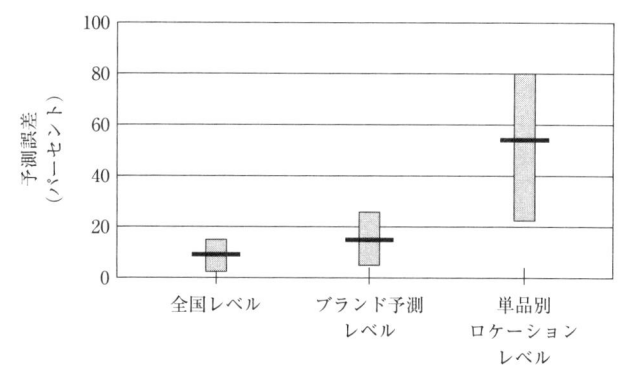

図 9-6　予測誤差の比較

品別ロケーションレベルでは，平均40％の予測誤差であるが集計レベルが高くなるとその予測誤差の値は減少している．

予測誤差の測定レベルは，まず，集計レベルが低いと予測の問題がはっきりとして予測精度を高めることの引き金となる．また，集計レベルが低いとより多くのコンピュータ資源を必要とする．

このように，今日の予測技術の主たる関心事は予測誤差のトラッキングである．長期的に予測誤差を測定していくためには，誤差の測定レベルを決定し，定期的にトラッキングしていく必要がある．そのことは，効果的な予測を行うためにも必要なことである．

c. フィードバック

3つ目のステップは，予測担当者に対する待遇や情報，およびデータのフィードバックである．需要管理の向上は，各担当者が問題を発見し，解決することによって予測の精度を高めていくわけであるが，とくに，予測者のモチベーションは需要予測の精度が高まり，それが測定されることによって向上していく．もし，需要予測の精度が高まった結果，予測担当者のボーナスや給与があがるのであれば，彼のモチベーションは高くなるだろう．また，新しい複合予測モデルを採用したことによって，予測精度が飛躍的に高まったケースがいくつかある．あるいは，たとえば，価格変化や販売促進，パッケージ変更などのマーケティング要因の変化に対して，担当者間のコミュニケーションが密になることによって，需要予測の誤差が小さくなったケースもある．このように，予測担当者の待遇および情報のコミュニケーションによって予測の精度は高まることが多い．

9-4-6 協働による計画，予測，補充（CPFR）

需要予測システムは，流通チャネル内のロジスティクスに多くの便益をもたらしてくれる．しかし，需要予測がサプライチェーン内で有効に活用され，商品がスムーズに流通しなければコスト高になる可能性もある．商品がスムーズに流通しない理由として流通チャネルの構成メンバーが最終消費者の需要予測とマーケティング活動の調

整をうまく行わないからである．たとえば，メーカーがある小売チェーンに対して広告や販売促進を考慮して10万ケースの需要予測を行ったとする．一方，その小売チェーンは販売促進活動によって15万の販売予測を立てたとする．当然，このとき両者の情報がすばやく交換されたほうが，成功につながることはいうまでもない．

CPFR（collaborative planning, forecasting and replenishment）はこのような調整を行うシステムである．自動補充を行うシステムではなくて，サプライヤーと小売が共同して売上予測を行うシステムである[11]．要するに，CPFRはメーカーと流通業が需要の創造とその予測を行い，適正な量の商品のロジスティクスを実現しようとするものである．図9-7はCPFRの概念図である．CPFRでは販売促進情報，売上予測情報，商品データ，発注データをメーカーと流通業がお互いにEDIやインターネットを通じて共有しようとするものである．メーカーおよび流通業がお互いに共有した情報を需要の創造に活用し，売上を予測し，在庫量を決定し，生産量の決定に役立たせる仕組みがCPFRである．

CPFRはまず，メーカーと流通業がパートナーシップを組むことに対する認識を共有するために，各企業の戦略に対して議論し，調整し，納得しあうことである．つぎに，何を販売するのか，どのようにマーチャンダイジングし，販売促進はどうするのか，市場はどこにし，期間はどれくらいか，について共通のマーケティング計画に対するビジョンがもたれる．商品の流通をどのようにするかスケジュールが組まれ，メーカーと流通業がそれぞれマーケティング計画にしたがって売上を予測する．そして，CPFRではメーカーと流通業がお互いに需要予測やマーケティング活動の情報を交換し，お互いに同意が得られるまで議論する．この同意をもとに売上予測，生産，

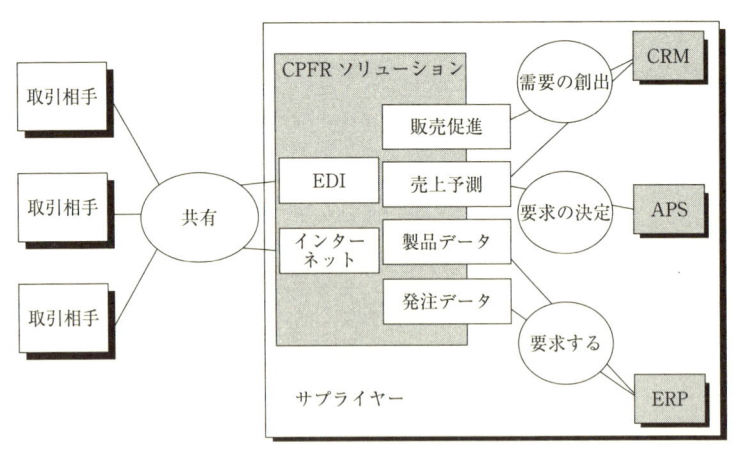

図 9-7　CPFRの概念図

（出典：Matt Johnson, "Collaboration Data Modeling: CPFR Implementation Guidelines," *Proceedings of the 1999 Annual Conference of the Council of Logistics Management* (Chicago, IL : Council of Logistics Management), p.17.）

在庫補充と商品の出荷計画が作成される．いうならば，売上予測はメーカーと流通業者がお互いに達成すべき目標値となる．もちろん，CPFRは自動補充に発展する．

　先進的な流通チャネルは優れたロジスティクスの成果を上げている．伝統的な流通チャネルはチャネルのメンバーがお互いに敵対しあって，お互いの情報を隠す傾向があるために，CPFRによって得られるロジスティクスのメリットを十分に享受できないでいる．サプライチェーン間における戦略的同盟やパートナーシップによって，チェーンメンバーは長期的な関係をもつ．問題が発生したときにも事前に，すばやく対応することができる．このことによって，チャネルメンバー間のビジネスのコストを削減することができる．

9-5 APSシステムのメリットと課題

　統合されたAPSシステムによって，サプライチェーンは多くのメリットを享受することになるが，APSを実現しようとすると多くのチャレンジが必要となる．

9-5-1 メリット

　APSシステムのメリットは，大きく3つに分けることができる．これら3つとは，変化に対する反応，サプライチェーンに対する理解，資源の有効活用である．

　もともとロジスティクスおよびサプライチェーン・マネジメントはリードタイムやスケジュールを固定する傾向にある．たとえば，生産計画は3週間から4週間に固定したり，リードタイムを長期にしようとする．このことによって，計画が前もって，作成され十分な時間的な余裕が生まれる．しかし，このようなアプローチは柔軟性を失わせることになる．

　まず，変化に対する反応であるが，今日の市場は市場のニーズの変化に敏感に対応できるものでなければならないし，また，在庫は削減しなければならない．そして，市場の変化に対応して企業は需要マネジメントを短時間に変化させなければならない．さらに，資源のマネジメントは計画を現在の正確な情報に基づいて作成しなければならない．しかも，最適化によって数週間や月単位のサイクルではなくて週単位のサイクルの資源配分を行う必要がある．このようにAPSシステムは市場の変化や企業環境の変化により敏感に対応するものである．

　つぎに，市場に対する理解であるが，効果的なサプライチェーンは企業内および企業間の計画および調整を行う．それは，企業間や企業内の部署にまたがるさまざまな活動や資源配分のトレードオフを考慮することであり，そうすることが，複雑な計画の作成を容易にする．計画は，企業の数，施設の数，製品の数，そのほかの資産の数が増加するほどに複雑になるが，活動計画や資源配分の計画はサプライチェーン全体を考慮して計画されなければならない．APSシステムは，計画の複雑化，それにともなうさまざまなトレードオフを解決し，サプライチェーンの最適化をはかることができる．

　さらにAPSはサプライチェーンの成果を上げるのに役に立つ．APSによって計画がわかりやすくなり，その結果，不透明さがなくなり，顧客サービスが上昇するが，さらに，APSは資源の有効活用をも可能にする．つまり，効果的で柔軟な計画が作成

されることで，生産，在庫，配送の能力が増加する．その結果，既存の施設が有効に使用され，工場，機材，施設，在庫にかかるコストを20%から25%ほど削減することができる．

APSシステムは比較的新しいシステムであるが，今後，新しい技術や能力によってサプライチェーンに統合化され，さらに進化すると予想される．

9-5-2 課題

実際にAPSを実施しようとすると，いくつかの課題がある．それは，(1)統合化とボルトオン (bolt-on) のアプリケーション，(2) データの統合化，(3) アプリケーションの教育である．

a. 統合化とボルトオンのアプリケーション

技術的には，APSシステムを獲得し，導入するには，4通りのアプローチがある．1つ目は企業内の資源を利用するアプローチである．この場合，企業内にAPSシステムのソフトウェアを開発し，サポートする能力をもった技術者が必要であるが，そのような人材は少ない．

2つ目および3つ目のアプローチは，企業のERPシステムと一体化したAPSアプリケーションを使うか，企業のERPシステムにボルトオンするサードパーティ製のものを使うかである．SAPのようなERPプロバイダーは，SAPのERPシステムに一体化するように設計されたAPSを提供する．こうすることで，データの一元化が可能になり，データの移動も容易になる．もう一つの方法は，特徴と機能が企業にとって最良であるAPSシステムを探し出し，企業のERPシステムにボルトオン（組上げ）するというアプローチである．そうすることで，企業特有のニーズに適合し，パフォーマンスの高いAPSシステムが得られる．しかし，統合度が低い可能性がある．一体化指向APSシステムのプロバイダーもボルトオンのAPSシステムのプロバイダーも，ERPシステムのプロバイダーとの連携を強める努力をしているが，実行システムと計画システム間の運用上の統合に課題が残されている．4つ目の方法は第7章で述べたようにAPSのアプリケーションサービス・プロバイダーを利用する方法である．

b. データの統合化

データの統合化がAPSシステムを実行しようとするさいの二番目の課題である．APSシステムはデータの統合化なくしては効果的な意思決定はできない．データの欠損値や間違いはAPSシステムにとって致命傷となる．

データの統合化は製品の形や重さといった詳細にわたるまで行われる．多くの製品が市場に導入されるなかで正確な商品データを維持することはなかなか難しい．マネジャーがAPSシステムを利用するとき，商品に関して数百の欠損値や不正確なデータがみつかることは珍しくない．数百は数としては多くないが，APSシステムにおける意思決定には大きな影響を与える．たとえば，体積のデータに欠損値があったり，データが間違っていたりすると，APSシステムは輸送のさいにより多くの商品数を積載するように指示するために，過剰積載になってしまう．このように商品の体積データに欠損値やゼロデータがあるとAPSシステムは多くの商品をトラックに積むこと

になる．

　データの統合化がなされていないために意思決定のまちがいが発生するが，それ以上に問題になるのは，APSシステムの信頼性が損なわれることである．過剰積載輸送や過剰在庫による間違いが発生すると，マネジャーやAPSの計画者はAPSシステム全体に疑問をもつようになる．その結果，APSシステムへの信頼感がなくなり，従来の古いシステムを使用するようになる．このようにAPSシステムを効果的に実行するためにはデータの統合化には十分な注意をする必要がある．

c. アプリケーションの教育

　サプライチェーンの計画と実行においては，取引を始めるためのメカニズムに焦点を当てる．取引が始められやすいように，システムではデータがすばやくフィードバックされるが，そこではユーザーはデータやパラメータについてトレーニングされている必要がある．フィードバックが遅いとサプライチェーンの計画システムは複雑になる．たとえば，ある商品の予測が変化したときに，一方で関連するほかの商品の生産計画も変化することになる．APSシステムのダイナミックス性を理解しておくことは非常に重要である．しかし，このような理解はトレーニングによって可能となり，APSシステムの教育や経験によってもたらされ，洗練される．APSシテムの教育はサプライチェーン・マネジメント活動と企業の内外の関係およびその特性に焦点をあてる．その教育過程は単にトレーニングだけではなくもっと広範に及ぶ．APSシステムの経験は仕事のシミュレーションを可能にする．これによってAPSシステムの未経験なプランナーがシミュレーションを通じて擬似の経験を体験することができる．このような経験がAPSシステムを利用するさいの基本となり，この基本の体得がAPSシステムを成功させるポイントとなる．

9-6 ま と め

　APSシステムに関する関心は，サプライチェーンの資源を有効活用できる可能性があるので，年々関心が高まっている．APSシステムは需要予測，生産計画，在庫計画，輸送計画の計画支援を行う．サプライチェーンのサービスおよび資源の制約を所与の条件として，APSシステムは目的を達成するための最低コストでできる意思決定のアイデアを提案する．APSシステムの主要な要素は需要予測，資源のマネジメント，資源の最適化，資源の配分である．需要予測は過去の販売データを利用して需要の予測を行い，資源のマネジメントは資源，コスト，互換性および制約についての情報システムを維持する．資源の最適化は線形計画法やヒューリスティックなモデルを利用してマネジメントの意思決定を行うとする．最適化の要素はコスト最小化や資源の制約内での維持をしながらデザインされた計画を達成するための方策をみつけようとするものである．資源の配分はある特定の顧客の発注に対応しようとする．

　サプライチェーンがMTOでないならば，予測を通じて行われるサプライチェーンやロジスティクスがある．予測はトレンド，季節要因，サイクルなどの要因によって行われる．これらの要因によって需要は変動するが，さらに，販売促進や価格の変化あるいは新製品の導入によっても変動する．ボトムアップによる予測は，市場がそれ

ぞれ独立している場合に適しているし、トップダウンによる予測は、販売促進や新製品導入のように本部主導で行われることが多い場合に適している。予測過程は、予測技術、支援システム、管理の支援システムが必要である。予測技術は計量的な技術であり、支援システムは市場の変化を考慮したデータを提供することである。また、予測の管理は予測と実績値の差異をトラッキングすることである。コーザルデータを利用した予測方法もあるが、よく使用されているのは時系列分析の手法である。予測技術が進歩し、予測しやすくなっているが、もっと予測の精度を上げようとするのであれば複数のサプライチェーンといっしょにCPFRを活用しながらさらに予測精度を高めることができる。

APSのアプリケーションはサプライチェーンのメンバーがその成果を上げようとするさいにますます重要性を増してくる。

参考文献および注

1) Lt. Genaeral William G. Pagonis and Jeffrey L. Cruikshank, *Moving Mouantains: Lessons of Leadership and Logisutics from the Gulf War* (Boston, MA : Havard Business School Press, 1994).
2) 生産の総コストについては第2章で定義づけされている。
3) John T. Mentzer and Carol C. Bienstock, *Sales Forecasting Management* (Thousand Oaks, CA : Sage Publications, 1998).
4) Jay W. Forrester, *Industrial Dynamics* (Cambridge,MA : The MIT Press,1961); "Industrial Dynamics," *Harvard Business Review* 36 (July/August 1958), p.43.
5) John T, Menyzer and Carol C. Bienstock, 4) と同掲書。
6) Spyros Makridakisi,Steven Wheelwright, and Robert Hydman, *Forecasting, Methods and Applicatons*, 3rd ed. (New York : John Wiley and Sons, 1997).
7) より詳細には Scott Armstorng, "Forecasting by Extrapolation : Conclusions from 25 Years of Research," *Interfaces*, November/December, 1984, pp.52-66.
8) Charles W. Chase, Jr., "Composite Forecasting: Combining Forecasts for Improved Accuracy," *Journal of Business Forecasting Methods & Systems* 19, no.2 (Summer 2000), pp.2-6.
9) Everette Gardner and Elizabeth Anderson, "Focus Forecasting Reconsidered," *International Jounal of Forecasting* 13, no.4 (December 1997), pp.501-8.
10) Jack Yurkiewicz, "Forecasting 2000," *OR/MS Today*, February 2000, pp.58-65.
11) より詳細な資料は、ウェブサイト www.cpfr.org を参照。

第10章
変化は続く

　この最終章は，サプライチェーン・マネジメントにおけるロジスティクスの将来性について焦点を合わせている．そしてつぎの10年間に，ロジスティクスマネジャーたちが直面するであろう環境について，簡潔に展望することから議論を始めよう．未来へと進むにつれて，以下に述べる10のメガトレンドが変化を促しかつ変貌をもたらして，企業が好業績を達成することが可能になることが明らかになるだろう．これらの傾向のいずれもが，その展開において，ロジスティクスマネジメントの重要度をますます高めるうえで所期の効果をもたらすものであり，その議論の結末においては付随するリスクの検討も欠かせない．エピローグでは，筆者らの結論を述べる．

10-1　つぎの10年間の展望

　過去数十年の間に，ロジスティクス管理における概念と実務においては，大きな変化が起こったことを考慮するならば，以下の質問は適切なものである．すなわち，つぎの10年間において，世界がなおも前進を続けるとするならば，どんなことが起こってくるだろうかというものである．しかし，将来のロジスティクスの決定要件の形態を決定する主要要因は需要の性質とサービスに対する必要度であることは間違いない．

　これまでに達成してきたロジスティクスルネッサンスにおいては，ロジスティクスマネジャーたちを導く健全なる基礎を提供してきた．過去数十年にわたって，有意義な学習がなされてきたけれども，諸変化の過程はもはや終息したとはおよそいうことはできない．企業活動のグローバル化によって，多くの企業のロジスティクス能力に対して，新たにいっそうの挑戦の機会が与えられることが約束された．グローバル経済の衝撃から逃れることができる企業はほとんどないであろう．その挑戦はロジスティクスの環境的局面においてもますます重要になるだろう．それはしばしば「グリーン問題」とよばれている．すべての製品とサービスが環境に対して与えられる影響について，いわゆるゆりかごから墓場までにいたる長期間のすべての段階に対する責任が問われ始めている．最終的には，サプライチェーンのパートナーの主要な事業に対して顧客が積極的に関与することが，ロジスティクス活動の成果を完全に近いものとすると企業も期待している．今日の活動環境においてさえも，顧客とサプライヤーとのあいだに強力な関係を築いている企業は，優れた関係を築くために積極的に関与することが求められている．ロジスティクス上のミスに対する寛容さは将来ますます小さなものとなるだろう．

現在の計画によれば，米国の国内総生産は2010年までに12兆ドルをこえるであろう．財とサービスの両者において大きな成長が見込まれている．しかしながら，米国および工業化された国の多くはよりいっそうサービスを重視した経済になるだろうと多くの予測家たちは推測している．より新しい世紀においては，今日に比較して，世界の総人口のうちずっと多くの割合がよりよい生活に参加できることを求めるようになるだろう．将来のロジスティクスシステムは，複雑でしかも画期的な成果を期待する必要性に直面するだろう．今日よりもさらにロジスティクスは地球上に拡散した異質的な市場に，多種類の製品を流通することを支援せねばならないだろう．

破滅的な事件の発生を阻止できるならば，2025年までに世界の人口は80億をこえることは困難ではないと予測できよう．このような人口増加を考慮に入れるならば，最低でも現在の世界に住む4人にさらに加わってくる1人に対してロジスティクス支援を提供することが必要になるだろう．一般的に，人々が経済成長に参加するために，資源を必要とする度合いはますます増加するだろう．しかしながら，ライフスタイルとそれに関連する社会的優先順位の違いにより大きな差異が存在すると思われる．たとえば，冷凍肉のような品目は事前調理されていて，購入したときにはすぐに消費できるようになるかもしれない．このサービスとそれによる便宜性の形態が進歩する程度に応じて，ロジスティクス過程を開始する以前に，このような典型的な商品にはもっと多くの価値が付加されることになるだろう．この傾向を持続していけば，製造とマーケティングの複雑性が増大するだろう．

統合的なマネジメントスキルの開発がより重要なものであるか否かは，優れたロジスティクスの成果がビジネスの成功に対して貢献できる度合いにかかっている．企業の重要な顧客が，その企業はロジスティクス活動において競合会社を凌駕する能力をもっていると判断してくれる場合にのみ，持続的な競争優位を達成できているのである．戦略的ロジスティクスに対する前提条件はサプライチェーンの統合化の開発と実施である．統合された基盤に立ってロジスティクスを管理することが，以下のような理由によってますます重要なものになりつつある．

第一に，企業の優位性を得るために利用可能なロジスティクスを構成する諸分野間には，強い相互依存関係が存在する．移動と保管の「全体」システムという考え方は，効率性とシナジー効果の可能性を提供してくれる．ロジスティクスシステム全体を通して，経営者は間断なき労務費の上昇に直面している．ロジスティクスの仕事は，企業の内部においてももっとも労働過密な業務であるので，ロジスティクスマネジャーたちは，労働過密な過程を資本設備で代替する方法を開発せねばならない．完全なる統合化こそ労働を資本で代替する経済的正当性を増進させてくれる．

第二に，狭い限定的な機能アプローチは機能性を欠いた行動を招くことがある．マーケット流通や製造支援や購買にのみ単独で適切である概念は，矛盾する運営上の優位性や目標をつくり出してしまう危険性がある．統合的ロジスティクスマネジメントの開発に失敗すれば，疑似最適化を生み出す危険性がある．

第三に，諸活動の個々の局面を統制するための必要条件は類似したものである．ロジスティクスを統制する第一の目的は，全体の目標に焦点を合わせながら，部門協力

的なやり方で活動に対する要求を調整することである．

　ロジスティクス活動を統合化する第四の理由は，製造の経済性とマーケティングからの要請とのあいだには高度のトレードオフが存在し，これらのトレードオフはロジスティクスの能力を効果的に設計することによってのみ調整可能であるという事実である．製造におけるこれまでの伝統的なやり方は，将来の販売高の「予測値」を下に，各種の寸法，各種の色の製品を各種の数量製造するものであった．最終組立の時期と製品の集荷開始の時期を顧客の選好が完全に確認されるまで「延期」することによって，リスクを大幅に軽減し，企業全体の柔軟性を増加することができる．新しい革新的なシステムがロジスティクスの能力を活用して，反応能力を増加させ，従来型の予測による将来の危険負担のリスクを軽減する方法が出現してきている．

　最後の，そしてもっとも重要な統合化の意義は，将来ロジスティクスの複雑性が増大するので革新的な整備を必要とすることである．新しい世紀における挑戦は，ロジスティクスに課せられる必要条件を満たす「新しい方法」を開発することであって，単に従来の「古い方法をよりいっそう効率的に」適用する技術を利用することではない．このことは1990年代に直面した挑戦と似ているが，その挑戦にかける賭金はずっと高額なものである．将来の世界においては，先導的な企業は差別的優位性を獲得するために統合的なロジスティクス能力を活用する度合いが増大すると予想される．広い基盤に立った統合化されたロジスティクスマネジメントの達成は，前記の革新的なブレークスルーの前提条件であり続けるだろう．

　これらの諸要因が複合して以下の効果をもたらすだろう．それはロジスティクスはますます統合化された基盤に立って管理されるようになるだろうということである．しかしながら，統合化された過程としてロジスティクスをリエンジニアリングする仕事は完成されているとはおよそいえない．世界的にみても多くの企業はロジスティクスの統合化に向けてかぎられた進歩しか成し遂げていないことを指摘する研究が続けられている．北米企業の約10％が統合化を達成して，顧客の信頼感を獲得し維持するためにロジスティクス能力を活用できる水準まで到達している．東ヨーロッパの急激な再構築やソビエトにおける共産主義の崩壊や，なかんずく情報伝達機構としてのインターネットの採用のような歴史的な重大事件は，社会のすべての局面に対してロジスティクスの重要性が増大しつつあることを浮き彫りにした．多くのやり方でこれらの事件は，ロジスティクスに求められている必要要件はいかに切迫したものであり，それらに応える能力はいかに挑戦的なものであるかを強調している．しかし，ロジスティクスルネッサンスのすべての可能性を日常的に実現するためには多くの仕事が残されているのが現実の姿である．

　未来社会においてもつねに現在こそが不断の問題であり続けるだろうし，エネルギーとエコロジーの圧力も問題であろう．ロジスティクスシステムのエネルギーへの安定的な供給に対する依存度も，重大な関心事であり続けるだろう．ロジスティクス部門においてはエネルギーのコストは重要事項であり続けており，予測可能な将来においてもその状態は続くだろう．生態学的な見地からすれば，環境に対するロジスティクスの負の効果を減少させるべきだという圧力はなお継続するだろう．これらの圧

力は社会的には価値ある目標なのである．たとえそれを遵守することにはコストがかかるとしても．生態学的な配慮によって，特定のタイプの包装材料の使用のような現在のロジスティクス実務のあるものは，排除されることも予想される．最後に，ある種の原材料はときには供給不足になることもあり得ることも明らかにせねばならない．

10-2　10のメガトレンド[1)]

先導的な企業は自社のサプライチェーン能力を変換させて，工業主導型社会から情報技術主導型の社会への移行に適応せしめている．これらの大きな傾向はロジスティクスの実務においても本質的な変化を意味するものである．

10-2-1　顧客サービス管理から顧客関係管理へ

顧客第一主義は先導的な企業のもっとも重要な戦略的手段となりつつある．従来型の顧客サービスは内部的活動標準の達成に焦点を合わせていたが，本当にリレーションシップ主導型のサプライチェーンは顧客の成功を実現することに焦点を合わせているのである．多くの顧客にとって，リードタイムの短縮やジャストインタイム納入や受注注文の100％即納はサプライヤー選定の主要基準である．これに反して，考え方を異にする顧客は日常的ないわゆる「シックスシグマ」とよばれるロジスティクス管理運動のコストまでも負担することを快しとはしない．このような顧客が求めているのは，必要とするとき，必要とする場合にはすばやく修復できるようにして，平均としても高レベルを保つことのできるロジスティクス支援なのである．そのサプライチェーン独自の特色ある価値を顧客に提供するように設計するという提案は，ふつうの商品に付加価値を与える可能性を潜めている．最終顧客の購買行動を駆り立てるものは何であるかを理解することができれば，リレーションシップを重視するサプライチェーンは，同時に目的に対して効果的であり，しかも能率的であり，かつ適切であるそのサプライチェーンに独自のロジスティクス解決策を見出すことができるのである．このことはまた，別々の顧客を支援するために，いくつもの異なるサプライチェーンに，各企業が参加することができることを意味している．

多くの企業は顧客とのあいだで，望ましい親密な関係を実現できているわけではないが，この親密さこそ，ここで述べている10のメガトレンドのなかでも特筆されるべきものである．先導的な企業においては，主要な顧客とのあいだに親密なリレーションシップを確立できるか否かにビジネスの成功は左右されるとの理解が高まっている．親密なリレーションシップがあってこそ，自社の上得意に対して自社独自の特色ある，しかも利益の獲得に貢献できる製品やサービスを産み出すことができる．このことはもちろんマスマーケティングの原則とは正反対のものである．また，明らかにこの方針をすべての顧客に適用することはコストがかかりすぎるし，もっとも狭い意味で定義されたニッチ企業に対してのみ適用できるものである．顧客とのあいだでこのレベルまで親密さを達成したいと考えている経営者は，「個々の選ばれた顧客」がもっているニーズと欲求に対して，自社の経営資源を比較検討してみなければならない．そうした後に，競合他社がとても正当なコストでは達成できない顧客に価値をも

たらす活動とサービスを実現できるよう，自社の資源と能力を展開することが可能となる．

このような文脈に沿って，企業が発展していくためには，2つの転換を実行しなければならない．その第一は，顧客とのリレーションシップを強化しようとする企業は，つぎのことを理解せねばならぬということである．それはすべての顧客が同一のサービス期待をもっているのではなく，かつ必ずしも同一のサービス水準を望んでいるのでも期待しているのでもないということである．したがって，企業は自社のビジネスにもっとも貢献してくれる中核的顧客を特定し，彼らに自社独自の特色ある付加価値サービスを提供することによって顧客の期待を満足させ，あるいはそれを上回らなければならない．時期を得た独自の提供物を特定し，設計し，実行し，洗練化してゆくための特別チームを編成することもこのようなサービスの1つである．また，既存ニーズだけでなく，潜在的なニーズを満足させる能力を開発しておく必要がある．移り変わる顧客の期待にサービス能力を絶え間なく合わせなければ，サービス提供者は競争の第一線に伍してゆくことはできない．

第二に，顧客リレーションシップを進化させようとするならば，予定された所要量に対して先行的に在庫を積むのではなく，変化にすばやく対応する業務システムを開発する必要がある．何が起きるかを推しはかることとは対照的に，サプライチェーン全体から情報を収集・交換することが役に立つ．予期しない営業環境に対応することに加えて，個々の顧客の要求に効果的かつ効率よく対応することも重要である．このような能力によって，顧客満足を高めることに伴う不確かさを逆に活かすことができる．第一線の従業員に顧客の特別な要求に対応する権限を与えること，サービス拠点群での品切れへの自動対応，対応マニュアルの事前準備などもフレキシビリティを高めるアプローチの例である．日々の業務に費やす労力を最小化するための，基本業務のルーチン化と簡素化，また，予期せぬ事態に備える予備資源もフレキシビリティへ向けた重要な駆動要因である．

10-2-2 敵対関係から協働関係へ

今日の商取引関係の多くが，サプライヤーが顧客に売るといったかたちである．双方が金銭的に最良の取引を求めるために，このような買い手と売り手とのあいだには少なからぬ摩擦がつきものである．双方とも相手を完全に信用はしない．所要品目や計画情報が共有されていないために，ベンダーは顧客のニーズを推測しなければならない．このような状況では，業務の全体的効率化は制約をうけたものになる．取引相手を犠牲にして短期的な利益を画策しようとするからである．企業が互いに協働することをテコとして，共通の目的を達成するとの統合的サプライチェーン概念が脚光を浴びている．ゆりかごから墓場までの責任関係で結ばれる集中的な協働関係の概念が，企業が共同して流通プロセスを合理化するための方法に大変革をもたらしている．作業の重複や冗長さを取り去ることによってもたらされる全体的効率向上の可能性は，驚くべきものである．

協働行動の展開は，従来から根本的な検討課題であった．しかしながら，大多数の企業で協働行動とは何かがきちんと定義されてはいない現状がある．多くの企業の管

理者たちが，行動様式を変えることはたいへん難しいと感じている．言うは易く行うは難し，マネジャーたちはこのことに気がついている．

企業間協働を促進するにさいして，3つの転換点がある．第一に，協働関係は相互信頼と相互利益によって後押しされなくてはいけない．これは，業務および戦略を共同して展開・持続するために必要である．本当の協働というものは，片方の支配やお手盛りによるのでは断じてなく，相互依存と協働の原則に則って顧客とサプライヤー間でビジョンと目標を共有するものでなければならない．必要とされる競争力がサプライチェーンのどこにあるのかにかかわらず，目標の達成努力は最終顧客への最良の価値を提供することに焦点をおくべきである．このような観点が，サプライチェーンを長続きさせるための鍵にほかならない．

第二に，指導的役割と共同責任を規定や協定で明確化し，必要な業務および計画情報を共有するためのガイドラインの概要を提示し，業績を相互依存させるような財務的な結びつきを創生しておかなければいけない．提携企業間でどのように報酬とペナルティを分かち合うかを詳細化してリスクと利益を共有することを推し進めるべきである．このような共有行為によって，サプライチェーン全体の業績が個々の企業の業績につながるとの信念をよび起こすことになる．日常業務や予期せぬ事態への共同の対応方針や取扱い手続きを定める公式ガイドラインもまた引き出しておく必要がある．

最後に，本当に効果的なものであるために，協働の協定には関係の潜在的な負の側面について十分慎重に配慮がなされている必要がある．とりわけ，サプライチェーン協定を解消させる必要が現実のものとなる事態に備えて，前もって参加企業は関係解消に障害となる事項について積極的に指摘しておく必要がある．協働関係の多くが任意のものであって，実際上どの時点でも解消できるであろうが，資産でもめることを回避するためにも解消手続きを公式化しておくことを勧める．協働関係の継続と解消に関わる条項が，協働関係が参加企業にとって有益であることを再確認させてくれる．

10-2-3　フォアキャストからエンドキャストへ

業務および戦略情報を共有する能力が，協働関係の要となる特質である．本書ですでに述べてきたように現行の流通モデルでは，業務が予測に基づいて行われている．要するに，サプライチェーン内のほかの企業にとって既定事実の活動水準や事象について，多くの企業が予測し続けている．協働的なマネジメントの核心は，最終顧客にもっとも貢献できるように共同でサプライチェーンの計画にあたる能力である．情報自体の共有のみならず，協力し合う企業群は，共有する情報の価値を最大活用するように，製品，プロセス，施設を再設計する必要がある．将来の行動計画や所要量の評価といった重要なステップとして予測は残るであろうが，直接的な日々の業務に予測を用いるべきではない．予測の必要件数を減らし，予測の先行期間を短縮するための一致した協働体制が求められる．

予測（フォアキャスト）からエンドキャストへのシフトが現在おおいに注目されている．このシフトは，**連続的商品補充**（CPRF，協働による計画，予測，補充）に始

まる．予測をよりよいものにすることが，サプライチェーンの実績に貢献する手段であることは広く知られている．サプライチェーンのコストも削減できるとのデータもある．概念はとても簡単であるが，実現は難しいままである．その理由は，証拠が疑わしいこと，支援システムの不備，信頼の不足である．

CPRF 展開による利点を強調した現時点での実施例について，多くの管理者たちがその評価と環境条件の恣意性を疑っている．そのような運用例が信用できるかどうか，また結果の管理上の信頼度については，注意を傾注することによって高めることができよう．必要とされる信頼度を打ち立てるべく企業と研究者は実験を計画し，完遂するように汗をかく必要がある．

CPRF のインターネット交換と現行の計画システム間のやり取りを楽にするために，さらに情報システムの開発を進める必要もある．このようなシステム機能は従来から開発されてきたが，導入と改良が思うようにはかどっていない．ERP のようなシステムを導入するさいに投資された資源がその原因となっている．

サプライチェーン統合の諸側面を制約しているのは，信頼感である．サプライチェーン構成企業間の信頼が欠如しているために，予測，販売促進，製品開発計画などの戦術，戦略情報の共有化への意思を阻害している．信頼感を醸成するには，経験と時間が必要だろう．これまでかなりの進展がみられたが，完全な変革にいたるまでにはより大きな支援と信頼が必要となるだろう．

10-2-4　経験戦略を脱却し移行戦略へ

何年ものあいだ，いわゆる経験曲線が市場や競争の状況への戦略的対応を支配してきた．企業戦略は過去の成功体験に基づいていた．しかしながら，徐々に企業はまったく経験がないか，あるいはかぎられた経験しかない事態に直面するようになった．たとえば，さまざまなサプライチェーン諸活動を外部委託する（解釈によっては在庫委託も含まれる）ことがふつうになってきている．大多数の企業にとってこのような関係を築き運用することは未知の体験の部分が多い．別な例は，キャッシュフロー・サイクル短縮あるいはマイナスのキャッシュフロー・サイクルへの流れの加速である．今日，新規参入者が e コマースと直接ロジスティクスを組み合わせることよってマイナスの投下資本で運用し，従来のサプライチェーンで成功をおさめてきている．このような評価尺度と実務の変化が，多くの企業に海図のない海域での設計と管理を余儀なくさせている．従来のロジスティクスモデルの機能に関する経験世界全体が，新たな競争形態に立ち向かう戦略を構想するさいにほとんど価値をもたなくなっている．変革期においては，それまでの経験や土台が最優先で打ち破るべき障害の典型なのである．これまではそれなりの成果をおさめてきたが，新たな競争環境向けに仕立てられたソリューションからは格段に劣る既存プロセスを改革する必要性に対して，企業は本格的取組みを始めている．経験に基づく戦略から，移行戦略への転換を促進するためには，3つの変革が必要である．

第一に，基本的な総費用対サービスの大枠を把握し，文書化し，改訂をくり返すことだ．経験に基づいて，マネジャーたちは管理対象のプロセスについてビジネスモジュールをつくってきている．このようなモジュールが大局性を具備していることもあ

るが，大多数の場合，範囲や見通しにおいて満足すべきものではない．その結果，決定が過去のかぎられた経験に大きく依存するものになっている．将来において，新たなビジネスモジュールは，範囲を広げた企業の，組織，活動，資源，関連パラメータを含んだものでなければならない．

　第二は，これまでの経験をこえる領域での，マネジャーたちの問題解決スキルを開発することである．これは，仮想の製品および市場での状況分析を含む．ここでは，マネジャーは過去の実務慣行ではなく，考え方を問題にすることになる．

　最後に，マネジャーが，サプライチェーンでのさまざまな方策の構想と評価にますます不可欠となってきている決定ツールの利用と結果を解釈する専門知識を身につける必要がある．効果的な意思決定支援アプリケーションによれば，未来のマネジャーは広範囲に非従来型の経験を積ませてもらえる．新たな戦略形態を見つけ出し，正確にその可能性を評価し，段階的な移行を管理する能力が，先端モデルとなりつつある．

10-2-5 絶対価値から相対価値へ

　長期的な成功の鍵は，もっとも利益の高い顧客を惹きつけて，逃がさず，かつ上手くやることである．従来の成功度の評価尺度は，総売上高に基づく絶対的な市場占有率であった．さらに巧妙な成功度の評価方法として，主要顧客での成功とその結果としての利益（収入と費用の差）としてサプライヤーが享受する相対的な市場占有率がある．多くの企業が市場の圧力への対応として販売高が向上するように行動するが，販売高の向上に伴ってコストが急激に増加し，全面的に限界利益を蝕む結果に終わっている．相対価値概念によれば，限界利益性を高めながらより付加価値サービスを広範囲に行おうとすることによって，「収益性の高い」収入の比率が向上する．

　このようなシフトを受け入れ，有効利用し始めた先進企業も出てきた．幅広い顧客層に可もなく不可もないサービスを提供することから得られるものよりも，収益性の高い得意先に集中的に努力するほうが大きな利益をもたらすことをこのような企業は理解している．平均的なサービスは，一部の顧客を過剰満足させるかもしれないが，満足できない層はよりよいサービスであればもっと支払ってもよいと思っている．この結果，このような限界顧客からの収入と利益を同時に失うことも多い．このように，功を奏する成長を評価するには，売上高の絶対値ではなく，価値を生み出す売上の相対比率をもってすべきだろう．この方向性を具体化するには多くの変革が必要となるが，以下の2項がとくに重要である．

　初めに，活動基準かつ責任単位別原価計算が必要である．原価要素を正確に追跡し，正しく責任単位に配賦し，信頼に足る報告書を上級管理層に提供できるロジスティクス情報システムを使わなければならない．売上高を増やすことが必ずしも高い利益性を意味しないとの原則を受け入れさせるように，販売・マーケティングの巻き込みが必要である．効率を高め，相対価値を増やす複数顧客出荷積合せ，クロスドッキング，輸送中の混合などの業務革新を行わなければならない．

　つぎに，金融市場が市場占有率よりも利益を重視する必要がある．1株当たり利益や収益性が業績測定にきわめて重要なのにもかかわらず，金融市場は市場占有率に一

定の重きをおいている．このことが上級管理層に収益度が低い場合すら占有率を保とうとさせる原因である．先見性のある企業はこの変化を読み取り始めているが，パラダイムシフトを必要とするため相対価値重視への動きはごく徐々に進むであろう．概念の理解はたやすいが，経営哲学の大きな変革を要するのである．

10-2-6 機能統合からプロセス統合へ

もっとも古いが潜在的にもっとも生産的な動向の1つが，機能統合からプロセス統合への絶え間ない流れである．ロジスティクスそれ自体の働きというものは過去10年間同じであったし，今後10年も変わらないであろう．急速に変わってきたし，変わっていくであろうものは，働きの見方なのである．組織内で展開される権力と管理の単位として，部門の伝統的定義は，組織のほかの部門から切り離されていることと同義であった．これからも部門というものが仕事を管理するためのお気に入りの方法であり続けるであろうが，現実には効率において大きなブレークスルー策としてプロセス志向の自立的チームの役割が増してきている．機能面で優れているということは，プロセス中で果たす機能といった観点でだけ意味をもつということをマネジャーたちが理解し始めている．組織構造面から，機能的な部門の考え方は，情報技術での穿孔カードのように時代遅れである．

機能領域間での取引費用が総費用に貢献することは疑いない．ERPのような情報技術伸展がさらに巧妙なコスティングアプローチをサポートし始めた結果，機能間にわたる（費用を）計測する難しさを教えることになった．根本的な進歩が続いてはいるが，プロセス重視へのシフトに大きな可能性が残されている．

第一に，購買，生産，ロジスティクス，マーケティング機能それぞれが，その個々のプロセス内で統合されてきたが，このような機能領域間の統合にはほとんど進展がない．大部分の管理者が，この分断に気づいている．企業の主要機能の境界をこえた統合が，さらなる統合への第一歩である．

第二に，とくにサービスプロバイダーのような外部サプライチェーンパートナーとのプロセス統合を前進させることが必要である．これには，言葉と期待を互いのものとするためにサプライチェーン・プロセスの定義，実行，測定についてさらに一致することが求められる．

第三に，従業員の大方は評価されるものと給料の対象とされるものに対して行動する．評価報酬構造を機能に関連づけたものから協調へと誘因するプロセス統合に関連づけたものへと転換することが課題である．1つの予測に基づく1つの計画ごとの測定基準の現実性と可能性がますます高まるだろう．この領域についても根本的な進歩が続いてはいるが，コスト情報と精度によって重複を削減して，プロセスをより洗練化するさらなる可能性が残されている．

10-2-7 垂直統合からバーチャルな統合へ

歴史的にみると，企業は何階層もの事業をビジネスプロセス内で自己所有とすることによってサプライチェーンでの不一致を緩和しようとしてきた．Henry Fordのそもそものビジネス哲学は，所有権を行使して語り草になっている垂直的サプライチェーン統合を達成することであった．Fordの夢は，無駄の削減と適合性の向上を目的

とした価値生成プロセス全体の完全所有と管理であった．ゴム園，船舶，鉄鉱石を7日で完成車に変換する鋳物工場などである．

垂直的統合の問題点は，巨額の資本投資および信じられないほど複雑な組織構造を必要とすることである．Henry Ford の垂直的サプライチェーンを再創出することは今日無理なことである．したがって，成功に向けて企業は外部的なサプライチェーンパートナーの専門性と相乗性を活かす必要がある．原材料やサービスのサプライヤーとのバーチャルな業務統合によって内部および外部の仕事の流れを途切れなくすれば，その利点の多くを保持しながら垂直的な所有権による財務上の壁を打破しうる．

多くの製造企業と小売企業が製品の物理的移動の取扱いに関して伝統的にサードパーティ・ロジスティクスプロバイダーとともに仕事をしてきたが，知識的プロセスに関しても同様に外部委託する流れが加速している．スタッフとプロセス設計活動がコンサルタントに委託される．情報の設計，収集，維持，そして分析は情報インテグレーターに委託される．知識的な専門業務は，バーチャル企業への委託が考慮される活動にますますなっていくだろう．中核的な事業の必要に重点をおいて，このような機能を外部委託することには利益があるので，企業は垂直統合からバーチャル統合へと向かっていくだろう．大部分の企業がバーチャルに統合されたサプライチェーンへの第一歩に踏み出しているが，全面的な導入に踏み込んだ企業は比較的少数でしかない．

バーチャル統合に移行するためには，3つのシフトが前提となる．まず，モノとサービスのサプライヤーとの窓口を務めるマネジャーは，直接にはみることもできず管理もできないが，成功を確実にするためには，その成績の監視が必要な資産と活動をどのように管理するかを学ぶことが求められる．このようなサプライヤーは企業の拡大ファミリーに相当し，内部部門と同様にサプライチェーンの将来的な成功と失敗に関わる．サプライチェーンの強さは，もっとも弱い部分であるサプライヤーの輪の強さであるとの認識を，企業経営戦略に反映しなければならない．

第二に，サプライチェーン提携企業は，総合的な価値創生プロセスの構想を共有し，実現へ向けての責任を分担する必要がある．パートナーを選ぶさいには，構想，戦略，業務能力の補完性を慎重にみきわめる必要がある．提携企業は重複をなくし，冗長さを削り，同期化を保ちながら停滞時間を削減するように業務を接続する必要がある．さらに，目標達成を確固としたものにするために，協働によるリスクと見返りを広く分配することが求められる．バーチャル統合構造への進化は，険しく時間のかかる道のりである．

最後に，企業はサプライヤーをこえてサプライヤーのサプライヤーにまで外部経営実務を押し広げる必要がある．資源の必要性と制約，危惧，機会，弱点についてのサプライヤーの視点を，目指すもの，目標，行動計画を設定するさいに考慮することが求められる．最終顧客価値を創造するさいのサプライヤーの役割が，おき換えることのできない死活的に重要なものにますますなってきている．

10-2-8 情報の囲い込みから共有へ

メガトレンドのいくつかのなかに暗黙裡に示されるのは，サプライチェーンの構成

員が情報を共有する必要があることである．旧態依然としたマネジャーにとって，何でも知っておくべきとの精神構造から関連する情報の共有への移行はたいへん難しい．第一線での長年の経験によってたいていの人々は，1人で苦労して情報は力であることを学んできている．けれども，情報を蓄積する人は，ただ情報を使うだけで，テコとすることはできない．そのように情報を囲い込むことから生まれる調節的な利得は，サプライチェーンパートナーと関連情報を共有することによって先進企業が射程に納めるコスト節減とサービス強化に比べると見劣りする．サプライチェーンにわたる開かれた情報展開が，効果的な統合の触媒である．

現時点で，情報の囲い込みから情報の共有への移行は，技術に依存している．インターネットの利用の容易さと低価格性が急速な変化の駆動力となっている．従来型の基準に従い評定を受け報酬を受けるマネジャーにとって，以下の理由によってこのことが移行を困難にしている．

第一に，効果的な情報共有は社内に始まり最終的にはサプライチェーンパートナーにいたる信頼に依存する．マネジャーたちは徐々にではあるが，情報共有を学習しつつあるが，一部になお，予測，販売，在庫，原価，販売促進や開発の計画を共有することが組織の競争上の位置を危うくすると信じている人々がいる．組織の一人のマネジャーによる見解が，そのマネジャーの特定機能部門を囲い込んでしまうときに，このことがとくにいらだたしいものとなる．このような理由で，同一事業単位の部門間で情報が共有されないことは少なくない．マネジャーたちが内部的に共有しないのであれば，サプライチェーン・パートナーと情報を共有するかどうかは疑わしい．

共有情報の範囲は，信頼が打ち立てられるとともに広がる．初期段階は，短期的予測や在庫利用可能性のような戦術データを，資源計画と製品の流れに資するために提供してもよい．戦術データの共有による利点が現実のものとなれば，原価や製品開発計画，販売促進スケジュールのような微妙な情報を共有すべく企業はよりオープンになっていく．自動車産業が第一級の例である．第一層として中核的なサプライヤーを自動車企業が指名し，同様に二次サプライヤーの仕事の調整と配列を中核サプライヤーが行う．このサプライチェーン戦略によって，自動車組立に要する費用と時間は大幅に減らされた．このような利便は情報の共有に総合的によっている．ゆくゆくは長期的計画と戦略によって，サプライチェーン横断的なロジスティクスプロセスと資源を開発し，統合されることが明らかになるだろう．

第二に，NelsonやInformation Resources Inc.（IRI）のような競争データのサードパーティプロバイダーに，データを売る慣行をとる企業もある反面，環境のいかんにかかわらず予測や計画データを共有しない組織体も多いだろう．たとえば，POSデータを，利益を引き出すことができる価値ある自己所有商品とみる小売業者もいる．これは短期的すぎる了見といえる．マネジャーは，情報の共有から得られる効率がその種の情報を売って生ずる利益をはるかに凌駕することを理解し始めるべきである．

第三に，情報を重要資源とみなす組織体は，競合するサプライヤーとの仕事において，あるいは競合する顧客への営業において，摩擦を回避するために取引を秘密裏に行う．たとえば，多くの製造業者が競争状態にあるマスマーチャントとの取引で職能

上の枠をこえた個別チームを編成してきている．チームは双方の組織からの，販売，マーケティング，財務，ロジスティクスのような専門領域の人員を含んでいる．共同作戦を計画するさいに，秘密情報を共有する必要性が増えてきている．秘密の保持を保障するためにも，サプライチェーンパートナー間の信頼と責任が求められる．

　最後に，情報の共有はさまざまな形態をとり得る．もっともわかりやすいのが，データファイルの交換とデータベースへの直接アクセスの提供である．いまだ一般的ではないが，従業員を共有すれば，組織体間の情報の流れが調整・翻訳され，経営管理上の導管となり，プロセスを拡張できる．サードパーティ・ロジスティクスサプライヤーが専従の従業員を荷主事業所に配置することによって，情報が共有される．真の意味で情報共有を推し進めることがサプライチェーンの統合を強め業績を高めるためにもたいへん重要である．降り積もった抑止要因を乗りこえて，企業が共有への意思を拡大するのはいまをおいてない．

10-2-9　スキルの訓練から知識ベース学習へ

　予見できる未来において，ロジスティクスプロセスは人間中心のままであろう．しかしながら，90%以上のロジスティクス作業が監督者の直接目でみることのできない外部で行われることが，ロジスティクスプロセスの管理を効果的に行うことを複雑にしている．直接監視がない状態でロジスティクスに携わる人々ほどの重要な作業を行う社員は典型的な企業ではいないであろう．たとえば，監視がつかないトラック運転手が，出荷地点から顧客の指定箇所への製品移動によって生ずる価値の大部分を担う．つけ加えるならば，トラック運転手は，従業員の誰よりもずっと得意先担当者と顔をつき合わせる時間が長い．トラック運転手は，顧客への出荷を受けもつ企業の従業員でないこともあり得る．トラック運転手だけでなく，得意先の担当者も在庫計画担当者もこのような例に漏れない．この領域では，サプライチェーンのダイナミクスを理解し，情報ツールを駆使して効果的な戦略を立案できる従業員を強く必要としている．

　多くの先進的な経営幹部が，このようなメガトレンドが直面するうちでもっとも重要なものであることに気づいてはいるが，さほどの進展はみられない現状だ．知識ベース学習を進めようとする企業は，従業員を効果的に教育訓練する時間がないことと適切な方法が見当たらないとの問題を抱えている．大部分の企業で強いられている人員削減のために，教育訓練時間をとることが難しくなっている．多くの機能領域間を統合し，複合的な技法を組込んだ適切な教育訓練の方法をみつけることも難しい．人的資源管理を効果的に行うとの課題を果たすことは，グローバル化の進展とともに複雑になっている．知識ベース学習環境を整備するためには，大きな変革が必要になっている．

　手始めに，上級管理層が多様な労働力を管理する力を向上させる必要がある．教育訓練では，個々の従業員のスキルを教育訓練することから知識ベース学習へと重点を移す必要がある．このことは，目標，ダイナミクス，評価という点から全体プロセスを背景として，スキルの開発が行われることを意味する．たとえば，トラック運転手は運転について全側面から技量を高める必要があるのはもちろんである．しかし，ロ

ジスティクスプロセスでの自分たちの役割はどのようなものか，専門データウェアハウスにどのようにアクセスするのか，追跡能力，業務上の問題を解決し，予防するための順応的な決定支援システムに関する知識をもっていることが求められる．知識が生まれるかたちには，どのように協力するかを学ぶことのように簡単なものもあるのに対して，姿を現しつつある傾向を把握し，競争上の優位条件に気がつくといった洞察力を要するスキルも求められるだろう．

さらに，中核的なマネジャーや計画者に知識能力をつけさせることの必要性がますます明らかになっている．このような人々には，サプライチェーンの統合とサプライチェーンパートナーとの関係における固有のリスクと利益について理解させるような教育を施し，経験を積ませる必要がある．ロジスティクスとサプライチェーンで働く従業員全員が相対的に高賃金の専門家たちである世界では，広い基盤をもつマネジャーを養成し，つなぎとめることが勝利の方程式となるだろう．

10-2-10 管理会計から価値創造経営へ

数十年間，企業は数字による経営を行ってきた．しかしながら，ここ10年というものマネジャーたちは公認の会計手続きの限界を思い知るようになり，活動基準原価計算のような管理会計手法にずいぶんと資源を投入するようになった．このような手法によって，社内外諸機能の活動の統合的ダイナミクスがマネジャーのよりよく知るところとなった．また，戦略および戦術上の決定を行うさいの基準をマネジャーに提供することになった．

今日，マネジャーたちは自分たちの仕事が利害関係者の価値をどのように高めるかを評価，測定できるようにしようと努めている．広く使われている経済付加価値（economic value-added: EVA）と市場付加価値（market value-added: MVA）に一部よるところの価値創造経営実現のための統合的枠組みが最近の成果である．価値創造経営は財務的な高度化への基盤的なパラダイムシフトと密接に関わっている．実のところ価値創造経営は，財務的な高度化の実現であるとみなして差し支えない．要点は，単に収入を増やし，あるいは原価を低減する活動とは対照的に，価値を創造する活動を同定し支援することにある．

このメガトレンドは，現場のマネジャーによってとくに今日的な意味をもつと認められてきた．残念なことに，上級管理層に注目してもらうために，かなりの時間と労力を要した．業務と価値創造を結びつける現状でのイニシアチブは，ERPの導入によって後押しされている．サプライチェーン・マネジメント概念が財界で受け入れられる傾向はいまや本格化しようとしている．

価値創造経営への動向は幼年期にあるが，サプライチェーン実務およびプロセスの改革がどのように企業の財務的な全般的健全さに寄与できるのかをマネジャーが明示することがますます求められている．これまでの評価尺度ではなく，役員室で通用する財務用言語で成果を説明できるようにしなければいけない．評価システムによってサプライチェーンによる業績と財務上の業績とを直接結びつける必要がある．

価値創造経営を適用するには3つの転換が必要である．個々のイニシアチブによる収益を把握して，正しくサプライチェーン・パートナーに割り当てる必要がある．活

動基準原価計算が，機能領域横断的な業績を企業が測定する1つの方法であり，特定の活動やプロセスによる収益に焦点を当てる．また，計画や戦略ごとの費用対収益の結果予想のみならず，個々の製品，顧客，サプライチェーンによる収益性，総費用および活動基準法によって特定できる．このアプローチによって，マネジャーが個々の活動や計画の目標を決め，その結果を測定できる．このようなアプローチによれば，発注方法および納入予想の正確な原価把握に基づいて顧客売上と収益性を関係づけ得る可能性がある．このような精細な原価情報をサプライチェーン業務の見直しに使うことができる．たとえば，特定の顧客と共同して，発注を単純化し，合理化し，費用を低減しかつ同時にサービスも向上させる新たな発注手順を開発できる．

　第二に，便益の測定方法を変えなくてはならない．少数の企業が，業務上の卓越性と資産活用度を組み込んだ決定包括的な価値モデルを使って，価値創造経営決定を評価してきた．業務上の卓越性基準は，顧客サービスの向上と所有コストの最小化に焦点を合わせている．このような組合せによって，個々の顧客のニーズに従いサプライチェーンを細かく対応させることができる．顧客サービスの測定は，収入と関連し，複数のサプライチェーン・パートナーが最終顧客に対する付加価値として遂行する仕事を誘導・監視する機能横断的かつ組織横断的な一群の尺度を開発のうえで行われる．所有原価の最小化には，資金調達，取得，加工，移動，貯蔵，出荷作業，納入など在庫関連サプライチェーン原価に加えて基本的な製品原価すべてが含まれる．

　資産活用度は，固定資産と運転資本面からサプライチェーンの有効度を測定する．固定資産には，生産設備と流通設備，輸送とマテリアルハンドリング機器，情報技術がらみのハードウェアが含まれる．運転資本は，サプライチェーンの在庫投資および買掛金と売掛金の差額投資を反映する．金融市場にみるように，全般的資産活用度は企業およびそのサプライチェーン業績は，とくに重要な尺度である．

　最後に，企業が業績報告書を改める必要がある．EVAが財務実績の一般的な指標として用いられるようになっている．EVAによって，株主は，経営者が富を創造しているかそれとも破壊しているかを判断できる．EVAは税引後の期間利益から配当金を差し引いて計算できる．EVAは，いくら株価が短期的に上がっても，費用を考えない収入増は正当化できないことを企業に思い起こさせてくれる．もっと正確にいえば，新規増資には収入の伸びが先行しなくてはならない．要は，数字上いくらよくみえても，資本費用以上の利益がなければ，株主に価値を創造していないということである．

10-2-11　関連するリスク

　これまで明らかにしたメガトレンドに沿った転換によって，つぎの10年間にサプライチェーンの成績は向上するはずである．しかしながら，これらはリスクをもたらす．変革を考えるときに検討の価値あるいくつかを紹介しよう：(1) リアルタイムの接続性への依存，(2) チャネルの権力バランス，(3) グローバル業務の脆弱性，(4) 戦略的統合，情報共有，技術投資による脆弱性．

　第一に，リアルタイムの接続性によって，サプライチェーンの不確実さと在庫を減らしうる．しかしながら，緩衝在庫がないと，通信もしくは輸送システムが予定の運

用水準で稼働しなくなる場合の重要品目のアベイラビリティを減らすことになる．第二に，流通チャネルの権力が製造業者から小売業者へと大きくシフトしてきているが，なお適度のバランスが成り立っている．増加するインターネットの利用がバランスを保つのに役立っている．世界規模に展開する小売業者の統合が続けば，このバランスが崩れるおそれがある．第三に，グローバル業務はサプライチェーンに本質的なもろさを生む．空間と時間に加えて，政治，法律，労働，文化，経済の環境面でグローバル業務には大きな多様性がついてくる．このような脆弱さが企業の管理統制を弱め，もっとも力を発揮できるはずの領域から適材のマネジャーを頻繁に移動させる．この結果，サプライチェーンが失敗する可能性が高まる．最後に，サプライチェーンの協働アプローチに企業を無視できないリスクにさらす性格があることである．戦略的提携の派手な失敗が，マネジャーたちに情報の共有をためらわせる．広がった市場と業務を結ぶために必要な大きな技術投資が，多くの企業が冒したくはない大きなリスクとなる．技術投資の回収が立証できるまで，多くの企業が意味ある改革の一歩手前で足踏み状態を続けるだろう．

リスクにもかかわらず大部分の経営幹部が，サプライチェーン・ロジスティクスの根本的改革に取り組むだろう．残念なことに，改革マネジメントについて訓練を受けたマネジャーはほとんどいない．大部分は改革を成功させるには経験が十分とはいえない．改革のダイナミクスについて経営幹部が理解し，改革マネジメントのために知識とスキルを自ら身につけていくことが大切だ．改革への基本課題を理解するのが教育課程の第一歩である．

サプライチェーン改革の最初の課題は，すでにある程度の成果を上げているビジネスプロセスが稼働していることである．改革マネジメントがゼロ地点から始まることはめったにない．壊れておらず，直す必要を感じていないプロセスや慣行を改善するのがサプライチェーンの改革である．第二の課題は，成功するサプライチェーン改革には幅広い長期にわたるリーダーシップと計画が必要なことである．ロジスティクス業務方針，手続き，システムは別々なときに開発され，特定のニーズを満たすための異なった環境ごとに動機づけされるのが典型的である．それぞれは理に適った解決策となっているであろうが，結果としてのサプライチェーン全体は統合とまとまりを欠いたものになる．

最後に，サプライチェーン・ロジスティクスの改革は担当経営幹部の直接管理外，場合によっては当該企業外での，業務のすり合わせを必要とすることである．典型的なロジスティクス改革イニシアチブの内で当該企業のロジスティクス組織の直接管理下にあるのは20％にすぎないと推定される．残りの80％は，ロジスティクス領域以外のマネジャーの責任の下にある．このように，改革リーダーはアイデアを売込み，機能横断的な触媒として務めなければいけない．他者を通じて改革を管理することは，ロジスティクスリーダーがきわめるべき困難な任務である．

10-3 エピローグ

ロジスティクスマネジメントの課題は，事業単位が現状を改革する必要性を把握し

事業単位が改革を広める手助けをしようとする点において，従来の漸進的思考をこえることにある．ビジネスが何をなすべきかの答えは簡単である．顧客にサービスを提供することである．その理由を理解するのは難しい場合もあるが，現実には大部分のビジネス企業は，基本的な目標をもっとも効果的かつ効率よく達成するために資源を再配置し，大規模なリエンジニアリング行うことが必要になっている．多くの理由から，現代企業を支配しているのは複雑性である．ビジネスの改革は，単純化と標準化を巡るすべてである．基本へかえることだ．ロジスティクスは基本の1つである．

未来のロジスティクスマネジャーは，専門家であるよりも変革請負人になるだろう．顧客価値の創造プロセスにロジスティクスの強みとして速さと柔軟性を組み込んで同期化することが改革すべき課題となるだろう．技術と技法は制約要因ではないだろう．たとえ新技術が今後10年あるいはそれ以上発明されなくとも，現在利用可能な技術を完全に汲み尽くすことはないだろう．生産性向上の新方法として推奨されてきた技法もおおむね古いものだが，十分効果的で実用的である．原価計算，時間競争，ABC分析，継続的補充，クィックレスポンス，セグメント分析などである．新しいのは，今日のマネジャーが手法を情報技術で動かすことだ．

もちろん，企業を改革する挑戦がロジスティクス単独の責任だけではなく，プロセス中に参加するロジスティクスマネジャーの責任でもある．とくに，グローバル業務を指揮し，広範な資本と人的資源の世話役を務め，実際の製品配送と顧客サービスを促進するマネジャーの責任でもある．未来のロジスティクス経営幹部は，企業を改革するために必要な改革マネジメントへ寄与し参画する責任から逃れられないだろう．

このために，筆者は，その意味するところと強烈さに引きつけるものを感じたメッセージを例に漏れず集めている．変革への課題に直面する今日と明日のロジスティクスマネジャーのために，深い共感と触発の源として以下にそれを引用しておこう．

変革について：ロジスティクスはありふれた仕事ではない
経験が教えてくれるところによれば，人は慣れ親しんだものへの束縛がとても強く，もっともありふれた仕事のもっとも簡単かつ明々白々の改善ですら，ためらいながらしぶしぶと，ゆっくりと段階的に取り入れる．

Alexander Hamilton, 1791

組織について：それは見方による
懸命に練習する…けれども組換えの運命にあるチームをつくり上げ始めるような気がいつもした．後の人生において，新しい状況には組織の編成換えをしがちであることを学んだ：再組織化によって進歩を幻想させてくれるすばらしい方法であるが，混乱，非効率，士気の喪失を招く．

Petronius, 紀元前 200

新しい考えについて：売れ残りにも時代はあった
どの企業あるいは事業単位もが原材料や最終製品の在庫をもつ義務はないように

編成された生産を夢にみてもよい．…機械の準備が整うと同時に工場に物品が流れるように供給される：貨車やトラックが出荷プラットフォームに引き込まれると同時に流れるように商品が出ていく：代理店の棚が空くと同時に在庫品が到着する…そのような状況では，生産工程が必要とする在庫が少なめになるため，費用とリスクは社会が負担する．

Leverett S. Lyon, 1929

正しい評価について：「ここのところ何をしてくれているのかね？」──ロジスティシャン（兵站家）

兵站家は，戦中にとくに必要とされるが，悲しくつらい思いをしている人種だ．いまは，平和の暗がりのなかに沈み込んでいる．彼らは現実のみならず理屈で商いをする人々のために働かなくてはいけない．兵站家は，戦争がまさに現実のものだから故に戦中に台頭する．平和がおおよそ理屈のものであるが故に，平和時には消える．理屈で商い，戦中に兵站家を雇い，平和時に無視する人々，それは将軍たちだ．

将軍たちは信頼と力をまきちらす幸福で恵まれた人種である．神々の食物だけを食べ，蜜だけを飲む．平和時には，自信たっぷりに大股で歩き，地図上で偉そうに手を動かし，確信ありげに地域の重要回廊を指さし，腕で隘路をふさぐ．戦時には，将軍の誰もの後ろに兵站家が控えており，いつ「それは無理です」と身を乗り出して耳打ちするかもしれないので，ずっとゆっくり歩く．将軍たちは兵站家を戦中は恐れており，平和時には努めて忘れるのだ．

将軍にはべってはしゃぎ回るのが，戦略家と戦術家だ．兵站家は戦略家と戦術家が嫌いだ．戦略家と戦術家は将軍に出世してみて初めて，兵站家について知る．いつもそうだ．

兵站家も将軍になることがある．将軍になると，嫌いな将軍たちとつき合わなければならない：嫌いな戦略家と戦術家が御付となる：かれが恐れる兵站家が背後に控える．これが，将軍になった兵站家が必ず潰瘍もちとなり，神々の食物を食べることができない理由だ．

筆者，年代不詳

参考文献および注

1) Donald Bowersox, David Closs, and Theodore P. Stank, "Ten Mega-Trends That will Revolutionize Supply Chain Logistics," *Journal of Business Logistics* 20, No.2 (2000), pp.1-16.

索　引

欧　文

ANS X.12（American National Standards Committee X.12）　194
APS（advanced planning and scheduling：先進的スケジューリング）　190
APSシステム（advanced planning and scheduling system）　219
　——のコンポーネント（APS system components）　236
ASP（application service provider）　192

CHEPパレット（CHEP pallets）　124
CPFR（collaborative planning, forecasting and replenishment：連続的商品補充）　250
CRM（customer relationship management：顧客関係管理）　187

EDI（electronic data interchange：電子データ交換）　136, 193
EDIFACT（electronic data interchange for administration, commerce, and transport）　194
ERP（enterprise resource planning：企業資源計画，統合基幹業務パッケージ）　185, 211, 222
　——の導入（enterprise resourse planning rationale）　209
ERPシステムの構成（enterprise resource planning system design）　212

F.O.B.価格条件（Free On Board/Freight on Board）　116
F.O.B.仕向地価格（F.O.B.destination pricing）　118
F.O.B.積込地渡し（F.O.B.origin）　118

HTML（hyper text markup language：ハイパーテキスト・マークアップ言語）　200

ISO（International Organization for Standardization：国際標準化機構）　128

JIT（just in time）　131
POS（point-of-sale：販売時点情報管理）　206
RCAs（relational collaborative arrangements：関係性協働の取組み）　109
RFDC（radio frequency data communication：無線周波データ通信）　201
RFID（radio frequency identification：無線周波非接触自動認識）　202
SAP　212
SKU（stock keeping unit：在庫保管単位）　206
UPC（universal product code：UPCコード）　196

VAN（value-added network：付加価値通信網）　196
VICS（Voluntary Interindustry Communication Standards Committee：自主的な産業間通信標準）　225
XML（extensible markup language：拡張マークアップ言語）　200

ア　行

アウトソーシング（outsourcing）　10, 191
アベイラビリティ（利用可能性，availability）　70

eコマース（e-commerce）　138
意思決定分析（decision analysis）　182
依存関係（dependency）　162
一般システム理論（general system theory）　154
eテイリング（e-tailing）　112
移転価格（transfer price）　22
移動平均法（moving average）　246
イメージ処理（image processing）　202
インターネット（internet）　139, 197

索　引

運営パフォーマンス（operational performance）　31, 71
運賃込み（freight absorption）　119
運転資金回収（cash-to-cash conversion）　16

営業倉庫（public warehouse）　9, 96
営業トラック（common transportation truck）　96
延期（postponement）　13, 146
エンドキャスト（endcast）　260

応答性（responsiveness）　6, 11, 155
オーダー処理（order processing）　222
オーダー引当て（order assignment）　223
オペレーション（operations）　43
オペレーション上の不確実性（operational uncertainty）　58
オペレーション統合（operational integration）　136
卸売業（wholesaler）　100

カ　行

ガイドライン（guideline）　169
価格（pricing）　116
価格課徴金（price surcharge）　172
価格問題（pricing issue）　119
拡張平滑法（extended smoothing）　247
カスタマイゼーション（顧客仕様化）（customization）　94
価値管理（value management）　136
価値工学（value engineering）　137
価値ネット（value net）　6
カテゴリーマネジメント（category management）　228
稼働時間（operational time）　144
カボタージュ（cabotage）　176
関係性協働的取組み（relational collaborative arrangements：RCAs）　108
関係性マーケティング（relationship marketing）　66
完全固定粗利益価格（dead net pricing）　17
完璧な注文対応（perfect order）　73
管理されたシステム（administered systems）　109

企業拡張（enterprise extension）　8
企業資源計画（enterprise resource planning：ERP）　209
企業情報構造（infocratic structure）　158
企業統合（enterprise integration）　157
季節要因（seasonal）　239

期待不一致（expectancy disconfirmation）　75
機能統合（functional integration）　263
機能不全の回復（malfunction recovery）　73
規模の経済（economy of scale）　135, 142
基本サービスの基盤（basic service platform）　75
基本生産計画（master production schedule：MPS）　220
共進化（coevolving）　24
業績測定・報収システム（measurement and reward system）　158
協働（collaboration）　7
協働関係（collaborative relationship）　259
業務の国際化（international operation）　173
緊急時に柔軟な構造（emergency flexible structure）　47
銀行手形（bank draft）　177

空間（space）　92
空間的利便性（spatial convenience）　67
グリーン問題（green issues）　255
クロスドック（cross-docks）　48
グローバリゼーション（globalization）　6, 19
グローバル・マーケットプレース（global marketplace）　18
グローバルロジスティクス・システム（global logistics systems）　170

計画設定とコントロールの統合（planning and control integration）　168
計画先行期間（planning horizon）　231
計画/調整（planning/cordination）　42
　——の統合（planning-coordination integration）　221
経済価値（economic value）　152
経済的効用（economic utilities）　64
経済的発注量（economic order quantity：EOQ）　132
経済付加価値（value-added economic：EVA）　267
形態（form）　64
　——の延期（form postponement）　13
契約システム（contractual systems）　111
懸隔（discrepancy）　92
現金回転（cash spin）　18
原産地証明書（certificate of origin）　177
現地化（local presence）　173

コアコンピタンス（core competence）　4, 22
コアコンピテンシー（core competency）　162
交換（exchange）　93

工場倉庫（manufacturer's rigional warehouse） 96
購買（purchasing） 130
購買要求の細分化（purchase requirement segmentation） 138
小売業（retailer） 100
効率化奨励値引（efficiency incentive） 123
顧客（customer） 62
——の期待（customer expectations） 76
顧客関係管理（customer relationship management：CRM） 212, 228, 258
顧客サービス（customer service） 258
顧客成功（customer success） 83
顧客チョイスボード（customer choiceboard） 13
顧客統合（customer integration） 168
顧客満足（customer satisfaction） 75
——のモデル（model of customer satisfaction） 78
国際展開の段階（stages of international development） 172
国際標準化機構（International Organization for Standardization） 128
コーザルモデル（causal model） 247
コストの最小化（cost minimization） 32
小分け（allocation） 94
コンテナー（container） 38
コンピテンシー（competency） 167

サ 行

財貨のフロー（inventory flow） 40
サイクル要因（cyclic） 240
在庫（inventory） 35
在庫管理（invetory management） 44
在庫削減（inventory reduction） 155
在庫展開（inventory deployment） 43, 226
在庫レバレッジ（inventory leverage） 158
財務的洗練（financial sophistication） 6, 16
サイロ（silo） 158
サードパーティ（third party） 191
サードパーティ・サプライヤー（third-party supplier） 142
サードパーティ（第三者）ロジスティクスプロバイダー（third-party logistics providers：3PLs） 10
サービスサプライヤー手配（service supplier arrangement） 48
サービス信頼性（service reliability） 73
サービスの価格算入（service pricing） 133
サービスの信頼性（reliability） 31

サービス品質（service quality） 76
サプライチェーン革命（supply chain revolution） 2
サプライチェーン・コラボレーション（supply chain collaboration） 152
サプライチェーン・システム構成（supply chain system design） 217
サプライチェーン情報システム（supply chain information systems） 180
サプライチェーン統合（supply chain integration） 161
グローバルな——（global supply chain integration） 170
サプライチェーン統合フレームワーク（supply chain integrative framework） 165
サプライチェーンのオペレーションシステム・アーキテクチャー（supply chain operations system architecture） 217
サプライチェーンの透明化（supply chain visibility） 232
サプライチェーン・マネジメント（supply chain management：SCM） 2
サプライチェーン・リーダーシップ（supply chain leadership） 20
サプライヤーの統合（supplier integration） 168
差別化の可能性（potential discrimination） 119
サンドボックス（sandbox） 158

自家用トラック（private truck） 96
時間（time） 64, 92
仕切状（commercial invoice） 177
時系列予測モデル（time series model） 245
資源活用（resource utilization） 233
資源管理（resource management） 237
資源最適化（resource optimization） 238
資源の同時活用（simultaneous resource consideration） 232
資源割当て（resource allocation） 238
資材所要量計画（material requirements planning：MRP） 148, 220
資産の投資レベル（asset investment level） 50
市場価値（market value） 152
市場差別化（differentiated） 65
市場適応フロー（market accommodation flow） 165
市場非差別化（undifferentiated） 65
市場付加価値（value-added market：MVA） 267
指数平滑法（exponential smoothing） 246
システム概念（system concept） 153
システム統合（system integration） 177

索　引

システム分析（system analysis）　153
施設のネットワーク（facility network）　38
質的予測モデル（qualitative model）　245
品切れ頻度（stockout frequency）　70
品揃え（assortment）　68, 92
仕向地渡し価格（delivered pricing）　118
ジャストインタイム（just-in-time：JIT）　147
集荷（concentration）　94
充足率（fill rate）　71
大分断（grade divide）　159
集中的流通（intensive distribution）　102
柔軟さ（flexible）　46
柔軟性（flexibility）　72
受注組立生産（assemble-to-order：ATO）　146, 217
受注生産（make-to-order：MTO）　146, 217
出荷積合せ（shipment consolidation）　156
需要管理（demand management）　236
需要計画（demand planning）　233
　　──のAPSシステム（demand planning APS system）　233
需要生成タスク（demand generation task）　105
需要予測の技術（forecast technique）　242, 244
ジョイントベンチャー（共同事業，joint venture）　111
消費者（consumer）　62
情報技術（information technology：IT）　6
情報共有パラダイム（information sharing paradigm）　8
情報の囲い込み（information hoarding）　264
情報の共有（information sharing）　265
情報のフロー（information flow）　42, 165
所有（possession）　64
所要量計画（requirements planning）　234
書類作成（documentation）　176
シングルゾーン価格（単一仕向地域価格，single-zone pricing）　118

垂直統合（vertical integration）　263
数量割引（quantity discount）　120
スリップシート（slip sheet）　38

生産計画（production planning）　234
製造（manufacturing）　141
　　──の延期（manufacturing postponement）　13
　　──の戦略（manufacturing strategy）　145
　　──のトータルコスト（total cost of manufacturing：TCM）　147
製造業（manufacturer）　99

製造支援（manufacturing support）　40
製造支援パフォーマンスサイクル（manufacturing support performance cycle）　55
製造所要量（manufacturing requirements）　43, 220
製品・サービスの価値フロー（product/service value flow）　165
製品のバラエティ（product variety）　68
制約理論（theory of constraints）　144
絶対価値（absolute value）　262
選択的流通（selective distribution）　103
専門化（specialization）　93
戦略プランニング（strategic planning）　182
戦略目標（strategic objective）　43, 218

相互依存性（interdependence）　98
総合的品質管理（total quality management）　74, 128
倉庫型大型店舗（warehouse store）　68
倉庫管理システム（warehouse management systems：WMS）　224, 228
総所有コスト（total cost of ownership：TCO）　132
相対価値（relative value）　262
促進支援（facilitation）　93
測定（measurement）　21
　　──の統合（measurement integration）　169
測定レベル（measurement level）　248
組織（organization）　157
組織内の最終ユーザー（organizational end user）　62
組織内部の統合（internal integration）　168

タ　行

ダイレクト（direct）　45
多段階（echelon）　45
単一取引チャネル（single-transaction channels）　108

地域配送専門会社（specialized local delivery firm）　96
知識の囲い込み（knowledge hoarding）　159
知識ベース学習（knowledge-based learning）　266
チャネルの関係性（channel relationship）　107
チャネルの参加者（channel participants）　99
チャネルの分離（channel separation）　96
チャネル編成（channel arrangement）　2, 4
チャネルマッピング（channel mapping）　104
中間業者（intermediary）　96

中間顧客（intermediate customer）62
忠誠（loyalty）20
注文完品出荷（orders shipped complete）71
注文サイクルの整合性（order cycle consistency）72
注文処理（order processing）34, 44
注文引当て（order assignment）44
調達（procurement）41, 44, 130, 225
調達所要量（procurement requirements）43, 220
調達製造戦略（procurement and manufacturing strategy）126
調達パフォーマンスサイクル（procurement performance cycle）56
地理的延期（geographic postponement）14

通信販売業（home shopping industry）98

提携（alliance）110, 177
停滞時間（dwell time）17
適応平滑法（adaptive smoothing）247
適合性（relevancy）152
電子カタログ（electronic catalog）139
電子商取引→ e コマース
電子データ交換（electronic data interchange：EDI）138
伝統的チャネル（conventional channels）108

統合業務システム（enterprise resource system）158
統合サービスプロバイダー（integrated service providers：ISPs）10
統合マネジメント（integrative management）6, 152
独占禁止（antitrust）23
独占的流通（exclusive distribution）103
トータルコスト（total cost）153
トータルシステム（total system）154
トップダウン方式（top-down）241
ドライバー（driver）166
トランザクションシステム（transaction system）181
取引先の統合（volume consolidation）135
取引総数最小化の原則（principle of minimum transaction）95
取引的マーケティング（transactional marketing）65
トレーサビリティ（traceability）204
トレードオフ（trade-off）7, 154
トレンド（trend）240

ナ 行

内部統合（internal integration）157
7つの正しさ（セブンライツ）(seven rights) 69
二国間協定（bilateral service agreement）176
ニッチ（niche）65
入力/出力の内容（input/output requirements）51
認知品質（perceived quality）128

能力制約（capacity constraint）43, 218
ノード（結節点，拠点，nodes）50

ハ 行

配送（delivery）133
配送時間（delivery time）67
バーコーディング（bar coding）203
バーコード（bar code）203
場所（place）64
バーチャルな統合（virtual integration）263
パートナーシップ（partnership）110
パフォーマンスサイクル（performance cycle）174
　──の速さ（performance cycle speed）71
　──の不確実性（performance cycle uncertainty）58
パフォーマンスサイクル構造（performance cycle structure）50
バランスドスコアカード（balanced scorecard）158
パレット（pallet）38
パレートの原則（pareto principle）35
パワー（power）163
範囲の経済（economy of scope）143
販売促進価格（promotional pricing）121

B2B 調達（business-to-business procurement）139
秘密性（confidentiality）20
費用効果（cost-effectiveness）86
品質（quality）126, 156

不安定性（variance）155
フィードバック（feedback）249
付加価値サービス（value-added service）84, 96, 229
付加価値サービスコスト（value-added service cost）123
不稼働時間（inter-operational time）144

複合輸送に関する書類（combined transport document）　177
複合予測（composite forecasting）　245
複雑性（complexity）　6, 115
船荷証券（bill of lading）　177
プラットフォームサービス価格（platform service price）　123
ブランド力（brand power）　142
プロセス専門化パラダイム（process specialization paradigm）　8
プロセス統合（process integration）　263
プロモーション要因（promotion）　240
分割（partitioning）　21

平均絶対誤差（mean absolute deviation：MAD）　248
平均平方誤差（mean squared error：MSE）　248
平常時に柔軟な構造（routine flexible structure）　47
ベースの売上数量（base demand）　238
ベースポイント価格（基点地別価格，base-point pricing）　118
ベンダー管理在庫（vender-managed inventory：VMI）　136

包装（packaging）　37, 149
保管（warehousing）　37
保険証明書（insurance certificate）　177
ボトムアップ方式（bottom-up）　241

マ　行

マイクロマーケティング（micro marketing）　66
マーケット拡張（market extention）　87
マーケット接近（market access）　86
マーケット創出（market creation）　87
マーケット流通（market distribution）　40
マーケティング機能（marketing function）　93
マーケティングコンセプト（marketing concept）　63
マザー施設（mother facility）　48
マスターカートン（master carton）　38
待ち時間（waiting time）　68
マテリアルハンドリング（materials handling）　37
マトリクスアプローチ（matrix approach）　106
マネジメントコントロール（management control）　181
マルコム・ボールドリッジ国家品質賞（Malcolm Baldrige National Quality Award）　129
マルチプルゾーン価格（到着地別価格，multiple-zone pricing）　118
満足と品質のモデル（satisfaction and quality model）　79

見返り貿易（countertrade）　176
見越生産（make-to-plan：MTP）　146
民営化（privatization）　175

無国籍企業（stateless enterprise）　173

メニュー価格（menu pricing）　122

持帰り値引（pickup allowances）　121

ヤ　行

輸送（transportation）　36
――と出荷（transportation and shipping）　44
――の一貫性（consistency of transportation）　37
――のコスト（cost of transport）　36
――のスピード（speed of transportation）　36
輸送管理システム（transportation management systems）　225
輸送計画（transportation planning）　234
輸送データ調整委員会（transportation data coordinating committee：TDCC）　225
ユニットロード（unit load）　38
予測（forecasting）　43, 239
――の管理（forecast administration）　243
――の支援システム（forecast support system）　242
――の要因（forecast component）　239
予測管理のアプローチ（forecast management approach）　241
予測管理プロセス（forecast management process）　241
予測モデルのタイプ（forecast technique category）　245
予測誤差（forecast error）　247
予測ベースのビジネスモデル（anticipatory-based business model）　11

ラ　行

ライフサイクルコスト（life cycle cost）　133
ライフサイクル・サポート（life cycle support）　156

リスク（risk）　162
リスクと報収の共有（risk/reward sharing）　22

リーダーシップ（leadership）　20, 164
リードサプライヤー（lead supplier）　55
リードタイム（lead time）　144
リバース（還流）ロジスティクス（reverse logistics）　156
流通オペレーション（distribution operations）　44, 224
流通構造（distribution structure）　98
流通所要量計画（distribution requirement planning：DRP）　219
流通倉庫（distribution warehouse）　98
流通チャネル（channel of distribution）　92
流通パフォーマンスサイクル（market distribution performance cycle）　53
利用可能性（アベイラビリティ，availability）　30
リーンロジスティクス（lean logistics）　3, 28

レガシーシステム（legacy system）　185
レスポンスベースのビジネスモデル（response-based business model）　11
連続的商品補充（collaborative planning, forecasting, and replenishment：CPFR）　260
連続補充方式（continuous replenishment programs：CRP）　136

ローカルコンテンツの法律（local content law）　172

ロジスティクス（logistics）　3
　——の価値生成（logistics value generation）　33
　——の同期化（logistical synchronization）　50
　——向け設計（design for logistics）　148
　グローバル経済における——（logistics in a global economy）　172
ロジスティクスオペレーション（logistical operations）　39
ロジスティクス機能の配置（logistical operating arrangement）　44
ロジスティクスコスト各国比較（global logistics expenditures）　171
ロジスティクスコンピテンシー（logistical competency）　161, 169
ロジスティクス上の延期（logistics postponement）　14
ロジスティクス所要量（logistical requirements）　43, 219
ロジスティクス統合（logistical integration）　155
ロジスティクスルネッサンス（logistical renaissance）　2
ロットサイズ（lot size）　67

ワ　行

ワンツーワン・マーケティング（one-to-one marketing）　66

サプライチェーン・ロジスティクス	定価はカバーに表示

2004年3月25日　初版第1刷
2006年3月10日　　　第3刷

訳者代表　松　浦　春　樹
　　　　　島　津　　　誠
発行者　　朝　倉　邦　造
発行所　株式会社　朝　倉　書　店
東京都新宿区新小川町 6-29
郵 便 番 号 １６２-８７０７
電　話 ０３（３２６０）０１４１
Ｆ Ａ Ｘ ０３（３２６０）０１８０
http://www.asakura.co.jp

〈検印省略〉

Ⓒ 2004〈無断複写・転載を禁ず〉　　　　シナノ・渡辺製本

ISBN 4-254-27010-0　C 3050　　　　Printed in Japan

J.エリアシュバーグ・G.L.リリエン編
前東工大 森村英典・立大 岡太彬訓・京大 木島正明・
早大 守口 剛監訳

マーケティングハンドブック

12122-9 C3041　　　　A5判 904頁 本体28500円

〔内容〕数理的マーケティングモデル／消費者行動の予測と説明／集団的選択と交渉の数理モデル／競争的マーケティング戦略／競争市場構造の評価と非空間的木構造モデル／マーケットシェアモデル／プリテストマーケット予測／新製品拡散モデル／計算経済と時系列マーケット応答モデル／マーケティングにおける価格設定モデル／セールスプロモーションモデル／営業部隊の報酬／営業部隊の運営／マーケティングミクスモデル／意思決定モデル／戦略モデル／生産の意思決定

東工大 圓川隆夫・前青学大 黒田 充・法大 福田好朗編

生 産 管 理 の 事 典

27001-1 C3550　　　　B5判 752頁 本体28000円

〔内容〕機能編（生産計画、工程・作業管理、購買・外注管理、納期・在庫管理、品質管理、原価管理、工場計画、設備管理、自動化、人と組織、情報技術、安全・環境管理、他）／ビジネスモデル統合編（ビジネスの革新、製品開発サイクル、サプライチェーン、CIMとFA、他）／方法論編（需要予測、生産・輸送計画、スケジューリング、シミュレーション、モデリング手法、最適化手法、SQC、実験計画法、品質工学、信頼性、経済性工学、VE、TQM、TPM、JIT、他）／付録（受賞企業一覧、他）

P.M.スワミダス編
前青学大 黒田 充・目白大 門田安弘・早大 森戸 晋監訳

生 産 管 理 大 辞 典

27007-0 C3550　　　　B5判 880頁 本体38000円

世界的な研究者・製造業者が一体となって造り上げた105用語からなる中項目大辞典。実際面を尊重し、定義・歴史的視点・戦略的視点・技術的視点・実施・効果・事例・結果・統括的知見につき平易に解説。950用語の小項目を補完収載。〔主な項目〕SCM／MRP／活動基準原価／環境問題／業績評価指標／グローバルな製造合理化／在庫フロー分析／資材計画／施設配置問題／JIT生産に対するかんばん制御／生産戦略／製品開発／総合的品質管理／段取り時間の短縮／プロジェクト管理／他

D.スミチ-レビ・P.カミンスキー・
E.スミチ-レビ著　東京海洋大 久保幹雄監修

サプライ・チェインの設計と管理
―コンセプト・戦略・事例―
27005-4 C3050　　　　A5判 408頁 本体6500円

米国IE協会のBook-of-the-Yearなど数々の賞に輝くテキスト。〔内容〕ロジスティクス・ネットワークの構造／在庫管理／情報の価値／物流戦略／戦略的提携／国際的なSCM／製品設計とSCM／顧客価値／情報技術／意思決定支援システム

鹿島 啓・畑 啓之・下左近多喜男・
赤木文男・本位田光重・大野 彰著

現 代 生 産 管 理
―情報化・サービス化時代の生産管理―
27008-9 C3050　　　　A5判 192頁 本体2900円

大学理工系、文系の学部、高専で初めて生産管理を学ぶ学生や社会人のための教科書。生産管理の範囲を製造業だけでなく、情報・サービス業も対象として工学系の生産管理論に経営戦略論的な視点を加味してわかりやすく編集した

東京海洋大 久保幹雄著

実務家のためのサプライ・チェイン最適化入門

27011-9 C3050　　　　A5判 136頁 本体2600円

著者らの開発した最適化のための意思決定支援システムを解説したもの。明示された具体例は、実際に「動く」実感をWebサイトで体験できる。安全在庫、スケジューリング、配送計画、収益管理、ロットサイズ等の最適化に携わる実務家向け

D.スミチ-レビ他著　東京海洋大 久保幹雄監修
斉藤佳鶴子・構造計画研 斉藤 努訳

マネージング・ザ・サプライ・チェイン
―プロフェッショナルのための決定版ガイド―
27012-7 C3050　　　　A5判 176頁 本体3200円

システムの設計・制御・操作・管理のための重要なモデル・解決法・洞察・概念につき、数学的記述を避け、ビジネスの場ですぐに使えるよう平易に記述。〔内容〕サプライ・チェインの統合／ネットワーク計画／外部委託・調達・供給契約／顧客価値

上記価格（税別）は2006年2月現在